DAS ARCHITEKTUR-BUCH

BIG IDEAS

DAS ARCHITEKTUR-BUCH
DAS ASTRONOMIE-BUCH
DAS BIBEL-BUCH
DAS BIOLOGIE-BUCH
DAS BLACK-HISTORY-BUCH
DAS CHEMIE-BUCH
DAS DC BUCH
DAS FEMINISMUS-BUCH
DAS FILM-BUCH
DAS GESCHICHTS-BUCH
DAS ISLAM-BUCH
DAS KLASSISCHE-MUSIK-BUCH
DAS KUNST-BUCH
DAS LITERATUR-BUCH
DAS MANAGEMENT-BUCH
DAS MARVEL BUCH
DAS MATHEMATIK-BUCH
DAS MEDIZIN-BUCH
DAS MYTHOLOGIE-BUCH
DAS ÖKOLOGIE-BUCH
DAS PHILOSOPHIE-BUCH
DAS PHYSIK-BUCH
DAS PSYCHOLOGIE-BUCH
DAS BUCH DER RECHTS-GESCHICHTE
DAS RELIGIONEN-BUCH
DAS SOZIOLOGIE-BUCH
DAS *STAR WARS*-BUCH
DAS WIRTSCHAFTS-BUCH
DAS WISSENSCHAFTS-BUCH

EINFACH ERKLÄRT

DAS ARCHITEKTUR-BUCH

DK

DK | Penguin Random House

DK London / Delhi

Lektorat
Julie Ferris, Camilla Hallinan, Kathryn Hennessy, Victoria Heyworth-Dunne, Ed Wilson, John Andrews, Richard Gilbert, Tim Harris, Dorothy Stannard, Rachel Warren Chadd, Bonnie Macleod, Philippa Willitts, Gareth Jones, Liz Wheeler, Jonathan Metcalf, Anita Kakar, Ekta Chadha, Rohan Sinha, Glenda Fernandes

Gestaltung und Bildredaktion
Nicola Rodway, Lee Griffiths, Karen Self, Philip Ormerod, Meenal Goel, Mridushmita Bose, Debjyoti Mukherjee, Arshti Narang, Sakshi Saluja, Niharika Chauhan, Nityanand Kumar, Rakesh Kumar, Mrinmoy Mazumdar, Sudakshina Basu, Malavika Talukder

Umschlaggestaltung
Sophia MTT, Stephanie Cheng Hui Tan, Priyanka Sharma Saddi

Herstellung
Nancy-Jane Maun, Gillian Reid, Balwant Singh, Pankaj Sharma

Illustrationen
James Graham

Originalgestaltung STUDIO 8

Für die deutsche Ausgabe:
Verlagsleitung Monika Schlitzer
Programmleitung Heike Faßbender
Redaktionsleitung Dr. Kerstin Schlieker
Projektbetreuung Silke Tauscher
Herstellungsleitung Dorothee Whittaker
Herstellungskoordination Bianca Isack
Herstellung Stefanie Staat

Titel der englischen Originalausgabe:
The Architecture Book

Übersetzung Carmen Söntgerath
Lektorat Dr. Wilfried Baatz

ISBN 978-3-8310-4738-3

Druck und Bindung TBB, a.s., Slowakei

FSC www.fsc.org MIX Papier | Fördert gute Waldnutzung FSC® C018179

www.dk-verlag.de

BEITRÄGE VON

JON ASTBURY

Jon Astbury ist Architekturhistoriker, Kurator, Herausgeber und Lehrbeauftragter. Er war als Assistenzkurator für Architektur und Design am Barbican Centre in London tätig und bekleidete redaktionelle Positionen bei *The Architectural Review* und *Architects' Journal*.

PAMELA BUXTON

Pamela Buxton arbeitet als freiberufliche Journalistin mit den Schwerpunkten Architektur und Design und schreibt für Architekturzeitschriften, wie *The RIBA Journal*, *Architects' Journal* und *Building Design*. Sie ist Autorin von *50 Architects 50 Buildings – The Buildings that Inspire Architects*.

JONATHAN GLANCEY

Jonathan Glancey ist Journalist und Autor und arbeitet auch für den Rundfunk. Von 1987 bis 1997 war er Redakteur für Architektur und Design bei *The Independent,* von 1997 bis 2012 bei *The Guardian*. Als Ehrenmitglied der Royal Institute of British Architects ist er Mitglied des International Committee of Architecture Critics. Er hat zahlreiche Bücher über Architektur, Design, Technik, Luftfahrt und Reisen veröffentlicht. Bei Dorling Kindersley ist von ihm erschienen *Kompakt & visuell: Architektur. Bauwerke, Geschichte, Stile Kulturen* sowie *Geschichte der Architektur*.

ANDREW HUMPHREYS

Andrew Humphreys ist ausgebildeter Architekt. Er studierte in Kairo islamische Architektur, bevor er sich für einen anderen Berufsweg entschied und Journalist und Autor wurde. Seine Texte erscheinen in der *Financial Times*, *The Sunday Times* und *Time Out*. Er ist Koautor von *Great Cities, Great City Maps*, *Reisen: Eine illustrierte Geschichte* sowie *Das Islam Buch* bei Dorling Kindersley.

INHALT

RENAISSANCE UND REVIVALS
15.–18. JAHRHUNDERT

DAS INDUSTRIEZEITALTER
1800–1903

MODERNE UND MODERNISMUS
1903–1970

POSTMODERNE UND GEGENWART
NACH 1970

EINLEITU

NG

Was ist Architektur? Warum ist sie wichtig? Welche Entwicklung hat sie über die Jahrhunderte in aller Welt genommen? Und wie reagiert sie auf Prozesse wie Globalisierung und Umweltveränderungen? Das sind einige der Fragen, die wir in diesem Buch beantworten wollen.

Architektur bildet den Hintergrund für unser Leben, insbesondere in den Städten, die sich immer weiterentwickeln. Ohne die Architektur wären die Gebäude um uns herum auch heute nicht mehr als rudimentäre Schutzhütten. Der Architektur geht es jedoch nicht nur um Bauwerke aus Stein, Ziegeln, Holz, Beton oder Stahl. Es geht ebenso um Konstruktionen aus einfachen Materialien wie Jurten, Tipis, Iglus, Hütten und Häuser aus Lehm, Schilf oder Stroh. Auch sie sind sorgsam gestaltet und haben ihre eigenen Vorzüge und ihre eigene Schönheit. In Hirten- oder Jägergesellschaften sind sie heute noch genauso wichtig wie vor Tausenden von Jahren.

» Architektur beginnt, wenn zwei Ziegel sorgfältig zusammengesetzt werden. «

Ludwig Mies van der Rohe
deutscher Architekt (1886–1969)

Der Blick weitet sich

Die Architektur ist dort entstanden, wo die Menschen zuerst sesshaft wurden. Dort bildeten Gesellschaften Strukturen für Regierung, Religion und Alltagsleben aus. Zu Ehren ihrer Götter und Herrscher bauten die Menschen Tempel, Paläste und Grabstätten.

Die Architektur diente den Menschen dazu, etwas über sich selbst oder die Gesellschaft, in der sie lebten, auszusagen. Bauwerke konnten Macht ausstrahlen, wie die römische Architektur, oder die Identität einer Gemeinschaft stärken.

Wer ein Werk der Architektur in Auftrag gab, entwarf oder ausführte, musste sich zunächst mit den Möglichkeiten vor Ort arrangieren – Klima, Geografie, Geologie, Wirtschaft, Kultur und Wissen. Aber die Gesellschaften entwickelten sich, Handelsbeziehungen entstanden, Gebiete wurden erobert, und all dies trug dazu bei, dass sich der Horizont erweiterte. Neue Ideen konnten sich immer weiter verbreiten.

Architekturtheorien entstanden, Regeln und Prinzipien wurden festgelegt und niedergeschrieben. Im antiken Griechenland und in Rom zum Beispiel war die Säulenordnung ein entscheidendes Kriterium für den Stil und die Proportion von Gebäuden. Im alten China ließen sich die Architekten von der Numerologie (Zahlensymbolik) und Feng-Shui leiten, einer Lehre, die Harmonie zwischen Mensch und Umgebung herstellen will.

Maurer, Zimmerleute und Baumeister gewannen ein immer besseres Verständnis der Materialeigenschaften, sie wurden mutiger und entwickelten neue Ideen. So entstanden die prächtigen Gebäude des alten Ägypten, Griechenlands, Roms und Byzanz', die Tempel in Indien, China, Kambodscha und Amerika oder die Kathedralen und Rathäuser im mittelalterlichen Europa. Als das Innere von Gebäuden ebenso wichtig wurde wie ihre Außenwirkung, wichen dunkle Kammern fantasievoll geplanten Räumen.

Zur Zeit der Renaissance bildete sich in Europa der spezialisierte Architekt heraus, aber als eigenständiger Beruf etablierte er sich erst im 19. Jahrhundert, als die ersten Bauakademien gegründet

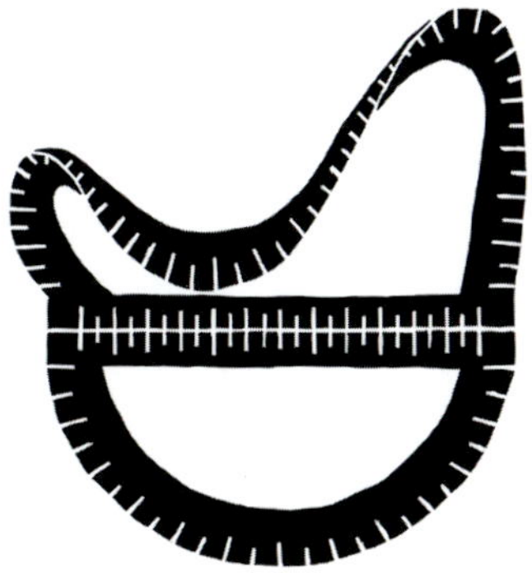

wurden. Bis dahin wurden architektonische Leistungen vorwiegend von Steinmetzen oder Baumeistern erbracht, die nicht an Akademien ausgebildet waren, sondern ihr Handwerk in der Praxis erworben hatten.

Das Entwerfen von Gebäuden war in Europa und den USA bald ein hoch angesehener und gut bezahlter Beruf. Damit bildete sich eine Trennung heraus zwischen denjenigen, die Gebäude entwarfen, und denjenigen, die sie bauten. Als die Gebäude immer komplexer wurden, kamen Ingenieure hinzu. Heute, angesichts einer Vielzahl von Methoden, Materialien und neuen Anforderungen, die an Gebäude gestellt werden, arbeiten Architekten in interdisziplinären Teams von Spezialisten.

Form und Funktion

Die industrielle Revolution sorgte für viele Fortschritte in der Architektur, angetrieben durch technologische Entwicklungen und die Nachfrage nach neuartigen Gebäuden, von Fabriken bis hin zu Bahnhöfen. Erfindungen wie leichter Stahl und Stahlbeton ermöglichten es, riesige Flächen zu überspannen und in große Höhen zu bauen. Die ersten Wolkenkratzer wurden in den USA errichtet, doch schon bald veränderten sie das Erscheinungsbild von Großstädten auf der ganzen Welt.

Ende des 20. Jahrhunderts hat das computergestützte Design (CAD) – der Einsatz von Algorithmen zur Entwicklung neuer Formen – die Grenzen der Architektur zusätzlich erweitert. Entwürfe, die zuvor als nicht realisierbar galten, ließen sich plötzlich bauen, und so entstanden einige der aufregendsten Gebäude der Welt. Eine alte Debatte wurde dabei neu entfacht: Darf die Form wichtiger sein als die Funktion (der Zweck) eines Gebäudes? Über weite Teile des 20. Jahrhunderts hat die Funktion die Oberhand behalten.

Die Architektur wird zudem von allgemeinen kulturellen Veränderungen und neuen Ideen in anderen Bereichen beeinflusst, insbesondere in der Kunst und Literatur. So ließ man sich in der Renaissance in ganz Europa von der antiken Architektur inspirieren; das Arts and Crafts-Movement Ende des 19. Jahrhunderts in Großbritannien übte Kritik an der Industrialisierung; zu Beginn des 20. Jahrhunderts nahm der Kubismus entscheidenden Einfluss auf die Architektur der Moderne.

> »Architektur sollte uns anregen, uns beruhigen und uns zum Nachdenken bringen.«
>
> **Zaha Hadid**
> britisch-irakische Architektin
> (1950–2016)

Nicht zuletzt orientiert sich die Architektur an den Bedürfnissen der Menschen, die in den Gebäuden leben und arbeiten. So zielte in den Anfängen der Sowjetunion die konstruktivistische Architektur darauf ab, den Lebensstandard der ehemals bäuerlichen Bevölkerung zu verbessern.

Von größter Bedeutung ist heute zudem der Schutz unseres Planeten. Es gibt Initiativen zur Verringerung des Energieverbrauchs von Gebäuden und beim Bauen selbst, aber auch eine Rückbesinnung auf Traditionen, die von lokalen Gegebenheiten geprägt sind. In Afrika und Asien beleben Architekten landestypische Formen, die von westlichen Stilen verdrängt wurden. Schöne und funktionale Gebäude mit kleinem ökologischem Fußabdruck zu schaffen – das ist die Aufgabe der Architektur heute. ■

DER BEGIN
DER ARCH

BIS 650 N. CHR.

N

TEKTUR

um 3000 v. Chr.

Eine der **frühesten Zikkurats** (Stufentempel) entsteht in **Tepe Sialk,** nahe der heutigen Stadt Kaschan (Iran).

um 2650 v. Chr.

Für König Djoser entsteht eine **Stufenpyramide** bei Sakkara (Ägypten).

um 2550 v. Chr.

Bau der **Cheops-Pyramide in Giseh,** westlich des heutigen Kairo (Ägypten).

um 1650–1450 v. Chr.

Holzstämme auf Steinfundamenten stützen das Dach im minoischen **Palast von Knossos** auf der Insel Kreta.

um 575 v. Chr.

Einführung der **dorischen Ordnung,** der ersten und einfachsten der drei griechischen Säulenordnungen: dorisch, ionisch und korinthisch.

um 447–432 v. Chr.

Auf der Akropolis in Athen wird der **Parthenon** erbaut.

um 221 v. Chr.

Qin Shihuangdi eint China und beginnt mit dem Bau der **Großen Mauer,** einer Reihe von Befestigungsanlagen an der Nordgrenze.

Machen Sie die erste Stadt ausfindig, heißt es, und Sie wissen, wo die Architektur entstanden ist. Zu den Kandidaten gehört das anatolische Çatalhöyük (Türkei), wo um 7100 v. Chr. Häuser aus Lehmziegeln entstanden. Aber die meisten Experten sind sich einig, dass die erste anspruchsvolle Architektur in Mesopotamien entstand (auf dem Gebiet des heutigen Irak, Iran und Syrien).

Monumente für die Götter

Tempel waren der Mittelpunkt der ersten Städte. Es galt, grimmige Gottheiten zu besänftigen und zu verehren, und die ambitioniertesten Gebäude entstanden ihnen zu Ehren. Die ersten Tempel waren Zikkurats – gestufte Pyramiden aus Lehm und gebrannten Ziegeln. Diese Form findet sich in vielen Teilen der antiken Welt, insbesondere in Mesopotamien und Ägypten, aber auch in Amerika. Inwieweit diese Bauwerke eigenständige Leistungen sind oder dem Ideenaustausch entlang der transozeanischen Handelswege entsprangen, bleibt zu klären.

Vielen Kulturen gemeinsam ist der Wunsch, so hoch zu bauen, wie es technisch möglich ist, um den Göttern nahe zu sein. Das war besonders in Städten zu beobachten, die in einer Ebene lagen. In Ägypten erheben sich die Pyramiden vor dem weiten Horizont und dem grenzenlosen Himmel. Im alten Griechenland wurden ab etwa 800 v. Chr. Tempel auf Hügeln mit beeindruckender Aussicht erbaut.

Wohnhäuser bestanden vorwiegend aus Lehmziegeln. Siedlungen mit Tausenden von Einwohnern gab es nicht nur in Mesopotamien, im alten Ägypten oder im antiken Griechenland. Im Industal (im heutigen Pakistan) entstand um 2500 v. Chr. Mohenjo-Daro. In dieser Stadt mit gitterförmigem Grundriss sollen etwa 40 000 Menschen gelebt haben; es gab dort sogar Wasserleitungen.

Neue Formen

In der Architektur manifestieren sich religiöse Vorstellungen, militärische Stärke, politische Macht und Bürgerstolz. Zahlreiche Innovationen in der Baukunst verdanken wir den alten Griechen und Römern. Schon die Ägypter hatten als Stütze weitläufiger Hallen die Säule erfunden, die von den Minoern auf Kreta übernommen wurde. Die Griechen entwickelten drei Säulenordnungen, die das Aussehen eines

1. Jh. v. Chr.

Der römische Baumeister **Vitruv** verfasst *De architectura (Über die Architektur),* das erste Buch zur Architekturtheorie.

80 n. Chr.

In Rom wird das **Kolosseum** eingeweiht. Das Amphitheater weist drei übereinander angeordnete Arkadenreihen mit je 80 Bögen auf.

um 105 n. Chr.

Apollodorus von Damaskus plant die **Trajansbrücke** über die Donau. Sie bleibt etwa 1000 Jahre lang die längste Brücke der Welt.

200 n. Chr.

Fertigstellung der **Sonnenpyramide** in Teotihuacán (Mexiko).

523 n. Chr.

In der chinesischen Provinz Henan entsteht die Pagode des **Songyue-Tempels,** eine der **frühesten Ziegelpagoden.**

537 n. Chr.

Weihe der **Hagia Sophia** in Konstantinopel. Die **kreisrunde Kuppel** der Kirche ruht auf einem **quadratischen Unterbau.**

Gebäudes insgesamt prägten. Mit ihren harmonisch proportionierten Tempeln schufen sie eine Ästhetik, die Architekten seither beeinflusst.

Im dynamischen Zusammenspiel von Zweckmäßigkeit und konstruktiver Kühnheit perfektionierten die Römer Kuppeln, steinerne Bögen und Gewölbe. Sie nutzten sie beim Bau anspruchsvoller Tempel, Amphitheater und Badeanlagen, aber auch für Infrastrukturprojekte von beeindruckender Größe, die bei der Erweiterung des Reiches bedeutsam waren. Ihre steinernen, auf Bögen ruhenden Brücken waren stabil genug, um Truppen und Kriegsgerät über Flüsse zu schaffen, ihre Aquädukte transportierten Wasser über große Distanzen. Die römische Erfindung des Gussmörtels, einer Art Zement, ermöglichte erstaunliche Leistungen, wie etwa die enorme Kuppel des Pantheons in Rom beweist.

Der Aufstieg des Christentums ab 313 n. Chr. und die Verlagerung der Hauptstadt nach Byzanz 330 n. Chr. leiteten weitere neue Entwicklungen ein. Unter Kaiser Justinian (reg. 527–565 n. Chr.) entstand in der byzantinischen Hauptstadt Konstantinopel (heute Istanbul) in nur fünf Jahren die Hagia Sophia (göttliche Weisheit). Die Kuppeln und Mosaiken dieser Kirche sind von einmaliger Komplexität und Schönheit. Sie sollte nachhaltigen Einfluss auf die islamische Architektur ausüben.

Architektur des Ostens

Auch in der östlichen Hemisphäre entstanden monumentale Bauwerke, seit 221 v. Chr. etwa die Große Mauer, eine Reihe von Verteidigungsanlagen entlang der Nordgrenze Chinas. Einer der frühesten bekannten Stupas (buddhistischer Schrein) wurde in Sanchi (Indien) um 270 v. Chr. errichtet. Mit der fortschreitenden Ausbreitung des Buddhismus wurden Stupas immer aufwendiger.

In China, wo der Buddhismus im 6. Jahrhundert Staatsreligion wurde, wandelte sich der Stupa zur Pagode. Dieser mehrstufige Turm verbreitete sich auch in anderen asiatischen Ländern. Wie alles in der chinesischen Architektur folgt auch der Stil der Pagode strengen Regeln. Dabei spielt die Bedeutung von Zahlen eine wichtige Rolle. Zuerst aus Holz gebaut, dann aus Ziegeln oder Stein, strebten die Türme himmelwärts, lange vor den gotischen Turmspitzen im mittelalterlichen Europa. ■

ERHALTUNG DES LEBENS

SCHUTZ

IM KONTEXT

THEMA
Frühe Siedlungen

FRÜHER
vor etwa 1,8 Mio. Jahren Frühe Menschen haben in der Wonderwerk Cave (Südafrika) Steinwerkzeuge hinterlassen.

um 75 000–70 000 v. Chr. In der Blombos Cave bei Kapstadt sind ockerfarbige Zeichen in den Stein geritzt – der früheste Hinweis auf eine künstlerische Betätigung des modernen Menschen.

SPÄTER
um 4000–3100 v. Chr. In der Uruk-Zeit – benannt nach der gleichnamigen Stadt im heutigen Irak – entwickelt sich städtisches Leben in Mesopotamien.

um 3100 v. Chr. Die ersten Steinkreise entstehen in Stonehenge; sie gehören zu einer neolithischen Siedlung in der Ebene von Salisbury im Süden Englands.

Nomaden leben als Jäger und Sammler; sie suchen nur vorübergehend Schutz, von ihrer Anwesenheit gibt es kaum Spuren.

↓

Halbnomadische Gemeinschaften **nutzen Höhlen** als geschützten Zufluchtsort.

↓

Menschen legen erste **dauerhaftere Siedlungen** an, möglicherweise, um Landwirtschaft zu betreiben.

↓

Mit der Sesshaftigkeit geht die Entstehung von Architektur einher, die **mehr bietet als lebensnotwendigen Schutz.**

Architektur entsteht aus einem Grundbedürfnis des Menschen: Schutz. Zufluchtsorte bieten Schutz vor dem Wetter oder vor Raubtieren und erlauben es den Menschen, von dort aus die unmittelbare Umgebung zu kontrollieren. Anthropologen nehmen an, dass unsere Vorfahren über wenigstens 90 % der Menschheitsgeschichte solchen Schutz immer nur zeitweise suchten. Sie lebten im Freien, wanderten in kleinen Gruppen umher und schlugen ihr Lager an Quellen und Flüssen auf. Sie dürften bestimmte Orte saisonal als Ausgangspunkt für die Jagd und die Nahrungssu-

Siehe auch: Das Wohnhaus 42–45 ▪ Felsenarchitektur 88–89 ▪ Lehm 90–93 ▪ Organische Formen 174–175 ▪ Elementare Architektur 228–229

»Die erste Tat eines Architekten ist es, das Mikroklima von dem großen Raum außerhalb zu trennen.«

Mario Botta
schweizer Architekt (*1943)

che genutzt haben. Manche unserer Vorfahren mögen in Wäldern unter dichtem Blattwerk Schutz gesucht haben. Nach Möglichkeit suchten sie aber Zuflucht unter Felsvorsprüngen und in Höhlen. Darauf deuten Felsmalereien aus der Altsteinzeit hin, wie jene, die in Chauvet und Lascaux (Südfrankreich) vor 36500–30000 bzw. 17000–15000 Jahren entstanden sind. Höhlen gibt es allerdings nur in felsigem Gelände, und so mussten die Menschen andere Möglichkeiten entwickeln, um sich zu schützen.

Erste Siedlungen

Für die ersten gebauten Schutzräume verwendete man alle möglichen natürlichen Materialien, die zur Hand waren, wie Steine, Äste, Schilf sowie lange Gräser, Tierknochen und Häute. Als die Menschen sesshafter wurden, legten sie dauerhaftere Behausungen an und verarbeiteten große Steinplatten und später Lehm, der zu Ziegeln geformt und in der Sonne getrocknet wurde. In Dolní Věstonice (Tschechische Republik) haben Archäologen eine große Siedlung unter freiem Himmel an einem Fluss entdeckt. Runde Vertiefungen im Boden deuten auf Hütten hin und es gibt ebenfalls Hinweise auf einen Unterstand, der an eine Böschung gestützt war. Radiokarbondatierungen zufolge wurde Dolní Věstonice um 24000 v. Chr. besiedelt.

Ursprung der Architektur

Zu den ersten Erbauern von Behausungen gehören die halbsesshaften Menschen der Natufien-Kultur, die vor etwa 12000 Jahren in der Levante lebten. Im heutigen Israel, im Libanon und in Syrien lebten sie in Dörfern. Die runden Hütten hatten Steinfundamente und wohl ein mit Reisig gedecktes Dach.

Mit dem Ende der letzten Eiszeit setzte der Übergang von der Existenz als Jäger und Sammler zu einem sesshaften Leben in Siedlungen ein. Das bedeutete zwangsläufig, dauerhafte Wohnstätten und andere Bauten zu schaffen und zu Dörfern zu vereinen. In der südlichen Türkei legt die weitläufige neolithische Ausgrabungsstätte Çatalhöyük Zeugnis davon ab. Der Ort war von 7400 bis 5700 v. Chr. dauerhaft besiedelt. Die Häuser waren rechteckig und wie Bienenwaben aneinandergefügt. Sie hatten Fenster, aber keine Haustüren, und es gab auch keine Straßen, die sie trennten – die Menschen betraten das Haus durch eine Öffnung im Dach und kletterten über eine Leiter nach unten.

Mit der Anlage solch dauerhaft bewohnter Siedlungen ging das Bauen weit über die Errichtung eines provisorischen Schutzes hinaus. Und damit begann die Geschichte der Architektur. ■

Die Wände der Gebäude in Çatalhöyük (Türkei) bestehen aus Lehmziegeln, die mit einer Putzschicht überzogen waren.

DIE VERBINDUNG ZWISCHEN HIMMEL UND ERDE

DIE ZIKKURAT

IM KONTEXT

THEMA
Geburt der Architektur

FRÜHER
5. Jt. v. Chr. Tempel auf erhöhten Plattformen werden in ganz Mesopotamien (Irak) errichtet.

4. Jt. v. Chr. Die Stadt Uruk in Mesopotamien wird gegründet – eine der ersten Städte der Welt und Standort einer sehr großen Zikkurat.

SPÄTER
331 v. Chr. Als Alexander der Große, mazedonischer Herrscher von 336–323 v. Chr., die Stadt Babylon in Mesopotamien erobert, ist die dortige Zikkurat bereits eine Ruine.

1975 In der irakischen Hauptstadt Bagdad entsteht das Al Zaqura Building. Es hat die Form einer Zikkurat und ist im Stil des Brutalismus gebaut – einem Architekturstil, der von geometrischen Formen und Sichtbeton geprägt ist.

Nachdem für den ersten Schutz gesorgt war – in manchen Fällen vielleicht auch schon zuvor – schufen die frühen Menschen Gebäude, die rituellen oder religiösen Zwecken dienten. Pfeiler und kreisrunde Fundamente, 11 000 Jahre alt und in Göbekli Tepe in der Türkei ausgegraben, deuten auf solche Funktionen hin, ebenso wie viele Megalithe (große Steine) und Steinkreise, verstreut über ganz Europa, die zumeist aus dem späten Neolithikum (um 6400–4500 v. Chr.) stammen. Die eigentliche Architektur aber begann dort, wo auch die Zivilisation ihren Ursprung hatte: im alten Mesopotamien, im heutigen Irak. Dort errichteten die Menschen erste technisch und ästhetisch geplante Bauwerke mit repräsentativer und schützender Funktion.

Mesopotamien

Den Mesopotamiern wird die Erfindung der Schrift, der Zahlen, der Astronomie und des Rades zugeschrieben, und sie waren die Ersten, die in planvoll ange-

Die Lehmziegelmauern der Zikkurat neigen sich nach innen und lenken den Blick des Betrachters nach oben.

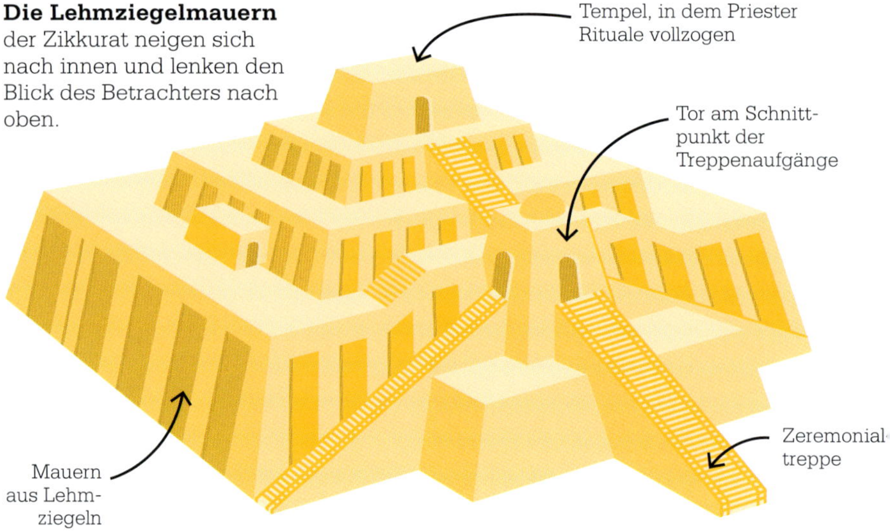

Siehe auch: Die Pyramiden 22–25 ▪ Lehm 90–93 ▪ Der Wolkenkratzer 198–203 ▪ Architektur als politisches Statement 238–241 ▪ Brutalismus 256–259 ▪ Neue Formen 308–311

legten Städten lebten. Wichtiger Bestandteil dieser Städte war die Zikkurat – eine massive, pyramidenförmige Ziegelkonstruktion mit mehreren Stufen, die nach oben immer kleiner werden. Jede Zikkurat gehörte zu einer Tempelanlage mit weiteren Gebäuden. Archäologen datieren die ersten Zikkurats – etwa Tepe Sialk bei Kaschan – auf um 3000 v. Chr.

Material und Form

Das reichlich vorhandene Baumaterial in der Region war Lehm, daher wurden die Zikkurats aus Lehmziegeln errichtet und außen mit einer Schicht Backstein verkleidet. Die Backsteine waren oft in unterschiedlichen Farben glasiert und zu Mustern angeordnet. Die Zikkurats, der Wohnort der Götter, ragten zwei bis sieben Stufen empor, auf einer Plattform ganz oben gab es Schreine für die Gottheiten. Außentreppen führten nach oben, in einigen Fällen so angelegt, dass man die gesamte Plattform umkreisen musste, um die Treppe zur nächsten Stufe zu erreichen. Das Fortschreiten von Stufe zu Stufe sollte möglicherweise die Distanz zwischen der Welt der Menschen und dem Reich der Götter verdeutlichen. Den Schrein ganz oben durften nur Priester und Herrscher betreten.

Die Zikkurat von Ur

So wie jeder Pharao in Ägypten im Alten Reich eine Pyramide baute, so bauten die wichtigeren mesopotamischen Könige eine Zikkurat. Die Zikkurat Nebukadnezars in Babylon – möglicherweise die Inspiration für die Geschichte vom Turmbau zu Babel in der Bibel – war eine der größten. Im Lauf der Jahrhunderte wurde sie durch Erosion und Zerstörung bis auf die Grundmauern abgetragen.

Unter den erhaltenen Zikkurats beeindruckt vor allem die Zikkurat von Ur, in der Nähe von Nasiriya (Irak). Entstanden um 2125 v. Chr. und dem Mondgott Nanna gewidmet, wurde sie im 6. Jahrhundert v. Chr. von Grund auf erneuert. In den 1980er-Jahren wurden die Fassade und die Treppen restauriert.

Moderne Zikkurats

Als Archetyp der Architektur ist die Zikkurat auch heute noch beliebt. Eine ganze Reihe von Gebäuden des 20. Jahrhunderts sind von

Monumentale Ausmaße: Die Zikkurat von Ur war 62,5 m lang und 43 m breit und könnte etwa 25 m hoch gewesen sein.

diesem alten historischen Vorbild inspiriert. So entwarf der gefeierte amerikanische Architekt Frank Lloyd Wright 1925 eine – nicht ausgeführte – runde Zikkurat für die Spitze des Sugarloaf Mountain in Maryland. Eine spiralförmige Rampe aus dem Plan übernahm er später in seinem Entwurf für das Guggenheim Museum in New York, das 1959 vollendet wurde. ▪

> »Wohlauf, lasst uns eine Stadt und einen Turm bauen, dessen Spitze bis an den Himmel reiche.«
>
> **Die Bibel, Genesis 11,4**

SIE ÜBERTRAFEN ALLES

DIE PYRAMIDEN

IM KONTEXT

THEMA
Entstehung der Pyramiden

FRÜHER
um 3200 v. Chr. Newgrange, ein großer, runder Grabhügel in County Meath (Irland), wird aus Schichten von Stein und Erde angelegt.

um 2686 v. Chr. Nach der Vereinigung von Ober- und Unterägypten, möglicherweise durch König Djoser, beginnt eine Zeit architektonischer Innovationen.

SPÄTER
um 921–944 n. Chr. Im Reich der Khmer, in der Stadt Koh Ker (Kambodscha), entsteht eine siebenstufige Pyramide.

1551 Der Turm der Kathedrale von Oviedo (Spanien), wird mit einer oktogonalen Pyramide abgeschlossen.

1930 Vollendung des Mausoleums für den Sowjetführer Wladimir Lenin (1870–1924). Es greift Elemente der Stufenpyramide des Djoser in Ägypten auf.

1993 In Las Vegas eröffnet das Luxor, ein dreißigstöckiges Hotel mit Kasino in Form einer gigantischen Pyramide.

Aus archäologischen Funden lässt sich schließen, dass die ersten Zikkurats im Süden Mesopotamiens, um 3000 v. Chr. erbaut, etwa 300 Jahre älter sind als die ersten ägyptischen Pyramiden. Die Ägypter allerdings entwickelten ein differenziertes Repertoire architektonischer

Siehe auch: Die Zikkurat 20–21 ▪ Pueblos 66–67 ▪ Felsenarchitektur 88–89 ▪ Architektur als politisches Statement 238–241 ▪ Die Verbindung von Himmel und Erde 288–289

» Der Mensch fürchtet die Zeit, die Zeit aber fürchtet die Pyramiden. «

Arabisches Sprichwort

Elemente und Stile, das großen Einfluss auf viele der folgenden Kulturen hatte, besonders auf die griechische und römische.

Der lang anhaltende Einfluss der ägyptischen Architektur lag unter anderem in dem Umstand begründet, dass die Mesopotamier den vergänglichen Baustoff Lehm bevorzugten, während die Ägypter als eines der ersten Völker den widerstandsfähigen Stein verwendeten.

Die erste Pyramide

Die Stufenpyramide des Djoser, um 2650 v. Chr. erbaut, ist der erste noch existierende Steinbau Ägyptens. Bis dahin waren die Pharaonen in großen rechteckigen Mastabas aus Lehmziegeln beigesetzt worden. In Sakkara, der Nekropole der alten Königsstadt Memphis, befindet sich das Grab von König Djoser, der um 2686–2648 v. Chr. regierte. Es besteht aus sechs aufeinandergeschichteten steinernen Mastabas, die nach oben immer kleiner werden. Daraus ergibt sich so etwas wie das Urbild einer Pyramide mit Stufen.

Möglich ist, dass der Architekt sich angesichts der neuartigen Form des Bauwerks genötigt sah, anstelle der für Gebäude üblichen Lehmziegel den härteren Stein zu verwenden – eine der großen natürlichen Ressourcen Ägyptens. Die Historiker glauben, dass Imhotep der Baumeister war, ein Wesir (hochrangiger Berater) König Djosers und auch Hohepriester und Arzt. Seinen Namen fand man auf einer Statue am Eingang zur Stufenpyramide. Er ist damit der erste namentlich bekannte Architekt der Geschichte.

Die Stufenpyramide hatte eine praktische Funktion als Grab. Welche Vorstellungen mit ihrer besonderen Form verbunden waren, bleibt aber unklar. Mit einer nie dagewesenen Höhe von 62,5 m könnte der Bau als Manifestation königlicher Macht gesehen werden, ebenso als Treppe zum Himmel, die der Herrscher emporsteigt. Alternativ könnte er auch den ersten Hügel der Schöpfung repräsentieren, in der Vorstellung der Ägypter zu Anbeginn der Zeit aus den Wassern des Chaos aufgestiegen. Sicher ist indessen, dass die Stufenpyramide als Vorbild für das Bauen in Stein und für viele und weit größere Pyramiden diente.

Zunehmend perfekt

Der Pyramidenbau in Ägypten entwickelte sich durch Versuch und Irrtum. In der königlichen Nekropole von Dahschur, südlich von Sakkara, wurde in der Regierungszeit von König Snefru (reg. 2613–2589 v. Chr.) eine Pyramide errichtet, deren Wände mit einem Neigungswinkel von 54 Grad beginnen. Auf halber Höhe reduziert er sich auf 43 Grad, sodass eine »Knickpyramide« entsteht.

Vermutlich hatten die Erbauer erkannt, dass die Steilheit des vorgesehenen Winkels die Pyramide »

Die Stufenpyramide des Djoser ist das Grabmal des ägyptischen Pharaos, der in einer Kammer in etwa 30 m Tiefe bestattet wurde.

» Sie [die Chepopsyramide] bestehet aus polierten Steinen, welche auf das Genaueste aufeinanderpassen … «

Herodot
griechischer Historiker
(5. Jh. v. Chr.)

instabil machen würde und korrigierten ihn daraufhin. Eine zweite Pyramide am selben Ort, unmittelbar danach für denselben Pharao erbaut, weist durchgängig einen Neigungswinkel von 43° auf und erscheint damit insgesamt ausgeglichen.

Seinen Höhepunkt erreicht der Pyramidenbau auf dem felsigen Plateau von Giseh, nicht weit von Sakkara, wo Pharao Cheops – er soll ab etwa 2589 v. Chr. 30 Jahre lang regiert haben – sich sein Grab errichten ließ. Entstanden um 2566 v. Chr., nur 100 Jahre nach der Stufenpyramide, war die Cheopspyramide mit ursprünglich 147 m doppelt so hoch wie ihre Vorgängerin.

Für höchste Ansprüche

Doch die Cheopspyramide ist nicht nur bemerkenswert hoch, sie ist auch in der Ausführung ungleich anspruchsvoller als alle ihre Vorgängerinnen. Die Steinmetze in Sakkara lernten noch, Steine zu bearbeiten, in Giseh gingen sie bereits mit staunenswerter Präzision zu Werke. Die vier Ecken der Basis entsprechen exakt den vier Himmelsrichtungen, mit einer Abweichung von nur einem Zwölftel Grad auf dem Kompass. Jede der vier Seiten ist 230 m lang, die größte Abweichung beträgt hier 4,4 cm. Der Bau besteht aus 2,3 Mio. Steinblöcken, jeder durchschnittlich 2,5 t schwer. Der größte dieser Blöcke, der eine Kammer im Inneren der Pyramide abdeckt, wiegt 80 t.

In 203 Lagen sind die Kalksteinblöcke aufgeschichtet. Heute ziemlich verwittert, waren sie ursprünglich mit polierten Kalksteinplatten bedeckt, die so dicht aneinandergefügt waren, dass kaum eine Kreditkarte dazwischen gepasst hätte. Sie verliehen der Pyramide eine vollständig glatte, weiße Oberfläche.

Neben der Cheopspyramide erheben sich zwei weitere große Pyramiden – und zudem zahlreiche kleinere. Zu den großen Pyramiden gehörten ursprünglich weitere Gebäude, wie Tempel, Kapellen und Rampen, die jeweils einen Komplex bildeten. Die Höhe der Cheopspyramide, ihr Volumen und ihre geometrische Präzision ebenso wie das Geheimnis ihrer Konstruktion und ihre Beziehung zu den Sternen machen dieses Bauwerk zu einem Steinkoloss, der noch heute unsere Vorstellungskraft fesselt.

Nicht nur in Ägypten

In den 400 Jahren nach Vollendung der Cheopspyramide erlebte der Pyramidenbau in Ägypten seine große Zeit, auch wenn die Größe allmählich abnahm und mehr Wert auf die Dekoration der zugehörigen Tempel gelegt wurde. Die letzte bemerkenswerte Pyramide entstand um 1525 v. Chr. Wegen der Bedrohung durch Grabräuber wurden die Pyramiden als königliche Grabstätten schließlich aufgegeben. Als im Mittleren Reich Pharao Amenemhet III. (reg. 1844–1797 v. Chr.)

Größenvergleich der Pyramiden

Seit der Stufenpyramide des Djoser um 2650 v. Chr. – einer Weiterentwicklung der Mastaba – wurden die ägyptischen Pyramiden immer größer, bis hin zur Cheopspyramide um 2566 v. Chr.

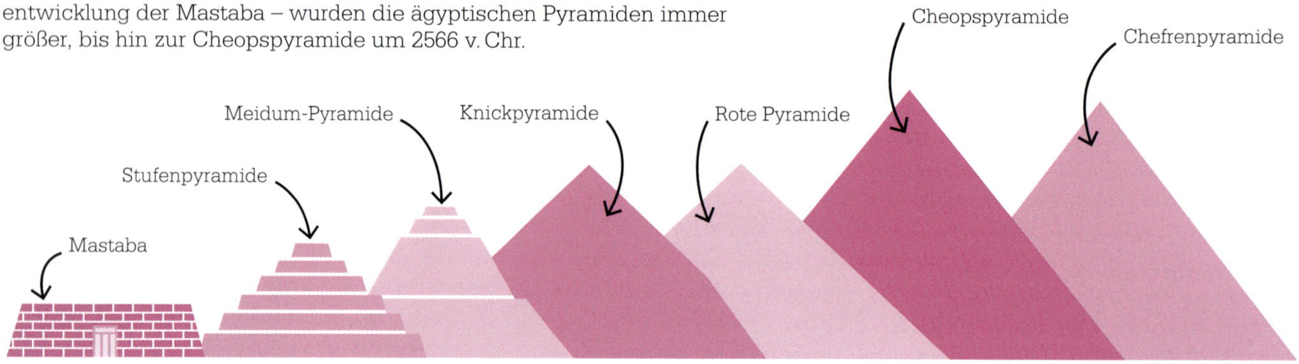

Die Nekropole von Giseh, vorn die Pyramide des Mykerinos, in der Mitte die Chephrenpyramide (ganz oben ist die Verkleidung noch erhalten) und ganz hinten die Cheopspyramide.

seinen Tempel in Hawara in Auftrag gab, ließ er Gänge einbauen, die plötzlich enden und es gab in der Decke versteckte Klapptüren sowie blinde Schächte – alles nur, um Diebe in die Irre zu führen. Am Ende wählten die ägyptischen Herrscher Felswände in entlegenen Tälern, um ihre Grabstätten anzulegen – in der Hoffnung, dass der Ort geheim bleiben möge.

Doch die ikonische Form der Pyramide blieb weiterhin attraktiv, und um 300 v. Chr.–300 n. Chr. kam sie im nubischen Reich von Kusch (Nordsudan) zu neuer Blüte. Im Lauf der Zeit entstanden etwa 50 Pyramiden in einer Nekropole in der Nähe des Nils. Diese nubischen Pyramiden sind kleiner und steiler als die ägyptischen Pyramiden.

Als die Römer nach dem Tod Kleopatras 30 v. Chr. die Herrschaft über Ägypten übernahmen, waren sie fasziniert von der alten Kultur am Nil. Sie statteten die Stadt Rom mit Obelisken und Sphingen aus – manche gestohlen, andere als Hommage neu geschaffen – und vereinzelten Pyramiden. Bemerkenswert ist die steile Pyramide des römischen Prätors Gaius Cestius Epulo. Sie ist knapp 37 m hoch, besteht aus Ziegeln mit einer Marmorverkleidung und die Wände im Inneren sind ausgemalt.

Konstruktive Schwäche

Die Pyramiden sind staunenswerte Schöpfungen, aber sie haben in der späteren Architektur kaum Spuren hinterlassen. Das mag daher rühren, dass die Pyramide als Bauform nicht zweckmäßig ist – die abfallenden Seitenflächen können kein Gewicht tragen. Deshalb gibt es kaum moderne Pyramiden. Eine große Ausnahme ist die Glas- und Stahl-Pyramide im Hof des Louvre in Paris, entworfen 1984 von dem chinesisch-amerikanischen Architekten I. M. Pei. Aber so eindrucksvoll sie auch sein mag – im Grunde ist sie kaum mehr als das Oberlicht für den Eingangsbereich des Museums im Tiefgeschoss. ■

Pyramiden in Mesoamerika

Pyramiden spielen eine bedeutende Rolle in der alten mesoamerikanischen Architektur. Sie ähnelten jedoch mehr den Zikkurats mit Prozessionstreppen auf allen Seiten, die zu den Tempeln auf der abgeflachten Spitze hinaufführten. Wir finden sie in den Stadtzentren der Azteken und Maya, während die ägyptischen Pyramiden außerhalb größerer Siedlungsgebiete lagen.

In Teotihuacán (Mexiko) – in den ersten Jahrhunderten n. Chr. die größte Stadt im präkolumbischen Amerika – wurde um 100 n. Chr. die Sonnenpyramide und um 300 n. Chr. die Mondpyramide erbaut. Die große Pyramide von Cholula (Mexiko), begonnen im 3. Jh. v. Chr. und fertiggestellt im 8. Jh. n. Chr., hatte eine größere Basis als die Cheopspyramide in Ägypten. Die Mayastadt Tikal in Guatemala verfügte über zahlreiche pyramidenförmige Tempel. Einige davon waren in Mustern angelegt, sodass man auch hier vermutet hat, sie könnten astronomischen Zwecken gedient haben.

Die Sonnenpyramide in Teotihuacán (Mexico) ist die drittgrößte der alten Pyramiden.

PROPORTION, STÄRKE UND SCHÖNHEIT

DIE SÄULE

KONTEXT

THEMA
Die Säule und die antiken Ordnungen

FRÜHER
um 4800 v. Chr. Gebäude mit strohgedecktem Dach auf hölzernen Säulen entstehen in der neolithischen Banpo-Siedlung (China).

um 4000 v. Chr. Palmenstämme werden in Mesopotamien als Stützen genutzt.

SPÄTER
113 n. Chr. In Rom wird die Trajanssäule aufgestellt. Der spiralförmige Fries an der 40 m hohen Säule illustriert den Sieg Kaiser Trajans über die Daker.

320 Alt-St.-Peter, eine Basilika an der Stelle des heutigen Petersdoms in Rom, wird geweiht. Sogenannte salomonische Säulen mit gewundenem Schaft rahmen das Grab des Apostels.

1558 Der italienische Architekt Andrea Palladio, der das Interesse an antiker Architektur neu entfacht, entwirft für die Villa Foscari bei Venedig einen Portikus, getragen von ionischen Säulen.

1793 Grundsteinlegung für das Kapitol in Washington. Der klassizistische Bau folgt der korinthischen Ordnung.

Als tragendes Element, das darüberliegende Bauteile abstützt, ermöglicht die Säule die Anlage großer Räume ohne Mauern. Während die ersten Baumeister Baumstämme, Astwerk und passend geformte Steine als vertikale Stützen einsetzten, waren in der Antike gemeißelte, einheitliche Säulen ein charakteristisches Architekturelement. Die Griechen und Römer betrachteten Säulen als elementaren Bestandteil der sogenannten Ordnungen – der Architekturstile –, die festen Regeln folgten und die Harmonie und Schönheit eines Gebäudes garantieren sollten.

Die ersten Säulen

Vermutlich die ältesten Säulen haben sich in Ägypten erhalten. In Sakkara, einer Nekropole in der Nähe der antiken Stadt Memphis, haben Archäologen ein ausgedehntes ummauertes Begräbnisareal rekonstruiert, zu dem eine Kolonnade mit 20 Paaren gleicher Säulen gehört. An diesen Säulen, um 2650 v. Chr. entstanden, lässt sich ablesen, wie die Steinmetze die alte ägyptische Architektur aus Lehmziegeln, Holz und Pflanzenstängeln in Stein übersetzten: In die Säulen sind Rippen eingearbeitet, die an Schilfbündel erinnern. Ägyptologen nehmen an, dass die Säulen ursprünglich grün bemalt waren, um die Verbindung zu dem früheren organischen Material zu betonen. Sie denken ferner, dass das steinerne Dach der Kolonnade in Stein geformte Holzbalken zeigte.

Um 2000 v. Chr. hörten die Ägypter auf, Stein wie einen Ersatz für natürliche Materialien zu formen und nutzten ihn wegen seiner eigenen Qualitäten. Sie setzten Tempel an Felswände, und Reihen von rechteckigen Pfeilern beziehen sich auf das darüber aufsteigende Gestein. Die Ägypter konstruierten auch Hypostyl-Hallen, deren

Der große Hypostyl in Karnak weist zwölf besonders hohe Säulen auf, die alle anderen überragen. Sie bildeten eine zentrale, überdachte Zone.

Siehe auch: Der Bogen 38–41 ▪ Die Basilika 48–49 ▪ Renaissance 106–113 ▪ Renaissance in Frankreich und Spanien 118–121 ▪ Palladianismus 122–123 ▪ Neuer Klassizismus 305

Ab dem 3. Jt. v. Chr. entstehen im **alten Ägypten** große Gebäude aus Stein, für die auch Säulen genutzt werden.

Die **alten Griechen,** von **Ägypten** beeinflusst, **entwickeln neue Regeln** für das Bauen mit Stein, **die Ordnungen.**

Die **dorische Ordnung** definiert eine Reihe von Regeln für **Form und Proportion** in der Architektur.

Die **ionische Ordnung** verbreitet sich von **Kleinasien** aus. Eine dritte Ordnung, die **korinthische,** entwickelt sich aus der ionischen.

Die **Römer** übernehmen die griechischen Ordnungen und entwickeln zwei eigene – die **tuskische** und die **Kompositordnung.**

Dächer von Säulen oder Pfeilern getragen werden. Dabei nutzten sie die Stabilität des Steins, um Räume zu schaffen, wie man sie noch nie gesehen hatte. Der große Hypostyl (um 1290–1250 v. Chr.) im Tempelkomplex von Karnak in Theben – Hauptstadt des alten Ägypten auf seinem Höhepunkt – ist ein gewaltiger, kathedralenartiger Raum mit einem Wald von 134 Säulen, jeweils 21 m hoch. Die Kapitelle (vom lateinischen *caput,* Kopf) sind wie Papyrusstängel geformt.

Weiterentwicklungen

Manche Säulen sind aus einem einzigen Stein gehauen, doch als die Gebäude in Ägypten immer größer wurden und Ausmaße wie in Karnak annahmen, wurde es notwendig, die Säulen aus sogenannten Trommeln zusammenzusetzen. Diese mächtigen Steinscheiben wurden einzeln bearbeitet und dann mittig mit einem Dübel verbunden. Über ihre Funktion als Bauelement hinaus kam den Säulen auch symbolische Bedeutung zu. Die Kapitelle waren so gestaltet, dass sie an Papyrus- oder Lotuspflanzen erinnerten oder die Gesichter von Gottheiten zeigten. Für seinen Totentempel in Theben ließ Pharao Ramses II. (reg. 1279–1213 v. Chr.) Säulen fertigen, die ihn selbst darstellten: Seine Füße bilden die Basis und sein Kopf das Kapitell. Ägyptische Säulen waren oft mit Hieroglyphen beschriftet oder bemalt, mitunter auch beides.

In Europa entstand unter den Minoern auf Kreta die erste Hochkultur. Durch Handelsbeziehungen nahmen sie Einflüsse aus Ägypten auf, entwickelten aber eine eigene Säulenform aus Holzstämmen mit steinerner Basis und steinernem Kapitell. Im Palast von Knossos (um 2100–1800 v. Chr.) finden sich zahlreiche solcher Säulen aus Zypressenstämmen, die umgekehrt aufgestellt wurden, sodass die Säulen oben breiter sind als unten.

Stärker war der ägyptische Einfluss in Persepolis, wo die Perser üppig dekorierte Steinsäulen aufstellten. Für Darius I. (reg. 522–486 v. Chr.) entstand ein Zeremonialzentrum mit der »Halle der hundert Säulen«. Die Kapitelle zeigen jeweils zwei Stierköpfe.

Die klassischen Ordnungen

Im 7. Jahrhundert begannen griechische Architekten, beeinflusst von dem, was Händler in Ägypten gesehen hatten, an Stelle von »

» Besinnen Sie sich auf den großen Moment in der Architektur, als die Wände verschwanden und die Säulen geschaffen wurden. «

Louis Kahn
amerikanischer Architekt
(1901–1974)

Die griechischen Säulenordnungen

Die Säulenordnungen unterscheiden sich in der Behandlung der Säule mit Basis und Kapitellen und des Gebälks, das von der Säule getragen wird. Dieser Aufbau besteht aus drei Hauptelementen: Architrav, Fries und Gesims. Seine Aufgabe ist es, die Fassade und den dreieckigen Giebel zu stützen oder die Balken, die das Dach tragen.

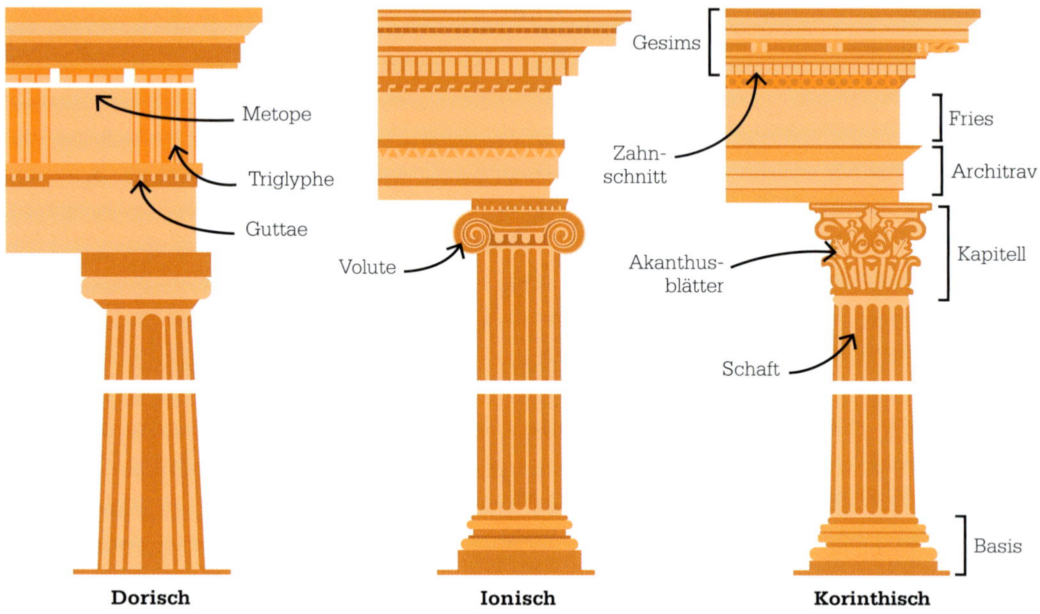

Holz den haltbareren Stein als bevorzugtes Material für ihre großen Bauten zu verwenden. Sie entwickelten einen Baustil, der ein Bewusstsein für Harmonie und klare Proportionen verrät. Besonders deutlich wird ihre Vision in der Säule und ihren Einzelteilen – Basis, Schaft und Kapitell – und dem Gebälk (Architrav, Fries und Gesims), das von der Säule getragen wird.

» Denn es kann kein Tempel ohne Symmetrie und Proportion in seiner Anlage gerechtfertigt werden. «

Vitruv
De architectura, 1. Jh. v. Chr.

Der Mensch als Maß

Der römische Architekt Vitruv beschreibt in seinem Buch *De architectura (Über die Architektur),* wie die von den Griechen entwickelten grundlegenden Proportionen aus der natürlichen Welt abgeleitet sind, insbesondere aus dem menschlichen Körper: »Wenn daher die Natur den Körper des Menschen so gebildet hat, dass die Glieder seiner ganzen Gestalt in bestimmten Verhältnissen entsprechen«, erklärte Vitruv, so gelte bei den alten Griechen »auch bei der Ausführung von Bauwerken ein genaues Maßverhältnis der einzelnen Glieder«. Die Griechen legten fest, dass die Länge eines Männerfußes ein Sechstel der gesamten Körpergröße beträgt. Dieses Verhältnis von 6:1 wandten sie auf die Säule an, indem sie den Schaft mit Kapitell auf das Sechsfache der Säulenbreite am Fuß erhöhten. So entstand die dorische Säule, die das »Verhältnis und die gedrungene Schönheit des männlichen Körpers« widerspiegelt. In der Architektur des griechischen Mutterlands tauchen dorische Säulen im 7. Jahrhundert v. Chr. auf, etwa im Heratempel in Olympia.

Das Gebälk über den dorischen Säulen besteht aus einem Fries mit Metopen – viereckige, manchmal glatte, gewöhnlich aber skulptierte Platten – zwischen vertikal geriffelten Blöcken, Triglyphen genannt. Unter jeder Triglyphe befindet sich eine Reihe kleiner, dekorativer Klötzchen – die *guttae* –, vielleicht eine Reminiszenz an die Holzpflöcke, die zur Absicherung der Dachbalken gebraucht wurden, als man noch mit Holz baute.

Vitruv schreibt, dass die Griechen für den Bau eines Artemistempels eine Architektur wünschten, die die Weiblichkeit spiegelte

» Der Parthenon ist der Traum eines Architekten. Er ist, was Architektur war, ist und sein sollte. «

Edward Hollis
britischer Architekt (*1970)

und wählten das neue, schlankere Verhältnis von 8:1. Sie gaben der Säule eine dekorative Basis, die der dorischen fehlte, und ein kunstvoll gearbeitetes Kapitell mit Voluten, die an Haarlocken erinnern. Der Schaft hat flache, vertikale Hohlkehlen, Kanneluren genannt, wie Falten in einem Gewand – aber auch dorische Säulen können Kanneluren aufweisen. Mit den Worten Vitruvs gleicht die ionische Ordnung jungen Frauen, »die wegen der Zartheit ihres Alters aus schlankeren Gliedern gebaut« sind. Seine Erklärung ist ansprechend, aber realitätsfremd. Die neue Ordnung entwickelte sich in Wirklichkeit in den griechischen Kolonien in Ionien (an der türkischen Westküste) und wurde ins Mutterland weitergegeben. Ein dritter, späterer Stil, der korinthische – nach der gleichnamigen Stadt – hat ein ähnliches Gebälk wie die ionische Ordnung, aber viel aufwendigere Kapitelle mit skulptierten Akanthusblättern, dem Symbol für Unsterblichkeit.

Griechische Tempel

Die griechischen Ordnungen bestimmten nicht nur die Form, die Proportionen und Details der Säulen, sondern das gesamte Gebäude. Die künstlerische Vollkommenheit griechischer Architektur vermitteln am besten die Tempel, allen voran der Parthenon (um 447–432 v. Chr.). Er gilt als Höhepunkt klassischer griechischer Kunst. In Auftrag gegeben von dem Staatsmann Perikles, wurde er von den Baumeistern Iktinos und Kallikrates entworfen.

Wie fast alle Tempel der Zeit weist der Parthenon einen einfachen rechteckigen Grundriss mit Säulenreihen an allen vier Seiten und einem gemauerten, zentralen Schrein (der *cella*) mit dem Kultbild auf – in diesem Fall ein Standbild der Athena, Schutzgöttin der Stadt Athen. Was den Parthenon so außergewöhnlich macht, sind seine perfekten Proportionen und seine Raffinesse, verstärkt durch die bewusste Nutzung optischer Illusion.

Es ist nicht augenfällig, aber der Parthenon hat tatsächlich nur wenige gerade Linien und rechte Winkel. Die Form eines jeden Elements wurde leicht verändert, um den Betrachter zu täuschen, »

Die dorischen Säulen des Parthenons sind ganz leicht nach innen geneigt. So wirken sie von unten betrachtet perfekt vertikal.

sodass er etwas sieht, das frei zu sein scheint von visuellen Verzerrungen durch das menschliche Auge, und größte Erhabenheit hervorruft. So wölben sich die Säulen in der Mitte leicht nach außen, damit sie aus gewissem Abstand betrachtet dort nicht schlanker wirken. Sie neigen sich ganz leicht nach innen, um völlig grade zu erscheinen.

Römische Beiträge

Als die Römer im 2. Jahrhundert v. Chr. im Mittelmeerraum zur Großmacht geworden waren, griffen sie auf die Leistungen älterer Kulturen zurück. In Ägypten errichteten sie Tempel, die aussahen wie jene der großen Pharaonen der Vergangenheit, und auf der anderen Seite des Mittelmeers übernahmen sie die Regeln der klassischen griechischen Ordnungen. Welches Bauwerk auch immer, die Römer folgten den griechischen Regeln für Proportion, Harmonie und Schönheit.

Es blieb nicht bei bloßer Nachahmung der Griechen, die Römer entwickelten auch zwei neue Säulenordnungen, die tuskische und die Kompositordnung. Die tuskische ist die einfachste von allen Ordnungen, mit glattem Säulenschaft, einfachem Kapitell und Basis. Mit ihrer kraftvollen Form hat sie fast etwas Militärisches. Im Gegensatz dazu ist die Kompositordnung die kunstvollste der klassischen Ordnungen: Sie verbindet die Voluten der ionischen mit den Akanthusblättern der korinthischen Ordnung und weist mit einem Verhältnis von 10:1 die schlanksten Säulen auf.

Römische Tempel

Wie in Griechenland gehörten auch im alten Rom Tempel zu den wichtigsten Bauten. Alle Städte von gewisser Bedeutung hatten einen Haupttempel. Seine Form folgte dem griechischen Vorbild, mit rechteckigem Grundriss und Kolonnaden an den vier Seiten, die das Giebeldach trugen. Im Inneren befand sich die *cella,* der Raum mit dem Kultbild der Gottheit, der ein Tempel geweiht war.

Römische Tempel betonen gerne die Vorderseite mit breiten Treppen, die in einen Portikus führen – ein überdachter Vorbau, der den Eingang schützt. Auch der Unterbau, auf dem die Tempel standen, war bei den Römern deutlich höher als bei den Griechen. Seiten und Rückseite waren oft ohne Schmuck und nicht zugänglich – nur die Vorderseite hatte eine Treppe. Das unterscheidet sie von den griechischen Tempeln, die von allen Seiten gesehen werden sollten und zugänglich waren.

Beispielhaft für die römische Tempelarchitektur ist die Maison Carrée (»rechteckiges Haus«) in der südfranzösischen Stadt Nîmes, einer der besterhaltenen römischen Tempel. Er wurde um 19 v. Chr. während der Regierungszeit von

> »Hier bin ich, Madame, und schaue stundenlang auf die Maison Carrée …«
>
> **Thomas Jefferson**
> Brief an Madam de Tessé, 1787

Vitruv

Vom Leben des Marcus Vitruvius Pollio, meist Vitruv genannt, ist wenig bekannt, außer dass er ein römischer Militärarchitekt und Ingenieur war, der im 1. Jh. v. Chr. lebte. Seine Entwürfe umfassten Sonnenuhren, Pumpen und Katapulte, doch sein Ruhm beruht auf den zehn Bänden der Abhandlung *De architectura* (Über die Architektur). Sie enthalten Informationen über die antike Baupraxis, über Straßen- und Stadtplanung wie auch die erste Beschreibung der antiken Säulenordnungen.

Vitruv formulierte drei Grundsätze für die Architektur: *firmitas* (Festigkeit, Stärke), *utilitas* (Zweckmäßigkeit) und *venustas* (Schönheit, Anmut). Wie die alten Griechen glaubte er, dass wahre Schönheit aus den Proportionen der Natur abzuleiten ist, wie sie in den antiken Ordnungen überliefert sind. Als einziges erhaltenes antikes Werk zu diesem Thema war Vitruvs *De architectura* ein Schlüsselwerk für die Architekten der italienischen Renaissance ebenso wie für spätere Revivals der griechischen und römischen Baukunst. Für sie alle galt Vitruv als maßgebliche Autorität.

Die Maison Carrée in Nîmes (Frankreich) ist ein römischer Tempel mit korinthischen Säulen, die einen großen Portikus stützen und dann als Halbsäulen die Mauer der *cella* schmücken.

Kaiser Augustus (reg. 31 v. Chr.–14 n. Chr.) erbaut. Der Tempel erhebt sich auf einem 2,85 m hohen Podium, eine Treppe führt durch den Portikus in die große *cella*. Der Portikus wird von korinthischen Säulen getragen, zusammen mit Kompositsäulen die am häufigsten verwendete Säulenform der römischen Architektur. Die umlaufenden Säulen sind teilweise als Halbsäulen vor die Mauer der *cella* gesetzt. Der Tempel stand im Herzen des römischen Nîmes auf dem Forum, dem wichtigsten öffentlichen Platz.

Die Konstruktion der römischen Tempel ist mathematisch nicht so präzise wie die der besten griechischen und ihre Ausschmückung nicht so raffiniert, dennoch diente die Maison Carrée als Vorbild für eine Vielzahl späterer architektonischer Wahrzeichen. In Richmond (Virginia) wurde nach 1785 das State Capitol nach einem Entwurf des späteren amerikanischen Präsidenten Thomas Jefferson errichtet, der ein Modell der Maison Carrée besaß. Der römische Tempel ist auch das Vorbild für La Madeleine in Paris, auf Geheiß Napoleons 1806 als »Tempel des Ruhms der Großen Armee« begonnen und 1842 als Kirche geweiht.

»Mit den Säulenordnungen kann man nicht herumspielen … Richtig verwendet, sind sie von bezwingender Schönheit, unveränderbar wie pflanzliche Formen.«

Edwin Lutyens
britischer Architekt (1869–1944)

Das Erbe der Antike

Für die Baumeister im antiken Griechenland waren die Säulen tragende Elemente und die Ordnungen hatten ihre besondere Bedeutung. Bei den Römern konnten Säulen ebenfalls als tragendes Element dienen, häufig waren sie aber auch als Halbsäulen den Mauern vorgesetzt, die das Gewicht des Gebäudes trugen. So kam den Säulen eine schmückende Funktion zu. Noch deutlicher lässt sich diese Ästhetik an den Pilastern ablesen – aus der Wand vorstehenden Mauerstreifen als Andeutung von Pfeilern. Die Römer kombinierten auch gerne verschiedene Ordnungen in einem Gebäude, so etwa im Kolosseum in Rom. Dort findet man im Erdgeschoss tuskische Säulen, auf der Ebene darüber ionische, auf der nächsten korinthische und ganz oben Kompositsäulen.

Die griechische Architektur ging nie über das Konzept von Stütze und Last mit einem Sturz als vertikalem Konstruktionselement hinaus. Es blieb den Römern vorbehalten, perfekte Bögen, Gewölbe und Kuppeln zu bauen. Die Griechen aber schufen die logischsten, präzisesten und schönsten Bauwerke, indem sie sich an den Ordnungen orientierten. Sie ebneten den Weg für die Architekten der Renaissance und des Klassizismus. ■

VERSTÄRKUNG DER STIMME

DAS THEATER

IM KONTEXT

THEMA
Ein Platz für Schauspiele

FRÜHER
um 760 v. Chr. Erste belegte Spiele in Olympia (Griechenland); ein Stadion wurde hier erst im 6. Jh. v. Chr. gebaut.

um 700 v. Chr. Bei Festspielen zu Ehren von Dionysos, dem Gott des Weines, finden in Athen Bühnenaufführungen statt.

SPÄTER
um 240 v. Chr. Erste Theateraufführungen in Rom als Bestandteil öffentlicher Festspiele.

um 75 v. Chr. In Pompeji (Italien) wird ein Amphitheater gebaut – eine runde Arena im Unterschied zum halbkreisförmigen Theater.

um 55 v. Chr. Im Auftrag von Pompeius dem Großen wird in Rom das erste vollständig aus Stein gebaute Theater fertiggestellt.

Außer den Tempeln schufen die alten Griechen eine ganze Reihe von öffentlichen Gebäuden und Plätzen, wie die Agora (Versammlungsplatz und Zentralmarkt), das Stadion (für Leichtathletik), Hippodrome (für Pferde- und Wagenrennen) und Theater unter freiem Himmel. Auf alle diese Bauten wendeten die Griechen dieselben Ordnungsprinzipien an, um jene einheitliche Ästhetik zu erreichen, die das Kennzeichen ihrer Architektur ist.

In mancher Hinsicht sind die von den Griechen eingeführten Prinzipien noch heute maßgeblich, vor allem beim Theaterbau.

Mit den Mitteln der Natur

Seit dem 6. Jahrhundert v. Chr. spielte das Drama eine wichtige Rolle im öffentlichen Leben des antiken Griechenland, und fast jede Stadt hatte ein Theater (von *theatron,* »Schauplatz«). Griechische Theaterentwürfe gründen auf der Kenntnis von Geometrie, Akustik und Landschaft, um die besten Voraussetzungen für Aufführungen zu schaffen. Der römische Architekt Vitruv erklärte im 1. Jahrhundert v. Chr., wie die Griechen natür-

Das Theater in Epidauros auf dem Berg Kynortion in der Argolis (Griechenland) fasste etwa 13 000 bis 14 000 Besucher.

Siehe auch: Die Säule 26–33 ▪ Der Bogen 38–41 ▪ Felsenarchitektur 88–89 ▪ Renaissance 106–113 ▪ Klassizismus 150–153 ▪ Klassizistische Postmoderne 286–287 ▪ Neuer Klassizismus 305

liche Erhebungen für ihre Theater nutzten, sorgfältig ausgewählt nach klarer Sicht und klangtragenden Winden. Antike Theater werden oft für ihre gute Akustik gelobt. Dabei mögen die steil ansteigenden Sitzreihen eine Rolle spielen, die höhere Frequenzen in den Stimmen der Schauspieler verstärken, niedrige Frequenzen, wie das Murmeln des Publikums, hingegen ausfiltern. Standorte wurden auch wegen ihrer Naturschönheit gewählt, um den Zuschauern nicht nur den Blick auf die Bühne zu bieten, sondern auch auf die Landschaft dahinter.

Anfangs saß das Publikum vermutlich auf dem Hügel selbst. Später stellte man Steinbänke auf. Im Zentrum der Aufmerksamkeit stand die Spielfläche am Fuß des Hügels, die *orchestra.* Dahinter befand sich die *skene,* oft ein Zelt, wo die Schauspieler ihre Kostüme wechselten. Später bot eine flach gedeckte *skene* eine erhöhte Spielfläche.

Grundlagen für den Bau eines Theaters

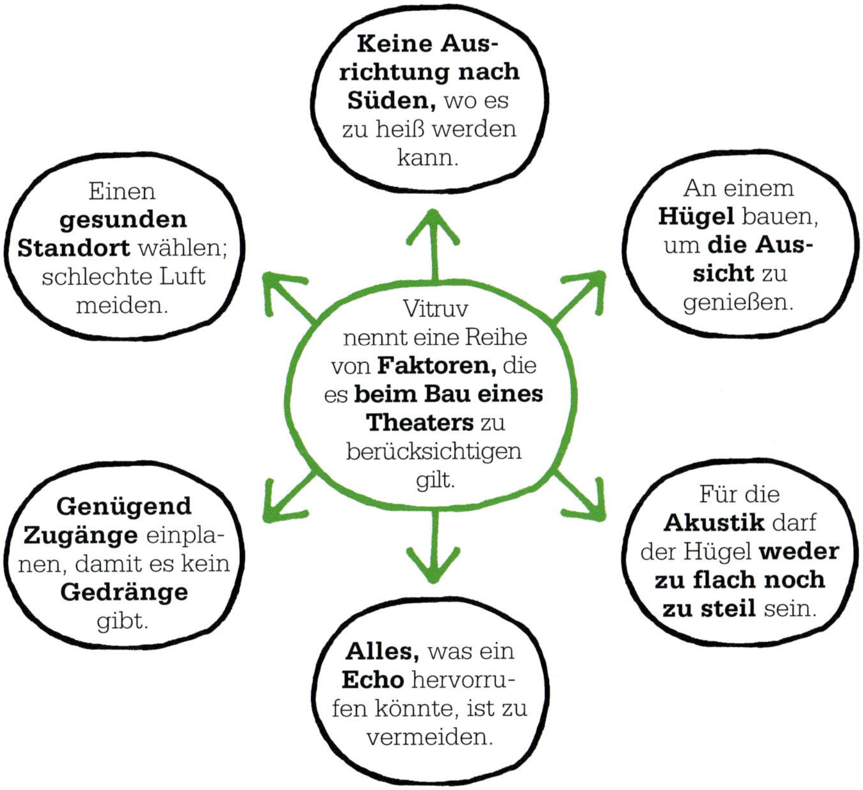

Auf dem Höhepunkt

Erbaut im 6. Jahrhundert v. Chr. als Teil eines dem Gott des Weines geweihten Heiligtums, gilt das Theater des Dionysos am südlichen Abhang der Akropolis in Athen als Prototyp des griechischen Theaters. In jedem Frühjahr wurden hier Schauspiele (Dionysien) zu Ehren des Dionysos aufgeführt und die berühmtesten Meister stellten ihre Stücke in einem Wettstreit vor.

Die Kunst des griechischen Theaterbaus erreicht ihren Höhepunkt in Epidauros auf der östlichen Peloponnes. Das Theater, um 340 v. Chr. errichtet, vermutlich von einem Baumeister namens Polyklet, gilt wegen seiner Akustik und Ästhetik als das perfekte Theater des antiken Griechenland. Im 2. Jahrhundert n. Chr. schrieb der Reiseschriftsteller Pausanias: »Die Epidaurier haben in dem heiligen Bezirk ein Theater, das höchst sehenswert ist … was Ebenmaß oder Schönheit betrifft, welcher Baumeister wäre zum Wettstreit mit einem Polyklétus geeignet?«

Weitere Entwicklung

Die Griechen bauten Theater auch in ihren Kolonien in der gesamten Ägäis. Später führten die Römer diese Tradition fort. Ihre Theater jedoch standen frei und sie waren nicht mehr an eine bestimmte Topografie gebunden. Zum römischen Theater gehörte eine dekorative Bühnenwand *(scenae frons),* die mit Säulen, Statuen und Reliefs geschmückt war. ■

> »In Epidauros … hörte ich das Herz der Welt schlagen.«
>
> **Henry Miller**
> amerikanischer Schriftsteller (1891–1980)

ALLÜBERALL MÖGEN STUPAS ENTSTEHEN

DER STUPA

IM KONTEXT

THEMA
Buddhistische Architektur

FRÜHER
um 480 v. Chr. Tod des indischen Religionsstifters Siddhartha Gautama, besser bekannt als Buddha.

268 v. Chr. Ashoka, Förderer des Buddhismus und Erbauer der ersten Stupas, wird Herrscher über fast den gesamten indischen Subkontinent.

SPÄTER
68 n. Chr. Gründung des Tempels des weißen Pferdes bei Luoyang in der Provinz Henan; damit hält der Buddhismus offiziell Einzug in China.

538 Einwanderer aus Korea bringen den Buddhismus nach Japan.

9. Jh. In Borobudur auf Java (Indonesien) entsteht der größte buddhistische Tempel der Welt; seine zentrale Kuppel ist von 72 Stupas mit Buddhastautuen umgeben.

Der buddhistische Stupa ist im Grunde ein kuppelförmiger Erdhügel, mit Ziegeln oder Stein verkleidet. Sein Ursprung führt möglicherweise zurück zu den Hügelgräbern, die in vielen alten Kulturen verbreitet waren, auch in Indien, wo der Buddhismus entstanden ist.

Die Stupas symbolisieren den Grabhügel Buddhas. Darum enthalten sie oft Reliquien oder religiöse Objekte. Ein Stupa wird nicht betreten – die Gläubigen umschreiten ihn vielmehr meditierend.

Frühe Stupas

Der früheste bekannte Stupa ist der Große Stupa im zentralindischen Sanchi. Er stammt aus der Regierungszeit König Ashokas (um 269–232 v. Chr.) und besteht aus einer halbkugelförmigen Kuppel (*anda,* Symbol der himmlischen Sphäre) auf einer kreisrunden Plattform. Im Inneren befindet sich eine Reliquienkammer. Oben auf der Kuppel sitzt ein *chhatraveli,* ein fialenartiger Aufsatz mit drei Scheiben, die die zentralen Werte des Buddhismus symbolisieren: Buddha, Dharma (die Lehre) und *sanga* (der Mönch). Um den Stupa zieht sich ein Umgang mit Geländer, die vier Himmelsrichtungen sind jeweils durch ein Zeremonialtor hervorgehoben, bekrönt von Reliefdarstellungen aus dem Leben Buddhas.

Mit der Ausbreitung des Buddhismus über Asien entstanden zahlreiche Stupas als Fixpunkte für die neuen Anhänger der Religion. Mit der Zeit wandelte sich die Form der Stupas, sie wurden höher und schlanker, bisweilen sogar fast pyramidenförmig. ■

» Mit unseren Gedanken erschaffen wir die Welt. «

Buddha
aus dem *Dhammapada,*
3. Jh. v. Chr.

Siehe auch: Die Zikkurat 20–21 ▪ Die Pyramiden 22–25 ▪ Die Kuppel 46–47 ▪ Frühes Kaiserreich in China 50–51 ▪ Indische Tempel 68–69 ▪ Tempel in Südostasien 86–87

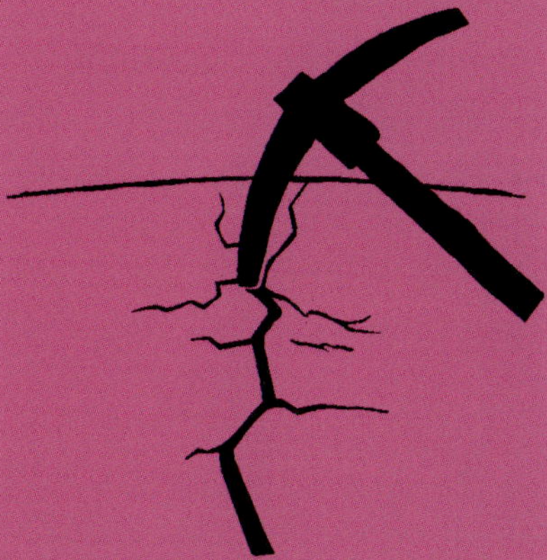

ICH ÖFFNETE DIE ADERN DER ERDE

DIE GROSSE MAUER

IM KONTEXT

THEMA
Einigung Chinas

FRÜHER
770–476 v. Chr. In der Zeit der Frühlings- und Herbstannalen werden viele hohe Verteidigungsmauern errichtet.

475–221 v. Chr. In der Zeit der Streitenden Reiche ist China zersplittert; nach dem Sieg der Qin-Dynastie wird das Reich geeint.

SPÄTER
1210 n. Chr. Mongolische Invasoren – geführt von Dschingis Khan – strömen über die angeblich unüberwindbare Große Mauer, um China zu erobern.

1368–1644 Während der Ming-Dynastie wird die Große Mauer wiederaufgebaut, stärker und höher als zuvor.

1961–1989 Die Berliner Mauer, aus Beton und befestigt, riegelt den Westteil der Stadt hermetisch ab.

Im Jahr 221 v. Chr. ging die Qin-Dynastie als Sieger aus der Zeit der Streitenden Reiche hervor und China war zum ersten Mal unter einer Führung vereint. Qin Shihuangdi, der Kaiser, schuf einen Zentralstaat, teilte ihn ein in Verwaltungsbezirke, standardisierte Maße, Gewichte und Schrift und begann ein großes Programm zum Bau von Straßen und Kanälen. Zum Schutz des Landes vor den Angriffen der Nomaden im Norden ließ er die erste Große Mauer bauen.

Vereint durch die Mauer

Damals gab es bereits eine Reihe von Schutzmauern, die ersten stammten aus dem 7. Jahrhundert v. Chr. Der Kaiser befahl, sie zu einer Einheit zu verbinden und fehlende Teile zu ergänzen. Die Baumethoden variierten: In bergigen Gegenden wurde Stein verbaut, in anderen gestampfter Lehm. Die Bauleute nutzten die natürlichen Gegebenheiten zu ihren Gunsten und konstruierten so eine Mauer, die sich über Höhen, Bergkämme und Schluchten windet. In regelmäßigen Abständen waren Wachtürme eingefügt, die es den Verteidigern erlaubten, herannahende Gefahren zu erkennen.

Die Große Mauer war nicht nur ein Schutz gegen Angreifer, sie markierte auch die Ausdehnung des Reiches und seiner Kultur und damit der Nation. Von der ersten Mauer ist so gut wie nichts erhalten – was wir heute sehen, ist zumeist später wiederaufgebaut worden. ■

Die offizielle Länge der Großen Mauer, einschließlich aller Hauptwege und Abzweigungen, beträgt 21 196,18 km. Das Foto zeigt den restaurierten Abschnitt in Jinshanling.

Siehe auch: Frühes Kaiserreich in China 50–51 ▪ Burgen 72–73 ▪ Lehm 90–93 ▪ Spätes Kaiserreich in China 96–97

ZWEI SCHWÄCHEN, ZU EINER STÄRKE VEREINT

DER BOGEN

IM KONTEXT

THEMA
Große Bauten abstützen

FRÜHER
2. Jt. v. Chr. In Mesopotamien entstehen gewölbte Tempel und Eingangstore.

um 1850 v. Chr. Die bronzezeitlichen Kanaaniter (Israel) bauen gewölbte Stadttore.

4. Jh. v. Chr. Die Griechen auf Rhodos nutzen für den Bau einer Bogenbrücke Keilsteine.

SPÄTER
3./6. Jh. n. Chr. Der aus gebrannten Ziegeln errichtete Torbogen Taq Kasra im Palast der sassanidischen Könige im mesopotamischen Ktesiphon blieb lange der größte Bogen.

715 Bau der Omaijaden-Moschee in Damaskus (Syrien). Arkaden (Bogenreihen) werden ein Kennzeichen islamischer Architektur.

Römische Ingenieure waren die Ersten, die den echten Bogen aus Stein nutzten, um große Bauten abzustützen und weite Räume zu überspannen. Ein echter Bogen wird aus Keilsteinen gebildet, mit einem Schlussstein oben in der Mitte, der die Konstruktion stabilisiert. Die Römer erkannten das Potenzial des Bogens und waren so in der Lage, komplexere und anspruchsvollere Bauwerke zu errichten als all ihre Vorgänger.

Bereits seit dem 3. Jahrtausend v. Chr. war der Kragbogen bekannt. Dafür schichtete man nach innen vorkragende Steinblöcke aufeinander, bis sie oben zusammentrafen. Einige wenige echte Bögen, die

Siehe auch: Die Säule 26–33 ▪ Das Theater 34–35 ▪ Die Kuppel 46–47 ▪ Islamische Inspiration 58–63 ▪ Romanik 70–71 ▪ Gotik 74–81 ▪ Renaissance 106–113 ▪ Klassizismus 150–153 ▪ Architektur als politisches Statement 238–241

Die Porta all'Arco, ein etruskischer Steinbogen in Volterra. Die Keilsteine bestehen aus lokalem Kalkstein, verwitterte Köpfe aus Basalt stellen wohl etruskische oder römische Gottheiten dar.

stabiler und haltbarer waren, kennt man von Tempeln aus Lehmziegeln und Häusern von Wohlhabenden in Mesopotamien (Irak) und ägyptischen Getreidespeichern. Die alten Griechen kannten Bögen, aber ihre Architektur verließ sich zumeist auf Konstruktionen aus Stütze und Sturz, also Pfeiler oder Säulen, die einen aufliegenden Sturz oder Balken trugen. Von wenigen Ausnahmen abgesehen, nutzten sie den Bogen nur in unterirdischen Konstruktionen wie Abwasserkanälen.

Das etruskische Tor

Vermutlich lernten die Römer die Konstruktion des Bogens von den Etruskern, die seit etwa 900 v. Chr. im Gebiet des westlichen Italien siedelten und im 1. Jahrhundert v. Chr. ins Römische Reich integriert wurden. Die Porta all'Arco (»Bogentor«) im toskanischen Volterra ist ein etruskisches Eingangstor aus dem 4. Jahrhundert v. Chr. und ein echter Bogen. Ziemlich sicher beeinflusste er die Römer, die das Tor im 1. Jahrhundert v. Chr. teilweise umgestalteten.

Der Triumphbogen

Einige der eindrucksvollsten römischen Bögen sind die Monumente, die zu Ehren siegreicher Generäle im Krieg errichtet wurden. Solche Bögen waren von beeindruckender Größe und standen auf wichtigen Straßen. Sie waren von einem Aufbau bekrönt, der *attica,* auf der Skulpturen standen. In den ersten Triumphbögen war die Person, die damit geehrt wurde, auf der *attica* in einer Quadriga dargestellt, einem von vier Pferden gezogenen Wagen. Spätere Bögen zeigen meist den jeweils herrschenden Kaiser.

Rom erhielt seinen ersten Triumphbogen 196 v. Chr., in Auftrag gegeben von Lucius Stertinius, dem aus Hispania Ulterior (Südspanien) zurückkehrenden Prokonsul. Im 4. Jahrhundert n. Chr. gab es 36 solcher Monumente in der Stadt. Der größte von allen war der Konstantinsbogen, vor dem Kolosseum am Ende der Via Triumphalis auf dem Weg zum Forum, im Jahr 315 dem Kaiser gewidmet. Den weiten mittleren Bogen flankieren zwei kleinere, schmalere. Die Konstruktion besteht aus Gussmörtel, einer Art Beton, mit Ziegeln verkleidet und mit Steinreliefs und Skulpturen verziert. Der Konstantinsbogen diente als Vorbild für spätere Bauten wie Marble Arch in London (1833), den Arc de Triomphe in Paris (1836) und das Theodore »

»Ferner ist es so einzurichten, dass Bogensprengungen mit dem Keilschnitt ihrer Steine … die Last der Wände erleichtern.«

Vitruv
römischer Architekt und Ingenieur (1. Jh. v. Chr.)

» Das Monument [der Pont du Gard] … erhebt sich majestätisch mitten in der tiefsten Einsamkeit. Die Seele wird in ein tiefes und lang anhaltendes Erstaunen versetzt. «

Stendhal
französischer Schriftsteller
(1783–1842)

Die frühen Kulturen bauen **Kragbögen** aus **Steinblöcken,** die stufenweise innen vorkragen, bis sie oben zusammentreffen.

↓

Ägypter und Mesopotamier errichten **schlanke Bögen und Gewölbe** aus luftgetrockneten Lehmziegeln und Lehmmörtel.

↓

Die Etrusker konstruieren **Bögen aus Keilsteinen,** um die von oben einwirkenden Kräfte gleichmäßig zu verteilen.

↓

Die Römer verwenden **Reihen von Bögen,** um Brücken und Aquädukte zu stützen, und sie entwickeln aus dem Bogen **neue Gewölbeformen.**

Roosevelt Memorial (1936). Es bildet den Haupteingang des Museum of Natural History in New York.

Brückenbau

Der Brückenbau spielte eine Schlüsselrolle bei den römischen Siegen und der Ausdehnung des Imperiums. Die Truppen waren sehr beweglich und in den eroberten Gebieten schufen die Ingenieure die erforderliche Infrastruktur, um Flüsse und Täler zu überqueren.

Die erste römische Bogenbrücke aus Stein datiert aus dem 2. Jahrhundert v. Chr. Die älteste noch bestehende ist der Pons Fabricius in Rom, 62 v. Chr. über den Tiber gebaut und bis heute in Gebrauch. Die Wölbung dieser frühen Bögen beschreibt einen perfekten Halbkreis. Spätere römische Steinbrücken ruhten auf halbkreisförmigen Bögen, getragen von Pfeilern, oder auf Segmentbögen mit einer Krümmung von weniger als 180 Grad.

Römische Ingenieure erkannten als Erste, dass sich durch die Reihung von Stützbögen große Distanzen überbrücken ließen. Die Trajansbrücke über die Donau, erbaut 105 n. Chr. im heutigen Rumänien und Serbien, ist 1135 m lang. Entworfen hat sie der Baumeister Apollodoros von Damaskus. Sie war für die folgenden 1000 Jahre die längste Brücke der Welt, wurde jedoch im 3. Jahrhundert zerstört, um eine Invasion der Barbaren zu verhindern. Die Brücke bei Alcántara in Spanien, dem römischen Kaiser Trajan gewidmet, ist 194 m lang und bis heute in Gebrauch. Sechs weite Bögen überspannen den Fluss Tajo und tragen etwa 48 m über dem Fluss eine Straße.

Wasserleitungen

Die Römer bauten auch lange, von Bögen gestützte Wasserleitungen, die Aquädukte. Sie übertrafen als technische Meisterleistungen noch die Brücken. Der Pont du Gard in der Provence (Frankreich) etwa mit seinen drei Ebenen, um 60 n. Chr. errichtet, um Nîmes mit Wasser zu versorgen, ist etwa 48 m hoch und damit der höchste römische Aquä-

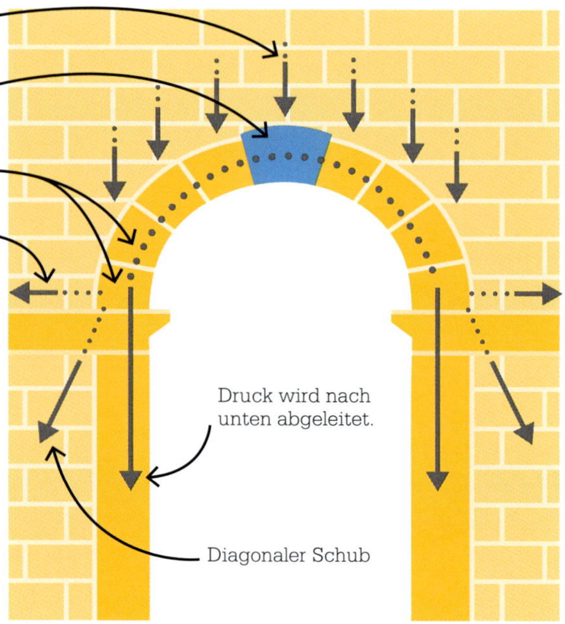

Ein Bogen kann schwere Bauteile stützen, weil er die Last von oben über die bogenförmig gesetzten Keilsteine in den Boden ableitet. Neben dem Druck, der nach unten wirkt, erzeugt die Last auch Schub, der seitlich und diagonal wirkt und von dem umgebenden Mauerwerk aufgenommen wird.

Die Arkaden waren ursprünglich mit heimischem Marmor verkleidet. Im Lauf der Jahrhunderte wurde er abgenommen und zu Kalk gebrannt.

dukt. Er ist das Herzstück einer Wasserleitung von 50 km Länge. Ebenfalls im 1. Jahrhundert n. Chr. entstand der kleinere Aquädukt in Segovia (Spanien), der immer noch genutzt wird. Er besteht aus zwei Bogenreihen, die in einer Art Gusstechnik errichtet wurden.

Amphitheater

Das Kolosseum in Rom ist das größte Amphitheater, das die Römer gebaut haben. Die Fassade ist in vier Zonen unterteilt, die drei unteren weisen Arkaden auf. Die Form leitet sich vom griechischen Theater her. Im Unterschied zu diesem, dem die Lage in einem Hügel zusätzliche Stabilität verlieh, ist das Kolosseum ein freistehendes elliptisches Bauwerk. Seine kraftvollen, eleganten Bögen tragen die aus Ziegeln gemauerten Sitzreihen im Inneren.

Nach acht Jahren Bauzeit wurde es in der kurzen Regierungszeit von Kaiser Titus im Jahr 80 n. Chr. vollendet. Die Grundfläche des Bauwerks beträgt etwa 24 000 m^2 und ursprünglich war es 48 m hoch. Die drei unteren Zonen der Fassade weisen jeweils 80 Arkaden auf, die oberste ist eine Mauer aus römischem Travertin. Die Arkaden werden durch Halbsäulen gegliedert. Die unterste Säulenreihe zeigt die dorischer Ordnung, die mittlere die ionische und die dritte die dekorativere korinthische – die Reihenfolge spiegelt die Hierarchie der Stile wider, wie sie in der Antike üblich war. Aber nicht die Säulen übernehmen hier die tragende Funktion, sondern die Arkadenreihen.

Massenveranstaltungen

In der unteren Zone des Kolosseums trägt jeder der 80 Bögen eine eingemeißelte römische Ziffer. Wie bei Theatern heute hatten die Zuschauer ein nummeriertes Ticket und betraten das Kolosseum durch den entsprechenden Eingangsbogen. Von dort gelangte man in die Korridore, die die Arena umliefen. Über diese Innengänge tragen weitere Gewölbekonstruktionen das Gewicht der Zuschauer und der Sitzreihen. Der gesamte Bau war so konstruiert, dass er schnell gefüllt und geräumt werden konnte und die Zuschauer von ihren Sitzplätzen aus einen ungestörten Blick auf das Spektakel des Tages hatten – Gladiatorenkämpfe oder simulierte Seeschlachten.

Zu den besten Zeiten fasste das Kolosseum etwa 55 000 Zuschauer, etwa so viele wie ein mittelgroßes modernes Stadion heute. ■

Das Gewölbe

Eine Reihe von halbkreisförmigen Bögen, die eine tunnelartige Decke bilden oder ein Dach tragen, wird Tonnengewölbe genannt. Solche Konstruktionen gab es bereits im alten Mesopotamien und in Ägypten, aber es waren die Römer, die das Gewölbe weiterentwickelten und es mit großem Erfolg verwendeten, unter anderem für das Pantheon und das Kolosseum.

Durch Rotation des Bogens schufen sie Kuppeln und Halbkuppeln. Sie entwickelten auch Kreuzgewölbe, indem sie zwei Tonnengewölbe im rechten Winkel ineinander setzten. Weil der Schub entlang der Diagonalen zu den vier Ecken der sich schneidenden Gewölbe geleitet wird, benötigen Kreuzgewölbe weniger Stützkraft. Ein schönes Beispiel für solche Gewölbe hat sich auf dem Trajansmarkt erhalten, einst das kommerzielle Zentrum des antiken Rom. Nach dem Untergang des Römischen Reiches geriet das Kreuzgewölbe in Vergessenheit und wurde erst in der Romanik wiederentdeckt.

EIN GEBÄUDE AN DEM ANDERN

DAS WOHNHAUS

IM KONTEXT

THEMA
Wie Menschen wohnen

FRÜHER
um 10 000 v. Chr. Im östlichen Mittelmeerraum entstehen in Natufien Ansiedlungen mit runden Steinsockelhäusern – erster Hinweis auf halbsesshafte Lebensformen.

um 6000 v. Chr. In Çatalhöyük (Türkei) – einer der ersten Großsiedlungen – betritt man die Lehmziegelhäuser über das Dach; sie haben Fenster, aber keine Türen.

SPÄTER
1046–1052 n. Chr. Der persische Dichter Nasir-i Chusrau berichtet von 14-stöckigen Gebäuden in Al Qahira (Kairo), in denen bis zu 350 Menschen wohnen.

1542 Mit der Villa Godi setzt Renaissancearchitekt Andrea Palladio einen neuen Trend.

Wohnhäuser für die Reichen und Massenquartiere bestanden jahrtausendelang nebeneinander. Im alten Mesopotamien gab es Paläste, Einzelhäuser und dicht bewohnte, mehrstöckige Quartiere. Mohenjo-Daro, eine Siedlung im Industal (Pakistan), zählte um 2500 v. Chr. an die 40 000 Einwohner. Die Häuser aus gebrannten Ziegeln waren planvoll rechtwinklig angeordnet.

Im 2. Jahrtausend v. Chr. bauten die ägyptischen Herrscher Siedlungen für die Arbeiter, wie etwa die Grabanlagen im Tal der Könige bauten. Ausgrabungen förderten Wohnblöcke und Reihenhäuser zutage, aber auch herrschaftliche

Siehe auch: Schutz 18–19 ▪ Die Säule 26–33 ▪ Pueblos 66–67 ▪ Lehm 90–93 ▪ Bergstädte 100–101 ▪ Die Idealstadt 115 ▪ Palladianismus 122–123 ▪ Arts and Crafts 178–179 ▪ Die Gartenstadt 182–183 ▪ Expressive Massenquartiere 226–227

Mohenjo-Daro entwickelte sich im 3. Jt. v. Chr. aufgrund des fruchtbaren Bodens, der Landwirtschaft ermöglichte. Die Stadt besaß öffentliche Bäder, Versammlungsräume, Brunnen.

Anwesen mit zahlreichen Räumen. In dem ummauerten Dorf Deir el-Medina am Westufer Thebens säumten die Lehmziegelhäuser der Arbeiter dicht an dicht die enge Hauptstraße. Die meisten hatten drei Durchgangszimmer und einen Innenhof. Eine Außentreppe führte auf das Flachdach, das bei sommerlicher Hitze nachts als Schlafplatz dienen konnte.

Griechische Häuser

Seit dem 8. Jahrhundert v. Chr. hatten in Griechenland Häuser gewöhnlich zwei Zimmer und einen offenen Vorbau. Die Wände bestanden aus einer Holzbalkenkonstruktion, ausgefüllt mit Stroh und mit Lehm verputzt. Ein steinernes Fundament sorgte für Stabilität und bot Schutz vor Feuchtigkeit. Als die griechischen Stadtstaaten urbaner wurden, entstanden auch Häuser aus Stein, mit Ziegeldach. Die Räume führten oft in ein Peristyl (einen Kolonnadenhof), das Tageslicht bot, frische Luft und einen offenen Bereich als Rückzugsort für die Bewohner. Zur Straße hin gab es schmucklose Wände mit einer kleinen Tür.

Ausgrabungen in Olyntho, einer griechischen Stadt, die Philip II. von Makedonien 348 v. Chr. zerstörte und die Ende der 1920er-Jahre wiederentdeckt wurde, legten ein gitterförmiges Straßennetz mit Wohnblocks frei. Jeder umfasste zehn zweistöckige Häuser mit gepflastertem Innenhof. Während die Funktion der meisten Räume unbekannt ist, war das *andron* eine Domäne der Männer. Es diente nur zur Bewirtung von Gästen, die es sich auf Liegen bequem machten, wie auf vielen griechischen Vasen zu sehen ist.

Römische Stadthäuser

Die römische Zeit brachte Fortschritte in der Architektur, sowohl für bescheidene wie auch für luxuriösere Wohnsituationen. Das typische römische Stadthaus, oder *domus,* sah unseren Einfamilienhäusern ähnlich. Die Stadthäuser hatten gewöhnlich zwei Geschosse mit Schlafzimmern, Esszimmer und Küche. Es gab aber auch Besonderheiten in römischen Häusern, vor allem das Atrium. Es war der »

» … Holz und Steine für die neuen Gebäude, die immerwährend aufgeführt werden, weil so viele Häuser von selbst einstürzen, oder abbrennen, oder an andere verkauft werden, was auch häufig geschieht. «

Strabon
griechischer Geograf und Historiker
(um 64 v. Chr.–um 24 n. Chr.)

Mittelpunkt des Hauses, ein luxuriös eingerichteter Bereich, wo das Familienoberhaupt seine Gäste oder Geschäftspartner empfing. Ein *impluvium* (Wasserbecken) befand sich unmittelbar unter dem *compluvium* in der Decke – einer Öffnung, die Luft und Tageslicht hereinließ wie auch den Regen, der das Becken auffüllte (und in einen unterirdischen Wasserspeicher abfloss).

Um das Atrium herum gruppierten sich Schlafzimmer, ein Speisesaal *(triclinium)* und ein *tablinum,* wo Kunden empfangen und Unterlagen verwahrt wurden. Oft diente das *tablinum* auch als Zugang zu den privaten Bereichen des Hauses. Dieser war gelegentlich um ein Kolonnadenperistyl angeordnet, zu dem – je nach Größe des Hauses und Wohlstand des Besitzers – auch ein Garten mit Brunnen gehören konnte, ein Essbereich für den Sommer, Badezimmer und Küche.

Römisches Interior Design

In Pompeji und Herculaneum, zwei reichen römischen Städten, die durch den Ascheregen des Vesuvausbruchs 79 n. Chr. konserviert und so weitgehend erhalten blieben, zeigen die Häuser meist schmucklose Fassaden ohne Fenster, wie in Griechenland. Im Inneren aber waren die Gebäude aufwendig ausgestattet, mit Mosaikböden und Fresken an den Wänden. In Pompeji weist das Haus des Fauns, benannt nach einer Statue im *impluvium* im Atrium ein Mosaik mit dem Wort HAVE auf (eine Variante von *ave,* »Willkommen«), im Haus des tragischen Poeten sehen wir den Schriftzug CAVE CANEM (»Hüte dich vor dem Hund«). In einem Haus in Herculaneum an der nahen Küste findet sich im Innenhof ein Brunnen mit einem Mosaik des Meeresgottes Neptun und seiner Gefährtin Salacia. Neben dem Haus wurde in einem Laden Wein verkauft – eine gewerbliche Nutzung, die durchaus üblich war.

Wohnungen für Arme

Die Bevölkerung des Römischen Reiches bestand zu einem großen Teil aus armen Menschen auf dem Lande. Dort gibt es kaum Belege für Einzelhäuser, sondern nur Reste von Hütten und Unterständen aus Lehm, Holz oder Stroh. Zu den großen Villen (siehe Kasten ganz rechts) gehörten oft Quartiere für die Arbeitskräfte, die nur saisonal in der Landwirtschaft oder in der Olivenölproduktion tätig waren. Sie lebten dann in Gemeinschaftsräumen in der Nähe ihres Arbeitsplatzes. In Städten wie Rom, das im 1. und 2. Jahrhundert n. Chr. mehr als 1 Mio. Einwohner zählte, lebten die Armen zusammengepfercht in mehrgeschossigen Mietshäusern, genannt *insulae* (»Inseln«). Der Architekt Vitruv hatte im 1. Jahrhundert v. Chr. *insulae* als einzig praktikable Möglichkeit zur Beseitigung der Wohnungsnot gesehen, und er rühmte die Bautechnik, die solche Gebäude möglich machte.

Die Blocks waren aus luftgetrockneten Ziegeln gebaut und oft mehr als fünf oder sechs Stockwerke hoch – obwohl unter Augustus die Höhe gesetzlich auf 21 m und später unter Trajan auf 17 m begrenzt wurde. Die Wohnungen lagen um einen Innenhof und waren von dort aus über Treppen erreichbar. Im Erdgeschoss, zur Straße hin, gab es oft Geschäfte

»Da mithin der Stadtumkreis durch die verschiedenartigen Stockwerklagen nach der Höhe vervielfacht ist, so hat das römische Volk ohne Behinderung vortreffliche Wohnungen.«

Vitruv
De architectura, 1. Jh. v. Chr.

Das Peristyl im Haus des Menander in Pompeji hat eine Kolonnade aus dorischen Säulen. Der Name bezieht sich auf ein Fresko des griechischen Dichters, gefunden in einer Nische des Peristyls.

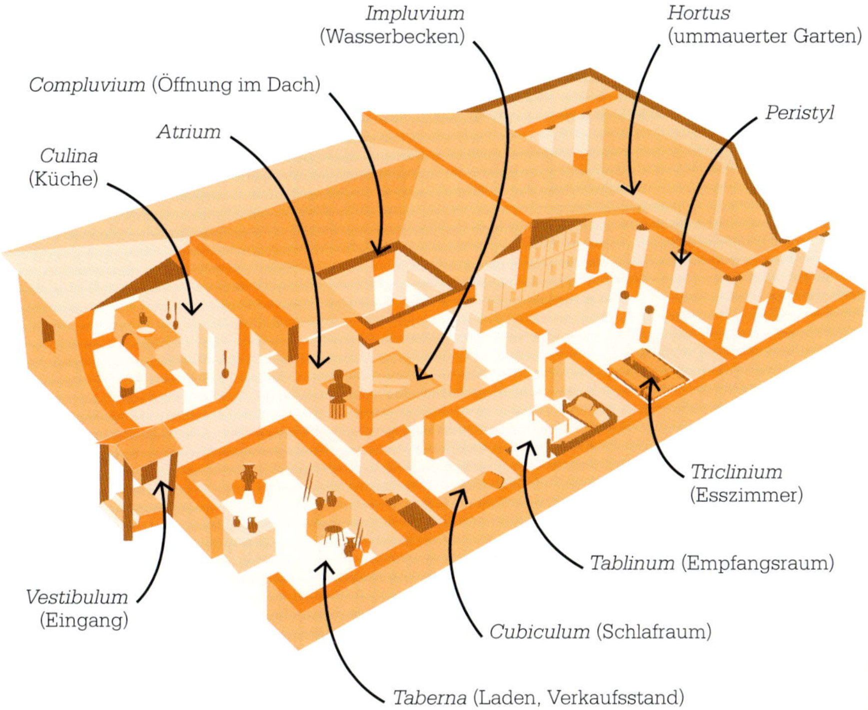

Die römische *domus* war der Wohnsitz der Mittel- und Oberschicht und normalerweise Wohn- und Geschäftshaus zugleich. Ihre Form variiert stark, je nach lokalen Baustilen sowie Reichtum und Ansehen des Besitzers. Größere Häuser wie dieses hatten ein Peristyl (Säulenhof), während kleinere nur über einen bescheidenen Garten *(hortus)* verfügten.

und Werkstätten. Auch wenn die *insulae* in gewisser Weise an moderne Wohnblocks erinnern, fehlten ihnen Glasfenster, und jede Öffnung wurde mit hölzernen Läden verschlossen. Fließendes Wasser und sanitäre Anlagen waren selten vorhanden, und das Wasser musste meist aus öffentlichen Brunnen nach oben getragen werden. Deshalb waren die unteren Räume die begehrtesten und die obersten die preisgünstigsten.

In den ersten Jahrhunderten n. Chr. bauten die Römer Zehntausende von *insulae*. Ein Gebäudeverzeichnis listet 315 n. Chr. für Rom 1781 *domus* und 44 850 *insulae* auf. In Ostia, dem Hafen unweit Roms an der Tibermündung, ließ ein Bauboom im 1. und 2. Jahrhundert n. Chr. eine Vielzahl von neuer *insulae* entstehen.

Altbekannte Probleme

Zeitgenössische Autoren wie der griechische Geograf Strabon schilderte, dass Häuserblocks von Immobilienspekulanten oft allzu schnell hochgezogen wurden, nicht stabil genug gebaut und brandgefährdet waren. Andere beschreiben sie als laut und verwahrlost. So gab es die sozialen Probleme, die mit dem Wohnen auf engem Raum bis heute verbunden sind, wohl schon vor 2000 Jahren – windige Bauunternehmer, Vermieter, die ihre Immobilien verkommen lassen, und eine starke Überbelegung. ■

Die römische Villa

Villa ist das lateinische Wort für Landhaus. Damit kann ein einfaches Bauernhaus gemeint sein, gewöhnlich aber bezeichnet das Wort einen luxuriösen, ländlichen Rückzugsort der städtischen Elite. Viele dienten der Landwirtschaft oder dem Weinbau, andere lagen exponiert am Meer und waren zum reinen Vergnügen entstanden. Nach Plinius dem Älteren (23–79 n. Chr.) war eine *villa urbana* von der Stadt aus leicht zu erreichen, eine *villa rustica* weiter entfernt. Lucius Columella beschreibt die drei Bereiche einer Villa: Die *pars urbana,* die Wohnung des Besitzers; die *pars rustica,* dort lebten die Arbeiter, und die *pars fructuaria* für die Gerätschaften. Villen waren gewöhnlich um ein Atrium und Innenhöfe angelegt und hatten viele reich ausgestattete Räume. An der Eingangsseite befand sich meist ein Portikus. Von natürlichen oder künstlich angelegten Terrassen genoss man einen weiten Ausblick in die Landschaft.

Herrliche Fresken schmücken ein Schlafzimmer in der Villa des Publius Fannius Synistor in Boscoreale. Wie Pompeji wurde es von der Asche des Vesuvs verschüttet und blieb so der Nachwelt erhalten.

EIN TEMPEL DER GESAMTEN WELT

DIE KUPPEL

IM KONTEXT

THEMA
Wie überspannt man große Räume?

FRÜHER
um 13 000 v. Chr. In Meschyritsch (Ukraine) bauen Jäger aus Mammutknochen kuppelförmige Rundhütten.

7. Jh. v. Chr. Ein etruskisches Grab in Vetulonia (Italien) erhält ein Dach aus fünf konzentrischen Steinringen.

SPÄTER
532–537 n. Chr. Bau der von einer mächtigen Kuppel bekrönten Hagia Sohpia in Konstantinopel.

692 Auf dem Tempelberg in Jerusalem wird die Kuppel des Felsendoms vollendet.

1436 Filippo Brunelleschis achteckige Kuppel für den Dom von Florenz ist fertig.

2014 Das Singapore National Stadium erhält die weltgrößte Kuppel: 310 m Durchmesser.

Eine Kuppel ist eine dreidimensionale Form, für die ein Bogen um seinen Scheitelpunkt rotiert wird. Wie ein Bogen ist auch die Kuppel selbsttragend. Ihr Gewicht wird auf die Bauteile gelenkt, auf denen sie ruht. Sie erlaubt es, weite Räume zu überspannen und ist die Grundlage für einige der atemberaubendsten Bauwerke der Welt.

Erste römische Kuppeln

Auch wenn schon frühere Kulturen sich an Kuppeln versuchten, waren es die Römer, die die Form perfektionierten und sie in Villen, öffentlichen Bädern, Tempeln und Palästen einsetzten. In Pompeji finden sich Kuppeln in den Ruinen von Badeanlagen aus dem 2. und 1. Jahrhundert v. Chr. In Rom ist die Domus Aurea (Goldenes Haus), der 64–68 n. Chr. für Kaiser Nero errichtete Palast, von einer Kuppel mit 13 m Durchmesser bekrönt, im Zen-

In der Villa Adriana Kaiser Hadrians in Tivoli bei Rom lässt das *lumen* in der Kuppel der Heliocaminus-Badeanlage Sonne, Licht und Dampf hinein.

Siehe auch: Der Bogen 38–41 ▪ Byzanz 52–53 ▪ Islamische Inspiration 58–63 ▪ Romanik 70–71 ▪ Renaissance 106–113 ▪ Das Betonskelett 188–189

Die riesige Kuppel des Pantheons setzt sich auf fünf horizontalen konzentrischen Ringen mit je 28 Kassetten zusammen. Ihr Durchmesser entspricht der Höhe vom Boden aus.

trum ein *oculus* (kreisförmige Öffnung), durch den das Tageslicht den Raum darunter erhellt. Anfang des 2. Jahrhunderts waren die kaiserlichen Ingenieure bereits in der Lage, für die Trajansthermen Kuppeln von 30 m Durchmesser zu konstruieren.

Das Pantheon

Die Fertigstellung des Pantheons in Rom um 128 n. Chr. markiert einen Höhepunkt des Kuppelbaus. Den möglicherweise von Kaiser Hadrian initiierten Tempel (heute eine Kirche) betritt man durch einen Portikus mit Giebel, getragen von acht Granitsäulen. Von vorne wirkt er wie ein klassischer griechischer Tempel, aber hinter dem Portikus erhebt sich eine gewaltige Rotunde, ein kreisrunder Bau, überspannt von einer Kuppel aus unbewehrtem Beton. Ihr Durchmesser beträgt etwa 43 m, und damit ist sie bis heute die größte Kuppel dieser Bauart.

Der Beton wurde auf Holzformen gegossen, die von Gerüsten gestützt wurden. Um das Gewicht zu reduzieren, ist der Beton im oberen Bereich dünner als an der Basis. Auch die rechteckigen Vertiefungen, Kassetten genannt, dienen der Reduzierung des Gewichts. Sie schaffen vertikale und horizontale Rippen, die die Kuppel verstärken. Das 9 m große Opaion verringert ebenfalls das Gewicht und lässt einen großen Kreis von Sonnenlicht unten durch den Raum wandern, der einst über die Statuen der Götter in ihren Nischen streifte.

Auch nach dem Fall des weströmischen Reiches im Jahr 476 wurden weiter Kuppeln gebaut, insbesondere in der byzantinischen (oströmischen) Architektur. Die Technik des Kuppelbaus entwickelte sich aber bis zur Renaissance im 15. Jahrhundert nicht weiter. ■

Römischer Beton

Viele Menschen denken, Beton sei eine Erfindung des 20. Jh. und verbinden ihn mit der Moderne und dem Brutalismus. Tatsächlich aber ist er eine Erfindung der Römer. Sie mischten zerkleinerte Bruchsteine, Ziegelschotter und *pozzolana* (Vulkanasche) mit Kalk, Sand und Wasser und gossen das Ganze in hölzerne Formen zum Abbinden. So waren römische Ingenieure in der Lage, Bauteile wie Gewölbe, Kuppeln und Bögen herzustellen. Sie wurden oft mit Ziegeln oder Steinplatten verkleidet.

Nachdem große Teile Roms 64 n. Chr. durch einen Brand zerstört worden waren, vermerkt die neue Bauordnung ausdrücklich, dass Beton und Ziegelverkleidungen verwendet werden mussten, um wichtige Gebäude brandsicher zu machen. Beton wurde für alle möglichen Bauten benutzt, auch für Brücken, Aquädukte und Straßen. Die berühmteste Anwendung hat er beim Bau des Pantheons gefunden.

» Auf meinen Wunsch stellte dies Heiligtum Aller Götter [das Pantheon] das Rund des Erdballs und des Himmelsgewölbes dar. «

Kaiser Hadrian
(reg. 117–138 n. Chr.)

EIN ORT, SICH ZU VERSAMMELN

DIE BASILIKA

IM KONTEXT

THEMA
Vom Versammlungsort zur Kirche

FRÜHER
7. Jh. v. Chr. Die alten Griechen erfinden die *stoa,* eine freistehende überdachte Wandelhalle für Geschäfte und als öffentliche Promenade.

184 v. Chr. In Rom wird die erste Basilika gebaut – ein Ort der Rechtsprechung und Treffpunkt für Händler.

SPÄTER
537 n. Chr. Die Hagia Sophia in Konstantinopel (Türkei) verbindet Elemente der Basilika mit einem großen Kuppelbau sowie einem Altar mit Halbkuppeln.

1022 St. Michael in Hildesheim, eine frühromanische Kirche, greift Merkmale der römischen Basilika auf.

1506–1626 Neubau des Petersdoms in Rom. Er ersetzt die Basilika aus dem 4. Jh.

Der große öffentliche Versammlungsplatz war in jeder römischen Stadt das Forum, der Vorläufer des Marktplatzes. Die Basilika war die architektonische Entsprechung, ähnlich genutzt als Handelsplatz und Ort verschiedenartigster Aktivitäten, darunter öffentliche Zusammenkünfte und politische Debatten. Häufig in der Nähe des Forums gelegen, diente die große Halle öffentlichen Zwecken aller Art, sie konnte Versammlungs- oder Gerichtshalle sein. Während der Kaiserzeit wurden auch in den römischen Kolonien Basiliken gebaut, die als Regierungs- und Verwaltungszentren dienten.

Eine große Halle

Anders als die griechische Stoa – ein offener, überdachter, von Kolonnaden getragener Raum – war die Basilika ein geschlossener Bau. Ursprünglich wurde jedes große öffentliche Gebäude, das als Versammlungshalle diente, Basilika

Die frühe römische Basilika hatte vielfältige Funktionen. Bei Gerichtsverhandlungen saßen die Richter auf einem erhöhten Podium (siehe den Grundriss unten). In christlicher Zeit wurde vor der Apsis der Hochaltar aufgestellt.

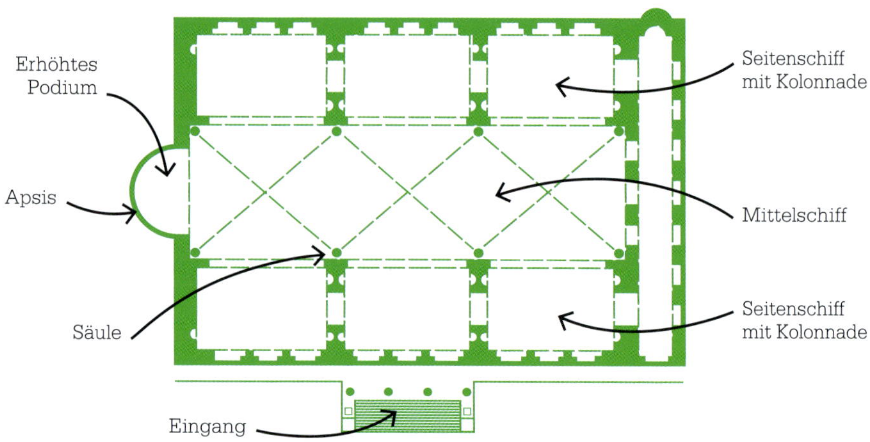

Siehe auch: Die Säule 26–33 ▪ Der Bogen 38–41 ▪ Byzanz 52–53 ▪ Romanik 70–71 ▪ Gotik 74–81 ▪ Renaissance 106–113 ▪ Barock 138–145

Die Aula Palatina in Trier ist die größte noch genutzte römische Saalkirche – 70 m lang, 27 m breit und etwa 30 m hoch. Bei einem Luftangriff 1944 ihrer Ausstattung beraubt, zeigt sie heute nur noch reine Backsteinmauern.

genannt. Später bezeichnete der Name eine bestimmte Form von Gebäude mit einer großen, rechteckigen Halle (dem Schiff), mit von Säulenreihen abgetrennten Seitenschiffen. An einem oder beiden Enden der Halle gab es erhöhte Podien, häufig in einer halbkreisförmigen Ausformung (Apsis). Schließlich wurde das Mittelschiff der Basilika erhöht, sodass die Decken in den Seitenschiffen niedriger waren.

Die Maxentius-Basilika

Die früheste erhaltene Basilika, um 120 v. Chr. in Pompeji entstanden, ist ein relativ schlichter Bau. Im Lauf der Zeit wurden die Basiliken immer größer. Die dreigeschossige Basilica Aemilia auf dem Forum in Rom war so beeindruckend, dass Plinius der Ältere sie im 1. Jahrhundert n. Chr. zu einem der schönsten Gebäude der Stadt erklärte.

Die Basilika des Maxentius, eine der letzten Profanbasiliken, war eine der größten je gebauten, allerdings ist nur wenig davon erhalten. Begonnen wurde sie 306 n. Chr. unter Kaiser Maxentius, vollendet 312 unter Kaiser Konstantin. Noch die Ruinen zeugen von der großartigen Leistung und der Prachtentfaltung. Das Hauptschiff hatte eine Decke mit aufwendigem Kreuzgewölbe, während die drei Tonnengewölbe der Seitenschiffe quer zur Längsachse ausgerichtet sind. Alle Gewölbe waren mit achteckigen Kassetten ausgestattet – dekorative vertiefte Felder, die gleichzeitig das Gewicht reduzieren – dazu bemalter Stuck und Vergoldungen. Wände und Böden waren mit farbigem Marmor ausgelegt und in den zahlreichen Nischen standen Statuen. Eine Kolossalstatue Konstantins befand sich in der Apsis.

Christlicher Treffpunkt

In römischer Zeit wurde die Basilika gelegentlich für Gottesdienste unterschiedlicher religiöser Gemeinschaften genutzt, auch für die jüdische Diaspora. Seit die Christen unter dem Schutz Kaiser Konstantins standen (nach dem Edikt von Mailand im Jahr 313), wurde die Basilika sehr stark mit ihrer Religion in Verbindung gebracht. Konstantin gab drei große Basiliken für Rom in Auftrag, darunter die Basilika Alt-St.-Peter, die bis ins 16. Jahrhundert bestand.

Wie eine frühe christliche Basilika aussah, kann man heute noch in Trier sehen. Kaiser Konstantin lebte dort fast zehn Jahre lang und ließ neben seinem Palast eine große Basilika erbauen, die als Versammlungsort diente. Mit ihrem hohen Mittelschiff und der halbkreisförmigen Apsis war die Trierer Aula Palatina oder Konstantinsbasilika jahrhundertelang das Idealbild westlicher Kirchenarchitektur. Noch heute, 1700 Jahre nach ihrer Fertigstellung, finden hier Gottesdienste statt. ■

» [Konstantins Basiliken drückten] die Größe des kaiserlichen Gründers und den Triumph der Religion aus, die er unter seinen Schutz gestellt hatte. «

Richard Krautheimer
deutsch-amerikanischer Architekturhistoriker (1897–1994)

EIN TURM, DER DEN MOND BERÜHRTE

FRÜHES KAISERREICH IN CHINA

IM KONTEXT

THEMA
Architektur in China

FRÜHER
um 1600–1046 v. Chr. Inschriften zufolge entstanden in der Shang-Zeit rechteckige Gebäude auf Fundamenten aus gestampfter Erde.

3. Jh. v. Chr. Stupas – Monumente mit Kuppeldach, die den Grabhügel Buddhas symbolisieren – werden in Indien erbaut.

221 v. Chr. Der erste Qin-Herrscher eint China und lässt die Große Mauer errichten.

SPÄTER
782 n. Chr. Der Nanchan-Tempel in der Provinz Shanxi entsteht. Die Haupthalle gilt als älteste erhaltene Holzkonstruktion im chinesischen Tempelbau.

2007 Die neue Holzpagode im Tianning-Tempel in der Stadt Chang Zhou ist mit 154 m die höchste Pagode der Welt.

Die traditionelle chinesische Architektur ist von bemerkenswerter Beständigkeit, nicht nur was den Entwurf, die Planung und die Bauausführung angeht, sondern ebenso bei der Verwendung von Farben und Schmuckformen. Schon früh insistierten die Herrscher auf allgemeingültige Standards, die eine einheitliche chinesische Kultur begründen und fortschreiben sollten.

Beständig und flexibel

Tönerne Hausmodelle aus der Han-Dynastie (206 v. Chr.–220 n. Chr.) zeigen, dass viele Elemente der traditionellen chinesischen Architektur bereits in dieser frühen Zeit existierten. Anstelle von Wänden trugen Holzrahmen die Last des Daches. So konnte man zwischen den tragenden Pfosten leichte Ziegel, Bambus und Lehm oder große Türen einfügen. Die Räume ließen sich mit beweglichen Wandschirmen flexibel unterteilen – eine Idee, die sich im Westen erst mit dem Eisen- und Stahlskelettbau des 19. Jahrhunderts etablierte.

Für die Überdachung großer Räume wurden die oberen Enden der Holzpfosten durch konsolenartige Kragträger *(dougong)* verstärkt, in späterer Zeit kunstvoll verziert. Um den Grundriss flexibel zu halten – und als Schutz bei Erdbeben – wurden nur wenige Nägel verwen-

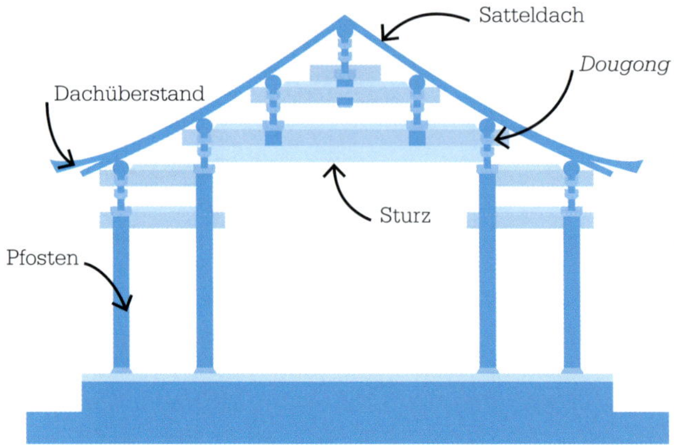

Ein hoher Grad von Standardisierung kennzeichnete die chinesische Architektur. Selbst die Farbgebung folgte rituellen Regeln, die für jedes Teil seinen Zweck anzeigte: rot für Pfeiler und tragende Teile, gelb für Dachschindeln und grün für dekorative Elemente.

Siehe auch: Der Stupa 36 ▪ Die Große Mauer 37 ▪ Der Bogen 38–41 ▪ Holzrahmenbau 82–85 ▪ Tempel in Südostasien 86–87 ▪ Spätes Kaiserreich in China 96–97 ▪ Pioniere der Moderne 190–195 ▪ Mid-Century Modern 254–255

Die Anji-Brücke, Provinz Hebei, von Li Chun entworfen und nach zehnjähriger Bauzeit fertiggestellt. Die Bogenweite beträgt 37 m, die Höhe 7 m. Die älteste Segmentbogenbrücke der Welt hat in 1500 Jahren zahlreichen Erdbeben und Fluten getrotzt.

Den Bogen vollenden

Frühe chinesische Architektur war oft schön und raffiniert, aber auch konservativ in Entwurf und Planung. Chinesische Baumeister zogen die Konstruktion aus Stütze und Sturz dem komplizierten Bau von Bögen, Gewölben oder Kuppeln vor, die andernorts die Architektur revolutionierten.

Dennoch kannten die chinesischen Architekten den Bogen und setzten ihn gelegentlich mit ausgezeichneten Ergebnissen ein. Die Anji-Brücke zum Beispiel ist die älteste Segmentbogenbrücke Chinas, 605 n. Chr. fertiggestellt. Dieses Wunder der Baukunst weist eine große Spannweite und einen extrem flachen Bogen auf, der weniger als ein Viertel des Kreisumfangs misst. Die weite Öffnung wird durch eine Reihe schmaler Bögen zwischen der Brückendecke und dem Spannbogen gestützt, die den Schub ableiten und Hochwassern standhalten, ohne das Bauwerk zu beschädigen. Vergleichbare Brücken wurden in Europa nicht vor der Mitte des 14. Jh. gebaut. Auch heute noch wirkt die Anji-Brücke modern.

det. Stattdessen verband man die Holzteile durch Verzapfungen: Ein vorspringender Zapfen wird in ein passendes Loch gesteckt.

Der Rahmen aus Stützen und Sturz trug das ziegelgedeckte Dach, das über die Mauer hinausstand – wohl um die hölzernen Pfosten vor Nässe zu schützen. Gewöhnlich giebelständig, waren die Gebäude breit, aber nicht sehr tief. Die Herkunft des geschwungenen Daches, das erstmals im 6. Jahrhundert n. Chr. auftrat, ist nicht bekannt – es könnte von Bambusdächern inspiriert sein, die zum Durchhängen neigen.

Sich wandelnde Formen

Seit dem 4. Jahrhundert n. Chr. begann sich der Buddhismus durch die Händler der Seidenstraße auch in China auszubreiten, seit dem 6. Jahrhundert erfuhr er kaiserliche Unterstützung. Zusammen mit der neuen Religion verbreitete sich auch der Stupa als Architekturform in Asien. Die Chinesen übernahmen ihn und passten ihn den lokalen Traditionen an, verwandelten ihn in einen gestuften Turm, eine Pagode. Die ersten Stupas waren wohl quadratisch oder vielleicht auch rund – wie die indischen. Aber bald entwickelte sich eine für China typische polygonale Architektur mit geschwungenen Dächern und überstehender Traufe, die die aufeinanderfolgenden Geschosse akzentuiert.

Die frühesten Pagoden wurden, wie chinesische Häuser, mit hölzernen Pfosten und Sturz konstruiert. Die meisten erhaltenen Pagoden sind aber aus Ziegeln oder Stein, wie der zwölfeckige Ziegelturm des Songyue-Tempels in der Provinz Henan. Dieser älteste noch erhaltene Tempel wurde 523 n. Chr. erbaut. Vorstehende Konsolen lassen vermuten, dass er ursprünglich im Inneren Zwischendecken hatte – anders als die meisten Pagoden, die vollständig leer sind und sich nur unten ein Schrein befand. Einige Pagoden haben im Inneren Treppen, sodass Besucher hinaufsteigen konnten, um aus kleinen Fenstern die Aussicht zu genießen. Im Songyue-Tempel gibt es Reliquienräume unter der Pagode, die indische Gebräuche aufgenommen haben. In Südostasien spiegelt der Stupa in vielfältigen Formen die Architektur der jeweiligen Region wider. ■

Die zwölfeckige Pagode des Songyue-Tempels ist ein Kompromiss zwischen der chinesischen Vorliebe für eckige Grundrisse und der runden Form indischer Stupas.

VOM HIMMEL SCHWEBT EINE GOLDENE KUPPEL

BYZANZ

IM KONTEXT

THEMA
Architektur im Oströmischen Reich

FRÜHER
184 v. Chr. Die erste in Rom gebaute Basilika ist eine vielfältig genutzte Halle.

128 n. Chr. Die Arbeit am Pantheon, dem großen Kuppelbau, ist beendet; er wird allen Göttern Roms geweiht.

SPÄTER
976 Die byzantinische Basilika San Marco in Venedig brennt nieder. Die heutige Kirche stammt aus der Zeit um 1096.

1037 Jaroslaw der Weise gibt die Sophienkathedrale in Kiew in Auftrag und benennt sie nach der Hagia Sophia in Konstantinopel.

1575 Fertigstellung der Selimiye-Moschee in Edirne (westliche Türkei). Der osmanische Baumeister Sinan versuchte damit, die Hagia Sophia zu übertreffen.

Die zentrale Kuppel der Hagia Sophia weist an der Basis 40 Fenster auf, durch die das Sonnenlicht die restaurierten Goldmosaiken zum Strahlen bringt. Der Scheitelpunkt der Kuppel liegt 55 m über dem Boden.

Im Jahr 330 n. Chr. verlegte Kaiser Konstantin I. den Regierungssitz von Rom an den Bosporus, in die griechische Gründung Byzantion, günstig gelegen an den Handelsrouten zwischen Asien und Europa. *Nova Roma,* ein neues Rom, wollte er dort erschaffen und er nannte die Stadt Konstantinopel (heute Istanbul). Der unverwechselbare Architekturstil, der hier entstand, verbindet Römisches mit Traditionen aus dem Nahen Osten und wurde byzantinisch genannt. Der Kaiser, der seit 312 den christlichen Glauben förderte, machte die neue Hauptstadt zum Zentrum der Christenheit. Im Unterschied zu Rom waren hier Staat und Kirche vereint.

Siehe auch: Die Kuppel 46–47 ▪ Die Basilika 48–49 ▪ Islamische Inspiration 58–63 ▪ Romanik 70–71 ▪ Renaissance 106–113 ▪ Das Osmanische Reich 124–125 ▪ Das Russische Reich 154–155

»Die Hagia Sophia widerlegt alle Gesetze der Statik … und steht wie durch ein Wunder.«

Richard Krautheimer
deutsch-amerikanischer Architekturhistoriker (1897–1994)

Die Kirche sonnte sich im Glanz des Kaisertums, und die Gotteshäuser waren ein großartiger Ausdruck byzantinischer Architektur.

Unter Justinian I. erreichte das Byzantinische Reich im 6. Jahrhundert seine größte Ausdehnung; viele ehemals römische Gebiete waren zurückerobert worden. Der so erworbene Reichtum finanzierte prestigeträchtige Bauvorhaben.

Himmlische Kuppel

Bis dahin wiesen die meisten Kirchen die bekannte Form der Basilika auf. Justinian und seine Baumeister brachen mit der Tradition, um eine neue Architektur zu schaffen. Der Inbegriff dieser Neuerungen war die Basilika Hagia Sophia (griechisch für »heilige Weisheit«). Ihre Schöpfer waren Anthemios von Tralleis und Isidor von Milet, zwei spätantike Mathematiker und Architekten.

Das bestimmende Charakteristikum der Basilika ist der lichtdurchflutete Raum unter der Kuppel. Mit einem Durchmesser von 31 m ist sie kleiner als das Pantheon in Rom, aber erheblich höher und sie scheint über dem Unterbau zu schweben. Dieser Effekt wurde durch Pendentifs ermöglicht – sphärische Dreiecke, die den Übergang von einer viereckigen Struktur in einen runden Kuppelgrundriss gestatten (siehe Grafik unten). Die Kuppel kann ihre schwindelerregende Höhe erreichen, weil die Pendentifs das Gewicht zu den Eckpfeilern leiten und so die Wände entlasten. Diese können dann mit Fenstern versehen werden, um den Innenraum mit Licht zu fluten. Die große Kuppel wird zudem durch zwei Halbkuppeln gestützt, die das Volumen des Gebäudes vergrößern und es leichter erscheinen lassen. Die überwältigende Wirkung wird noch verstärkt durch die extensive Verwendung von Mosaiken, deren goldfarbene Steine die Sonnenstrahlen reflektieren und ein intensives spirituelles Erlebnis vermitteln.

Im Mittelpunkt

Die neue Architektur basierte auf liturgischen Erfordernissen und technischer Erfindungsgabe. Für die klassischen Tempel im alten Rom war das Äußere ausschlaggebend, denn nur Priester betraten den Innenraum, und Opferzeremonien wurden draußen abgehalten. Die Gottesdienste der Christen fanden in der Kirche statt, in Basiliken, die ursprünglich Zweckbauten waren – öffentliche Hallen, die die Gläubigen auf Abstand zum Altar hielten. Die byzantinischen Kirchen hingegen erhielten einen Grundriss in Form eines gleicharmigen griechischen Kreuzes, das die Gläubigen an einem zentralen Punkt versammelte. Dieser Platz unter der aufragenden Kuppel war durch Fortschritte in der Baukunst des 6. Jahrhunderts möglich geworden.

Über Konstantinopel hinaus

Der byzantinische Stil breitete sich im gesamten Reich aus. In Ravenna (Italien) wurde 547 die Basilika San Vitale geweiht; zwei Mosaiken dort zeigen Justinian und seine Frau Theodora. In Venedig entstand ab 829 die erste Kirche San Marco auf kreuzförmigem Grundriss.

Nachdem Wladimir I., Großfürst von Kiew, 988 zum Christentum übergetreten war, verbreitete sich byzantinische Architektur auch im Gebiet der Kiewer Rus. Der Stil strahlte bis nach Persien und Indien aus, und als Konstantinopel 1453 an die Osmanen fiel, wurde er zur Blaupause für die überkuppelten Moscheen im Osmanischen Reich. ▪

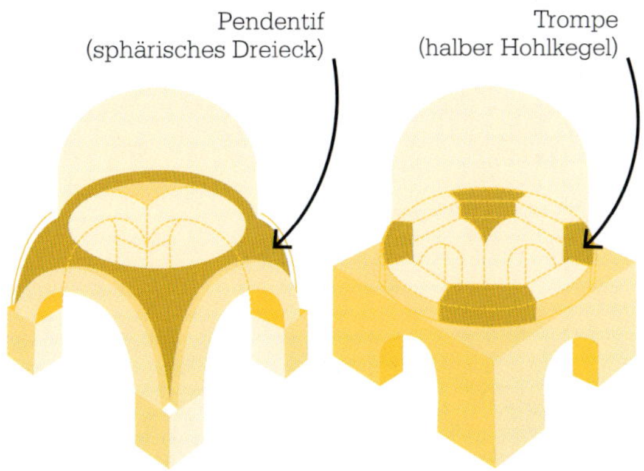

Zwei wichtige konstruktive Neuerungen, das Pendentif und die Trompe, lösten das Problem, eine runde Kuppel mit einem rechteckigen Unterbau zu verbinden. Pendentifs sind sphärische Dreiecke, die als Teil des Gewölbes rundum die Kuppel stützen, während Trompen auf den oberen Ecken des Unterbaus positioniert sind. Beide Elemente sind seit dem 5. Jh. bekannt.

DAS MITTELALT

650–1420

ER

692 n. Chr.
In Jerusalem entsteht der **Felsendom.** Er markiert die Stelle, wo der Prophet Mohammed in den Himmel aufgestiegen sein soll.

750–1300
Im Südwesten der heutigen USA blüht die **Pueblo-Kultur.** Die Menschen dort errichten an Felsklippen **komplexe Gebäudestrukturen.**

848–1279
Das **Chola-Reich** in Indien errichtet den Hindu-Göttern große und reich dekorierte Tempel.

988
Vollendung der **Moschee von Córdoba** (Spanien). In ihrem Inneren befinden sich mehr als 850 Säulen.

1030
Baubeginn des **Doms zu Speyer.** Die symmetrische Anlage mit Rundbögen und Zwerggalerien ist typisch für den **romanischen Stil.**

1100
In China stellt der Architekt Li Jie das *Yingzao fashi* zusammen, eine Sammlung von **Baustandards für die chinesische Architektur.**

1100–1300
Mit abgeschrägten Mauern und mächtigen Türmen setzt die Kreuzfahrerburg **Krak des Chevaliers** in Syrien neue Maßstäbe im Burgenbau.

Für den italienischen Gelehrten und Dichter Francesco Petrarca (1304–1374) war das Mittelalter – die Zeit zwischen dem Untergang des Weströmischen Reiches um das Jahr 476 n. Chr. und dem Aufkommen der Renaissance im 15. Jahrhundert – ein »dunkles Zeitalter«: Das helle Licht antiker Kultur war ausgelöscht worden.

Unbestreitbar brachte das Ende der römischen Herrschaft in Europa, im Nahen Osten und in Nordafrika tiefgreifende Veränderungen mit sich. Gleichzeitig entstanden in diesem Zeitraum aber auch einige der größten Leistungen nicht nur der europäischen, sondern der Architektur weltweit. Im Südwesten der heutigen USA blühte die Pueblo-Kultur, in Arabien entstand der Islam, in Indien verbreitete sich der Hinduismus, in China, Korea und Japan der Buddhismus und in Peru etablierte sich das Inka-Reich.

Bauen für den Glauben

Mit der Ausbreitung des Islam nach dem Tod des Propheten Mohammed im Jahr 632 n. Chr. verbreitete sich die islamische Architektur von Arabien aus nach Osten, nach Zentralasien sowie entlang der nordafrikanischen Küste nach Westen und auf die Iberische Halbinsel. Die Moscheen, ursprünglich nach dem Vorbild eines einfachen Gebetsraums gestaltet, den der Prophet selbst errichtet hatte, wurden aufwendiger, denn die muslimischen Eroberer wollten die Menschen beeindrucken. Aber es galt auch, pragmatisch zu sein. So wandelte man christliche Basiliken mitunter in Moscheen um. Der mit Mosaiken bedeckte Felsendom in Jerusalem ist von byzantinischen Kirchen inspiriert, während für die Große Moschee in Córdoba antike Säulen Verwendung fanden.

Die islamischen Eroberer setzten nicht nur auf Kriegszüge, sondern auch auf Handel und die Verbreitung ihres Glaubens. In Spanien gelang es den Christen schließlich nach 700 Jahren, die Reconquista (Wiedereroberung) zu vollenden und die Muslime zu vertreiben. Im 14. Jahrhundert war ihnen nur noch Granada verblieben, der Sitz der Nasriden-Dynastie (1238–1492). Ihr Palast, die Alhambra, gilt als architektonisches Meisterwerk.

Christen und Muslime kämpften in dieser Zeit auch um die Kontrolle über das Heilige Land. Die christlichen Kreuzfahrer errichteten dort Wehranlagen – etwa Krak des Che-

um 1130

An der norwegischen Westküste entsteht die **Stabkirche von Urnes,** ein Beispiel für die **traditionelle skandinavische Holzarchitektur.**

um 1200

In Äthiopien erteilt König Lalibela den Auftrag, eine Reihe von **monolithischen Kirchen** aus dem Fels herauszuschlagen.

1406–1420

In Peking entsteht die **Verbotene Stadt,** der neue Palast des chinesischen Kaisers.

um 1113

In **Kambodscha** kommt der Khmer-König Suryavarman II. an die Macht. Er lässt **Angkor Wat** errichten, die größte religiöse Anlage der Welt.

1137

Nach ihrer Erneuerung weist die **Abteikirche Saint-Denis** bei Paris Strebepfeiler, Spitzbögen und eine Fensterrose auf – typische **Kennzeichen der Gotik.**

13. Jh.

Gründung der **Großen Moschee von Djenné.** Sie ist das größte in **Lehmbauweise** errichtete Sakralgebäude der Welt.

1420

Auf einem schmalen Bergrücken in den Anden, im heutigen Peru, legen die Inka **Machu Picchu** an.

valiers im heutigen Syrien – die alle Burgen in Europa übertrafen.

Im 12. Jahrhundert begann sich der Islam in weiten Teilen Nordindiens zu verbreiten. In Südindien hingegen blühte vom späten 9. Jahrhundert bis Mitte des 13. Jahrhunderts das Chola-Reich. Der Buddhismus wurde vom Hinduismus abgelöst, der Tempelbau erlebte einen enormen Aufschwung.

Das Kommen und Gehen religiöser Strömungen machte sich in Südostasien besonders deutlich bemerkbar. So war die buddhistische Tempelanlage von Angkor Wat in Kambodscha ursprünglich als Hindu-Tempel gegründet worden.

Romanik und Gotik

Im späten Mittelalter waren in West- und Nordeuropa Romanik und Gotik die vorherrschenden Baustile. Die Romanik zeichnete sich durch massives Mauerwerk, Tonnengewölbe und Rundbögen aus, die Gotik durch hohe Türme, Spitzbögen und Strebebögen. Die großen gotischen Kathedralen, die unglaubliche Höhen erreichten und riesige Glasfenster hatten, konnten die Bevölkerung einer ganzen Stadt aufnehmen. Das große Zeitalter des Kathedralenbaus von 1050 bis 1350 endete erst mit dem Ausbruch des Hundertjährigen Krieges und einer Pest-Pandemie.

Nutzen, was man hat

Eroberungen und Handel bereiteten im Mittelalter den Boden für den Austausch von Ideen, und architektonische Innovationen verbreiteten sich. Dennoch war die Architektur weitgehend von den lokal verfügbaren Baumaterialien bestimmt. In Skandinavien beispielsweise, wo es viele Kiefern- und Fichtenwälder gab, wurde meist Holz verwendet, so auch für die charakteristischen Stabkirchen. In England griff man zu dem harten Holz der Eiche, das die Entwicklung des Hammerbalken-Gewölbes ermöglichte, einer offenen Dachstuhlkonstruktion mit großer Spannweite.

Selbst an Orten, wo Holz und Stein Mangelware waren, brachte der Einfallsreichtum einheimischer Baumeister großartige Architektur hervor. Die Große Moschee von Djenné in Mali beispielsweise besteht aus in der Sonne getrockneten Lehmziegeln, und im äthiopischen Lalibela wurden Kirchen aus dem nackten Fels gehauen. Die Inkas in Peru passten ihre aus Stein gebaute Stadt Machu Picchu in die felsigen Konturen der Anden ein. ■

DER HAFEN, WO DES MENSCHEN GEIST, SEELE UND KÖRPER ZUFLUCHT FINDEN

ISLAMISCHE INSPIRATION

IM KONTEXT

THEMA
Für einen neuen Glauben bauen

FRÜHER
4. Jh. n. Chr. Unter den christlichen Kaisern im oströmischen Konstantinopel entstehen Kirchen in einem neuen byzantinischen Stil.

622 Nach seiner Flucht aus Mekka gründet der Prophet Mohammed in Medina die erste Moschee – ein Ziegelbau mit ummauertem Innenhof.

661 Muawiya I., Statthalter von Syrien, begründet die Dynastie der Omaijaden und das erste islamische Kalifat. Dort entstehen die frühesten erhaltenen Moscheen.

SPÄTER
711 Islamische Krieger aus Nordafrika erobern Südspanien, wo sich später die maurische Architektur in al-Andalus (Islamisches Spanien) entfaltet.

1326 Orhan I., ein Sohn Osmans I., macht die byzantinische Stadt Bursa zur ersten Hauptstadt des Osmanischen Reiches und zu einem Zentrum osmanischer Architektur.

1501 Schah Ismail I. begründet die Dynastie der Safawiden, die mehr als 200 Jahre über den Iran herrscht. Hauptstadt wird Isfahan.

1526 Babur, Begründer des Mogulreiches, erobert große Teile Nordindiens. Dort entstehen später großartige Bauten, etwa das Tadsch Mahal.

Anfang des 7. Jahrhunderts n. Chr. entstand auf der Arabischen Halbinsel eine neue Religion. Ihr Begründer war Mohammed, ein Kaufmann aus Mekka, der göttliche Offenbarungen empfing. Sie wurden im Koran, dem heiligen Buch des Islam, zusammengefasst. Die neue Religion verbreitete sich rasch im Nahen Osten, in Nordafrika und in Südeuropa.

Große islamische Bildungszentren wurden gegründet, die sich sowohl theologischen Studien und der Formulierung islamischer Gesetze wie auch der Beschäftigung mit Philosophie, Medizin, Astronomie, Wissenschaft und Künsten widmeten. Der neue Glaube brachte einen neuen islamischen Baustil hervor. Ungeachtet großer regionaler Unterschiede entwickelten die frühen islamischen Kulturen gemeinsame Gestaltungsprinzipien, die sie von allen westlichen Stilen unterschieden.

Innere Werte

Zwei der ältesten islamischen Bauwerke liefern Aufschlüsse über die allmähliche Entwicklung der islamischen Architektur. Der Felsendom ist das früheste erhaltene islamische Gebäude, fertiggestellt 691 in Jerusalem unter den Omaijaden, den ersten Kalifen – sie erhoben Anspruch auf die legitime Nachfolge des Propheten als Herrscher über alle Gläubigen. Der Felsendom, tatsächlich ein Schrein und keine Moschee, zeigt als überkuppelter Zentralbau auf achteckigem Grundriss eine byzantinische Formensprache.

Einer der auffälligsten Aspekte der islamischen Architektur fehlt

Siehe auch: Der Bogen 38–41 ▪ Die Kuppel 46–47 ▪ Byzanz 52–53 ▪ Gotik 74–81 ▪ Das Osmanische Reich 124–125 ▪ Die Karawanserei 126 ▪ Islamische Gartenkunst 127 ▪ Das Safawidenreich 132–133 ▪ Das Mogulreich in Indien 134–137

Die originalen Mosaiken an der Fassade des Felsendoms mussten im 16. Jh. farbigen Fayence-Fliesen weichen. Die anmutige vergoldete Kuppel wurde in den 1990er-Jahren restauriert.

hier noch: die Konzentration auf das Innere und nicht auf das Äußere. Während die Fassade des Felsendoms mit strahlenden Mosaiken bedeckt war, zeigen islamische Gebäude, die kurz danach errichtet wurden, in der Regel eine schmucklose Fassade, die wenig oder gar nichts über Größe, Funktion oder Pracht ihrer Innenräume verrät.

Schimmernde Mosaike sind auch ein Kennzeichen der ältesten erhaltenen Steinmoschee, der Omaijaden-Moschee in Damaskus, vermutlich 715 an der Stelle einer christlichen Kirche und eines heidnischen Tempels errichtet. Ursprünglich schmückten rund 4000 m² Goldmosaiken die innere Halle und den Innenhof. Teile davon sind noch heute erhalten, sie zeigen das Paradies des Koran, mit Städten, großen Häusern, einem Fluss und hohen Bäumen.

> »Gott ist schön und er liebt Schönheit.«
>
> **Der Prophet Mohammed**
> Hadith
> (Ausspruch des Propheten)

Geometrische Muster

Die Mosaiken der Omaijaden-Moschee sind offensichtlich von Handwerkern ausgeführt worden, die mit byzantinischen und älteren Traditionen vertraut waren. Vergleichbares gibt es in keiner anderen Moschee. Obwohl vegetative Muster dargestellt wurden, sind keine Lebewesen zu sehen. Im Islam sollte sich bald ein Bilderverbot durchsetzen. Man wollte verhindern, dass bildliche Darstellungen Gegenstand religiöser Verehrung wurden. Ein frühes Beispiel dafür finden wir auch im jordanischen Mschatta. Hier erheben sich Überreste eines omaijadischen Wüstenschlosses, mit Reliefs von Menschen und Tieren geschmückt. Eine Mauer indessen zeigt nur florale Muster. Historiker vermuten, dass es sich hier um die Palastmoschee handelt.

Arabesken und andere geometrische Muster, wie sie in Mschatta zu sehen sind, wurden zu einem Kennzeichen islamischer Architektur. Muster – in Form von Reliefs, Fliesen oder Mosaiken – überzogen oft alle Oberflächen, Wände, Decken und Türfassungen. Die äußerst »

Geometrische Reliefs aus dem 9. Jh. an der Ibn-Tulun-Moschee in Kairo (Ägypten) zeigen die Kunstfertigkeit, die sich unter den Abbasiden entwickelte.

detaillierten Muster wiederholen geometrische Formen, die sich oft überschneiden und durchdringen. Sie sind als Anspielung auf das Wesen Gottes, seine Unendlichkeit, und auf die Ordnung und Einheit des Universums zu lesen.

Jedem das Seine

Ungeachtet aller verbindenden Elemente gibt es in der islamischen Architektur auch große Unterschiede, geprägt von lokalen, regionalen und nationalen Traditionen, von den vorhanden Baustoffen und Technologien. Vom 7. bis 16. Jahrhundert entwickelten die verschiedenen Herrscherdynastien der islamischen Welt – darunter die Omaijaden in Damaskus, die Abbasiden in Bagdad, die Fatimiden in Nordafrika, die Seldschuken in der Türkei, die Aiyubiden und Mamluken in Ägypten – jeweils einen eigenen charakteristischen Stil für ihre Architektur. Wie ihre Vorgänger in Mesopotamien bauten die Abbasiden mit Lehmziegeln; daraus besteht auch das Minarett der großen Moschee in Samarra (Irak) aus dem 9. Jahrhundert Seine spiralförmige Rampe ist von den regionalen Zikkurats inspiriert. Im ägyptischen Kairo verstanden sich die Handwerker auf Steinreliefs, wie schon ihre Vorfahren unter den Pharaonen. Die Seldschuken machten Gebrauch von glasierten Fliesen, die in der Türkei und Zentralasien bereits in vorislamischer Zeit genutzt wurden.

Mamlukische Herrlichkeit

Unter den Mamluken-Sultanen erreichte die muslimische Architektur 1250–1517 einen Höhepunkt. Die Mamluken, ehemalige Militärsklaven, hatten in Ägypten die Macht übernommen und beherrschten schließlich den größten Teil des Nahen Ostens. Die Sultane finanzierten große Bauprogramme, insbesondere in ihren Hochburgen Kairo und Damaskus.

Typischerweise umfasst eine solche mamlukische Stiftung eine Moschee, eine Medrese (Koranschule) und ein Mausoleum (für den Stifter), das Ganze zusammengefasst in einem Komplex, der häufig nicht symmetrisch ist. Letzteres war in der islamischen Architektur eher die Regel als die Ausnahme, weil die Gebäude in vorhandene Straßenzüge eingepasst und die Orientierung nach Mekka gewährleistet werden musste. Die Bauten wirken dennoch ausgewogen und harmonisch. Viele sind von steinernen Kuppeln überwölbt, innen kunstvoll mit reliefierten Stern- und Zickzackmustern oder Arabesken verziert.

Die Kuppeln erheben sich oft auf einem zylindrischen Unterbau, um den Innenraum größer wirken zu lassen. Das Pendentif, die Nahtstelle zwischen dem rechteckigen Raum und dem Gewölbe, wurde reich mit *muqarnas* geschmückt.

> »Der kausale Zusammenhang zwischen der islamischen Offenbarung und der islamischen Kunst … zeigt sich in der organischen Verbindung zwischen dieser Kunst und islamischer Religionsausübung.«
>
> **Seyyed Hossein Nasr**
> iranischer Philosoph (*1933)

Moscheen weisen einige charakteristische Grundelemente auf – dazu gehören ein sauberer Gebetsraum, ein Mihrab, der die Gebetsrichtung anzeigt, und fließendes Wasser für die rituellen Waschungen.

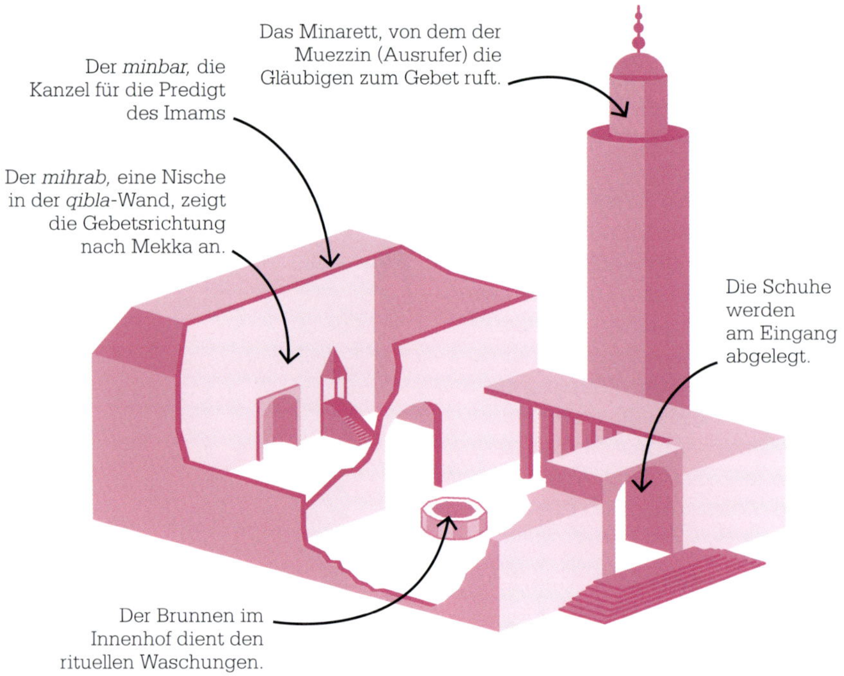

Das ornamentierte Gewölbe der Freitagsmoschee in Isfahan (Iran) ist ein frühes Beispiel für dekorative *muqarnas,* die an Bienenwaben erinnern.

Mamlukische Minarette sind oft dreifach gegliedert: quadratisch an der Basis, in der Mitte oktogonal und oben mit rundem Querschnitt, bisweilen mit Kolonnaden. Geschickt platzierte Fenster und Innenhöfe lenkten das Licht hinein. Ein Windturm, *malqaf* oder *badgir* genannt, hielt die Räume kühl.

Kulturelle Einflüsse

Mamlukische Architektur war zwangsläufig kosmopolitisch, denn Kairo als Zentrum der Politik und des Handels zog Handwerker und Besucher aus der gesamten islamischen Welt und darüber hinaus an. Ihre Baukunst nahm Einflüsse aus Nordafrika und Persien auf, und auch die Architektur der christlichen Kreuzfahrer, die in Palästina gegen die Mamluken kämpften, hinterließ ihre Spuren.

Die Einflüsse wirkten aber auch in umgekehrter Richtung, und so gelangten architektonische Errungenschaften der mamlukischen und anderer islamischer Dynastien nach Europa. Die typischen Kennzeichen der Gotik – Spitzbögen, Rippengewölbe, Turmspitzen und Fensterrosen – lassen sich auf Bauten des islamischen Kulturkreises zurückführen. In Venedig, einem Stadtstaat in Norditalien, der mit den Mamluken eifrig Handel trieb, zeigen viele mittelalterliche Gebäude islamische Einflüsse, so auch die Fassade des Dogenpalastes, die eine Kombination von Kolonnaden, Rundfenstern und Zinnen aufgreift, wie wir sie an einigen Kairoer Moscheen finden. Die gegenseitige Beeinflussung setzte jedoch schon Jahrhunderte vor der mamlukischen Zeit ein. Bereits die früheste islamische Architektur greift Gestaltungsprinzipien der Griechen und Römer auf. Sie gelangten in den Westen und wurden dort von christlichen Auftraggebern übernommen. Mit der Verbreitung des Islam in Zentralasien und Indien flossen dortige Traditionen in die Baukunst ein, die unter den Safawiden und im Mogulreich neue Höhepunkte erreichte. ■

Das spitzbogige Bagdad-Tor in ar-Raqqa (Syrien) war ursprünglich Teil einer Befestigungsanlage, entstanden wohl im 8. Jh. unter den Abbasiden.

Der Spitzbogen

Ein charakteristisches Kennzeichen sowohl der islamischen wie der gotischen Architektur ist der Spitzbogen. Im oberen Bereich stoßen zwei Bogenlinien in einem relativ spitzen Winkel aneinander, während ein traditioneller Bogen seit römischer Zeit einen Halbkreis beschreibt, in dessen Zentrum ein Schlussstein sitzt.

Spitzbögen gab es in Indien und im Nahen Osten schon in vorislamischer Zeit. Aber erst unter den Abbasiden, die in Bagdad von 750 bis 1258 regierten, fand der Spitzbogen weitere Verbreitung in der islamischen Architektur. Er findet sich an Fenstern und Toren, Gewölben und Kolonnaden und auch am *mihrab,* der nach Mekka weisenden Nische in einer Moschee.

Im 11. und 12. Jh. nutzten die türkischen Seldschuken Spitzbögen bei der Rekonstruktion römischer Brücken. In Persien und im indischen Mogulreich zierten riesige Spitzbögen den *iwan* – eine überwölbte Halle, die sich an einer Seite zu einem Innenhof oder einem Portal hin öffnet.

ZIERDE DES ERDKREISES

MAURISCHE ARCHITEKTUR

IM KONTEXT

THEMA
Vermischung arabischer und europäischer Stile

FRÜHER
5.–8. Jh. n. Chr. Die germanischen Westgoten errichten ein Reich auf der Iberischen Halbinsel.

661 Die Omaijaden erringen die Vorherrschaft in der islamischen Welt.

711 Der omaijadische General Ṭāriq ibn Ziyād fällt in Südspanien ein.

SPÄTER
1492 Das muslimische Granada ergibt sich Ferdinand II. und Isabella I., den christlichen Königen von Aragon und Kastilien.

1578 Baubeginn des El-Badi-Palastes in Marrakesch.

19. Jh. In Europa und den USA kommt in der Architektur ein orientalisierender Stil in Mode.

Bis 711 hatten die Westgoten fast die gesamte Iberische Halbinsel an die muslimischen Omaijaden verloren. Die Eroberer wurden Mauren genannt – abgeleitet vom lateinischen *maurus,* der Bezeichnung für die Bewohner der römischen Provinz Mauretanien in Nordafrika.

Die Herrschaft der Muslime über *al-Andalus* – Spanien und das südliche Portugal – dauerte fast 800 Jahre. In dieser Zeit entstanden dort bedeutende Zentren der Bildung, der Kunst und des Handels. Die maurische Hauptstadt Córdoba fungierte als Brücke zwischen den fortschrittlichen Städten der muslimischen Welt und einem Europa, das sich nur langsam vom Zusammenbruch des Römischen Reiches erholte. In Córdoba, Granada und Sevilla entwickelten die Mauren eine einzigartige Architektur.

Einflüsse und Innovationen

Die maurische Architektur machte Anleihen bei westgotischen und römischen Traditionen, etwa Hufeisenbogen, Säulen und Mosaike.

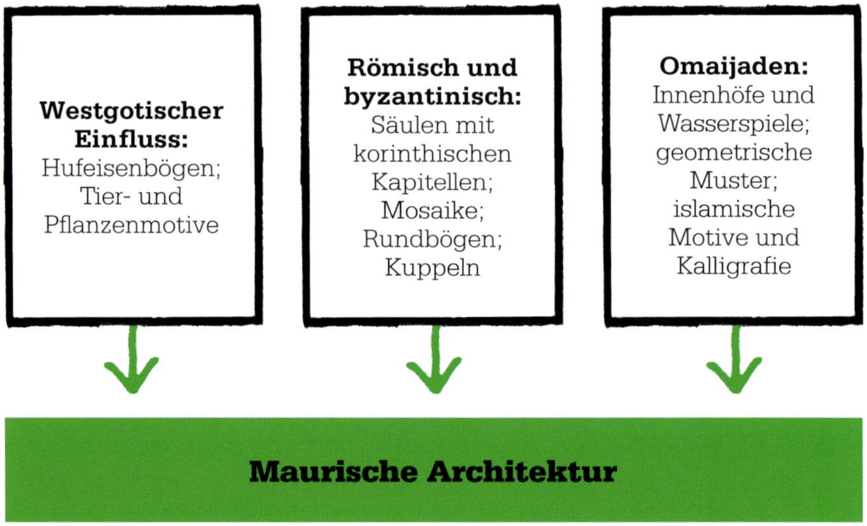

Siehe auch: Die Säule 26–33 ▪ Der Bogen 38–41 ▪ Islamische Inspiration 58–63 ▪ Islamische Gartenkunst 127 ▪ Das Safawidenreich 132–133 ▪ Das Mogulreich in Indien 134–137

Der Betsaal der Großen Moschee in Córdoba: In den Wölbsteinen der Bögen wechseln sich rote Ziegel mit hellem Werkstein ab.

Hinzu kamen Motive syrischen Ursprungs, darunter geometrische Muster und aufwendige Dekorationen aus Stuck und Fliesen. Neuartige komplexe architektonische Formen entstanden, was vor allem in der Großen Moschee von Córdoba – einer der größten architektonischen Leistungen des mittelalterlichen Europas – zu besichtigen ist.

Begonnen im 8. Jahrhundert, wurde die Moschee im 9. und 10. Jahrhundert erweitert. Ihr Grundriss war typisch für islamische Gotteshäuser: ein rechteckiger Innenhof, von Arkaden gesäumt, und ein überdachter Betsaal. Was sie unter allen anderen Moscheen heraushebt, ist ein Wald aus über 850 Säulen, die das Dach des Betsaals tragen. Darin klingt der *hypostylos* der Ägypter und Griechen an, ein Saal, der auf Säulen ruht. Die maurischen Baumeister in Cordoba griffen auf Säulen aus römischen und westgotischen Gebäuden zurück, die aber nicht hoch genug waren. Deshalb setzte man zwei Reihen von Bögen darauf – die Inspiration dazu lieferten vielleicht römische Aquädukte.

Ein verstecktes Paradies

In Granada herrschten 1238–1492 die Sultane der Nasriden-Dynastie. Auf einem Ausläufer der Sierra Nevada schufen sie dort ein architektonisches Meisterwerk, das Paradies auf Erden: die Alhambra (arabisch für »rotes Haus«). Hinter hohen Mauern erstreckt sich auf einer Fläche von 10,5 ha ein Gebäudekomplex mit einer Folge von größeren und kleineren öffentlichen und privaten Räumen, verbunden durch Innenhöfe und Gärten mit Wasserspielen, reich mit Stuckverzierungen und polychromen Fliesen dekoriert.

Im 18. Jahrhundert verbreiteten sich Abbildungen der Alhambra in der westlichen Welt und führten der maurischen Architektur neue Bewunderer zu. Das führte schließlich dazu, dass Architekten in Europa und Amerika Entwürfe im maurischen Stil bauten. ▪

Das andalusische Erbe

Die muslimischen Heere, die in Spanien einfielen, kamen aus Nordafrika. Und so überrascht es nicht, dass man in der Architektur auf große Übereinstimmungen stößt. Insbesondere in Marokko blieb die maurische Architektur noch lange nach dem Untergang des muslimischen Spanien im 15. Jh. lebendig. In vielen Städten gibt es gut erhaltene mittelalterliche Altstädte, etwa in Fez und Marrakesch, mit zahlreichen Beispielen maurischer Baukunst.

Maurische Stilelemente wie Stuck und Holzschnitzereien, gravierte Metallarbeiten und Mosaikfliesen stehen im 20. Jh. exemplarisch für die marokkanische Innenarchitektur. Und im Land bemüht man sich sehr, diese Traditionen am Leben zu erhalten: So waren am Neubau der Moschee von König Hassan II. in Casablanca, 1993 vollendet, Tausende von Handwerkern und Künstlern beteiligt, und eine ganze neue Generation erhielt dort ihre Ausbildung.

Maurisch inspiriert ist die Moschee Hassan II. in Casablanca. Die Gebetshalle fasst etwa 25 000 Gläubige.

EINHEIT DER MENSCHEN MIT LAND UND HIMMEL

PUEBLOS

IM KONTEXT

THEMA
Die Entstehung großer Siedlungen im Südwesten der USA

FRÜHER
1500 v. Chr. Im Südwesten der USA etabliert sich die Basketmaker-Kultur.

500–750 n. Chr. In der Basketmaker-III-Kultur werden die in den Erdboden vertieften Grubenhäuser aufgegeben.

SPÄTER
11.–13. Jh. Im heutigen Arizona und dem Colorado-Plateau hatte die Gemeinschaft der Ancestral Puebloans ihre Blütezeit.

16. Jh. Die Pueblo-Völker sind gewaltsamen Übergriffen durch spanische Soldaten, Missionare und Siedler ausgesetzt.

1900–um 1930 Der Pueblo-Revival-Stil verbreitet sich im Südwesten der USA.

Als *pueblo,* spanisch für »Dorf«, bezeichneten die europäischen Kolonisatoren Siedlungen, die sie im Gebiet von Nuevo Mexico vorfanden. Die Gebäude gehörten zu einer Kultur, die wir heute ebenfalls mit diesem Begriff benennen. Sie blühte etwa 750–1300 n. Chr. im heutigen Arizona, in Colorado, New Mexico und Utah (USA).

Aus der Ferne scheinen Pueblo-Siedlungen mit der Landschaft zu verschmelzen – und damit stehen sie in größtmöglichem Gegensatz zu allen Architekturstilen, die die Natur herausfordern. Die Anlagen weisen wohnungsähnliche Einheiten auf, oft auf mehreren Etagen, in der Regel entlang von Felswänden, bisweilen auch in Canyons gebaut. In manchen dieser Siedlungen lebten Tausende von Menschen. Die Bewohner pflegten Handelsbeziehungen bis zum Pazifischen Ozean

Cliff Palace im Mesa-Verde-Gebiet von Colorado war wohl ein Versammlungsort. Dort finden sich mehr Räume als in jeder anderen Pueblo-Siedlung.

Siehe auch: Schutz 18–19 ▪ Das Wohnhaus 42–45 ▪ Felsenarchitektur 88–89 ▪ Lehm 90–93 ▪ Bergstädte 100–101

Luftaufnahme der Ruinen von Pueblo Bonito, dem größten Haus der Chaco-Canyon-Kultur im National Historical Park in New Mexico (USA).

Rätsel der Pueblo-Kultur

Die meisten Pueblo-Siedlungen wurden bereits vor der Ankunft der Europäer aufgegeben, und so bleibt vieles über diese Kultur im Dunkeln. Ein Rätsel ist der Zweck der sogenannten großen Häuser: Möglicherweise dienten sie als zentrale Treffpunkte und Lagerräume, in denen sich verschiedene Clans zu Ritualen oder zum Austausch von Nachrichten und Waren trafen.

Die Pueblo-Gesellschaft war hoch entwickelt – viele Gebäude sind nach den Himmelsrichtungen ausgerichtet, einige so positioniert, dass das Sonnenlicht bei der Tagundnachtgleiche im Frühling und Herbst durch Piktogramme bezeichnete Punkte auf dem Felsen berührt.

Der Grund für den Zusammenbruch der Kultur im 14. Jh. ist unklar. Klimaanalysen zeigen lange Dürreperioden, sodass möglicherweise eine Hungersnot die Menschen veranlasste, ihre angestammten Gebiete zu verlassen und nie wieder zurückzukehren.

im Osten, nach Norden ins heutige Kanada und ins heutige Mexiko im Süden. Schon im 11. Jahrhundert n. Chr. hatten die Pueblo-Völker einen hoch entwickelten Lebensstil erreicht, der alles übertraf, was es damals in Europa gab.

Geschickt konstruiert

Die Pueblo-Siedlungen bestehen aus wohnungsartigen Einheiten. Die Häuser haben Holzbalkendecken, die Wände sind aus Sandsteinblöcken oder Adobe gemauert – Lehmziegeln, die in der Sonne oder in einem Ofen getrocknet wurden – und mit Mörtel aus Ton, Sand sowie Schlick zusammengesetzt. Die meisten Gebäude sind rechteckig, jede Etage etwas kleiner als die vorherige, sodass jeweils eine Terrasse entsteht. Die höchsten Gebäude erreichten vier bis fünf Stockwerke. Zum Schutz vor Angreifern gab es ganz unten keine Türöffnungen: Die Bewohner nutzten eine Leiter, um eines der oberen Stockwerke zu erreichen, und kletterten von dort mithilfe einer weiteren Leiter durch eine Öffnung im Dach nach unten.

In Mesa Verde in Colorado gab es etwa 600 Behausungen, manche zu Dörfern gruppiert. Sie waren an Felswände und andere Orte gebaut, die natürlichen Schutz vor Unwettern, wilden Tieren und menschlichen Angreifern boten. Viele der Felsenhäuser bestehen nur aus einem oder zwei Räumen, die in flache Höhlen gebaut wurden. Eine Stätte, die heute als Cliff Palace bekannt ist, umfasst jedoch etwa 150 Räume sowie 23 *kivas*. Letztere sind große (mehr als 100 m^2), kreisförmige unterirdische Räume, vermutlich für Versammlungen und spirituelle Zeremonien.

Einflüsse verschmelzen

Fortschritte in der Landwirtschaft und Möglichkeiten zur Wasserspeicherung gestatteten es den Pueblo-Völkern, komplexe, weiträumige und strukturierte Siedlungen anzulegen. Eine davon befindet sich im Chaco Canyon in New Mexico. Dort gibt es mehr als ein Dutzend sogenannter »großer Häuser«. Das größte, Pueblo Bonito (»schönes Dorf«), umfasst auf halbkreisförmigem Grundriss etwa 800 Räume, die sich über vier bis fünf Stockwerke verteilen. Bis zu 1000 Menschen könnten hier gewohnt haben. Als sich im 17. Jahrhundert spanische Siedler in der Region niederließen, übernahmen sie die Lehmbauweise der Pueblos. Aus dieser Verschmelzung indianischer und spanischer Einflüsse entstand der Pueblo-Stil, auch bekannt als Spanish Pueblo. Der Lehmziegelbau ist in diesem Teil der USA auch heute noch beliebt. ■

» Die Pueblo-Völker … haben immer gewusst, dass wir nicht außerhalb der Natur stehen, sondern ein Teil von ihr sind. «

Terry Tempest Williams
amerikanischer Naturschützer
(*1955)

DIE PHYSISCHE GESTALT GOTTES

INDISCHE TEMPEL

IM KONTEXT

THEMA
Die Entwicklung des hinduistischen Tempels

FRÜHER
Um 1500–500 v. Chr. Die vedische Zeit; Entstehung der Veden, der heiligen Überlieferungen, auf denen der Hinduismus basiert.

4. Jh. v. Chr. Texte beschreiben den vedischen Gottheiten geweihte Gebäude.

4. Jh. n. Chr. Im Gupta-Reich in Nordindien werden die ersten hinduistischen Tempel errichtet.

SPÄTER
12. Jh. n. Chr. Auch außerhalb Indiens entstehen zahlreiche Hindu-Tempel, darunter der Tempelkomplex von Angkor Wat in Kambodscha.

2014 In New Jersey (USA) wird der Swaminarayan Akshardham eingeweiht, einer der größten Hindu-Tempel der Welt.

Indische Tempel unterscheiden sich je nach Region und Entstehungszeit, aber einige Elemente sind allen gemeinsam.

In den großen monotheistischen Weltreligionen – Judentum, Christentum und Islam – ist das Gotteshaus der Ort, wo die Gläubigen zum gemeinsamen Gebet zusammenkommen. Indischen Tempeln – ob nun buddhistisch, hinduistisch oder jainistisch – liegt ein anderes Konzept zugrunde. Die Hindus, die bei Weitem größte Religionsgemeinschaft in Indien, müssen den Tempel nicht regelmäßig aufsuchen, weil sie auch an Schreinen zu Hause ihre zahlreichen Götter ehren können. Zum Tempel pilgert man bei besonderen Gelegenheiten. An diesem heiligen Ort verehrt man das Reich der Götter, man feiert aber auch die Welt der Natur und die irdischen Freu-

Siehe auch: Der Stupa 36 ▪ Tempel in Südostasien 86–87 ▪ Felsenarchitektur 88–89 ▪ Das Mogulreich in Indien 134–137

»Ein Tempel repräsentiert den gesamten Kosmos im Kleinen.«

Swaraj Prakash Gupta
indischer Archäologe und Kunsthistoriker (1931–2007)

den. Diese vielschichtigen Aspekte des Glaubens spiegeln sich in den kunstvollen Reliefs an der Fassade wider, sodass indische Tempel ebenso sehr Werke der Architektur wie der Bildhauerei sind.

Spirituell und physisch

Die frühesten hinduistischen Tempel waren einfache Schreine in einer Holzkonstruktion oder in Höhlen geschlagen. Weitere Verbreitung fand der Tempelbau in Indien erst mit dem Aufkommen der Gupta- und Pallava-Dynastien ab dem 4. Jahrhundert n. Chr. Neue Hindu-Sekten entstanden, und der Buddhismus verlor an Bedeutung.

Die ersten Tempel der Pallava-Zeit wurden noch aus Felsen geschlagen, dann ging man zu freistehenden Gebäuden über. In Mahabalipuram am Golf von Bengalen verbinden die im 7. und 8. Jahrhundert errichteten Pallava-Tempel in den Granit gehauene Pavillons und Schreine mit Bauten aus bearbeitetem Stein. Dort findet sich auch ein riesiges in den Fels gehauenes Relief. Es stellt die mythische »Herabkunft der Ganga« dar, mit Hunderten von Göttern, Halbgöttern, Menschen, Elefanten und Affen. Die Liebe zur Natur ist charakteristisch für die frühen Reliefs, später werden dort die Freuden des Lebens verherrlicht, wie in den erotischen Figuren an der Fassade der Tempelanlage von Khajuraho in Zentralindien, die zwischen 885 und 1050 während der Chandella-Dynastie erbaut wurde.

Höhepunkt des Tempelbaus

Ihre Blütezeit erlebte die indische Tempelarchitektur im Chola-Reich (848–1279) in Tamil Nadu (Südindien). Die Chola-Herrscher stifteten drei Tempelkomplexe in und um Thanjavur, der Hauptstadt des Reiches. Eine riesige Statue von Nandi, dem heiligen Stier und Reittier des Gottes Shiva, bewacht den Zugang zum Brihadisvara-Tempel, der 1010 fertiggestellt wurde. Er wird von einem 13-stöckigen, 66 m hohen Granitturm bekrönt, der mit Hunderten von Skulpturen bedeckt ist. Der kleinere Tempel gleichen Namens in Gangaikonda Cholapuram, um 1040 fertiggestellt, hat einen stärker gekrümmten Turm, der jedoch im gleichen pyramidenartigen Stil gehalten ist, wie er in Südindien vorherrscht. Der kleinste der drei Tempel, der um 1170 fertiggestellte Airavateshvara, zeigt die prächtigsten Reliefs, so in der Eingangshalle einen Streitwagen und Pferde.

Nach dem Ende des Chola-Reiches, im 13. Jahrhundert, zerstörten muslimische Invasoren viele Tempel. Dennoch überlebten die hinduistischen Architekturtraditionen im Süden Indiens. Außerhalb des Subkontinents führte das Wachstum der indischen Einwanderergemeinschaften im 20. Jahrhundert in Australien, Großbritannien, Kanada und den USA zu einer Wiederbelebung des Tempelbaus nach den traditionellen Prinzipien. ■

Der aufwendig dekorierte Turm des Brihadisvaras-Tempels besteht aus schwer zu bearbeitendem Granit. Darin manifestiert sich der Machtanspruch der Chola-Herrscher.

DAS GOLDENE ROM IST WIEDER ERSTANDEN

ROMANIK

IM KONTEXT

THEMA
Verherrlichung des Heiligen Römischen Reiches

FRÜHER
2. Jh. v. Chr. Die Römer entwickeln den Gebäudetyp der Basilika, später Grundform aller christlichen Kirchen.

330 n. Chr. Die Stadt Byzanz wird umbenannt in Konstantinopel.

SPÄTER
1137 Beginn der Neugestaltung der Abteikirche von Saint-Denis (Frankreich). Sie gilt als erstes Beispiel der Gotik, die sich aus der Romanik entwickelte.

1828–1932 Mit der Hauptkirche in Unterbarmen (Wuppertal) entsteht eines der ersten bekannten Werke der Neuromanik.

1881 Fertigstellung des Natural History Museum in London im Stil der Neuromanik.

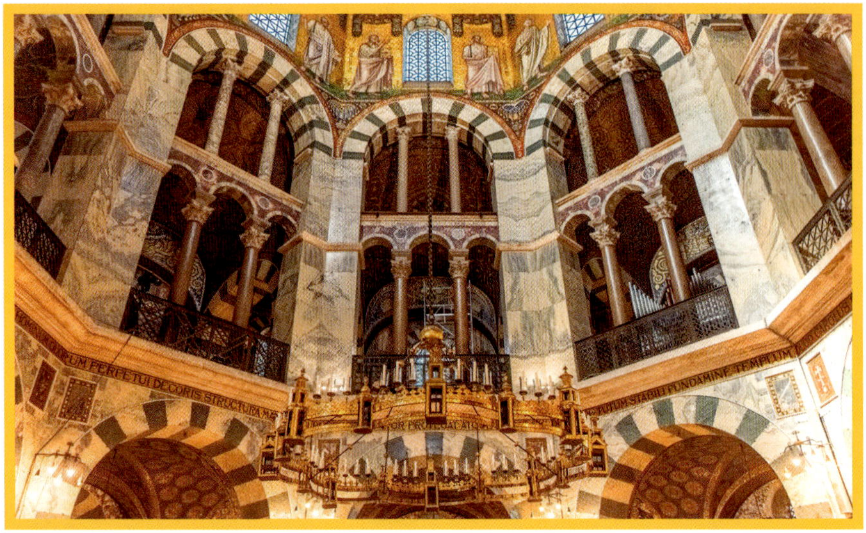

Die Rundbögen der Pfalzkapelle in Aachen sind typisch für die karolingische Architektur. Nur wenig Tageslicht fällt in das mit farbigen Marmorplatten vertäfelte Innere.

Nach dem Zusammenbruch Westroms im 5. Jahrhundert n. Chr. zerfiel das Reich in ein Mosaik kleinerer Staaten. Erst unter der Herrschaft Karls des Großen (747–814) wurden große Teile West- und Mitteleuropas im 8. Jahrhundert wieder vereint. Von seinem Hof ging eine Erneuerungsbewegung aus, die sogenannte karolingische Renaissance, die auch die Architektur erfasste und römische Rundbögen, Säulen und Gebäudetypen als Vorbild nahm. Daraus entwickelte sich die Romanik, der erste gesamteuropäische Architekturstil seit der Römerzeit. Ihren schönsten Ausdruck findet die karolingische Architektur in der Pfalzkapelle Karls des Großen in Aachen, 805 geweiht. Die achteckige Kuppel auf 16-seitigem Unterbau ist von byzantinischen Vorbildern wie der Hagia Sophia in Konstantinopel (heute Istanbul, Türkei) und San Vitale in Ravenna (Ita-

Siehe auch: Die Säule 26–33 ▪ Der Bogen 38–41 ▪ Die Basilika 48–49 ▪ Byzanz 52–53 ▪ Burgen 72–73 ▪ Gotik 74–81 ▪ Eklektizismus 172–173 ▪ Rückgriffe 196–197 ▪ Neuer Klassizismus 305

» Eines der großen architektonischen Erlebnisse in Europa. «

Nikolaus Pevsner
britischer Architekturhistoriker (1902–1983), über die Kathedrale von Durham

lien) beeinflusst. Der Rückgriff auf die Architektur Kaiser Konstantins sollte Karls Anspruch als Erbe des Römischen Reiches bekräftigen.

Kennzeichen der Romanik

Nach dem Ende des Karolingerreiches und beflügelt vom Aufkommen des Mönchtums im 10. Jahrhundert verbreitete sich die romanische Architektur in Italien, Frankreich und Deutschland und gelangte nach Skandinavien und auf die Britischen Inseln. Ihre wichtigsten Merkmale waren starke Mauern mit kleinen Fensteröffnungen. Sie waren notwendig, um das Gewicht der tonnengewölbten Decken zu tragen. Romanische Rundbögen wurden sowohl konstruktiv als auch dekorativ verwendet und waren oft in Reihen als Arkaden angeordnet, von Säulen oder Pfeilern gestützt.

Alle möglichen Gebäude wurden im romanischen Stil errichtet, darunter Kaufmannshäuser, Rathäuser, Paläste und Burgen. Unter den erhaltenen Gebäuden überwiegen jedoch die Kirchen bei Weitem. Im 11. und 12. Jahrhundert wurden immer größere Gotteshäuser für die wachsende Zahl von Gläubigen und Pilgern erbaut. Dafür passte man den Grundriss der römischen Basilika an und füge ihm ein Querschiff hinzu – ein Architekturelement, das das Kirchenschiff im rechten Winkel schneidet, um ein lateinisches Kreuz zu bilden. Viele dieser Kirchen enthielten auch einen Umgang, in dem die Gläubigen den Innenraum umrunden konnten.

Ein Stil entwickelt sich

Ein Beispiel für den romanischen Stil ist der Dom zu Speyer. Das festungsartige Bauwerk aus rotem Sandstein war bei seiner Fertigstellung im Jahr 1106 die größte Kirche der Welt. Filigraner tritt uns die Romanik im Dom zu Pisa (Italien) entgegen. Mit den Arkadenreihen an der Fassade und dem schiefen Glockenturm steht die nach 1063 fertiggestellte Kathedrale für die Kontinuität zwischen der Welt der Antike und des Mittelalters.

Nach der Eroberung Englands durch die Normannen im Jahr 1066 nahm die romanische Architektur andere Formen an. Die Normannen bekräftigten ihren Herrschaftsanspruch durch gewaltige Kathedralen und mächtige Burgen. Der White Tower, ältester Teil des Londoner Towers, war eine der ersten Burganlagen auf englischem Boden, andere sicherten normannische Feldzüge in Italien, Sizilien und im Heiligen Land. Die Romanik war das Bindeglied zwischen der römischen Architektur und der Mitte des 12. Jahrhunderts einsetzenden Gotik. ■

Cormac's Chapel in Cashel war eine der ersten romanischen Kirchen in Irland und entstand vor 1134: winzige Fenster, Fresken im Inneren, großartiges Nordportal und zahlreiche Kragsteine.

MONUMENTALE PFEILER IM STROM DER ZEIT

BURGEN

IM KONTEXT

THEMA
Machtzentren entstehen

FRÜHER
um 1300–500 v. Chr. In der Bronze- und Eisenzeit werden in Mittel-, Ost- und Südeuropa Ringwälle angelegt, Verteidigungsanlagen aus Erde.

509 v. Chr.–395 n. Chr Römische Ingenieure bauen Kastelle *(castra)* zum Schutz der Grenzen des wachsenden Reiches.

um 925 n. Chr. Die ottonischen Kaiser legen Befestigungsanlagen an der Ostgrenze an, um Einfälle der Magyaren und Slawen abzuwehren.

SPÄTER
um 1500 v. Chr. In Italien entstehen die ersten Bastionen, um das Schussfeld der Kanonen zu erweitern.

1886 König Ludwig II. von Bayern lässt mit Neuschwanstein die idealisierte Vorstellung einer Ritterburg bauen.

Die große Zeit des Burgenbaus begann im 9. Jahrhundert n. Chr. Nach dem Tod Kaiser Karls des Großen 814 kam es in Mittel- und Westeuropa zu inneren Unruhen und äußeren Bedrohungen, die starke Verteidigungsanlagen erforderten.

Die ersten Burgen waren Verstärkungen bereits bestehender hölzerner Palisaden und Gräben. Sie wurden von Landbesitzern errichtet, um Getreidevorräte und Tiere zu schützen. Innerhalb von Palisaden, mit einem befestigen Tor, erhob sich ein Erdhügel (Motte) mit hölzernem Turm, oder ein Donjon (Bergfried). Nachdem Wilhelm der Eroberer 1066 in England eingefallen war, überzogen die normannischen Soldaten das ganze Land mit einem Netzwerk solcher Befestigungsanlagen, die es ihnen erlaubten, die neu gewonnenen Gebiete zu kontrollieren.

Seit Ende des 11. Jahrhunderts wurden die hölzernen Wehr- oder Wohntürme durch steinerne ersetzt.

Krak des Chevaliers besitzt einen inneren Mauerring mit abgeschrägter Böschung *(talus)*, der den Verteidigern freie Sicht auf Angreifer gewährte, die versuchten, die Burg zu stürmen.

Siehe auch: Byzanz 52–53 ▪ Indische Tempel 68–69 ▪ Romanik 70–71 ▪ Die Edo-Zeit in Japan 128–131 ▪ Das Mogulreich in Indien 134–137 ▪ Eklektizismus 172–173

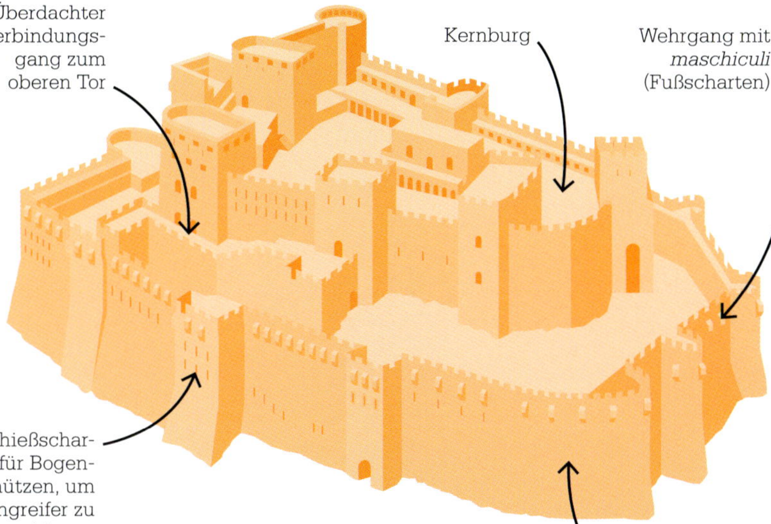

Zwei starke Ringmauern schützen am Krak des Chevaliers Vorburg und Kernburg. Es gibt darin runde und rechteckige Türme; im 13. Jh. wussten die Baumeister bereits, dass Letztere besser Angriffen standhielten.

In diesen Burgen lebten die normannischen Adligen mit ihren Familien und Soldaten. Es gab dort Waffenkammern, Stallungen und Kapellen.

Eroberungen absichern

Mit der Zeit lernte man im Burgenbau, topografische Gegebenheiten zu nutzen, die natürlichen Schutz boten, etwa Felsen und Flussschleifen. Wichtige Fortschritte gab es im östlichen Mittelmeerraum, als die europäischen Ritter, die sich nach dem Ersten Kreuzzug (1096–1099) in der Region niederließen, Befestigungen brauchten, um die eroberten Gebiete zu halten.

Die Kreuzfahrer verbanden ihr eigenes Wissen mit Neuerungen, die sie in Byzanz gesehen hatten, etwa konzentrischen Verteidigungslinien – eine Burg innerhalb der Burg – und vorspringenden runden Türmen im äußeren Mauerring, die das Schussfeld der Bogenschützen erweiterten. Höhepunkt dieser Entwicklung ist Krak des Chevaliers in Syrien. Erbaut in mehreren Phasen im 12. und 13. Jahrhundert, verfügt die Burg über zwei Mauerringe, einen abgeschrägten Wall und riesige Türme. Sie hielt mehreren Belagerungen stand.

Symbolische Stärke

Die Verbesserungen der Kreuzfahrer wurden in ganz Europa aufgegriffen. Als sich später das Schießpulver verbreitete, mussten die Burgen durch dickere Mauern und den Bau von Maueraussparungen für Kanonen an die neuen Verhältnisse angepasst werden. Ende des 16. Jahrhunderts konnten Kanonen jedoch auch die stärkste Mauer zerstören, und Burgen wurden überflüssig.

Eine Renaissance erlebte der Burgenbau in Europa im 19. Jahrhundert im Zuge der Neogotik. ▪

Indische Forts

Die Tradition des Festungsbaus in Indien reicht mindestens so weit zurück wie der Burgenbau in Europa. Das älteste erhaltene indische Fort, Qila Mubarak in Bathinda (Punjab), ist vermutlich im 6. Jh. n. Chr. entstanden.

Zu den schönsten Festungen Indiens zählen die Bergforts, die als Herrschaftssitze der Rajputen-Fürsten dienten, die vom 8. bis 18. Jh. über das heutige Rajasthan herrschten. Dazu gehört auch die Festungsstadt Chittorgarh, im 7. Jh. auf einer Hügelkuppe gegründet. Die 11 km lange Stadtmauer umschließt eine Reihe von Palästen, Tempeln, etwa 20 Seen, Teiche und Wasserbecken sowie die Ruinen einer Stadt.

Noch weitläufiger ist die Festung von Kumbhalgarh mit ihrem 36 km langen Mauerring, der sogenannten Großen Mauer Indiens. Sieben befestigte Tore gewähren Zugang zu einem Palastkomplex und etwa 360 Tempel.

» … zwischen die Sterne gesetzt wie ein Adlernest und Heimstatt des Mondes. «

Abu Shama
arabischer Hiistoriker (1203–1267), über Belvoir Castle (Israel)

UNENDLICHKEIT WIRD VORSTELLBAR

GOTIK

IM KONTEXT

THEMA
Hochfliegende Ambitionen

FRÜHER
2. Jh. v. Chr. Die Römer entwickeln den Gebäudetyp der Basilika, der zum Vorbild für christliche Kirchen wird.

750 n. Chr. Die Abbasiden-Dynastie in Bagdad erringt die Vorherrschaft über die islamische Welt. Spitzbögen finden Verbreitung in ihrer Architektur.

775 Umbau des Altarraums der Abteikirche von Saint-Denis bei Paris. Sie erhält jetzt die Form einer römischen Basilika.

1066 Wilhelm, Herzog der Normandie, erobert England und beginnt dort, Kirchen im Stil der normannischen Romanik zu bauen oder umzubauen.

1096 Während des ersten Kreuzzugs kommen viele Europäer in Kontakt mit islamischer Architektur.

SPÄTER
1337–1453 Der Hundertjährige Krieg zwischen England und Frankreich führt zu eigenständigen Entwicklungen auf den Britischen Inseln.

1540er-Jahre Fertigstellung von Santa María la Menor in Santo Domingo (Dominikanische Republik), der ältesten Kathedrale in Amerika.

1907–1990 In Washington entsteht die Washington National Cathedral im Stil der Gotik.

Die Gotik war eine Revolution in der europäischen Architektur, sowohl in der Formensprache, als auch im Hinblick auf die verwendeten Technologien. Mitte des 12. Jahrhunderts in Nordfrankreich aus dem romanischen Stil hervorgegangen, erlebte die Gotik ihr Goldenes Zeitalter um 1200–1250 und fand hundert Jahre später noch einmal zu einer letzten Blüte. Abgelöst wurde sie schließlich von der italienischen Renaissance. Der Begriff »gotisch« war ursprünglich abwertend gemeint und bezeichnete die Architektur der barbarischen Völker aus dem Norden, die in das Römische Reich eindrangen. Die besonderen Qualitäten dieses Stils, seine himmelstürmende Vertikalität und Leichtigkeit, inspirierten die Architektur noch bis ins 19. und 20. Jahrhundert.

Die Wiege der Gotik

Die Entstehung der Gotik lässt sich an einem einzigen Gebäude festmachen, und darin unterscheidet sich dieser Architekturstil von den meisten anderen. Die Abteikirche (heute Kathedrale) von Saint-Denis nördlich von Paris war seit dem 7. Jahrhundert Grablege fast aller französischen Könige. Als 1122 Suger zum Abt von Saint-Denis berufen wurde, befand sich das Gebäude in schlechtem Zustand. Suger leitete die Restaurierung zu Ehren Gottes und der Krone ein. Von König Ludwig VI. (und danach von dessen Sohn und Nachfolger Ludwig VII.) mit finanziellen Mitteln wohl versorgt, stützte sich der Abt auf theologische Schriften und neue architektonische Elemente, um den Grundstein für den gotischen Stil zu legen. Er glaubte, im Licht sei das Göttliche erkennbar, und deshalb wollte er so viel Licht wie

> »Gute Architektur in ihrer Zeit ist immer modern. Die Gotik war ein fantastischer Schock.«
>
> **Richard Rogers**
> britischer Architekt (1933–2021)

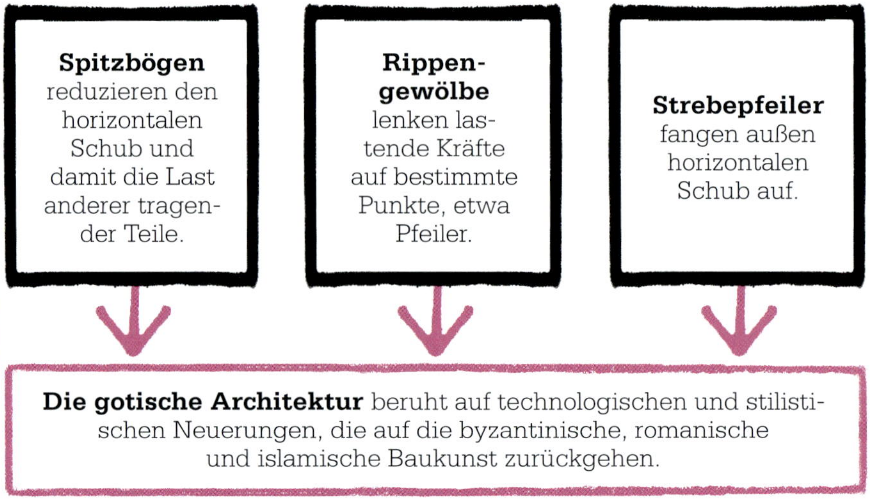

Siehe auch: Die Basilika 48–49 ▪ Islamische Inspiration 58–63 ▪ Romanik 70–71 ▪ Gotische Profanbauten 94–95 ▪ Das letzte Aufblühen der Gotik 98–99 ▪ Renaissance 106–113 ▪ Neogotik 164–167

Die Westfassade von Saint-Denis zeigt typisch gotische Architekturelemente, wie vortretende Strebepfeiler, eine Fensterrose sowie Skulpturen biblischer Gestalten am Portal.

möglich in seine Kirche holen. Suger beschränkte sich bei der Erneuerung im Wesentlichen auf zwei Bereiche: den Westbau und den Chor im Osten, wo sich der Altar befand. Die alte Fassade aus dem 8. Jahrhundert musste weichen. An ihre Stelle trat eine von vier massiven vorgelegten Strebepfeilern strukturierte neue Konstruktion. Strebepfeiler waren schon im alten Rom in Gebrauch, aber dort glichen sie eher flachen Pilastern. Der Einsatz optisch markanter Strebepfeiler sollte ein Kennzeichen des neuen Stils werden. Hoch über dem Hauptportal fügte Suger eine weitere Neuerung ein: ein kreisrundes Fenster. Sie hatte es zwar schon zuvor in Kirchen gegeben, aber noch nie an der Fassade.

Höher und leichter

Schon seit Jahrhunderten waren Bögen und Gewölbe (Gruppen von Bögen, die eine Decke oder ein Dach bilden) in der römischen, byzantinischen, islamischen und romanischen Architektur gebräuchlich. In Saint-Denis allerdings wurden diese tragenden Elemente auf ganz neue Weise genutzt.

Als Suger die Apsis und den Chorumgang erneuerte, wurde das vorhandene schwere romanische Mauerwerk entfernt und innerhalb von drei Jahren etwas vollkommen Neues geschaffen. Sugers Baumeister verwendeten Spitzbögen, wie sie bis dahin vorwiegend in der islamischen Architektur Verwendung fanden, und Rippengewölbe. Beides diente dazu, Druck und Schub kontrolliert abzuleiten, im Fall der Rippengewölbe auf eine Reihe von Säulen oder Pfeilern. So konnten die Wände dazwischen dünner und höher werden. Außen wurden sie von markanten Strebebögen gestützt (siehe S. 79). Mithilfe dieser drei Elemente – Spitzbogen, Rippengewölbe und Strebebogen – war es möglich, die Decke von Saint-Denis auf die immense Höhe von etwa 28 m anzuheben. Und ein großer Teil der Wandfläche konnte mit Fensteröffnungen durchbrochen werden, durch die viel natürliches Licht ins Innere gelangte, gefiltert durch farbige Glasfenster (damals eine Rarität), die die Worte des Herrn illustrierten. ››

Die Türme der Kathedrale von Chartres sind unterschiedlich – der schlichte Südturm entstand Mitte des 12. Jh., der Nordturm wurde nach einem Brand im Jahr 1506 im Flamboyantstil erneuert.

Näher als in Sugers Architektur konnten die Gläubigen der Vorstellung vom Himmel auf Erden nicht kommen. Sugers Neuerungen unterschieden sich radikal von allem, was bis dahin galt. Sie bildeten die Grundlage für den neuen gotischen Architekturstil.

Französische Entwicklung

Der gotische Stil – ursprünglich als *opus francigenum* (»französisches Bauen«) bezeichnet – hatte sich in Frankreich schnell etabliert und fand schon bald bei drei neuen Kathedralen im burgundischen Sens, in Laon sowie in Noyon nordöstlich von Paris Anwendung. Sie überragten die Städte und waren so prächtig wie die Paläste der Mächtigen, die den gewöhnlichen Menschen verschlossen blieben.

Nach dem Vorbild von Saint-Denis entstand mitten in Paris ab 1163 die Kathedrale Notre-Dame. Auch hier war die Fassade von vier Strebepfeilern strukturiert; sie weist drei große überwölbte Portale auf, zwei Türme (Saint-Denis hat einen Turm verloren) sowie eine große Fensterrose in der Mitte. In Notre-Dame machte man sich fast alle neuen Entwicklungen aus Saint-Denis zu eigen. Als eine der ersten Kathedralen erhielt sie Strebebögen und das Mittelschiff erstreckt sich auf über 30 m Höhe.

Notre-Dame de Paris übertrifft ihre Vorgängerin auch im Hinblick auf den Bauschmuck. Im Vergleich zur atemberaubenden Struktur von Saint-Denis erscheint die Dekoration dort vergleichsweise zurückhaltend. Notre-Dame hingegen wurde reich geschmückt – eine Tendenz, die sich im Lauf der Jahrhunderte noch verstärkte, mit immer elaborierterem steinernem Maßwerk an Fenstern und Gewölberippen, dazu Heerscharen von Engeln, Dämonen und Ungeheuern, die mitunter auch als Wasserspeier dienten.

Wände aus Licht

Als es den Baumeistern zunehmend besser gelang, die Wände der Kathedralen von Druck und Schub zu entlasten, konnten sie die Fensterflächen immer mehr vergrößern. Im Jahr 1194 fiel die Kathedrale von Chartres, südwestlich von Paris, einem Brand zum Opfer, der nur das Westwerk, die Krypta und die Türme verschonte. Sofort begann man mit dem Wiederaufbau, der 1260 abgeschlossen war. Im neuen Südturm, 105 m hoch, wird ein weiteres Kennzeichen des gotischen Stils augenfällig: Bauteile, die sich zu Gott im Himmel erheben und dabei Höhen erreichen, die alles bisher Dagewesene in den Schatten stellten. Am Neubau der Kathedrale von Chartres sehen wir, wie schnell die Gotik ihre Blütezeit erreichte. Zusammen mit anderen nordfranzösischen Kathedralen in Amiens, Beauvais und Bourges ist Chartres ein Beispiel für die

» Edel erstrahlt das Werk, durchdrungen vom neuen Licht. «

Suger
De Administratione,
um 1144

Eine Reihe von Strebebögen stützt das hohe steinerne Gewölbe am Kapitelhaus der Kathedrale von Lincoln (Großbritannien).

Das Strebewerk

Die Rippen in einem Gewölbe leiten den Druck nach unten auf Strebepfeiler ab. Diese wiederum geben das Gewicht an den Boden weiter, der die Last aufnimmt. Neben dem vertikalen Druck wirkt auf die Pfeiler aber auch horizontaler Schub, den die Gotik auf elegante Weise durch Strebebögen an der Außenseite neutralisiert.

Im Unterschied zu einem Strebepfeiler hat ein Strebebogen auf Bodenhöhe keinen Kontakt mit der zu stützenden Wand. Ein Bogensegment verbindet die Wand mit dem freistehenden Pfeiler – gemeinsam bilden sie das sogenannte Strebewerk. Es erwies sich als ungeheuer effektiv, um Druck und Schub aus dem Gewölbe aufzufangen, und so konnten die gotischen Baumeister immer höhere Kathedralen bauen.

Die Strebebögen, ursprünglich ein rein konstruktives Element, entwickelten sich zu einem charakteristischen Merkmal des gotischen Stils.

Hochgotik, die um 1200–1350 ihre Blütezeit erlebte. Eine geniale Skelettstruktur, die lastende Kräfte auf Bögen, Rippen und Strebepfeiler lenkt, sorgt in Chartres dafür, dass das Innere leicht und offen wirkt und die Fenster fast die gesamte Wandfläche einnehmen können. Es gibt hier 176 Fenster, die meisten erzählen Geschichten aus dem Alten und Neuen Testament und Szenen aus dem Leben Christi und der Heiligen. Im Licht der Sonnenstrahlen funkeln sie in feurigem Glanz. Wie die übrigen gotischen Neuerungen in Chartres – steinerne Turmspitzen und lange Arkaden, in denen sich Bogen an Bogen reihte – sollten sie den Gläubigen beim Betreten dieser Kirche Ehrfurcht einflößen, da sie wahrhaftig ein würdiges Haus des Herrn war, .

Die schönsten gotischen Glasfenster waren den einfachen Menschen nicht zugänglich. Sie schmückten die 1248 fertiggestellte Sainte-Chapelle im Herzen des mittelalterlichen Palais de la cité in Paris. König Ludwig IX. von Frankreich hatte die Kapelle in Auftrag gegeben, um Reliquien aufzunehmen, darunter die Dornenkrone und ein Fragment vom Kreuz Christi.

Diese königliche Kapelle ist ein schwindelerregend hoher Raum, in dem die Wände zu zarten Säulen zwischen schillernden Buntglasfenstern reduziert sind, die mehr als 15 m in die Höhe ragen. Eine schimmernde Wand aus Licht hüllt alles ein, die Decke hoch oben ist in einem dunklen Blau gehalten, von goldenen Sternen übersät. Nirgends manifestiert sich das Streben nach Licht und Raum, das Abt Suger in Saint-Denis antrieb, eindrucksvoller als hier.

Die Grenzen der Gotik

Die Kathedrale von Beauvais, 1227 begonnen, hätte der Höhepunkt gotischer Architektur in Frankreich werden können, aber sie wurde von Katastrophen heimgesucht und niemals fertiggestellt. 1284 stürzte ihr Langchor –der höchste in Frankreich – ein, weil die extrem hohe Konstruktion zu weit gespannt war. Er wurde 1324 neu gebaut, größtenteils nach den ursprünglichen Plänen, verstärkt mit zusätzlichen Strebepfeilern »

Die spektakulären Buntglasfenster der Sainte-Chapelle in Paris bestehen aus 1113 einzelnen Scheiben, die Szenen aus der Bibel zeigen.

und eisernen Zugstangen. Mit dem Beginn des Hundertjährigen Krieges fehlte es zunehmend an Ressourcen, um die enormen Kosten für einen solchen Bau aufzubringen, und so wurde in Beauvais erst im 16. Jahrhundert weitergebaut. 1569, mit der Vollendung des 153 m hohen Vierungsturms, war die Kathedrale das höchste Bauwerk der Welt, doch bereits 1573 stürzte der Turm ein. Was ursprünglich Chartres oder Amiens übertreffen sollte, blieb schließlich unvollendet. Ein höherer Chor aber wurde niemals wieder errichtet: Er erreicht knapp 47 m.

Von Frankreich aus

Der gotische Stil verbreitete sich fast überall in Westeuropa, mit Ausnahme weiter Teile Italiens, das sich dem Einfluss aus dem Norden verweigerte und an romanischen Traditionen festhielt. Eine bemerkenswerte Ausnahme ist der Dom zu Mailand, wo man kurz nach Baubeginn 1386 französische Fachleute zu Hilfe holte.

Seit der Eroberung durch die Normannen 1066 war England jahrhundertelang von französischen Königen regiert worden. Dank der daraus entstehenden engen kulturellen Verbindungen zwischen den beiden Ländern verbreitete sich die Gotik auch in England rasch. Der französische Baumeister Wilhelm von Sens, wohl tätig an der dortigen Kathedrale, wirkte nach einem verheerenden Brand 1174 am Wiederaufbau des östlichen Teils der Kathedrale von Canterbury mit. Er erfolgte im neuen gotischen Stil, mit Spitzbögen, Rippengewölben und Strebebögen.

Etwa zur selben Zeit begann die Arbeit an der neuen Kathedrale von Wells. Es war die erste Kathedrale in England, die von Anfang an in den Formen der Gotik gebaut wurde und nicht auf den Fundamenten älterer Gebäude, wie es bei den meisten anderen englischen Kathedralen der Fall ist.

Die englische Perspektive

Im Jahr 1220 begann man auch in Salisbury mit dem Bau einer vollkommen neuen Kathedrale. Erstmals wurde hier die französische Gotik abgewandelt und eigenen Vorstellungen angepasst. Zwar verwendeten die englischen Baumeister ebenfalls Spitzbögen, Rippengewölbe und Strebebögen, aber es gibt feine Unterschiede.

In französischen Kathedralen wird der Blick durch Pfeiler, die sich ungestört vom Boden bis zur Decke ziehen, nach oben geleitet. In Salisbury hingegen ist das Mittelschiff in drei Zonen mit Arkaden gegliedert, und die horizontalen Linien lenken den Blick in Richtung der Marienkapelle ganz am Ende. Während französische Kathedralen in der Regel als einheitliches

Die Gewölberippen im Mittelschiff der Kathedrale von Salisbury ruhen auf Diensten hoch oben an der Wand. Die Dienste bestehen aus sogenanntem *Purbeck marble*, einem dunklen Gestein, das in der englischen Gotik häufig verwendet wurde.

Ganzes konzipiert wurden, erhielt die Kathedrale von Salisbury, 1258 weitgehend vollendet, ihren 123 m hohen Turm – zum Schutz mit Strebebögen versehen – erst später.

Weitere Entwicklung

Ab Mitte des 13. Jahrhunderts breitete sich in Frankreich und England eine zweite Phase der Gotik aus. In Frankreich nannte man sie Rayonnant (»strahlend«), in England Decorated Style. Charakteristisch für beide ist die Minimierung der vertikalen Stützen und die Vergrößerung der Fenster, bis die Wände nur noch ein Gitter aus Maßwerk und Glas sind. Die Fensterrosen wurden immer größer und komplexer. So erneuerte man 1250 in Paris das Querhaus von Notre-Dame, um dort zwei riesige Fensterrosen einzusetzen.

Der Dekoration des Innenraums kam jetzt überhaupt größere Bedeutung zu, und Schmuckelemente zogen sich bis auf die Außenseite des Gebäudes, an die Fassade und die Strebepfeiler, die von Wimpergen und Fialen bekrönt waren. Diese wiederum sind oft mit Krabben verziert (in Stein gehauenen, stilisierten Blatt- oder Blütenknospen). Nachdem Heinrich III. von England, ein Schwager des französischen Königs Ludwig IX., 1248 der Einweihung der Sainte-Chapelle in Paris beigewohnt hatte, fand der Rayonnant-Stil Eingang in den Neubau von Westminster Abbey in London. Bemerkenswert an diesem neuen Stil waren vor allem die Liernen – Nebenrippen ohne tragende Funktion im Gewölbe, die nur dazu dienten, Muster zu bilden, insbesondere sternförmige. Diese Technik war Anfang des 14. Jahrhunderts sehr populär, die besten Beispiele für Stern- und Fächergewölbe finden sich in den Marienkapellen von Ely und Wells sowie im Chor der Kathedrale von Bristol.

> »Die gotische Kathedrale ist eine Blüte in Stein, dem unstillbaren Verlangen des Menschen nach Harmonie geschuldet.«
>
> **Ralph Waldo Emerson**
> amerikanischer Schriftsteller
> (1803–1882)

Spätere Formen

Ihre reinste Form nimmt die Gotik im 13. Jahrhundert in Frankreich in Bauten wie Sainte-Chapelle, Chartres und Amiens an. Doch sollte sich der Baustil noch über die folgenden 250 Jahre in Europa weiterentwickeln.

Vor dem blutigen Hintergrund des Hundertjährigen Krieges zwischen Frankreich und England gelangte die Gotik zu einer späten Blüte, als englische Baumeister eine einfachere Form entwickelten, die als Perpendicular Style bekannt wurde. Typisch deutsche Entwicklungen waren hohe Türme und Seitenschiffe auf gleicher Höhe wie das Mittelschiff. Im reichen spanischen Sevilla legte man 1401 den Grundstein für die größte gotische Kathedrale der Welt.

Der gotische Stil verbreitete sich auch außerhalb Europas in den Kolonialgebieten. In Ländern wie den Vereinigten Staaten, Kanada und Australien galt er mit seiner Extravaganz und Erhabenheit seit dem 19. Jahrhundert als erste Wahl für Kathedralen und große öffentliche Gebäude. ■

Gotische Fenster

Ausgehend von den romanischen Ursprüngen wurden die Fenster in der Gotik mit der Zeit immer größer und komplexer.

Ende 12. Jh. Frühgotische Kirchenfenster sind schmal und werden aufgrund ihrer Form auch als Lanzettfenster bezeichnet.

13. Jh. Maßwerk – geometrische Muster aus durchbrochenem Stein – füllt den oberen Teil der Fensteröffnung.

14. Jh. Die Unterteilungen der Fenster werden immer komplexer; mithilfe von Stabwerk im unteren Bereich entstehen Bögen innerhalb von Bögen.

15. Jh. Die Fenster werden immer höher und breiter, die Wände in vertikal und horizontal vervielfachtem Stabwerk aufgelöst, das wie ein Gitter wirkt.

ARCHITEKTUR OHNE ARCHITEKTEN

HOLZRAHMENBAU

IM KONTEXT

THEMA
Bauen mit lokalen Ressourcen

FRÜHER
10 000 v. Chr. Im Mesolithikum nutzen Menschen Holzstämme, um Hütten zu bauen.

79 n. Chr. Vulkanasche vom Ausbruch des Vesuvs bewahrt Holzbalken aus der römischen Stadt Herculaneum.

7. Jh. Das Jokhang-Kloster in Lhasa (Tibet) ist vermutlich die älteste erhaltene Fachwerkkonstruktion der Welt.

SPÄTER
1997 Nach einem Brand in Windsor Castle entsteht in traditioneller Technik ein neues Hammerbalken-Gewölbe.

2019 Fertigstellung des Mjøstårnet in Brumunddal (Norwegen), mit 18 Stockwerken höchstes Holzhaus der Welt.

Seit dem 12. Jahrhundert entstanden in Frankreich, Spanien und England beeindruckende Bauten aus Stein, besonders Kathedralen und Paläste. Für einfachere Bauaufgaben, wie kleine Kirchen und Wohnhäuser, blieb Holz der bevorzugte Baustoff, insbesondere in den stark bewaldeten Regionen Nordeuropas. Abhängig von den Holzvorkommen, sowie klimatischen und ökonomischen Bedingungen, unterscheiden sich die Konstruktionsweisen erheblich.

Zu den beeindruckendsten Beispielen des mittelalterlichen Holzbaus zählen die Stabkirchen in Norwegen, einem besonders waldreichen Land. Entstanden sind

Siehe auch: Frühes Kaiserreich in China 50–51 ▪ Gotik 74–81 ▪ Spätes Kaiserreich in China 96–97 ▪ Grüne Architektur 292–299

In Borgund steht eine von 28 erhaltenen norwegischen Stabkirchen. Über 2000 sind durch Steinbauten ersetzt worden oder verfallen, weil handwerkliche Fähigkeiten verloren gingen.

sie vor allem vom 12. bis 14. Jahrhundert, als Romanik und Gotik im europäischen Kirchenbau prägend waren. Die Bautechniken einer Stabkirche sind nicht weniger anspruchsvoll als für eine große Kathedrale aus Stein.

Kirchen aus Holz

Die skandinavischen Wikinger waren hervorragende Bootsbauer. Von diesen Fertigkeiten legen auch die Stabkirchen Zeugnis ab. Kennzeichnend sind massive Holzbalken – die sogenannten Stäbe oder Masten –, die als Stütze dienen, sichtbar vor allem an den Ecken. Sie ruhen auf einer steinernen Bodenplatte, die für Stabilität sorgt und gleichzeitig das Holz vor Feuchtigkeit schützt. An den Stäben wird ein Holzrahmen befestigt und mit Brettern verkleidet. Die Bretter greifen mit Nut und Feder ineinander. Das Dach wird von Sparren und Masten getragen, der Dachstuhl bleibt in der Regel offen.

Stabkirchen wurden oft ohne Nägel errichtet, die Holzteile allein durch die Kunst des Zimmermanns zusammengefügt. Diese Konstruktionsweise eignete sich nicht, um größere Räume zu schaffen, deshalb sind diese Kirchen von bescheidenen Ausmaßen. Sie beherbergten kleine Gemeinden in dünn besiedelten Gebieten.

Stabkirchen wurden überall in Skandinavien gebaut, aber die am besten erhaltenen befinden sich allesamt in Norwegen. Die älteste ist die Stabkirche von Urnes, um 1130 erbaut, obgleich einige Balken auf 1069/70 datiert werden. Das hohe Mittelschiff ruht auf 14 zylindrischen Masten, die durch Bögen verbunden sind, reich verziert mit Schnitzdekor, darunter Tierdarstellungen im Stil der Wikinger.

Heidnische Relikte

Die markanteste unter den Stabkirchen wurde 1180 in Borgund in Ostnorwegen erbaut. Sie weist einen annähernd kreuzförmigen Grundriss auf, Mittelschiff, Seitenschiffe, hohe Fenster und Apsis – alles, was man von einer mittelalterlichen europäischen Kirche erwartet. Äußerlich jedoch gleicht sie eher einer mythischen Behausung aus einer nordischen Saga. Fast pagodenartig steigen steile Schindeldächer mit überstehender Traufe auf. Geschnitzte Drachenköpfe recken sich von den Firstbalken und erinnern an den Steven der Wikingerschiffe. Das reiche »

Das Hammerbalken-Gewölbe in Westminster Hall, London, verbindet massive Eichenbalken mit steinernen Strebepfeilern, um die Last des 670 t schweren Gewölbes zu tragen.

Schnitzdekor im Inneren der Kirche umfasst auch Runen – Schriftzeichen, denen in der nordischen Mythologie magische Kräfte zugeschrieben wurden.

Starke Eichenbalken

Die Konstruktionsweise war abhängig davon, welches Holz es in einer Region gab. In Skandinavien waren Kiefern und Tannen verbreitet. Ihre Stämme wachsen hoch und gerade, und eignen sich damit gut für Säulen, Stangen und Bretter. In England gab es viele Eichen und anderes Hartholz, das sich gut für Rahmenkonstruktionen eignet. Ein frühes Beispiel ist die Kirche von St. Andrew in Greensted, Essex, möglicherweise die älteste christliche Holzkirche der Welt. Die Eichenbretter im Mittelschiff stammen von etwa 1060 und es gibt Hinweise, dass hier bereits im 8. Jahrhundert eine Kirche stand.

Eiche aus Essex war auch das Material für große Getreidescheunen. Zwei besonders schöne Beispiele, eine Gerstenscheune (Barley Barn) und eine Weizenscheune (Wheat Barn) entstanden im 13. Jahrhundert in Cressing Temple, damals im Besitz des 1119 in Jerusalem gegründeten Templerordens. Die Gerstenscheune, um 1205–1230 erbaut, ist 36 m lang und gilt als älteste erhaltene Fachwerkscheune der Welt; die Weizenscheune ist etwa 50 Jahre jünger. Beide haben eine bemerkenswerte Spannweite – die etwas breitere Gerstenscheune misst 13,6 m –, was für mittelalterliche Scheunen typisch war. Ermöglicht wird das durch parallele Pfostenreihen im Inneren, die den Raum in eine Art Hauptschiff und zwei Seitenschiffe gliedern. Ein System von Bindern, Streben und Pfetten (langen waagerechten Balken) stützt die Sparren des riesigen Daches. In dem hölzernen Dachstuhl wirken die gleichen Kräfte wie in den steinernen Gewölben der gotischen Kathedralen.

> »Die Handwerker, die das notwendige Dach in etwas Schönes verwandelten, haben mehr erreicht, als jene, die … es mit einem steinernen Gewölbe verbargen.«
>
> **F. E. Howard**
> britischer Architekt (1888–1934)

Ein offener Dachstuhl

Die Erfindung des Hammerbalken-Gewölbes in England ermöglichte noch größere Spannbreiten. Dabei ruht die tragende Konstruktion auf Hammer- oder Stichbalken, die aus der Wand ragen. So ist die Länge der Holzbalken nicht länger der begrenzende Faktor.

Das früheste Beispiel für ein Hammerbalken-Gewölbe hat sich in der 1310 erbauten Pilgrims' Hall in der Kathedrale von Winchester (Großbritannien) erhalten. Das Hammerbalken-Gewölbe von Westminster Hall, 1393 von König Richard II. in Auftrag gegeben, ursprünglich Teil des Palace of

Westminster in London, ist das größte mittelalterliche Dach in Nordeuropa: 73,2 m lang, 20,7 m breit und 28 m hoch. Es braucht den Vergleich mit den Meisterleistungen der gotischen Steinmetze in Chartes nicht zu scheuen.

Manche Hammerbalken-Gewölbe sind aufwendig dekoriert, mit geschnitzten Figuren am Ende der Stichbalken. Das Gewölbe von St. Wendreda in March (Cambridgeshire) schmücken nicht weniger als 118 Engel mit weit ausgebreiteten Flügeln. Eine zweite Reihe von Stichbalken bildet dort ein doppeltes Hammerbalken-Gewölbe, eine Entwicklung des 15. Jahrhunderts, die noch mehr Fläche für Schnitzereien bot.

Fachwerkbau

Der Fachwerkbau mit sichtbaren Holzbalken war im Mittelalter vor allem in Deutschland und Frankreich verbreitet. Dafür wurde eine hölzerne Rahmenkonstruktion mit Geflecht oder Mauerwerk ausgefüllt und mit Lehm verputzt. In Quedlinburg im Harz haben sich mehr als 2000 Fachwerkhäuser erhalten, die ältesten stammen aus dem 13. Jahrhundert. Das Ensemble gehört zum UNESCO-Weltkulturerbe.

» Es lohnt sich, 40 Meilen gegen den Wind zu radeln, um sie zu sehen. «

John Betjeman
britischer Dichter (1906–1984), über die Decke von St. Wendreda

Der Fachwerkbau entwickelte sich weiter, auch in England, wo er insbesondere während der Tudor-Zeit (1485–1603) florierte. Aufwendige Holzrahmenkonstruktionen entstanden. Mit Teer geschwärzt bilden sie einen auffälligen Kontrast zu den strahlend weißen Gefachen. Besondere Glanzleistungen des Fachwerkbaus finden sich in den Herrenhäusern wohlhabender Landbesitzer. Dazu zählt etwa Little Moreton Hall (Cheshire), obwohl das Dach über der großen Galerie mit seinem Gewicht von 32,5 t der Konstruktion inzwischen arg zugesetzt hat.

Eine Frage des Glaubens

Seit Mitte des 17. Jahrhunderts wurden Kirchen in der Regel aus Stein gebaut. Eine Ausnahme bilden die Friedenskirchen in Schlesien im heutigen Polen, die größten Fachwerkkirchen Europas. Nach dem Ende des Dreißigjährigen Krieges, der das Heilige Römische Reich gespalten und verwüstet hatte, gestand der Westfälische Frieden von 1648 den Lutheranern in Schlesien das Recht zu, drei neue protestantische Kirchen zu bauen. Der katholische Kaiser Ferdinand III. entschied jedoch, dass Steine und Ziegel dabei verboten sein sollten, nur Holz, Sand, Lehm und Stroh waren erlaubt. Kirchtürme und Glocken waren ebenfalls untersagt, und der Bau musste innerhalb eines Jahres abgeschlossen sein. So entstanden die sächsischen Friedenskirchen, von denen zwei noch erhalten sind, in Świdnica und Jawor. Der Bau in Świdnica wurde 1657 fertiggestellt und enthält nicht einen einzigen Nagel. Der dreischiffige Innenraum kann auf einer Grundfläche von 1090 m² bis zu 7500 Gläubige fassen. Schönheit und Komplexität dieser Kirchen bezeugen die überragenden Fähigkeiten der Zimmerleute im Fachwerkbau. ■

Die gebräuchlichsten hölzernen Dachkonstruktionen im 12. und 13. Jh. waren Hängewerk und Sprengwerk. Das im 14. Jh. in England entwickelte Hammerbalken-Gewölbe erlaubte es, größere Spannweiten zu überbrücken.

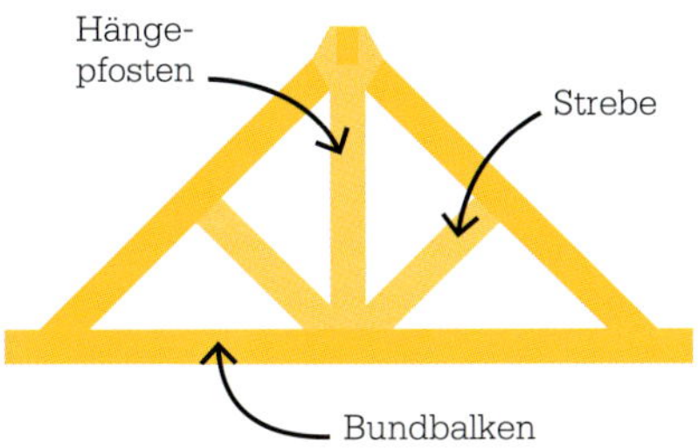

Ein Hängewerk wird von einem zentralen Hängepfosten gehalten. Er übt Zug auf den Bundbalken aus. Streben sorgen für zusätzliche Stabilität.

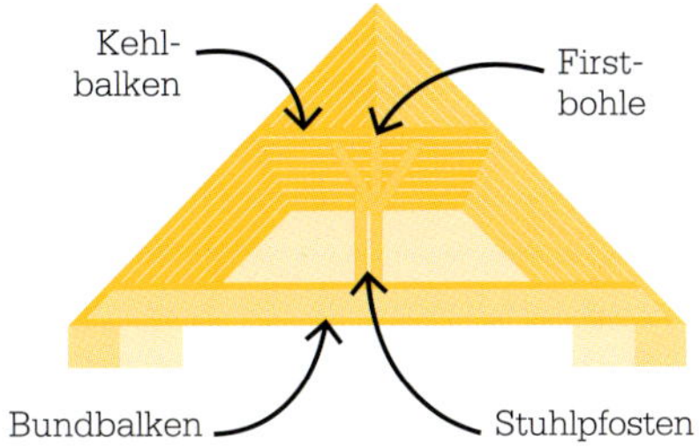

Ein Sprengwerk stützt den Dachstuhl von unten. Die Firstbohle zieht sich über die gesamte Länge des Daches und stützt die Kehlbalken.

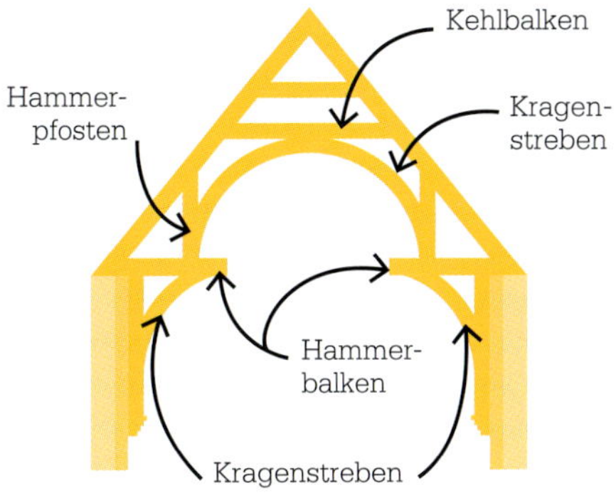

Ein Hammerbalken-Gewölbe ist eine besondere Form des Stichbalkendaches. Die Konstruktion leitet das Gewicht des Daches auf die Mauern ab.

EIN AKT DER FRÖMMIGKEIT

TEMPEL IN SÜDOSTASIEN

IM KONTEXT

THEMA
Monumentale Tempelarchitektur

FRÜHER
1.–7. Jh. n. Chr. Am Mekong entstehen die ersten Khmer-Reiche.

802 Jayavarman II. eint mehrere Königreiche und erklärt sich selbst zum *Devaraja* oder »König der Götter«: Es ist der Beginn des Khmer-Reiches im alten Kambodscha.

Um 900 Angkor – in der Sprache der Khmer das Wort für »Stadt« – wird die Hauptstadt des Königreichs.

SPÄTER
1431 Angkor wird von dem Thai-Königreich Ayutthaya erobert; damit ist das Ende des Khmer-Reiches besiegelt.

1863 Der posthum publizierte Reisebericht des französischen Naturforschers Henri Mouhot macht Angkor Wat in aller Welt bekannt.

Die fünf zentralen Türme von Angkor Wat spiegeln sich im Wasser. Der Tempel besteht aus über 5 Mio. Sandsteinblöcken.

Mit der Thronbesteigung König Suryavarmans II. im Jahr 1113 endete für das Reich der Khmer eine lange Zeit der Unruhen. In der Folge entwickelte sich Angkor zum politischen und spirituellen Zentrum. Im Lauf von 100 Jahren stieg die Einwohnerzahl auf 700 000–900 000, damit war Angkor die größte Stadt der vorindustriellen Welt.

Suryavarman II. ließ zu Ehren des Hindugottes Wischnu einen Tempelkomplex bauen, Angkor Wat (»Tempel-Stadt«). An diesem Ort wollte der König selbst später seine letzte Ruhe finden. So entstand das größte religiöse Bauwerk, das jemals errichtet wurde, es erstreckt sich über eine Fläche von 163 ha. Inschriften vor Ort zufolge sollen 300 000 Handwerker und 6000 Elefanten daran mitgewirkt haben.

Abbild des Universums

Wie die Religionen der Khmer, Hinduismus und Buddhismus, stammte auch die Tempelarchitektur ursprünglich aus Indien.

Siehe auch: Der Stupa 36 ▪ Indische Tempel 68–69 ▪ Spätes Kaiserreich in China 96–97

Angkor Thom

Angkor Wat diente nicht lange als Hauptstadt des Khmer-Reiches. Bereits um 1200 wurde es von Angkor Thom abgelöst. Die Stadt erhebt sich auf quadratischem Grundriss, von 8 m hohen und 12 km langen Mauern umschlossen. Der Zutritt erfolgt durch fünf Haupttore, deren Türme von riesigen menschlichen Gesichtern geschmückt sind.

Von den Gebäuden innerhalb der Mauern ist kaum etwas erhalten, denn als Baumaterial diente Holz und andere vergängliche Materialien. Überlebt haben nur die Tempel, Mauern und Tore aus Sandstein, der im nahen Phnom-Kulen-Gebirge gewonnen wurde. Erhalten ist unter anderem der Bayon, eine Tempel- und Grabanlage mit ursprünglich 54 Türmen (37 davon erhalten), geschmückt mit rund 200 großen lächelnden Gesichtern und mehr als 11 000 Figuren in plastischen Reliefs. Er war möglicherweise ein Abbild des Khmer-Reiches im Kleinen – es bestand aus 54 Provinzen – und repräsentierte die göttliche und politische Macht.

Die riesigen Gesichter bleiben rätselhaft. Sie könnten hinduistische oder buddhistische Gottheiten darstellen oder Jayavarman VII. selbst.

Aber sie entwickelte sich weiter und zeigte bald eigene Züge. Der Tempel galt als Abbild des Universums. Der zentrale Turm, umgeben von vier kleineren Türmen, stellte den mythischen Berg Meru dar, die Heimstatt der Götter. Eine Reihe von Mauerringen symbolisiert die Bergketten, die den Berg Meru einrahmen, der Wassergraben rundherum repräsentiert den Ur-Ozean. Über dem Eingang erhebt sich ein weiterer Turm, und den erhöhten Zugang schmücken Reliefs mythischer Schlangen.

Angkor Wat ist zwar das größte religiöse Monument in Angkor, aber bei Weitem nicht das einzige: Es gibt dort noch Hunderte weiterer Tempel. Viele sind unter Suryavarmans Nachfolger Jayavarman VII. entstanden, einem gläubigen Buddhisten, der nach seiner Thronbesteigung 1181 eine neue Hauptstadt gründete, Angkor Thom (»große Stadt«).

Zahlreiche Tempel

Eine Vielzahl von Tempeln entstand auch in Bagan, der alten Hauptstadt des gleichnamigen Königreichs, aus dem später Myanmar (Birma) hervorging. In der Blütezeit des Reiches, die vom 11. bis 13. Jahrhundert dauerte, löste König Anawrahta eine wahre Bauwut aus, der sich über 10 000 buddhistische Tempel, Stupas und Klöster verdankten. Mehr als 2000 davon sind heute noch erhalten. Meist aus rotem Ziegel gebaut und mit Stuck überzogen, werden sie von glockenförmigen Türmen mit vergoldeter Spitze bekrönt.

Ende des 13. Jahrhunderts wurde das Königreich Bagan von mongolischen Invasoren erobert. In der Folge nahm der Einfluss islamischer Ideen und Überzeugungen zu. Die Zeit der großen Tempelbauprojekte in Südostasien war vorüber. ■

Das Allerheiligste von Angkor Wat wird auf allen vier Seiten von einer Mauer *(prakara)* geschützt. Die Galerien im Inneren sind von 1200 m² kunstvollen Basreliefs geschmückt, die acht hinduistische Legenden erzählen. Der zentrale Schrein befand sich am Fuß des 65 m hohen Hauptturms.

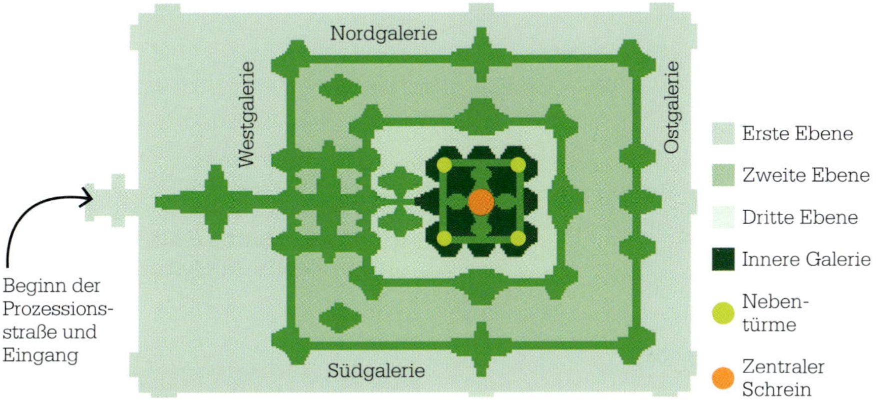

AUS DEM STEIN WIE DURCH MAGIE GEWACHSEN

FELSENARCHITEKTUR

IM KONTEXT

THEMA
Abtragen und aushöhlen

FRÜHER
Um 2100 v. Chr. Seit dem Alten Reich entstehen in Ägypten Felsengräber, in denen ihre Herrscher beigesetzt werden.

Um 550–330 v. Chr. In Naqsh-e Rostam, im heutigen Iran, werden an einer hohen Felswand vier große Felsengräber mit aufwendiger architektonischer Fassade angelegt.

8. Jh. n. Chr. Der Kailasa-Tempel entsteht in den Ellora-Höhlen (Indien), wo hinduistische, jainistische und buddhistische Tempel in die Felsen geschlagen wurden.

SPÄTER
1969 In Helsinki wird Temppeliaukion Kirkko fertiggestellt, eine aus dem Fels gehauene lutherische Kirche. Im Inneren ist das rohe, unbearbeitete Gestein sichtbar.

Felsenarchitektur entsteht, wenn »Gebäude« aus einem Gesteinsmassiv herausgearbeitet werden. Das Verfahren ist mühsam und zeitaufwendig und findet daher nur selten Anwendung.

Man benötigt dafür Gestein, das sich leicht bearbeiten und in architektonische Formen bringen lässt. Deshalb ist Felsenarchitektur an ganz bestimmte geologische Voraussetzungen gebunden. Bedeutende Beispiele finden sich in den Gräbern und Tempeln des alten Ägypten (ab etwa 2200 v. Chr.), den lykischen Monumenten (ab dem 7. Jahrhundert v. Chr.) in der heutigen Türkei und vielen religiösen Bauten der Buddhisten, Jain und Hindus in Indien (ab dem 3. Jahrhundert v. Chr.).

» Die Menschen arbeiteten tagsüber und Engel in der Nacht. «

Populäre Redensart zur Entstehung der Felsenkirchen in Lalibela (Äthiopien)

Von oben nach unten

Zu den beeindruckendsten Beispielen der Felsenarchitektur gehört Lalibela, eine Ansammlung von Kirchen und anderen Gebäuden im Hochland von Äthiopien. Ursprünglich Roha genannt, wurde der Ort nach dem König, der die letzten dieser Bauten in Auftrag gegeben hat, Lalibela. Als nach der Eroberung Jerusalems durch die Muslime 1187 die christlichen Pilgerstätten im Heiligen Land kaum noch zu erreichen waren, machte sich König Lalibela (reg. 1181–1221) daran, ein »neues Jerusalem« für die Pilger zu schaffen. So entstanden die Kirchen des hl. Georg, Golgotha und das Grab Adams, und sogar ein Fluss wurde in Jordan umbenannt.

Im Unterschied zu den meisten Felsenbauwerken – für die man die bestehende Höhlen vergrößerte oder waagerechte Öffnungen in den Fels trieb – wurden die Gebäude in Lalibela als Ganze herausgearbeitet. Nachdem der Grundriss auf den Fels aufgezeichnet war, konnte

Siehe auch: Schutz 18–19 ▪ Die Pyramiden 22–25 ▪ Die Säule 26–33 ▪ Das Theater 34–35 ▪ Pueblos 66–67

Bet Giyorgis, dem hl. Georg geweiht, war die letzte aus dem Tuffgestein von Lalibela geschlagene Kirche. Das in das Dach getriebene griechische Kreuz betont den kreuzförmigen Grundriss.

man das umgebende Gestein nach und nach von oben nach unten abtragen und das Prinzip des Bauens damit gleichsam umkehren. Einige der Gebäude in Lalibela sind noch mit dem anstehenden Stein verbunden, andere stehen vollkommen frei als monolithischer Block in einer tiefen Grube. Ein System von grabenartigen Gängen verbindet die Kirchen und anderen Gebäude, darunter Gräber, Nischen, Lagerräume und kleine Höhlen, die Pilger oder Eremiten beherbergten.

Unterschiedliche Stile

Die ältesten Gebäude in Lalibela sollen bereits aus dem 7. Jahrhundert stammen und dienten wohl ursprünglich der Verteidigung, bevor sie zu Kirchen wurden.

Auch die größte Felsenkirche der Welt, Bet Medhane Alem (»Haus des Erlösers der Welt«), ist wohl schon vor Lalibelas Regierungszeit entstanden. Das Äußere umgeben 34 Pfeiler. An den Ecken sind sie jeweils zu einer Dreiergruppe zusammengefasst, als Sinnbild der Dreifaltigkeit.

Die elf Kirchen von Lalibela weisen architektonische Unterschiede auf – schließlich sind sie über einen Zeitraum von mehreren Jahrhunderten gebaut und verändert worden. Es gibt mit Reliefs versehene Dächer und Decken sowie Säulen, Kapitelle, Bögen und Gewölbe. An einigen Gebäuden strukturieren steinerne Bänder die Fassade. Manche Schmuckelemente verweisen auf koptische Einflüsse – die äthiopischen Christen unterstanden seit dem 4. Jahrhundert n. Chr. der koptischen Kirche in Alexandria.

Das Innere der Kirchen ist meist schmucklos, eine Ausnahme bildet Bet Maryam (»Haus Mariens«), aus dem 12. Jahrhundert, wo Wände und Decken reich dekoriert sind: Leuchtende Fresken zeigen Szenen aus der Bibel, Reliefs eines schwarzen und eines weißen Stiers repräsentieren Gut und Böse. ■

Die Felsenstadt

Das größte Ensemble von Felsenarchitektur findet sich in Petra, einer Wüstenstadt im heutigen Jordanien. Seit dem 5. Jh. v. Chr. kontrollierten die Nabatäer den Ort am Schnittpunkt der Handelsrouten zwischen Arabien und dem Mittelmeer. Rund um ein System von Wadis (trockene Flussbetten, die nur nach starken Regenfällen Wasser führen) und von hohen Felswänden geschützt, gründeten die Nabatäer dort ihre Hauptstadt. Um 100 v. Chr. lebten in Petra etwa 30 000 Menschen. Vor allem Gräber, aber auch Tempel und sogar ein Amphitheater wurde aus dem rosa Sandstein geschlagen. Hinter den prachtvollen Fassaden der Felsengräber liegt jedoch in der Regel nur ein einziger kleiner Raum mit mehreren Nischen. Auch hier sind die in den Felsen geschlagenen Räume ebenso Werke der Skulptur wie der Baukunst.

Das sogenannte Schatzhaus in Petra, ein Felsengrab, weist eine Fassade im römischen Stil auf, mit zwei Reihen von Säulen sowie Giebeln und Statuen.

GESCHENK DES HIMMELS

LEHM

IM KONTEXT

THEMA
Lehmbau

FRÜHER
Um 3100 v. Chr. Im ägyptischen Niltal dienen Lehmziegel als Baumaterial.

Um 3000 v. Chr. Aus Lehmziegeln werden in Mesopotamien riesige Zikkurats gebaut.

SPÄTER
1610 n. Chr. Bau der San Miguel Mission in Santa Fe, einer der ältesten Kirchen der USA; aus Lehmziegeln.

18. Jh. Das Bauen mit Stampflehm verbreitet sich in Frankreich, insbesondere rund um Grenoble und Lyon, wo es geeignete Vorkommen gibt.

2014 Die Architekten Herzog & de Meuron verwenden Stampflehm beim Bau des Ricola-Kräuterzentrums in Laufen (Schweiz).

Obwohl Lehm jahrtausendelang in vielen Teilen der Welt das bevorzugte Baumaterial war, findet es in der Architekturgeschichte vergleichsweise wenig Beachtung. Ein Grund dafür ist seine Unbeständigkeit, die dazu geführt hat, dass nur wenige historische Lehmbauten erhalten geblieben sind. Selbst in der Sonne zu Ziegeln getrocknet, fehlt dem Lehm die Stabilität, um Druck und Zug zu widerstehen. Außerdem ist das Material wasserempfindlich und eignet sich deshalb nicht für Gegenden mit schweren Niederschlägen. Wie empfindlich Lehmbauten sind, zeigte sich 2003, als die Zitadelle von Bam (Iran) und weite Teile der

Siehe auch: Schutz 18–19 ▪ Die Zikkurat 20–21 ▪ Das Wohnhaus 42–45 ▪ Islamische Inspiration 58–63 ▪ Pueblos 66–67 ▪ Grüne Architektur 292–299 ▪ Architektur in Westafrika 312–313

» … die Gebäude verschmelzen mit der Erde ringsum. «

Andrew Waugh
britischer Architekt (*1967), über Stampflehm

umliegenden Lehmziegelhäuser aus parthischer Zeit von einem Erdbeben zerstört wurden.

Zu den Vorzügen der Lehmbauten gehört es, dass sie sich leicht und mit einfachen traditionellen Methoden instandsetzen lassen. Die dicken Mauern nehmen im Lauf des Tages die Sonnenwärme nur langsam auf und geben sie in der Nacht ebenso allmählich wieder ab, sodass Temperaturextreme ausgeglichen werden. Damit eignet sich die Lehmarchitektur insbesondere für heiße, trockene Regionen, etwa in Afrika und im Nahen Osten.

Wohntürme

Die Stadt Schibam in der Region Hadramaut (Jemen) ist berühmt für ihre einzigartige Lehmziegelarchitektur. Nirgendwo sonst in der Welt wurde mit Lehm in vergleichbare Höhen gebaut – die bis zu knapp 30 m hohen, dicht gedrängten Wohntürme haben zwischen fünf und elf Stockwerke. Die Ursprünge reichen zurück bis in das 3. Jahrhundert n. Chr. und sind geprägt von der Lage der Stadt in einer Oase am Rand eines Wadis, umgeben von Wüste und Gebirge. Während der kurzen Regenzeit füllte sich das Wadi mit reißenden Wassermassen, sodass man die Lehmziegelhäuser auf einem erhöhten Felsplateau über dem Fluss anlegte. Als die Bevölkerung wuchs, und der Raum auf dem Felsplateau ausgeschöpft war, konnte man nur noch in die Höhe bauen.

Als Stütze für Zwischendecken und Dächer dienen im Jemen traditionell Palmenstämme. Die Lehmziegelmauern werden außen mit einem schützenden Kalkputz überzogen, der wasserabweisend wirkt. Dennoch bedürfen die Häuser, die bis zu 500 Jahre alt sind, der ständigen Erneuerung, weil die Lehmziegelwände instabil werden. Eine große Gefahr für die traditionsreiche Architektur stellt heute der Gebrauch von modernen Haushaltsgeräten wie Wasch- und Geschirrspülmaschinen dar, aus denen Wasser in die porösen Wände eindringt.

Eine Moschee aus Lehm

Djenné in Mali liegt an einer alten Handelsroute, die ehemals die Sahara im Norden mit der tropischen Westküste verband. Im Zuge der Ausbreitung des Islam auf dem afrikanischen Kontinent entstand in dieser wichtigen Stadt im 13. Jahrhundert eine große Moschee, die den Marktplatz beherrscht.

Wie die Gebäude rundum wurde die Moschee aus sonnengetrockneten Lehmziegeln erbaut, die zum Schluss mit einem Putz aus Lehm und Reiskleie *(banco)* überzogen werden, um die Oberfläche zu glätten. Als der französische Forscher René Caillié im Jahr 1828 Djenné besuchte, war die Große Moschee eine Ruine. Ab 1892 stand Mali unter französischer Kolonialherrschaft. Ismaila Traoré – der Stadtbaumeister von Djenné – wurde mit der Wiederherstellung des »

»Manhattan in der Wüste« nannte die britische Reiseschriftstellerin Freya Stark die Stadt Schibam. Sie besuchte diesen entlegenen Winkel der Arabischen Halbinsel in den 1930er-Jahren.

Gebäudes beauftragt, die 1907 abgeschlossen wurde.

Wie ein Igel

Die Moschee ist der größte einzelne Lehmziegelbau der Welt. Sie erhebt sich auf einer Plattform 3 m über dem Marktplatz von Djenné, wo sie vor den Fluten des nahegelegenen Flusses Bani geschützt ist. Die hoch aufragenden, festungsartigen Mauern sind von rippenförmigen Strebepfeilern gestützt. Drei Minarette schmücken die Fassade. Zur eigentümlichen Erscheinung der Moschee tragen die hölzernen *toron* bei – Palmstämme, die 60 cm aus der Wand vorstehen und bei den regelmäßigen Instandhaltungsarbeiten die hölzernen Plattformen tragen. Der französische Journalist und Entdecker Felix Dubois beschrieb die Moschee 1911 als Kreuzung zwischen einem Igel und einer Kirchenorgel.

Die Große Moschee von Djenné erhebt sich auf einem unregelmäßigen trapezförmigen Grundriss. Die Spitze eines jeden Minaretts ziert ein Straußenei.

» In Djenné gibt es eine Moschee aus Lehm … sie ist grob gebaut, aber sehr groß. «

René Caillié
Reise nach Timbuktu 1824–1828

Ungeachtet der beträchtlichen Größe des Gebäudes ist der Raum im Inneren der Moschee beengt. Für die Dachkonstruktion stand nur das Holz von Palmen zur Verfügung, deren Stämme keine große Spannbreite erlauben. So nehmen zahlreiche Pfeiler, durch Bögen verbunden, viel Raum ein, um die Decke zu stützen.

Obwohl die Große Moschee solide gebaut ist, kommt es aufgrund von Feuchtigkeit und Temperaturschwankungen immer wieder zu Schäden im Mauerwerk. Deshalb müssen die Außenwände alljährlich mit einer frischen Schicht Lehmputz überzogen werden. An der populären Zeremonie, *crépissage* genannt, nimmt die ganze Stadt teil. Von einem nahen Fluss werden Blöcke getrockneten Lehms herbeigeschafft, dann vor Ort zerkleinert und angefeuchtet. Mit Reiskleie versetzt, entsteht daraus eine weiche und klebrige Paste *(banco)*.

In alle Ewigkeit

Bei der durch den Aga Khan Trust 2009 finanzierten Restaurierung stellte sich heraus, dass die vielen Schichten Putz, die sich in hundert Jahren angesammelt hatten, die Stabilität des Bauwerks gefährdeten. Deshalb wurde ein Großteil abgenommen. Danach waren die Wände dünner und die Konturen wirkten schärfer. Den Restauratoren wurde vorgeworfen, die organische skulpturale Qualität des Bauwerks zerstört zu haben.

Auf dieselbe Art wie die Moschee werden auch viele der

Einfache Strukturelemente – Lehmputz, halbrunde Strebepfeiler und *toron* aus Palmstämmen – prägen das unverwechselbare Äußere der Moschee.

privaten Wohnhäuser in Djenné alljährlich renoviert. Manche verfügen über zwei Etagen, große Eingangstore und Strebepfeiler, die in den Himmel ragen.

Architektur für die Armen

Der ägyptische Architekt Hassan Fathy setzte sich für die Lehmarchitektur in seinem Heimatland ein. 1946 begann er am Westufer des Nils in Luxor mit dem Bau der von ihm entworfenen Siedlung Neu-Gourna. Dort sollten Menschen Aufnahme finden, die zuvor zwischen den Gräbern der Pharaonen gelebt hatten. Fathy erschien die Lehmbauweise ökonomisch sinnvoll: Das Baumaterial war reichlich vorhanden, preiswert und man konnte damit auf traditionelle Techniken zurückzugreifen, die durch die Verwendung von Beton und Hohlblocksteinen in Vergessenheit geraten waren. Die Bewohner von Alt-Gourna, die vom Verkauf archäologischer Objekte lebten, waren allerdings nicht begeistert von der Vorstellung, ihre Behausungen und ihre Einkommensquelle aufzugeben. Und so wurde Neu-Gourna nie vollendet.

In Westafrika sind Lehmbauten bis heute ein alltäglicher Anblick. In Burkina Faso hat eine junge Architektengeneration die Konstruktionsverfahren verbessert, um Gebäude herzustellen, die den höheren Temperaturen und dem Starkregen standhalten, die mit der Erderwärmung einhergehen. Obwohl Beton nach wie vor beliebt ist, weil er für Modernität steht und größere Festigkeit verspricht, hat sich der Lehm durch Innovationen wie Dächer aus Metall, die den Lehmwänden Schutz vor Regen bieten, oder die Beimischung geringer Mengen Zement zum Lehm für eine bessere Haltbarkeit als sicheres, nachhaltiges und zukunftsweisendes Material neu positioniert.

Auch in Mexiko und einigen Regionen im Südwesten der USA hat der Lehmbau Tradition. So gibt es in Santa Fe (New Mexico) eine unverwechselbare Architektur aus Lehmziegeln (Adobe). Dafür wird Lehm mit Stroh versetzt, zu Ziegeln geformt und in der Sonne getrocknet. Gesetze sorgen heute dafür, dass Neubauten in historischen Bezirken an den alten Baubestand angepasst werden.

Eine nachhaltige Zukunft

Der Lehmziegelbau hat viel für sich. Das leicht erhältliche Baumaterial muss keine weiten Transportwege zurücklegen und erfordert nur geringe technische Fertigkeiten. Anders als für die Herstellung von gebrannten Ziegeln, Zement, Stahl und Beton ist der Energieverbrauch gering. Und während sich moderne Baumaterialien schwer recyceln lassen, ist das bei Lehmziegeln kein Problem. Der Lehmbau zeigt, dass traditionelle Architektur aus nichtwestlichen Weltregionen ein Modell für zerstörungsarmes, umweltfreundliches und nachhaltiges Bauen sein kann. ■

BÜRGERLICHES LEBEN SICHTBAR GEMACHT

GOTISCHE PROFANBAUTEN

IM KONTEXT

THEMA
Ausdruck von Bürgerstolz

FRÜHER
1144 Die Basilika von Saint-Denis bei Paris (Frankreich) markiert den Übergang von der Romanik zur Gotik.

1158 Gründung der Hanse in Lübeck. Die Vereinigung von Kaufleuten dient dem Schutz von Wirtschaftsinteressen.

1260 Vollendung der Kathedrale von Chartres (Frankreich) und Beginn der Hochgotik.

SPÄTER
1502 In der Prager Burg (Tschechien) entsteht im Wladislawsaal ein gewaltiges spätgotisches Gewölbe.

1509 Turm des Magdalen College in Oxford, ein Beispiel der englischen Spätgotik.

1862 High Court in Kalkutta (heute Kolkata, Indien), nach dem Vorbild der mittelalterlichen Tuchhalle von Ypern.

Die erhaltene gotische Architektur wurde größtenteils zu Ehre Gottes gebaut und zu den Höhepunkten der Gotik zählen Kathedralen, Kirchen und Kapellen. Aber auch viele Profanbauten entstanden in diesem Stil, darunter Rathäuser, Burgen, Paläste und private Wohnhäuser.

Überall in Europa wuchsen im Mittelalter Städte und Dörfer, weil der Handel florierte. Mitte des 12. Jahrhunderts schlossen sich einige norddeutsche Städte zu einem Schutzbündnis zusammen, das als Hanse bekannt wurde. In ihren besten Zeiten, vom 13. bis 15. Jahrhundert, zählte sie rund um die Ostsee rund 200 Mitglieder. Die wachsende Macht dieser Städte spiegelte sich in ihren öffentlichen Gebäuden.

Da es im Norden an Natursteinvorkommen mangelte, waren dort

Die **gotische Architektur** entsteht in Nordfrankreich, wo spektakuläre **neue Klöster und Kathedralen** gebaut werden.

↓

Das **Wachstum von Handelsstädten** in Deutschland und den Niederlanden generiert Reichtum und **Bürgerstolz.**

↓

Viele große **öffentliche Gebäude,** wie Rathäuser und Gildehäuser, werden **im gotischen Stil** gebaut oder umgebaut.

↓

Gotische Profanbauten verbreiten sich in Europa, von Burgen in Spanien bis hin zu Hospitälern und Universitäten in England.

See also: Romanik 70–71 ▪ Gotik 74–81 ▪ Das letzte Aufblühen der Gotik 98–99 ▪ Renaissance 106–113 ▪ Neogotik 164–167

» In den Bauwerken der Zeit finden sich Zeugnisse für Reichtum und Luxus. «

Helen Zimmern
deutsch-britische Autorin
(1846–1934)

Ziegel das wichtigste Baumaterial. Und von dem warmen roten Backstein, der vor allem zum Bau von Profanbauten diente, erhielt der Stil seinen Namen: Backsteingotik. Auffällige gotische Stilelemente sind Spitzbogenarkaden, über denen sich Spitzbogenfenster öffnen, sowie große Giebel mit Zinnen und Stufen. In der Altstadt von Lübeck haben sich zahlreiche mittelalterliche Backsteingebäude erhalten, darunter das Heiligen-Geist-Hospital aus dem 13. Jahrhundert und das Rathaus mit gotischen Giebeln und Arkaden. Ähnlich beeindruckende Rathäuser – wenn auch nicht immer aus roten Ziegeln – gibt es in den belgischen Städten Gent, in Löwen, Mons und Oudenaarde.

Südlich der Alpen

Italien war im Mittelalter geprägt von rivalisierenden Stadtstaaten, die unterschiedliche Ausprägungen gotischer Profanarchitektur entwickelten. Wie nördlich der Alpen waren auch hier oft reiche Kaufleute und Gilden die Auftraggeber. Als die Macht der reichen Kaufmannsfamilien ab dem 13. Jahrhundert zunahm, entstand das neue Amt des *capitano del popolo* (»Führer des Volkes«). Seine Aufgabe war es, die einfachen Leute vor den rivalisierenden Eliten zu schützen. Der *capitano* residierte in einem gotischen Palazzo del Capitano del Popolo. Beispiele haben sich in Orvieto, Assisi und anderen Städten erhalten

Im mittelitalienischen Siena diente der vom Rat der Kaufleute und Bankiers in Auftrag gegebene und 1310 fertiggestellte Palazzo Pubblico als Sitz der *podestà,* der republikanischen Regierung. Die eindrucksvolle Fassade zur Piazza del Campo ist leicht konkav und weist gotische Dreibogenfenster auf. Das Erdgeschoss besteht aus Stein, die oberen Stockwerke sind aus braunen Ziegeln gemauert. Überragt wird der Palast von der 102 m hohen Torre della Mangia, dem höchsten Rathausturm in Italien, der 1348 vollendet wurde.

Von einigen bemerkenswerten Ausnahmen, wie etwa der Ca' d'Oro in Venedig abgesehen, setzte sich innerhalb der nächsten hundert Jahre in der italienischen Profanarchitektur der Stil der Frührenaissance durch. Nördlich der Alpen konnte sich der gotische Stil noch bis ins 16. Jahrhundert behaupten. ■

Der Torre del Mangia ist etwas höher als der Campanile des Doms von Siena und gesteht der weltlichen Macht den gleichen Rang zu wie der geistlichen.

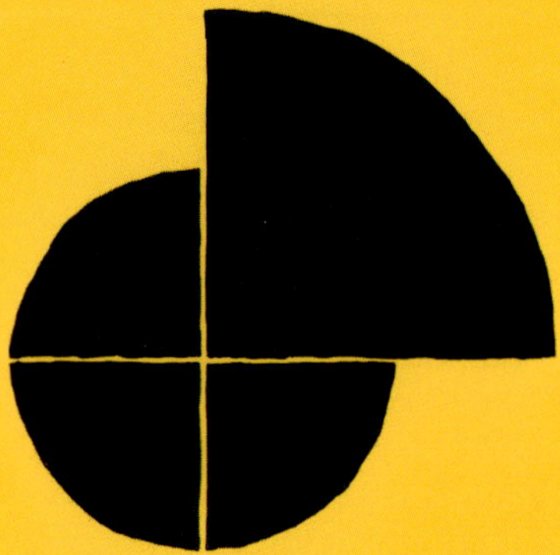

EIN VÖLLIG NEUER SINN FÜR PROPORTION

SPÄTES KAISERREICH IN CHINA

IM KONTEXT

THEMA
Glückverheißende Bauten

FRÜHER
307 Bau des Tanzhe-Tempels im heutigen Peking. Er ist der älteste Tempel der Stadt.

960 Mit der Song-Dynastie beginnt eine Zeit des kulturellen und wissenschaftlichen Fortschritts.

1049 Bau der Eisenpagode des Tempels von Yougou in Kaifeng; ihren Namen verdankt sie der Farbe ihrer Ziegel.

1165 Wiederaufbau der 13-stöckigen Liuhe-Pagode in Hangzhou – ein herausragendes Beispiel für die Architektur der Song-Dynastie.

SPÄTER
1431 Bau der Porzellan-Pagode in Nanjing – sie galt als ein Weltwunder des Mittelalters.

1912 Die Verbotene Stadt ist nicht länger das politische Zentrum Chinas.

Die Ming-Dynastie herrschte in China fast drei Jahrhunderte, von 1368 bis 1644. Die Architektur dieser Zeit spiegelt traditionelle Vorstellungen von Numerologie (der symbolischen Bedeutung von Zahlen) und Feng-Shui (einer Lehre, die versucht, den Menschen mit seiner Umgebung zu harmonisieren). Auch der Form von Gebäuden kam symbolische Bedeutung zu: Ein Rechteck stand für die Erde, ein Kreis repräsentierte den Himmel.

Im Auftrag des Song-Kaisers entstanden Handbücher, wie das *Yingzao fashi* (siehe unten) aus dem 12. Jahrhundert, die Regeln für die Konstruktion unterschiedlicher Gebäudetypen festlegten. In China wurde jedes Gebäude als Bestandteil eines größeren Ganzen entworfen. Umfassungsmauern und Innenhöfe waren wichtige Bestandteile der Ming-Architektur. Architektonische Individualität zeigte sich in Details, wie anmutigen Proportionen oder der Verzierung der *dougongs* (Kragarme) und der Sockel, auf denen die Säulen stehen. Die Formen der Architektur veränderten sich im Lauf der Zeit und von Ort zu

Yingzao fashi

Im Jahr 1100 präsentierte der 35 Jahre alte Baumeister Li Jie seine Schriften zur Architektur dem Song-Kaiser Zhezhong. Drei Jahre später wurden sie mit offiziellem Segen publiziert und verteilt. Das illustrierte Werk mit dem Titel *Yingzao fashi* (Abhandlung über das Bauen) sollte helfen, die Einheitlichkeit der Baustile zu erhalten. Li Jie erklärte nicht nur, wie Gebäude symmetrisch entlang einer Mittelachse zu gruppieren waren, er verriet auch, wie man erdbebensicher bauen konnte. Außerdem legte er standardisierte Maße für Bauholz fest und führte ein striktes Farbsystem ein. Das Buch blieb über Jahrhunderte in Gebrauch – in China entstanden so unterschiedliche Bauten wie die Verbotene Stadt in Peking und das Hängende Kloster in Hunyuan nach seinen Vorgaben. Schließlich geriet das *Yingzao fashi* in Vergessenheit und wurde erst 1919 von chinesischen Wissenschaftlern wiederentdeckt und zur Stärkung der nationalen Identität neu herausgegeben.

Siehe auch: Die Große Mauer 37 ▪ Frühes Kaiserreich in China 50–51 ▪ Tempel in Südostasien 86–87 ▪ Die Verbindung von Himmel und Erde 288–289

Ort nur sehr allmählich, sodass sie für jeden verständlich waren.

Die Verbotene Stadt

Anfang des 15. Jahrhunderts erteiltet Kaiser Yongle den Auftrag zum Bau einer beeindruckenden neuen Palastanlage in Peking, die 1420 vollendet war. Es wurde keine Mühe gescheut, um sicherzustellen, dass alles bis ins kleinste Detail glückverheißend war und den Traditionen entsprach. So ist die Ausrichtung symmetrisch entlang einer Nord-Süd-Achse, und die wichtigsten Gebäude und Tore weisen nach Süden. Die Verbotene Stadt – der Zugang war nur Auserwählten erlaubt – bestand aus mehreren ineinander verschachtelten Komplexen: Die Innere Stadt umgab die ummauerte Kaiserstadt, die wiederum die ummauerte Palastanlage des Kaisers umgab.

Die Verbotene Stadt war von einem breiten Wassergraben und hohen, mit Ziegeln verkleideten Mauern aus Stampflehm umgeben. Im Inneren war der Komplex in den Äußeren und den Inneren Hof unterteilt. Die Gebäude in den geräumigen Innenhöfen waren in der Mehrzahl einfache, niedrige, rechteckige Holzbauten, mit gemalten und geschnitzten dekorativen Details geschmückt.

Ein kreisrundes Meisterwerk chinesischer Holzbaukunst: in der Halle der Erntegebete (Qinian Dian) bat der Kaiser den Himmel alljährlich um eine gute Ernte und um Regen.

Der Himmelstempel

In der symbolischen Konzeption von Peking spielten verschiedene buddhistische Tempelanlagen eine wichtige Rolle. Der bedeutendste darunter war der Himmelstempel – wie die Verbotene Stadt 1406–1420 nach vorkonfuzianischen Prinzipien erbaut. Die Tempelanlage sollte die Beziehung zwischen Erde und Himmel widerspiegeln: Die kreisförmigen Gebäude in diesem Komplex repräsentieren das Himmelsgewölbe, die rechtwinkligen Fundamente und Achsen der Anlage repräsentieren die Erde. Die wichtigsten Teile der Tempelanlage reihen sich entlang der bevorzugten Nord-Süd-Achse, darunter ein kreisförmiger Altar unter freiem Himmel; er besteht aus drei konzentrischen Ringen von Steinplatten in Vielfachen von neun – der glückverheißenden Zahl. Das Herzstück der gesamten Anlage, das größte Gebäude mit einem dreistufigen runden blauen Dach, ist die Halle der Erntegebete (Qinian Dian). Im Inneren verkörpern mehrere konzentrische Säulenkreise den Lauf der Monate, Jahreszeiten und Tage. ■

> »In Europa kann ein Sakralbau oder ein Palast jeweils für sich betrachtet werden, in China nicht.«
>
> **Charles Chen (Chen Chan-siang)**
> chinesischer Stadtplaner und Architekt (1916–2001)

NICHTS KÖNNTE ANMUTIGER SEIN

DAS LETZTE AUFBLÜHEN DER GOTIK

IM KONTEXT

THEMA
Variationen der Gotik

FRÜHER
1144 Abt Suger beendet die Erneuerung von Saint-Denis; die Kirche gilt als erstes gotisches Gebäude der Welt.

1260 Fertigstellung der Kathedrale von Chartres in Nordfrankreich, dem Meisterwerk der Hochgotik.

1248 In Paris wird die Sainte-Chapelle geweiht, ein Triumph des Rayonnant-Stils.

SPÄTER
1852–1854 In Charleston, South Carolina (USA) wird die Unitarian Church aus dem 18. Jh. im englischen Perpendicular Style erneuert.

1872 Ein Möbelhaus mit Gusseisenskelett eröffnet in Glasgow (Schottland). Die Fassade ist von der venezianischen Gotik inspiriert, und so nennt man es bald nach seinem Vorbild Ca' d'Oro.

Nordfrankreich, die Geburtsstätte der gotischen Architektur, war auch die Region ihrer stilistischen und technischen Weiterentwicklung. Im 13. und 14. Jahrhundert verbreitete sich der neue Stil bis nach Deutschland, England, Spanien und Italien, wo jeweils eigene Spielarten entstanden.

Als der englische König Eduard III. Jahr 1337 Anspruch auf den französischen Thron erhob, beschwor er damit den Hundertjährigen Krieg herauf. In England machte sich daraufhin ein selbstbewusster Nationalismus breit. Pragmatisch machte man sich an eine Neuinterpretation des französischen Rayonnant-Stils. Dieser einheimische englische Ansatz wurde als »Perpendicular Gothic« bekannt. Kennzeichnend waren klare, ver-

Die Kapelle des King's College in Cambridge entstand über einen Zeitraum von 100 Jahren bis 1515 und hat das größte Fächergewölbe der Welt.

Siehe auch: Byzanz 52–53 ▪ Islamische Inspiration 58–63 ▪ Gotik 74–81 ▪ Gotische Profanbauten 94–95 ▪ Neogotik 164–167

Der Bauschmuck an den oberen Etagen der Ca' d'Oro in Venedig spiegelt ihre Funktion als Empfangsräume wider. Unten wurden Waren gelagert.

tikale Linien, die den Blick des Betrachters nach oben lenken. Die Fenster wurden größer, um mehr natürliches Licht einzulassen, und man verzichtete auf aufwendige Verzierungen und Reliefs.

Seine reinste Ausprägung erreichte der Perpendicular Style in der Kapelle des King's College in Cambridge. 1446 begonnen, konnte sie erst 1515 fertiggestellt werden. Die Kapelle erhebt sich auf einem einfachen rechteckigen Grundriss ohne Seitenschiffe, sodass ein einheitlicher Innenraum entstanden ist, und die hoch aufragenden Wände bestehen fast ganz aus Glas. Damit hatte man Sainte-Chapelle in Paris noch übertroffen.

Deutsche Gotik

In Deutschland entwickelte sich im 13. Jahrhundert eine eigene Form der Gotik. Kirchen und Kathedralen aus dieser Zeit sind schlichter als die französischen und verfügen über hohe Türme. Eine Besonderheit ist die Hallenkirche: Die Seitenschiffe sind genauso hoch wie das Hauptschiff, sodass dort im oberen Bereich keine Fenster möglich sind.

Der Kölner Dom, 1248 begonnen, ist die größte gotische Kirche nördlich der Alpen. Die beiden 157 m hohen Türme werden nur vom Ulmer Münster überragt, das 161,5 m erreicht. Der spektakuläre Chor von Köln hat das größte Verhältnis von Höhe zu Breite unter allen mittelalterlichen Kirchen. Aufgrund fehlender finanzieller Mittel und des nachlassenden Interesses an der Gotik kamen die Bauarbeiten im 16. Jahrhundert zum Erliegen und wurden erst 1880 abgeschlossen.

Venezianische Gotik

Die reichen italienischen Stadtstaaten nahmen den neuen Stil bereitwillig an. In Venedig fanden gotische Stilelemente vor allem für Profanbauten Verwendung, so auch für den 1340 begonnenen Dogenpalast und die Ca' d'Oro (»Goldenes Haus«), einen Palast, der 1421–1440 am Canal Grande entstand. Keines der Gebäude machte Gebrauch von Rippengewölben oder Strebepfeilern, wie sie für die Gotik nördlich der Alpen so charakteristisch sind. Ins Auge fallen dagegen Stilelemente wie Spitzbögen und aufwendiges Maßwerk, vor allem Vierpässe (ein Ornament aus vier Kreisbögen). Dank der wirtschaftlichen und kulturellen Beziehungen der Handelsstadt orientiert sich die venezianische Spielart der Gotik weniger an Frankreich und nimmt mehr Einflüsse aus dem Osten und der islamischen Welt auf. ■

Fächergewölbe

Fächergewölbe gehören zu den hervorragendsten Leistungen des Perpendicluar Style. Diese dekorative Gewölbeform, die vor allem in England zu finden ist, besteht aus fein gearbeiteten Steinrippen, die – oft im Dutzend – von den Pfeilern nach oben ausstrahlen, um Muster zu bilden, die an Fächer oder Palmwedel erinnern.

Das erste Fächergewölbe entstand 1351–1377 im Kreuzgang der Abteikirche von Gloucester (England). Immer größere Fächergewölbe folgten in der Abteikirche Bath, der Kathedrale von Peterborough, der Marienkapelle Heinrichs VII. in Westminster Abbey und – das eindrucksvollste von allen – in der Kapelle des King's College in Cambridge, Anfang des 16. Jh. vollendet. Danach ging die große Zeit der Fächergewölbe zu Ende, ein Grund dafür dürften die hohen Kosten gewesen sein.

Nur Benediktinermönche konnten die Fächergewölbe im Kreuzgang der Abtei von Gloucester bewundern, bevor das Kloster 1540 unter Heinrich VIII. aufgelöst wurde.

PALÄSTE IN DEN WOLKEN

BERGSTÄDTE

IM KONTEXT

THEMA
Bauen in einer herausfordernden Umwelt

FRÜHER
1. Jh. n. Chr. Die Tairona beginnen mit der Anlage von steinernen Tempeln, Häusern, Versammlungsplätzen und Terrassen in Ciudad Perdida (Kolumbien).

Um 1200 Im Hochland der Zentralanden im heutigen Peru entwickelt sich das Inkareich.

SPÄTER
1532 Spanische Eroberer erreichen Peru; im folgenden Jahr erobern sie Cuzco, die Hauptstadt der Inka.

1572 Nach dem Tod des letzten Inkaherrschers wird die Stadt Choquequirao aufgegeben.

1911 Der amerikanische Forschungsreisende Hiram Bingham stößt auf die Ruinen von Machu Picchu.

Die Historiker wissen recht wenig über die Inka, deren Reich sich im Westen des südamerikanischen Kontinents vom heutigen Ecuador über Peru, Bolivien und Argentinien bis nach Chile erstreckte. Vor gut 500 Jahren war es auf dem Höhepunkt seiner Macht, aber da die Inka keine Schrift besaßen, fehlen uns Originalquellen. Es scheint so, als hätten sie das Rad nicht gekannt und nur wenig Kenntnisse in der Metallverarbeitung besessen. Dennoch schufen sie hoch in den peruanischen Anden Machu Picchu, eine planvoll angelegte Stadt mit steinernen Häusern, eindrucksvollen Straßen, Terrassen sowie einem ausgeklügelten Entwässerungssystem.

Machu Picchu ist erstaunlich gut erhalten. Befestigte Wege und Tausende von Stufen verbinden Plätze, wichtige Gebäude, Wohngebiete und die terrassierten Felder.

Siehe auch: Der Bogen 38–41 ▪ Das Wohnhaus 42–45 ▪ Pueblos 66–67 ▪ Felsenarchitektur 88–89 ▪ Italienische Hügelstädte 114

In Choquequirao sind in die Steinterrassen Darstellungen von Lamas oder Alpakas eingelassen – den wichtigsten Nutztieren der Inka.

Andere Bergstädte

Choquequirao ist eine Inkastadt im südlichen Peru, kleiner als Machu Picchu, aber ganz ähnlich angelegt, mit Gebäuden und Terrassen auf einem Berggipfel in 3085 m Höhe. Sie besteht im Wesentlichen aus Tempeln, Badehäusern und Wohnhäusern, die sich um zwei Plazas entlang eines Bergrückens gruppieren. Die Anlage stammt vermutlich aus dem 15. Jh.

Ganz weit im Norden, in der Sierra Nevada de Santa Marta in Kolumbien, liegt Ciudad Perdida (»Verlorene Stadt«). Die Ansiedlung soll im 11. Jh. gegründet worden sein, also 600 Jahre vor Machu Picchu. In 1150 m Höhe über dem Meeresspiegel wurden in Ciudad Perdida mehr als 100 Terrassen in den steilen Berghang geschnitten und mehrere kreisrunde Plazas angelegt. Die Stadt aus präkolumbischer Zeit wurde vermutlich von dem indigenen Volk der Tairona angelegt und konnte schätzungsweise wischen 2000 und 8000 Einwohner beherbergen.

Machu Picchu liegt auf 2430 m Höhe, umgeben von Bergwäldern. Die Stadt wurde wahrscheinlich um 1420 als Residenz eines Inkaherrschers erbaut und war bis um 1532 bewohnt. Warum sie aufgegeben wurde, ist ungewiss. Der Grund dafür könnte die militärische Bedrohung durch die Spanier gewesen sein, auch wenn diese Machu Picchu niemals fanden. Vielleicht sind die Bewohner der Stadt aber auch an von den Eroberern eingeschleppten Krankheiten gestorben.

Häuser und Terrassen

Graue Mauern aus Granit umgeben Machu Picchu mit seinen mehr als 200 Gebäuden, darunter Paläste, Tempel, Bäder und Lagerhäuser. Etwa 150 Wohnhäuser gruppieren sich um gemeinschaftlich genutzte Innenhöfe an großen Plätzen. Die verschiedenen Bereiche der Stadt waren durch große Treppenanlagen verbunden. An der höchsten Stelle der Bergspitze erhebt sich ein Tempel, dessen Altar aus dem Felsen geschlagen wurde. Die Siedlung ist von steilen terrassierten Hängen umgeben, auf denen die Inka Feldfrüchte anbauten.

Erdbebensicher gebaut

Das Reich der Inka erstreckte sich zwischen hohen Bergen auf der einen Seite und dem Meer mit der vorgelagerten Wüste auf der anderen. So galt es an vielen Orten, aus einer schwierigen Topografie das Beste zu machen und dabei mit beschränkten natürlichen Ressourcen zurechtzukommen. In Machu Picchu wurde der natürliche Fels in das Mauerwerk integriert und die Stadt den Konturen des Berges angepasst. Die Inka errichteten höchst kunstvolle Trockenmauern. Für kleinere Gebäude waren die Steine etwas größer als Ziegel, für große Gebäude kamen lange Quader zum Einsatz, die ohne Mörtel passgenau ineinander verkeilt wurden. Bei den häufigen Erdbeben in der Region konnten diese Mauern die seismischen Schwankungen aufnehmen und anschließend ihre ursprüngliche Position wieder einnehmen. Eine leichte Neigung nach innen sorgte für mehr Stabilität.

Die Inka kannten kein Eisen oder andere harte Metalle. Sie arbeiteten mit Stein- oder Bronzewerkzeugen.

Der Bogen war ebenfalls unbekannt, aber Tür- und Fensteröffnungen verengten sich nach oben, um den erforderlichen Sturz zu verkürzen. Die Gebäude hatten nur ein Stockwerk und ein spitzes Dach, von dem der ergiebige Regen gut ablaufen konnte. Das Regenwasser wurde durch Rinnen abgeleitet. Das System funktioniert bis auf den heutigen Tag perfekt. ▪

» Die Zitadelle aus grauem Granit und die schroffen Abhänge des Machu Picchu – ein Traumpaar, wie es kaum ein zweites gibt. «

Hiram Bingham
Lost City of the Incas, 1948

RENAISSAN
REVIVALS
15.–18. JAHRHUND

E UND

ERT

15. JAHRHUNDERT

Die italienischen Städte Urbino und Corsignano (heute Pienza) werden nach den Prinzipien von **Harmonie und Gleichgewicht** umgestaltet.

1418

Filippo Brunelleschi gewinnt den Wettbewerb für die Kuppel des Doms von Florenz. Damit **beginnt die Architektur der Renaissance.**

1485

Das **erste gedruckte Buch über Architektur** erscheint: *De re aedificatoria (Die Kunst des Bauens)* von Leon Battista Alberti.

1523

Der italienische Künstler Michelangelo zeichnet Pläne für die **Biblioteca Laurenziana** in Florenz, eines der frühesten Bauwerke des **Manierismus.**

1547

Im Tal der Loire (Frankreich) wird Château de Chambord fertiggestellt, ein glanzvolles Beispiel **französischer Renaissancearchitektur.**

1557

Fertigstellung der **Süleymaniye-Moschee** in Konstantinopel (Türkei), entworfen von **Sinan.**

1563

In der Nähe von Madrid beginnen die Bauarbeiten am größten Renaissancegebäude Spaniens, dem Palast **El Escorial.**

Die Renaissance, wörtlich »Wiedergeburt«, war eine Rückbesinnung auf die Werte und die Ästhetik des antiken Griechenland und Rom. Es ist schwer zu sagen, wann genau die Bewegung einsetzte. Erste Äußerungen zirkulierten in Teilen Europas seit dem späten 13. Jahrhundert, im 15. Jahrhundert wurde die Bewegung fassbar.

Ein Neubeginn

Die Renaissance veränderte die Künste. Für die Architektur bedeutete das die Rückkehr zu Symmetrie und präzisen Maßverhältnissen nach den Regeln der Antike. Eine erstaunliche bauliche Meisterleistung des italienischen Architekten Filippo Brunelleschi – die große Kuppel über der Kathedrale von Florenz – wird gelegentlich als Beginn der Renaissance bezeichnet. Von Florenz breitete sich die Bewegung schnell in Europa aus, unterstützt durch die Erfindung des Buchdrucks mit beweglichen Bleilettern in Deutschland um 1430.

Die Schriften antiker Autoren, die Jahrhunderte lang in Klosterbibliotheken verstaubten, wurden wiederentdeckt, so auch die Bücher des römischen Architekten und Ingenieurs Vitruv. Sein *De architectura (Über die Architektur),* im 1. Jahrhundert v. Chr. verfasst, wurde 1486 erstmals gedruckt, ein Jahr nachdem die erste neue Abhandlung zur Architektur gedruckt erschienen war: *De re aedificatoria (Über die Baukunst)* des Florentiner Architekten Leon Battista Alberti. Sein Buch, in dem er die wichtigsten Elemente der römischen Architektur im Einzelnen darlegt, war grundlegend für die Architektur der italienischen Renaissance. Weitere Bücher ähnlichen Inhalts folgten. Sie regten Architekten an, Gebäude maßstabsgetreu zu zeichnen und genaue Pläne und Aufrisse zu publizieren, damit andere sie nutzen konnten.

Hauptströmungen

In den 1520er-Jahren begannen in Italien einige Architekten, die strikten Regeln der Renaissance infrage zu stellen und einfallsreichere Interpretationen des klassischen Formenkanons zu erproben, was später Manierismus genannt wurde. Wenn es darum ging, Glanz, Macht und Bildung zu demonstrieren, setzten Europas Mächtige allerdings in der Architektur nach wie vor auf die Formen der Renaissance. El Escorial in Spanien, ein

1611

In Persien (heute Iran), erteilt Schah Abbas I. den Auftrag für die **Masjid-i-Schah** (heute Imam-Moschee) in Isfahan.

1620–1658

In Kyoto, der ehemaligen japanischen Hauptstadt, entsteht die kaiserliche **Katsura-Villa** im schlichten *sukiya*-Stil.

1632–1648

Das **Tadsch Mahal,** ein Mausoleum für die Gemahlin des Mogulkaisers Schah Jahan entsteht in Agra (Indien). Es verbindet **indische und islamische Einflüsse.**

1656–1667

Gian Lorenzo Bernini gestaltet mit dem **Petersplatz** in Rom den Rahmen für den Petersdom und eines der frühesten Beispiele **barocker Architektur.**

1725

Der britische Architekt John Wood der Ältere plant die Erweiterung von **Bath,** einem Kurort im Südwesten Englands, im Stil des **Klassizismus.**

1735–40

In Paris erhält das Hôtel de Soubise eine Innenausstattung im überschwänglichen und **sehr dekorativen Rokokostil.**

riesiger Klosterpalast bei Madrid, symbolisiert die Einheit von Kirche und Staat; der Palast Karls V. inmitten der Gärten der Alhambra in Granada, ehemals Sitz der muslimischen Nasriden, symbolisierte für den katholischen Kaiser die erfolgreiche Wiederherstellung des Christentums. Im Tal der Loire in Frankreich entstanden zahlreiche Schlösser im Stil der Renaissance.

Barockes Intermezzo

Mitte des 17. Jahrhunderts verbreitete sich ein neuer Architekturstil in Europa – der Barock. Er ging einher mit der Gegenreformation und dem Versuch der katholischen Kirche, den im Zuge der Reformation verlorenen Einfluss zurückzugewinnen. Der prunkvolle Stil war entwickelt worden, um die Emotionen der Gläubigen anzusprechen. Das darauf folgende Rokoko war ein sehr ornamentaler Stil, der vorwiegend für Innenräume verwendet wurde. Unter dem Eindruck der Schöpfungen des italienischen Architekten Andrea Palladio folgte dann die Rückkehr zu klassischen Linien und Proportionen.

Kultureller Austausch

Außerhalb Europas verbreiteten sich architektonische Ideen durch Handel, Eroberung und Forschungsreisen. Tatkräftige Herrscher wollten ihre Länder durch kulturellen Austausch voranbringen. Im osmanischen Konstantinopel (heute Istanbul) entstand die Süleymaniye-Moschee, entworfen von Sinan, dem Baumeister von Sultan Süleyman dem Prächtigen. Sinans Entwurf ist zweifellos von der byzantinischen Hagia Sophia beeinflusst, möglicherweise kannte er aber auch Michelangelos Pläne für den Petersdom in Rom. Sinans Architektur wiederum beeinflusste die Bauten der indischen Moguln im 17. Jahrhundert, wie das Tadsch Mahal.

Architektur konnte auch in den Dienst der Einheit gestellt werden, so im Japan der Edo-Zeit ab dem ausgehenden 16. Jahrhundert. Der *sukiya*-Stil vermittelt schlichte Schönheit und fand für Villen und Teehäuser Verwendung. Etwa zur selben Zeit bildete sich im Reich der Safawiden unter Schah Abbas I. in Persien ein architektonisches Konzept aus, das für Gebäude aller Art herangezogen werden konnte – für mit Mosaiken bedeckte Paläste ebenso wie für Karawansereien, in Isfahan, der Hauptstadt der Safawiden, ebenso wie in entlegenen Dörfern und Städten. ■

DER MENSCH IST DAS MASS ALLER DINGE

RENAISSANCE

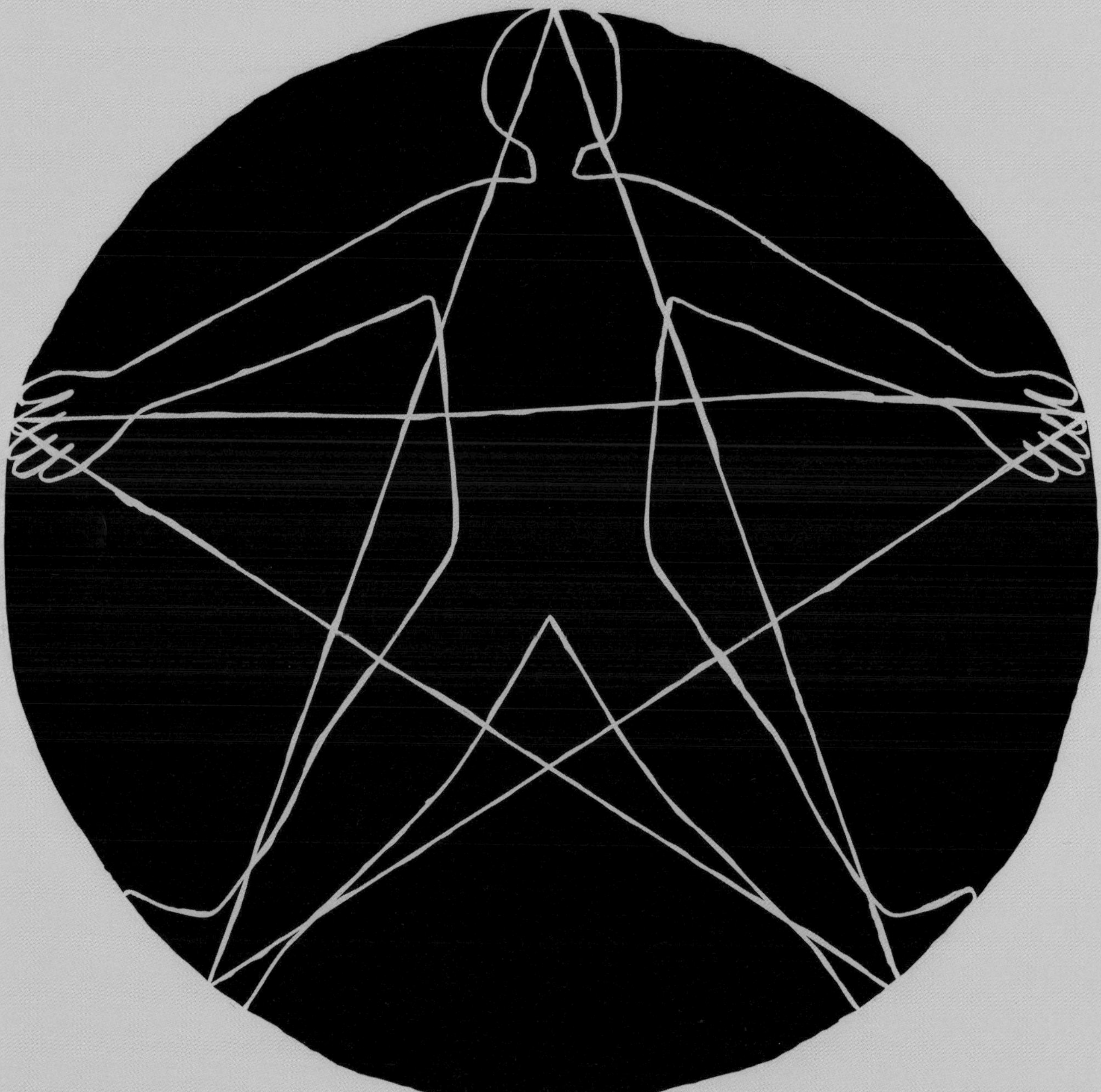

IM KONTEXT

THEMA
Wiedergeburt der Antike

FRÜHER
432 v. Chr. Fertigstellung des Parthenons in Athen. Dieser dorische Tempel gilt später als wichtigstes erhaltenes Bauwerk des antiken Griechenland.

72 n. Chr. Baubeginn des Kolosseums in Rom. Das große Amphitheater wird acht Jahre später in der Regierungszeit von Kaiser Titus eröffnet.

um 121 n. Chr. Kaiser Hadrian erneuert das Pantheon in Rom, einen Tempel mit einer großen, kassettierten Kuppel und einem Portikus im korinthischen Stil.

SPÄTER
um 1542 In Italien entwirft Andrea Palladio die Villa Godi, ein Landhaus im römischen Stil, stark beeinflusst von dem antiken Architekten Vitruv.

1546 Der französische Architekt Pierre Lescot führt mit dem Entwurf des Südwestflügels des Palais du Louvre die Renaissance in Paris ein.

1830–1899 Der Beaux-Arts-Stil, ein an der École des Beaus-Arts in Paris gelehrter Architekturstil, verbindet Elemente aus Renaissance und Barock mit französischem Neoklassizismus.

1931 Eine maßstabsgetreue Replik des Parthenons aus Stahlbeton wird in Nashville (Tennessee) fertiggestellt.

Römische Architekten und Ingenieure erweitern die antike griechische Baukunst um **Bogen, Gewölbe und Kuppel.**

↓

In der Renaissance wenden sich **italienische Architekten** vom gotischen Stil des Mittelalters ab und begeistern sich für **Symmetrie und Proportion** antiker römischer Bauten.

↓

Mit der Erfindung des **Buchdrucks** verbreiten sich die neuen **Ideen zur Architektur** und gewinnen Einfluss.

↓

Architekten der Früh- und Hochrenaissance folgen in ihren Entwürfen für markante Gebäude in Florenz und Rom **antiken Vorbildern.**

↓

Die Architektur der Hochrenaissance **leitet zum Manierismus** über und beeinflusst die Baukunst des **Barock.**

↓

Dank des neu erwachten Interesses in der Renaissance **inspiriert die Baukunst der Antike** Architekten bis heute.

Die Renaissance (»Wiedergeburt«) ist gekennzeichnet durch ein neu erwachtes Interesse an der Antike und durch eine Blüte der Künste und der Wissenschaften. Sie setzte Anfang des 15. Jahrhunderts in Italien ein und wurde von reichen Stadtstaaten wie Florenz und Venedig getragen, die mit der Förderung der Künste Ansehen gewinnen wollten. In der Architektur verbreitete sich die neue Ästhetik von Italien aus in Europa und verdrängte den gotischen Stil des Mittelalters. Neue Gebäude wurden auf Papier entworfen, und man kannte die Namen der Architekten. Als erster Vertreter dieser neuen Generation gilt Filippo Brunelleschi.

Die Frührenaissance

Der 1377 in Florenz (Italien) geborene Brunelleschi studierte Mathematik und Literatur, ehe er eine Ausbildung als Goldschmied und Bronzegießer erhielt. Zwischen 1402 und 1404 besuchte er Rom, wo es die meisten antiken Ruinen

Siehe auch: Die Säule 26–33 ▪ Die Kuppel 46–47 ▪ Romanik 70–71 ▪ Manierismus 116–117 ▪ Renaissance in Frankreich und Spanien 118–121 ▪ Palladianismus 122–123 ▪ Barock 138–145 ▪ Klassizismus 150–153

» Die Schönheit ist eine Art Übereinstimmung und ein Zusammenklang der Teile zu einem Ganzen. «

Andrea Palladio
I quattro libri dell' architectura, 1570

gab. Künstler hatten begonnen, sie zu untersuchen und bewunderten deren Logik, Ordnung und die wohlkalkulierten harmonischen Proportionen. Und sie bemerkten, dass die antiken römischen Skulpturen viel lebensechter waren als die religiöse Kunst des Mittelalters.

Möglicherweise gelangte Brunelleschi durch das Studium der Ruinen zum Verständnis der Perspektive, die sowohl Griechen wie Römern bekannt gewesen war und grundlegend für die Kunst der Renaissance werden sollte. Auf einer Holztafel markierte er ein Raster aus Quadraten und zeichnete darauf eine perspektivische Darstellung des Baptisteriums von Florenz. Damit schuf er die Illusion eines dreidimensionalen Objekts auf einem flachen Untergrund.

Brunelleschis erster Auftrag als Architekt war 1419 das Ospedale degli Innocenti (Findelhaus). Das war zu jener Zeit nichts Ungewöhnliches: Gebäude wurden von hochgelehrten Künstlern entworfen, die verschiedene Disziplinen beherrschten, darunter Malerei, Bildhauerei, Mathematik und Philosophie.

Menschliches Maß

Das Findelhaus wurde erst 1444 fertiggestellt, weitere Künstler wirkten daran mit. In der frühen Bauphase entstand unter Brunelleschis Aufsicht die neunbogige Arkade, von schlanken korinthischen Säulen getragen. Als erstes neues Gebäude, bei dem die architektonischen Prinzipien der klassischen Antike Anwendung fanden, war es eine Art Prototyp für Entwürfe von öffentlichen Plätzen und Terrassen. Anstatt römische Gebäude zu kopieren, wie die Architekten im späteren Klassizismus, orientierte sich Brunelleschi an den antiken Gestaltungsgrundsätzen. Für die Erneuerung der Alten Sakristei und des Langhauses von San Lorenzo, seinen nächsten Auftrag, ersann er einen Plan, der modulare Maßeinheiten nutzte, die vervielfältigt oder geteilt und in jeden Teil des Entwurfs eingefügt werden konnten. Das Ergebnis war eine harmonische Folge von Räumen. Darin spiegelten sich die humanistischen Prinzipien einer neuen Generation von Gelehrten, für die nicht länger Gott, sondern der Mensch im Mittelpunkt stand. »

Brunelleschi versah das Mittelschiff von San Lorenzo mit korinthischen Säulen und einer flachen Kassettendecke. Der Bau wurde erst Jahrzehnte nach dem Tod des Architekten 1446 fertig.

Im Mittelschiff von San Lorenzo ersetzte Brunelleschi gotische Pfeiler durch schlanke, klassisch proportionierte korinthische Säulen und das Gewölbe durch eine flache Kassettendecke, wie sie bereits in Rom und im alten Griechenland genutzt worden war, um Gewicht zu sparen.

Eine Herausforderung

Brunelleschis Ruhm gründet vor allem auf seiner Kuppel für Santa Maria del Fiore, den Dom von Florenz. Als der Bau 1296 begann, war eine große Kuppel geplant, man hatte aber nicht das Ingenieurwissen, um sie zu bauen. Um den weiten Raum im Innern zu überspannen, musste die Kuppel größer sein als die des Pantheons oder jedes anderen Baus der damaligen Zeit.

1418 gewann Brunelleschi den Wettbewerb für den Entwurf und Bau einer solchen Kuppel, und die Arbeit daran beanspruchte einen großen Teil seines Lebens. Die beispiellose Größe der Kuppel von 45 m im Durchmesser und 91 m Höhe – die 1461 ergänzte Laterne nicht mitgerechnet – gestattete es nicht, ein hölzernes Lehrgerüst einzusetzen. So erfand Brunelleschi eine von Ochsen gezogene Vorrichtung, die das benötigte Baumaterial nach oben hievte, und ein geniales Verfahren, bei dem jedes fertige Teilstück der selbsttragenden Kuppelkonstruktion das nächste verstärkte. Die Bauleute auf dem Dach arbeiteten von Plattformen aus, die in Vertiefungen in die Wände gesetzt wurden.

Stabilität erreichen

Die Arbeiten an der Kuppel begannen 1420. Sie besteht aus zwei Schalen – die tragende innere und die schützende äußere Schale, die leichter war und aus acht Bogensegmenten besteht, die durch äußere Rippen zusammengehalten werden. Um den horizontalen Schub zu neutralisieren, wird die innere Schale von vier Zugringen aus Stein und Eisenklammern (den sogenannten Steinketten) sowie einem Ring aus Holz stabilisiert, gleichmäßig über die Höhe der Kuppel verteilt. Die Zugringe verschwanden hinter den Steinen, mit denen die Kuppel aufgemauert wurde. Man verlegte sie in einem neuen Fischgrätmuster, das für zusätzliche Stabilität sorgte. Geschätzte 22 680 t Steine waren für den Bau der Kuppel erforderlich. Nach ihrer Fertigstellung 1436 gewann Brunelleschi einen zweiten Wettbewerb zur Gestaltung der dekorativen Laterne, starb aber

Die großartige Kuppel von Santa Maria del Fiore ist mit Terrakottaplatten gedeckt, durch acht marmorne Rippen gegliedert und von einer Laterne bekrönt – einem 21 m hohen Aufbau.

» Ich schlage vor, für die Ewigkeit zu bauen. So habe ich beschlossen, Spitzbögen zu verwenden, die an den acht Ecken entspringen. Unter dem Gewicht der Laterne wird jeder helfen, den anderen zu stabilisieren. «

Filippo Brunelleschi

1446, bevor sie gebaut werden konnte. Seine Kuppel, die immer noch das Panorama von Florenz beherrscht, zählt zu den größten Leistungen der Renaissance. Sie diente als Vorbild für zahllose spätere große Kuppeln, etwa beim Invalidendom in Paris oder bei St. Paul's Cathedral in London.

Antike Formen

Wie Brunelleschi war auch Leon Battista Alberti ein Verehrer römischer Architektur. Nach seiner Priesterweihe kam er im Gefolge des Papstes um 1445 nach Florenz. Zu den ersten Aufträgen Albertis als Architekt zählte der Palazzo Rucellai in Florenz, erbaut zwischen 1446 und 1458. Es ist das erste Privathaus, das nach den neuen Prinzipien der Renaissance geplant wurde. Die in drei Zonen gegliederte Fassade – jeweils mit Pilastern (dekorative flache Wandpfeiler) unterschiedlicher antiker Ordnungen und klassischem Gebälk (der horizontale Abschluss über den Pilastern) – ist ein Echo auf die Gestaltung des Kolosseums in Rom.

Der Palazzo Rucellai in Florenz, von Alberti entworfen, zeigt die neuen Grundsätze der Renaissancearchitektur: Seine Steinfassade greift auf Proportionen, Symmetrie und Bauschmuck antiker römischer Architektur zurück.

Verbreitung der Renaissance

Von Florenz aus verbreitete sich die Renaissance in ganz Italien – weitgehend ein Verdienst Albertis, der viele Aufträge annahm. In Rimini entwarf er 1450 die Fassade des Tempio Malatestiano mit Stilelementen römischer Tempel. Seine 1472 begonnene Basilika Sant'Andrea in Mantua zeigt eine Fülle von Verweisen auf römische Bauten, und die Fassade ist in Form und Proportion vom Trajansbogen in Ancona inspiriert. Oben schließt sie mit einem Dreiecksgiebel ab. Alberti führte hier eine radikale Neuerung ein: Hohe korinthische Pilaster, die sich über alle drei Wandzonen ziehen – ein Stilelement, das als »Kolossalordnung« bekannt werden sollte. Das Tonnengewölbe des Mittelschiffs ist inspiriert von den Ruinen der antiken Basilika des Maxentius und Konstantin auf dem Forum Romanum.

» Auch trage man Sorge, dass … alles unter sich wechselweise in Würde und Schönheit übereinstimme, bis zu dem Grade, dass alles, was man hinzugeben, ändern oder wegnehmen will, fehlerhafter und schlechter sein wird. «

Leon Battista Alberti

Alberti fasste seine Überlegungen zur Architektur in seiner Schrift *De re aedificatoria (Die Kunst des Bauens)* zusammen. Das 1452 vollendete Lehrwerk entlehnt vieles aus Vitruvs *De architectura* aus dem 1. Jahrhundert v. Chr. – bis hin zur Aufteilung in zehn Bände.

Architektur in Büchern

Dank der Erfindung der Druckerpresse durch Johannes Gutenberg in den 1440er-Jahren konnten Bücher nun in hohen Auflagen publiziert werden. Albertis Schrift war im Jahr 1485 die erste gedruckte Publikation zur Architektur. Der Buchdruck sorgte für schnelle und weitreichende Verbreitung von Ideen und so wurde Albertis Buch zur Bibel der Renaissancearchitektur. Während Vitruvs Werk 1486 neu herausgegeben wurde und weiter eine wichtige Quelle blieb, »

Der Zentralbau

Anders als in der Gotik, als die Vertikalität im Vordergrund stand, ging es in der Renaissance um Harmonie. Die Architekten waren mit Symmetrie, Proportion und Geometrie befasst. Typischerweise haben die Kirchen der Zeit die Form eines lateinischen Kreuzes mit dem Hauptaltar im Zentrum – ein Konzept, das von einem menschlichen Körper mit ausgestreckten Armen ausgeht, wie ihn der römische Architekt Vitruv beschrieben und später da Vinci gezeichnet hatte.

In seinem Traktat *De re aedificatoria* erklärt Alberti, dass ein geweihtes Gebäude genau wie ein menschlicher Körper ein Zentrum und davon ausgehende, ausgewogene Teile haben sollte. Diese Struktur symbolisiere Gott als Mittelpunkt des Universums. Durch die Übereinstimmung zwischen dem Ganzen und seinen Teilen entsteht die »Schönheit«, die Alberti vorschwebte.

Bramantes Entwurf für den Petersdom basierte auf einem griechischen Kreuz – gebaut wurde dann ein lateinisches Kreuz.

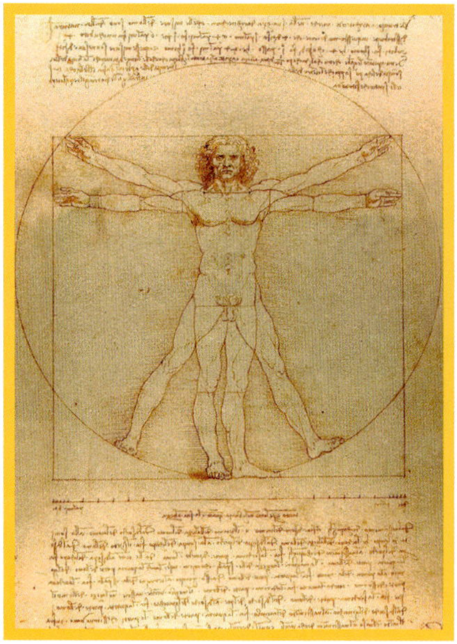

Der Mensch des Vitruvs, gezeichnet von Leonardo nach einem Text des römischen Baumeisters Vitruv, zeigt menschliche Proportionen, zu Geometrie, Kunst und Architektur in Beziehung gesetzt.

berücksichtigte Albertis Schrift die Fortschritte in Ingenieurwesen und Konstruktion.

Stars der Hochrenaissance

Auf die Frührenaissance (15. Jahrhundert) folgte die Hochrenaissance. Künstler und Architekten, die das Formengut der Antike studiert hatten, bemühten sich, Werke zu schaffen, die alles, was es vorher gab, übertreffen sollten. Obwohl die Hochrenaissance nur 40 Jahre umfasst, findet sich in dieser Zeit viel Talent und Kreativität. Die drei großen Namen der Zeit – Michelangelo, Raffael und Leonardo da Vinci – sind eher als Maler oder Bildhauer bekannt, aber alle drei haben auch bedeutende Beiträge zur Architektur geleistet.

Nachdem er sich mit Skulpturen wie der *Pietà,* geschaffen 1497/99 für den französischen Kardinal Jean de Bilhères in Rom, und dem *David,* 1504 für den Dom von Florenz entstanden, einen Namen gemacht hatte, war Michelangelo auch als Architekt gefragt. Bedingt durch seine Praxis als Bildhauer, fertigte er für seine Entwürfe zunächst Zeichnungen an, bevor er mit Ton- oder Gipsmodellen weiterarbeitete. Michelangelos architektonisches Hauptwerk ist die Biblioteca Laurenziana in Florenz, 1523 vom Medicipapst Clemens VII. zur Aufbewahrung seiner Büchersammlung in Auftrag gegeben. Später war Michelangelo eingebunden in die Neugestaltung der Piazza del Campidoglio auf dem Kapitolshügel in Rom, und 1546, im Alter von 71 Jahren, übernahm er die Leitung der Arbeiten am Petersdom.

Raffael erwarb sich seine Reputation als Maler in Florenz. Später ging er nach Rom, wo er ein angesehener Architekt wurde und von 1514 bis zu seinem Tod 1520 am Petersdom arbeitete. Sein bedeutendstes Gebäude ist die Villa Madama, außerhalb von Rom. Sie wurde 1518 in Auftrag gegeben und nach dem Vorbild einer klassischen römischen Villa entworfen, aber nie vollendet.

Auch die Ideen des universell gebildeten Leonardo da Vinci hatten starken Einfluss. Er füllte Skizzenbücher mit Entwürfen, die alle auf klassischen Proportionen und Symmetrie basierten, aber niemals realisiert wurden.

Ein perfektes Tempelchen

Donato Bramante, in Urbino geboren und ausgebildet als Maler, sollte der am meisten gerühmte Architekt der Hochrenaissance werden. 1499 ließ er sich in Rom nieder, wo damals die Renaissancearchitektur blühte – nicht zuletzt aufgrund der üppigen Investitionen einer Reihe von Päpsten. 1502 erhielt Bramante den Auftrag, einen Schrein für den Ort zu entwerfen, an dem der hl. Petrus gekreuzigt worden sein soll.

Bramantes Tempietto in San Pietro in Montorio, nach 1505 fertiggestellt, hat einen Durchmesser von nur 4,5 m. Der Rundtempel erhebt sich auf einer gestuften Basis mit dorischem Peristyl – ein Vorbau mit umlaufendem Säulenkranz. Die *cella* (Innenraum eines Tempels), die über das Gebälk hinausreicht, wird von einer grazilen Kuppel überwölbt. Trotz seiner bescheidenen Dimensionen gilt der Tempietto als eines der schönsten und einflussreichsten Gebäude der Renaissance. Die Ausdehnung der *cella* bis in die Kuppel war eine Neuerung, die von späteren Architekten häufig imitiert wurde, so auch von Christopher Wren in der St. Paul's Cathedral in London.

Der Petersdom

1506 erhielt Bramante seinen prestigeträchtigsten Auftrag: Papst Julius II. ernannte ihn zum leitenden Architekten für den Entwurf und den Bau einer neuen Kirche, die den von Konstantin im 4. Jahrhundert gestifteten Bau ersetzen sollte. Als Papst Julius 1513 starb, war der Bau kaum begonnen, und Bramante starb ein Jahr später. Raffael trat an seine Stelle und überarbeitete dessen Pläne, starb aber selbst 1520, nur 37 Jahre alt.

In den 1520er-Jahren war Rom von politischen und religiösen Spannungen zerrissen, die viele Künstler und Architekten vertrieben, und 1527 wurde es von den Soldaten Kaiser Karls V. geplündert. Dennoch ging die Arbeit an der Basilika unter verschiedenen Baumeistern weiter. 1546 übernahm Michelangelo die Leitung, und er gilt als der eigentliche Schöpfer weiter Teile des Bauwerks, das wir heute sehen. Am bekanntesten Werk der Renaissancearchitektur – die Kirche mit dem größten Innenraum der Welt – wirkten also drei der größten Genies der Zeit mit: Bramante, Raffael und Michelangelo. Der Bau des Petersdoms zog sich über 120 Jahre hin, die Weihe erfolgte 1626. Er weist eine Vielzahl von Stilen auf, von der Hochrenaissance über einen eher dekorativen Manierismus bis zum Barock, als Gian Lorenzo Bernini den bronzenen Baldachin über dem Grab des hl. Petrus errichtete und die Kolonnaden auf dem Vorplatz anlegte.

> »Mit Bramante erreichte die italienische Architektur jenes Stadium der vollständigen Aneignung der Antike und der vollständigen Sicherheit, sie erweitern und anpassen zu können.«
>
> **John Summerson**
> britischer Architekturhistoriker (1904–1992)

Ein Stil hält sich

Die Entwürfe der Architekten, die den Petersdom und andere Wahrzeichen in Italien bauten, haben Bauwerke verschiedener Zeiten beeinflusst und tun es noch heute. Zeitgenössische amerikanische Beispiele sind das Meadows Museum in Dallas (Texas), fertiggestellt 2001, und das Schermerhorn Symphony Center in Nashville (Tennessee), 2006 eröffnet. ■

Bramantes Tempietto in San Pietro in Montorio ist vom Tempel der Vesta in Tivoli inspiriert. Die Pilaster der Cellawand korrespondieren mit den 16 aus römischen Ruinen geborgenen Säulen des dorischen Peristyls.

EIN MIKROKOSMOS VON UNIVERSELLER HARMONIE

ITALIENISCHE HÜGELSTÄDTE

IM KONTEXT

THEMA
Stadtplanung in der Renaissance

FRÜHER
4. Jh. v. Chr. Die etruskische Siedlung Volterra, vor 700 v. Chr. auf einem Bergrücken in der Toskana angelegt, wird Munizipium – ein Verbündeter Roms.

10. Jh. n. Chr. Scarlino wird gegründet – eine von vielen Hügelstädten, die im 9. und 10. Jh. in der Toskana entstehen.

13. Jh. Um ihre Sicherheit zu verbessern, bauen Familien in der toskanischen Hügelstadt San Gimignano Wohntürme von bis zu 70 m Höhe.

SPÄTER
2019 Der Bevölkerungsrückgang in kleinen italienischen Hügelstädten veranlasst die örtlichen Behörden, verlassene Häuser für den Preis von nur einem Euro anzubieten.

Siedlungen auf Berg- und Hügelrücken wurden auf dem Gebiet des heutigen Italien bereits von den Etruskern angelegt, die von 750 bis 500 v. Chr. weite Teile der Westküste der Halbinsel beherrschten. Die Sicherheit, die solche Orte boten – verstärkt durch hohe Schutzmauern –, spielte im Mittelalter abermals eine wichtige Rolle, als die Region in rivalisierende Stadtstaaten zerfiel.

Im 15. Jahrhundert wurde jedoch in den Hügelstädten Urbino in den Marken und Corsignano in der Toskana der Versuch unternommen, Städte nach den Prinzipien von Ordnung und Harmonie planvoll anzulegen. Corsignano war der Geburtsort von Papst Pius II. (reg. 1458–1464). Er ließ während seines Pontifikats die gesamte Stadt von dem Florentiner Architekten Bernardo Rossellino umgestalten – und änderte ihren Namen in Pienza (»Stadt des Pius«).

Dessen Plan versucht, ein harmonisches Gesamtbild zu fördern und die kirchliche Grundlage der neuen Stadt zu betonen. Die Straßen gehen strahlenförmig von der zentralen Piazza mit Kathedrale, Rathaus und zwei Palästen aus – der größte und prächtigste war die Sommerresidenz des Papstes. Das bebaute Umfeld und die umgebende Natur waren zudem einbezogen, die Straßen gaben den Blick in das Orcia-Tal außerhalb der Stadtmauern frei. Pius fand hier nach eigenem Bekunden eine »kleine Welt von universeller Harmonie«. ■

Die Kathedrale von Pienza beherrscht eine Seite des zentralen Platzes und liegt auf einem Bergrücken, der eindrucksvolle Blicke über das Orcia-Tal ermöglicht.

Siehe auch: Bergstädte 100–101 ▪ Renaissance 106–113 ▪ Die Idealstadt 115 ▪ Die Gartenstadt 182–183

KOMPLEXE SYMMETRIE

DIE IDEALSTADT

IM KONTEXT

THEMA
Das Streben nach Vollkommenheit

FRÜHER
um 375 v. Chr. In der *Politeia (Der Staat)* beschreibt der griechische Philosoph Platon den idealen Stadtstaat.

1. Jh. v. Chr. Der römische Baumeister Vitruv gibt in seiner Schrift *De architectura* (*Über die Architektur*) Ratschläge zur Stadtplanung.

1. Jh. n. Chr. In der Bibel (Offenbarung des Johannes) wird eine ideale Stadt erdacht, »das Neue Jerusalem«.

SPÄTER
1903 Gründung von Letchworth als erste Gartenstadt nach den Ideen des Reformers Ebenezer Howard.

1935 Der Architekt Le Corbusier veröffentlicht *La Ville Radieuse,* worin er die utopische Vision einer idealen Stadt entwickelt.

In seiner Schrift *De re aedificatoria* – sie umfasste zehn Bücher, die um 1443 bis 1452 entstanden und sich stark an Vitruv orientierten – entwickelte der italienische Universalgelehrte Leon Battista Alberti Richtlinien für die Planung einer idealen Stadt. Sie belegen das für die Renaissance typische Streben nach Symmetrie und Modularität wie auch den Vorrang des Fortschritts für die Humanisten dieser Zeit.

Ideale und die Realität

In den 1460er-Jahren entwarf der Florentiner Bildhauer und Architekt Antonio Averlino, gen. Filarete, angeregt durch Alberti, den Plan für eine Stadt, die er Sforzinda nannte. Sie war als achteckiger Stern konzipiert, mit konzentrischen und strahlenförmigen Straßen, einem umlaufenden Wassergraben und Kanälen als Transportwegen.

Sforzinda scheiterte an den immensen Kosten, aber nordwestlich von Venedig entstand 1593 die befestigte Planstadt Palmanova. Beeinflusst von Sforzinda, und unter Beteiligung des italienischen Architekten Vincenzo Scamozzi, legte man den Grundriss der Stadt als neuneckigen Stern an. Da aber die Stadt so isoliert und nahe an der umkämpften Grenze zu Österreich lag, wollten sich nur wenige dort niederlassen. Um die Bevölkerungszahl zu vergrößern, wurden im Jahr 1622 Häftlinge aus den Gefängnissen von Venedig freigelassen und man bot ihnen in der Stadt Grundstücke an, um dort zu bauen. ■

Palmanova versprach den Bürgern Sicherheit durch starke Befestigungsanlagen und soziale Harmonie durch wohl geordnete Straßen.

Siehe auch: Renaissance 106–113 ▪ Die Gartenstadt 182–183 ▪ Eine neue Stadt 262–263

EXTRAVAGANTE ERFINDUNGEN

MANIERISMUS

IM KONTEXT

THEMA
Die Ideale der Renaissance infrage stellen

FRÜHER
1445 Fertigstellung des Ospedale degli Innocenti (Findelhaus) in Florenz – eines der frühesten Beispiele für Renaissancearchitektur.

1485 Leon Battista Alberti veröffentlicht *De re aedificatoria,* einen einflussreichen Text, der Regeln für die Architektur festlegt.

SPÄTER
1569 Nach einer Italienreise entwirft der maltesische Architekt Girolamo Cassar eine Vielzahl manieristischer Gebäude für die maltesische Hauptstadt Valetta.

1914 In New York wird das James A. Farley Building eingeweiht; das Gebäude im Beaux-Arts-Stil hat die weltweit größte Kolonnade mit korinthischen Kolossalsäulen.

Architekten der Hochrenaissance **perfektionieren** in ihren Entwürfen die **Gestaltungsprinzipien der Antike.**

Die Architekten der nächsten Generation **suchen nach neuen Ansätzen.**

Es kommt nicht zu einer Loslösung von der Antike, sondern zu **Änderungen und Neubewertungen.**

So entstehen Gebäude, die den **Erwartungen der Betrachter zuwiderlaufen.**

Italienische Architekten wie Filippo Brunelleschi und Leon Battista Alberti hatten die klassischen Regeln für die Baukunst definiert. Zeitgenossen wie Donato Bramante und andere setzten diese Regeln in wohlproportionierten und strukturierten Gebäuden um. Gegen die Meisterschaft, mit der das im 15. und frühen 16. Jahrhundert betrieben wurde, rebellierte – oft spielerisch – eine nachfolgende Generation von Architekten. Die glatte Perfektion idealisierender Renaissanceformen musste weichen, um die Baukunst voranzubringen. Die Schöpfungen dieser Rebellen, die die antiken

Siehe auch: Die Säule 26–33 ▪ Renaissance 106–113 ▪ Palladianismus 122–133 ▪ Barock 138–145 ▪ Postmoderne 280–285 ▪ Klassizistische Postmoderne 286–287

Der Innenhof des Palazzo del Te ist vom Garten durch eine Loggia getrennt. Die Abstände zwischen den Bögen sind nicht einheitlich, die Säulen weisen unterschiedliche Stile auf.

Ideale als Sprungbrett für eigene Experimente, Entwicklungen und Fantasien nutzten, wurden später »manieristisch« genannt.

Spielerische Annäherung

Zu den Ersten, die begannen, die Regeln zu lockern, gehörte Michelangelo. Im *ricetto* (Eingangshalle) seiner Biblioteca Laurenziana in Florenz verwendete er geläufige Formen, aber in ungewohnter Zusammenstellung. So setzte er Säulen über Konsolen in die Wand. Konsolen tragen gewöhnlich dekorative Objekte, hier aber scheinen sie mit den Säulen auch das Dach zu tragen – ein spielerisches Detail, das typisch ist für den Ansatz der Manieristen.

Ein weiteres Beispiel für den eigenwilligen manieristischen Stil ist der Palazzo del Tè in Mantua. Er wurde von Giulio Romano entworfen, einem Schüler Raffaels. Der Baubeginn erfolgte 1526. Der Palast diente als Landsitz für den Herzog von Mantua – Federico II. Gonzaga, einen aufgeklärten Freund der Künste, der es dem Architekten gestattete, neben konventionellen Elementen auch experimentelle Formen zu verwenden.

In einem Fries des Innenhofs sind einige Steine aus ihrer Position verschoben und rufen den Eindruck von Verfall hervor. Der Abstand zwischen Pilastern und Bögen ist nicht immer gleich und unterbricht auf subtile Weise Symmetrie und Rhythmus, die man eigentlich erwartet. Hier geht es um ein Spiel mit Architekturformen – eines, das nur der wirklich zu schätzen weiß, der die Regeln kennt, die gebrochen werden.

Für den Bruch der Regeln wurde der Manierismus später heftig kritisiert. Seine Grundhaltung jedoch fand Ende des 20. Jahrhundert noch ein spätes Echo: Damals reagierten Architekten auf die Vorherrschaft der klaren Linien und der Funktionalität der Moderne mit den irregulären, verspielten Formfindungen der Postmoderne. ■

Die Kolossalordnung

Michelangelo wird oft mit einem der charakteristischen Elemente manieristischer Architektur in Verbindung gebracht: der Kolossalordnung. Dabei handelt es sich um Säulen oder Pilaster, die mehrere Geschosse zusammenfassen.

In der Antike unbekannt, mag die Kolossalordnung zum ersten Mal von Leon Battista Alberti an der Fassade der Kirche Sant'Andrea in Mantua verwendet worden sein. In den 1560er-Jahren erregte Michelangelo Aufsehen durch den spektakulären Gebrauch dieser Ordnung bei der Neugestaltung des Konservatorenpalastes auf dem kapitolinischen Hügel in Rom. Er kombinierte dort zweigeschossige korinthische Pilaster mit eingeschossigen ionischen Säulen.

Die Kolossalordnung überdauerte den Manierismus und blieb auch im Palladianismus, im Barock und Klassizismus bis hin zum Beaux-Arts-Stil Ende des 19. Jahrhunderts ein Thema.

Pilaster ziehen sich über zwei Geschosse an der Fassade von Michelangelos Palazzo dei Conservatori auf dem kapitolinischen Hügel in Rom.

ADEL OHNE ARROGANZ

RENAISSANCE IN FRANKREICH UND SPANIEN

IM KONTEXT

THEMA
Ausbreitung der Renaissance

FRÜHER
1428 Der flämische Künstler Jan van Eyck malt Isabella von Portugal. Anfang des 15. Jh. waren viele Renaissancekünstler aus dem Norden auf der Iberischen Halbinsel tätig.

1492 Spanien gründet auf der Insel Hispaniola seine erste Kolonie in der Neuen Welt.

SPÄTER
1667 Barocke Ergänzungen an der Kathedrale von Granada, einem Renaissancebau aus dem 16. Jh., verweisen auf die Verbreitung der neuesten Ideen aus Italien.

1855 Der französische Historiker Jules Michelet führt für die Epoche, die auf das Mittelalter folgt, den Begriff Renaissance (»Wiedergeburt«) ein.

Florenz gilt als die Wiege der Renaissance, aber die Ideen, die dort entwickelt wurden, verbreiteten sich schnell in Italien und darüber hinaus. Leon Battista Alberti setzte die Kenntnisse, die er in Florenz über Kunst, Perspektive und die Architektur der Antike gesammelt hatte, für eine Vielzahl von Aufträgen in ganz Italien an. Der deutsche Künstler Albrecht Dürer reiste 1494 und 1505 nach Italien und nahm Kunst und Architektur in sich auf. Was er nach seiner Rückkehr daraus machte, trug zur Entstehung der »Renaissance im Norden« bei. Die Erfindung des Buchdrucks um 1436 beschleunigte mit Flugblät-

Siehe auch: Renaissance 106–113 ▪ Manierismus 116–117 ▪ Palladianismus 122–123 ▪ Barock 138–145 ▪ Klassizismus 150–153

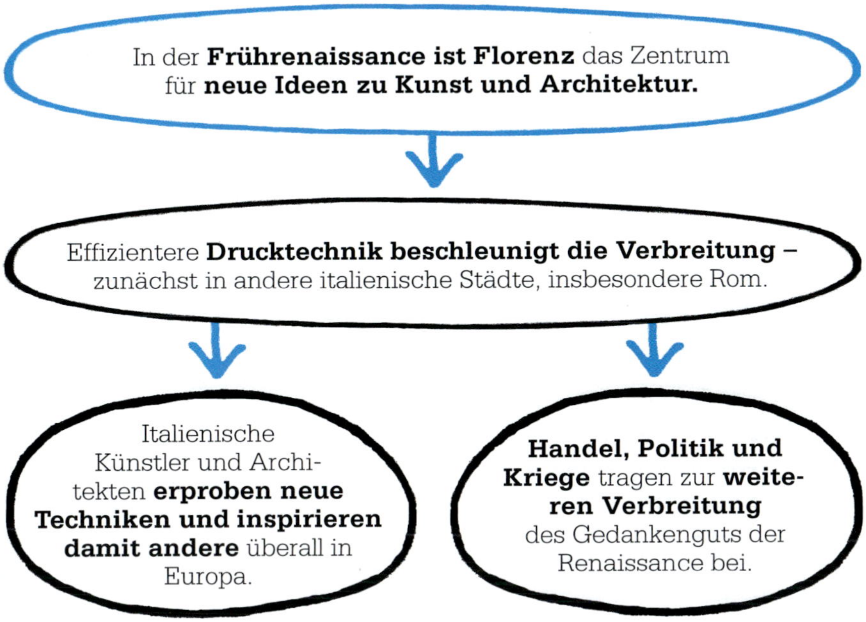

tern und Traktaten die Verbreitung von Wissen und Ideen.

Auch die territorialen Ansprüche der großen europäischen Monarchien trugen zur Ausbreitung von Ideen über den gesamten Kontinent bei. In den Italienkriegen seit 1494 versuchte Frankreich seinen Anspruch auf italienische Gebiete durchzusetzen, insbesondere auf das Königreich Neapel. Auch Spanien war in diesen Konflikt verwickelt und kontrollierte Mitte des 16. Jahrhunderts einen Großteil Süditaliens sowie Mailand. Durch diese Kontakte fanden die künstlerischen Errungenschaften Italiens den Weg nach Spanien und regten architektonische Entwicklungen an.

Italiener in Frankreich

Im Jahr 1515 wurde Franz I. zum König von Frankreich gekrönt, er war damals 21 Jahre alt. In seiner Jugend hatten sich die Ideen der italienischen Renaissance verbreitet, und der neue König wurde ein bedeutender Förderer der Künste. Obwohl Franz I. italienische Künstler, darunter Leonardo, an seinen Hof holte, entwickelte sich in Frankreich ein unverwechselbar eigener Renaissance-Baustil. Die besten Beispiele sind die vielen Châteaux des Königshofes, der Aristokratie und des neuen, reichen Bürgertums.

Die französische Architektur war die innovativste, die in der Renaissance außerhalb Italiens entstand. Ein großartiges Beispiel für die frühe Renaissance in Frankreich ist das Château de Chambord, unter Franz I. als Jagdschloss geplant – allerdings mit 440 Räumen. Der Entwurf, nach dem ab 1519 gebaut wurde, stammt von dem Italiener Domenico da Cortona, bauausführend waren französische Architekten. Auch wenn es für französische Baumeister nicht ungewöhnlich war, nach Plänen italienischer Architekten zu arbeiten, änderten sie diese oft ab. Die Fassade zeigt Pilaster in regelmäßigen Abständen, während im Inneren norditalienisch inspirierte Schmuckformen dominieren. Das Herzstück – eine freistehende doppelläufige Wendeltreppe – könnte »

Im Château de Chambord an der Loire mischen sich Stilelemente der Renaissance, wie durch Pilaster getrennte Bögen, mit mittelalterlich anmutenden Türmchen.

Ursprünge des Louvre in der Renaissance

Am Anfang stand eine Burg, die Philipp II. August von Frankreich (1180–1223) zur Verstärkung der Stadtmauer von Paris bauen ließ. Franz I. beschloss 1515, die Burg durch einen Palast zu ersetzen. Ein Entwurf des italienischen Architekten Sebastiano Serlio wurde verworfen und durch einen Plan des französischen Architekten Pierre Lescot ersetzt, 1546 begann man zu bauen. Obwohl der Plan große Apartments an drei Seiten des rechteckigen Innenhofs vorsah, wurde nur ein Flügel fertiggestellt. Dieser sogenannte Lescot-Flügel ist der älteste oberirdische Teil des heutigen Louvre. Die Fassade ist manieristisch, mit tief eingeschnittenen Fenstern im Erdgeschoss, durch Pilaster getrennt, darüber Fenster mit Giebeln. Als der Louvre in den folgenden Jahrhunderten erweitert wurde, wurden alle neuen Bauten an den Lescot-Flügel angepasst, um einen harmonischen Gesamteindruck zu erhalten.

» Seit ich Chambord besucht habe, muss ich jeden fragen: ›Kennen Sie Chambord?‹ «

Victor Hugo
französischer Schriftsteller
(1802–1885)

Die Place des Vosges wird von 36 einheitlich gestalteten Gebäuden gesäumt, einzige Ausnahme sind die etwas größeren königlichen Pavillons, die einander gegenüberliegen.

auf einen Entwurf von Leonardo da Vinci zurückgehen.

1528 berief Franz I. italienische Architekten und Künstler nach Fontainebleau, einen Weiler nordöstlich von Paris, um eine mittelalterliche Burg zu erneuern. Unter ihnen war vermutlich Sebastiano Serlio, Verfasser des einflussreichen Traktats *Sette libri dell'architettura* (Sieben Bücher über Archtektur, 1537–1551). Das fertige Schloss wurde bald zu einem Zentrum der Renaissance im Norden, hier entwickelte sich die École de Fontainebleau, deren große Leistungen mehr in der bildenden Kunst als in der Architektur lagen.

Öffentliche Plätze

Die Place Royal (heute Place des Vosges) war der erste öffentliche Platz in Paris. Heinrich IV. ließ ihn 1605 anlegen. In der Mitte der quadratischen Anlage befindet sich eine öffentliche Grünfläche, rundherum ziehen sich Häuser mit Arkadengängen im Erdgeschoss. Mehr noch als die Architektur an sich spricht aus dem Konzept dahinter der Geist der italienischen Renaissance. Früher waren Plätze in Städten normalerweise für Pracht und Prunk gedacht. An der Place des Vosges dagegen sollten Handwerksbetriebe untergebracht werden, mit Werkstätten im ersten und zweiten Geschoss der Häuser und Wohnräumen im dritten. Es war ein utopischer Plan, in dem der Humanismus der italienischen Renaissance Ausdruck fand. Nach dem Tod Heinrichs IV. wurde das Vorhaben aufgegeben und Angehörige des Adels übernahmen den Platz.

Spanische Renaissance

In Spanien kam die Renaissance etwas später an als in Frankreich. Das erste größere Renaissancegebäude auf der Iberischen Halbinsel, der Palast Karls V. in Granada, entstand ab 1527. Sein Bau in der Alhambra war eine Manifestation der christlichen Herrschaft nach dem Sieg der katholischen Könige Ferdinand und Isabella über das muslimische Emirat von Granada im Jahr 1492. Der Architekt war Pedro Machuca, in Italien ausgebildet und ein Schüler von Giuliano da Sangallo. Der Entwurf weist römische Züge auf, mit Pilastern in tuskischer und ionischer Ordnung sowie Rustikamauerwerk. Aber es gab auch Neues in Form eines kreisrunden Hofes mit zweigeschossig umlaufenden Kolonnaden.

In der Folge verbreitete sich ein von der Renaissance beeinflusster monumentaler Klassizismus in ganz Spanien. Er verdrängte nach und nach gotische und maurische Bauformen und war ein Symbol katholischer Herrschaft. Die Kathedrale von Granada ist ein Beispiel dafür. Ihre Fundamente wurden um 1518 dort gelegt, wo zuvor die Hauptmoschee der Stadt stand. Die eigentliche Arbeit begann zehn Jahre später, und der ursprünglich gotische Entwurf hatte bis dahin die Formen der Renaissance angenommen.

El Escorial

Die Renaissance in Spanien erreichte ihren Höhepunkt im El Escorial, dem größten Renaissancegebäude der Welt. Es war das wichtigste Projekt Philipps II. (reg. 1556–1598), der damit den Wunsch seines Vaters erfüllte, ein Kloster zu bauen, wo er mit seiner Gemahlin bestattet werden könnte. Für den Bau wurde ein ruhiges Areal auf der Hochebene nordwestlich von Madrid ausgewählt. Dort entstand ein riesiger Komplex mit Kloster, Basilika, Palast, drei Bibliotheken, Universität, Schule und Hospital. Es war die architektonische Vereinigung der Macht der spanischen Monarchie und der römisch-katholischen Kirche.

Die Grundsteinlegung erfolgte 1563. Mit dem Bau wurde Juan Bautista de Toledo betraut – wie Machuca in Italien ausgebildet, wo er am Petersdom in Rom mitgearbeitet hatte. Als Toledo 1567 starb, übernahm Juan de Herrera die Leitung, der zuvor am Palast von Aranjuez mitgewirkt hatte. Philipp verlangte für seinen klösterlichen Palast »Einfachheit der Konstruktion, Strenge der Form, Adel ohne Arroganz, Majestät ohne Prachtentfaltung« – Forderungen, die Herrera voll und ganz erfüllte.

Das Herzstück des Komplexes ist die majestätische Basilika in Form eines griechischen Kreuzes, gekrönt von einer Kuppel – der ersten in Spanien mit einem Tambour. Obwohl es auf dem Entwurf Michelangelos für den Petersdom in Rom basiert, ist das Innere strenger und weist schlichte dorische Pilaster auf; nur der Bereich um den Hauptaltar ist dekorativer gestaltet.

Bereits vor seiner Fertigstellung 1582 übte El Escorial enormen Einfluss auf die spanische Architektur aus. Da Spanien damals weite Teile der Neuen Welt kolonisierte, prägte der Stil auch Kirchenbauten der Renaissance in Lateinamerika, so etwa die Kathedrale von Puebla in Mexiko. ■

Die nüchterne, geometrische Fassade des Escorial machte den Herrera-Stil (*estilo herreriano*) – benannt nach dem letzten Architekten Juan de Herrera – über Spanien hinaus bekannt.

EINE SÜSSE HARMONIE

PALLADIANISMUS

IM KONTEXT

THEMA
Renaissance-Klassizismus

FRÜHER
um 1402 Filippo Brunelleschi reist nach Rom, um antike Ruinen zu studieren.

um 1502 Donato Bramante entwirft mit dem Tempietto in Rom einen Meilenstein der Architektur der Hochrenaissance.

SPÄTER
um 1603 Der englische Architekt Inigo Jones besucht Italien und nimmt nach seiner Rückkehr Ideen Palladios in seine Entwürfe auf.

1715 Giacomo Leonis Übersetzung von *I Quattro Libri dell'Architettura* erscheint und macht der englisch sprechenden Welt Palladios Text zugänglich.

1729 Richard Boyle, der dritte Earl of Burlington, und William Kent entwerfen Chiswick House in London – der Beginn des Palladianismus in England.

Andrea Palladio, ein typischer Renaissancemensch, entwarf eine stattliche Anzahl großartiger Gebäude in Norditalien, von wohlproportionierten Landhäusern bis hin zu herrlichen Kirchen in Venedig, wie San Giorgio Maggiore und Il Redentore. Sein Werk *I Quattro Libri dell'Architettura (Die vier Bücher zur Architektur)*, erschienen 1570, formuliert architektonische Regeln und Leitlinien, die stark von antiken Vorbildern geprägt sind, im zeitgenössischen Gewand. Damit sollte der Palladianismus, benannt nach Palladios unverwechselbarem Stil, Einfluss in der ganzen Welt gewinnen.

Einen Stil entwickeln

Palladios erste Aufträge waren Villen in der Umgebung von Vicenza. Die Pläne bezogen Inspiration von manieristischen Zeitgenossen,

Die Giebel an den Portiken der Villa Capra sind jeweils mit drei Götterstatuen geschmückt, die dem Bildhauer und Architekten Giovanni Battista Albanese zugeschrieben werden.

Siehe auch: Die Säule 26–33 ▪ Der Bogen 38–41 ▪ Renaissance 106–113 ▪ Manierismus 116–117 ▪ Barock 138–145 ▪ Klassizismus 150–153

Andrea Palladio

Andrea di Pietro della Gondola wurde vermutlich 1508 in Padua (Norditalien) geboren. Er erhielt eine Ausbildung als Steinmetz. Um 1538 lernte er beim Bau der Villa Trissino den gelehrten Auftraggeber Giangiorgio Trissino (1478–1550) kennen, einen Amateurarchitekten. Trissino nahm Gondola als seinen Protegé an und gab ihm den Spitznamen Palladio (»der Kluge«). Gemeinsam unternahmen sie mehrere Reisen nach Rom, wo Palladio die antiken Ruinen studierte. Die Früchte dieser Reisen verarbeitete er 1554 zu einem populären Führer mit dem Titel *Le antichità di Roma* (Die Altertümer Roms), der die Kirchen der Stadt und andere Altertümer beschreibt.

Ab 1540 wuchs der Ruhm Palladios als Architekt von Villen und Palästen für die Wohlhabenden in Venetien. In seiner späteren Schaffenszeit entwarf er öffentliche Gebäude, Kirchen und Brücken. In Palladios letztem Werk, dem Teatro Olimpico in Vicenza, wird deutlich, dass er mit der Gestaltung antiker Theater bestens vertraut war. Es wurde erst 1585 fertig, fünf Jahre nach Palladios Tod.

insbesondere Giulio Romano. Im Jahr 1544 überwachte Palladio die Fertigstellung des Palazzo Thiene – einen Bau, von dem man annimmt, Romano habe ihn 1542 begonnen.

Der Bau, der Palladios Ruhm begründete, war die 1549 ebenfalls in Vicenza begonnene Basilica Palladiana. Der Entwurf mit den doppelstöckigen Arkaden erinnert von fern an das Kolosseum. Seine Schönheit verdankt sich der sicheren Beherrschung eines Systems aufeinander bezogener Proportionen. Palladio nutzt hier zum ersten Mal ein Element, das zu einem Kennzeichen seiner Architektur werden sollte und seinen Namen trägt, das Palladio-Motiv – eine dreiteilige Öffnung (siehe rechts).

Villa Capra (La Rotonda)

Eines der schönsten Beispiele für Palladios Umsetzung antiker Vorgaben ist die Villa Capra, auch La Rotonda genannt. Der 1567 begonnene Landsitz liegt auf einem Hügel unweit von Vicenza. Dem Entwurf liegen die Formen von Kugel und Kubus zugrunde: Dem Zentrum eines Quadrats ist ein Kreis eingeschrieben – eine zylindrische Halle, von einer Kuppel bekrönt. Die um die Halle verteilten Räume sind strikt nach mathematischen Gesetzen in den vollkommen symmetrischen Grundriss eingepasst.

Damit die Bewohner vom Blick auf die umliegende Landschaft profitieren konnten, setzte Palladio auf jede Seite des Gebäudes einen Portikus mit ionischen Säulen und breiter Treppe. Die gesamte Villa ist aus Modulen im gleichen Verhältnis zusammengesetzt. Das Ergebnis von Palladios Genauigkeit, Disziplin und Zurückhaltung sind Proportionen, die in ihrer Perfektion bisweilen streng erscheinen.

Auch wenn Palladio sich an antiken Vorbildern geschult hatte, so war er doch auch ein Neuerer, dessen Werk die bloße Nachahmung überwand und selbst oft nachgeahmt wurde. So begründete die Villa Capra eine lange Tradition von Landhäusern mit Kuppeldach, insbesondere in Großbritannien und den USA. Und auch Palladios Nutzung eines Portikus am Haus sollte im 17. und 18. Jahrhundert oft imitiert werden. ■

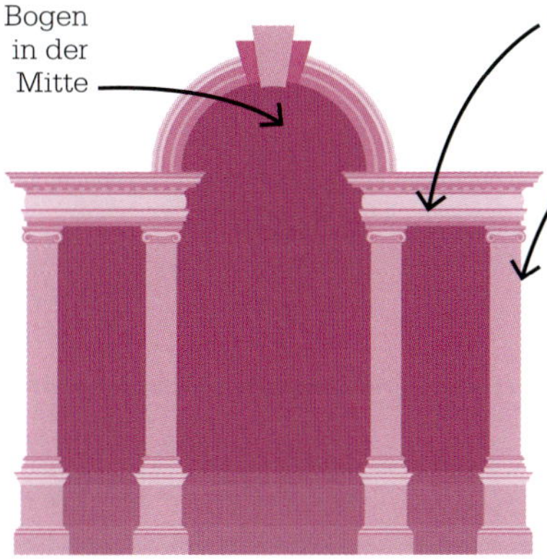

Das Palladio-Motiv besteht aus einem Bogen in der Mitte, von den seitlichen Öffnungen getrennt durch Säulen oder Pilaster, die ein Gebälk tragen. Dieses Schlüsselelement in Palladios Œuvre ist jedoch nicht seine Erfindung. Es ist auch als venezianisches Fenster oder Serliana bekannt, benannt nach dem Architekten Sebastiano Serlio (1475–1554), der es als Erster beschrieb.

PRÄCHTIGE GEBÄUDE UND EINDRUCKSVOLLE KUPPELN

DAS OSMANISCHE REICH

IM KONTEXT

THEMA
Architektur und Harmonie

FRÜHER

537 Der oströmische Kaiser Justinian I. gibt die Hagia Sophia in Auftrag.

1037 Das Reich der Seldschuken, der ersten türkischen Dynastie, entsteht. Es erstreckt sich später über Anatolien (Türkei) und den Nahen Osten bis nach Zentralasien.

um 1280 Osman I. begründet die Dynastie der Osmanen.

SPÄTER

1616 In Istanbul wird die letzte große Moschee der osmanischen Sultane fertiggestellt, die Sultan-Ahmed-Moschee (auch als Blaue Moschee bekannt).

1756 Fertigstellung der Nuru-Osmaniye-Moschee in Istanbul; ein neuer Baustil verbindet osmanische Architektur mit westlichen Stilen wie Barock und Rokoko.

Mit der Eroberung Konstantinopels (heute Istanbul) durch den osmanischen Sultan Mehmed II. 1453 endete das byzantinische Reich. Er machte Konstantinopel zu seiner Hauptstadt und ließ die christliche Kathedrale Hagia Sophia in eine Moschee umwandeln. Die byzantinische Architektur sollte osmanische Architekten beim Bau von Moscheen und Palästen inspirieren.

Unter Süleyman I. (dem Prächtigen, reg. 1520–1566) wurden osmanische Landgewinne mit dem Bau von Moscheen markiert. Sie hatten einen klaren, logischen Grund- und Aufriss, typischerweise einen kubischen Baukörper, gekrönt von einer schmucklosen, halbkugelförmigen Kuppel und schlanken, bleistiftspitzen Minaretten. Die Kuppeln dieser großen kaiserlichen Moscheen wurden immer größer, um die Hagia Sophia zu übertreffen. Die Anzahl der Minarette wuchs ebenfalls – es konnten bis zu sechs sein, jedes mit bis zu drei Balkonen.

Paradies auf Erden

Die schönsten osmanischen Moscheen entwarf Süleymans Hofarchitekt Sinan. Sein Hauptwerk ist der Süleymaniye-Komplex über dem Goldenen Horn in Istanbul. Obwohl die Süleymaniye von der Hagia Sophia beeinflusst ist, gelang es Sinan, die äußere Schwere des

Byzantinische Kirchen sind meist Zentralbauten – sie haben kein langes Schiff – und **sind von einer großen Kuppel bekrönt.**

Seldschukische Architektur fällt durch **farbige, glasierte Fliesen** auf, **oft in Blautönen.**

In der osmanischen Architektur finden sich **byzantinische und seldschukische Einflüsse.**

Siehe auch: Byzanz 52–53 ▪ Islamische Inspiration 58–63 ▪ Maurische Architektur 64–65 ▪ Burgen 72–73 ▪ Die Karawanserei 126 ▪ Islamische Gartenkunst 127 ▪ Das Safawidenreich 132–133 ▪ Das Mogulreich in Indien 134–137

byzantinischen Vorbilds zu überwinden. 1557 war die Moschee fertig, und die Kaskade ihrer Kuppeln und Halbkuppeln scheint heiter über der Stadt zu schweben.

Osmanische Moscheen sind typischerweise Mittelpunkt eines Gebäudekomplexes, oft gehört auch ein Garten dazu. Die Süleymaniye etwa ist von Schule, Hospital, Hammam (Badehaus), Herberge, Küche und Friedhof umgeben. Jedes der Gebäude ist als Teil des Ensembles entworfen, das auch mit der Natur in Form von Bäumen und Wasserspielen in harmonischer Beziehung steht. Das Konzept des irdischen Paradieses war der Schlüssel dazu. Trotz der großen Eleganz der Süleymaniye hielt Sinan die Selimiye-Moschee in Edirne für sein eigentliches Meisterwerk. Er begann sie 1569, im Alter von 80 Jahren. Sie hat eine monumentale Bethalle mit mehr als 30 m Durchmesser und eine 42 m hohe Kuppel. Vier Minarette ragen 83 m hoch in den Himmel – so hoch wie keine anderen in der Türkei. Sinan war davon überzeugt, mit der Selimiye sogar die Hagia Sophia übertroffen zu haben. ▪

Die Selimiye-Moschee hat eine zentrale Kuppel und acht Strebepfeiler. Durch zahlreiche Fenster in Wänden, Kuppeln und Halbkuppeln fällt Licht in den reich dekorierten Innenraum.

Sinan

Koca Mimar Sinan (der türkische Ehrentitel bedeutet »großer Architekt Sinan«) wurde um 1489 in eine griechisch-christliche Familie in Anatolien geboren. Zur osmanischen Armee eingezogen, diente er zunächst als Offizier der Kavallerie, dann als Militärbaumeister und wurde 1538 erster Architekt am Hof Süleymans I. In seiner 49-jährigen Karriere entwarf und baute er mehr als 360 Objekte: Bäder, Paläste, Grabmäler, Aquädukte, Schulen, Krankenhäuser, Küchen, Getreidespeicher, Karawansereien sowie 81 Moscheen.

Sinans Schöpfungen drückten nicht nur der osmanischen Hauptstadt Istanbul ihren Stempel auf – dort beherrschen seine Schöpfungen noch heute die Skyline –, sie verbreiteten sich im gesamten Osmanischen Reich, von der Chusrawiyya-Moschee im syrischen Aleppo über Medresen in Mekka bis hin zur Karađozbeg-Moschee im bosnischen Mostar. Sinan starb 1588.

» … wie der Schöpfer spielt er mit der Welt. «

Inschrift auf Sinans Grabstein
1588

DEN GESCHÖPFEN GOTTES ZUM WOHLERGEHEN

DIE KARAWANSEREI

IM KONTEXT

THEMA
Unterkunft für Reisende

FRÜHER
um 1800 v. Chr. Das sumerische *Gilgamesch-Epos* liefert den ersten Hinweis auf eine Unterkunft für Reisende.

1. Jh. n. Chr. In der Wüstenstadt Palmyra (Syrien) gibt es eine Karawanserei.

8. Jh. Das Khan al-Zabib in Jordanien ist möglicherweise die erste Karawanserei für Mekka-Pilger.

1504–1505 In Kairo entsteht die fünfstöckige Karawanserei, die *wakala* des al-Ghuri.

1574 In Aleppo (Syrien) wird der Khan al-Gumruk gebaut, eine von vielen städtischen Karawansereien, die noch genutzt werden.

SPÄTER
1959 In Isfahan (Iran) wird eine safawidische Karawanserei in ein Hotel umgewandelt.

Im Nahen Osten konnten Reisende mindestens seit dem 3. Jahrhundert v. Chr. eine Unterkunft finden. Bei den Römern gab es bereits verschiedene Kategorien, darunter *cauponae,* Tavernen mit billigen Zimmern, und *hospitae,* oft Privathäuser, die man umgewandelt hatte, um Speisen und Nachtlager anzubieten.

In der Region kreuzten sich wichtige Handelsrouten, besonders von Arabien in die Türkei und nach Europa sowie von der Türkei über die Seidenstraße nach China. Ein Netzwerk großer Herbergen, die Karawansereien, nahmen die Händlerkarawanen auf. Sie lagen eine Tagesreise weit auseinander. So mussten sich die Händler nicht nachts den Gefahren der Straße aussetzen. In der Karawanserei konnten sie ihre Tiere mit Futter und Wasser versorgen sowie Neuigkeiten und Waren austauschen.

Bewährter Plan

Die Architektur von Karawansereien variierte zwar im Detail, unterschied sich jedoch im Gesamtplan kaum: ein großer Innenhof, umgeben von Lagerräumen und Stallungen, in den Obergeschossen die Unterkünfte, von einer hohen Mauer mit bewachten Eingängen umschlossen. Ein schönes Beispiel ist die im 17. Jahrhundert erbaute Schah-Abbasi-Karawanserei in Nischapur (Iran). Das große Gebäude mit Innenhof ist von einer Ziegelmauer umgeben, der Zugang erfolgt durch ein überkuppeltes Eingangstor. ■

» Die Kaufleute lagerten ihr Gepäck dort [in einer Karawanserei in Akko, Israel] und logierten im Obergeschoss. «

Ibn Dschubair
arabischer Reisender (1145–1217)

Siehe auch: Das Wohnhaus 42–45 ▪ Islamische Inspiration 58–63 ▪ Burgen 72–73 ▪ Das Safawidenreich 132–133

UNIVERSELLES SYMBOL FÜR DAS URBILD DES HIMMELS

ISLAMISCHE GARTENKUNST

IM KONTEXT

THEMA
Ein Ort der Ruhe und Erfrischung

FRÜHER
4. Jt. v. Chr. In der altsumerischen Mythologie entsteht die Welt in einem Paradiesgarten, Dilmun genannt.

um 560 v. Chr. Der persische König Kyros der Große legt in seiner prächtigen Residenzstadt Pasargadae einen Garten mit Bäumen, Palästen, Monumenten und Brunnen an.

nach 1238 n. Chr. Die muslimischen Herrscher des Emirats Granada (Spanien) beginnen mit dem Bau der Alhambra, einer Zitadelle mit terrassierten Innenhöfen, gefüllt mit Wasserbecken, Brunnen und Grünflächen.

SPÄTER
2011 Die persische Gartenkunst, in Gestalt von neun Palastgärten im Iran, wird UNESCO-Weltkulturerbe.

Im Koran finden wir das Bild vom Paradies als Garten – vielleicht eine Reaktion auf die unwirtliche Wüste, die weite Teile Arabiens einnimmt. Wasser ist das Schlüsselelement fast aller islamischen Gärten und der islamischen Architektur. Es wird für rituelle Waschungen in den Moscheen genutzt und für dekorative, kühlende Brunnen, Wasserläufe und Becken in Höfen und Gärten.

Die Wasserflächen waren gesäumt von bepflanzten Arealen in symmetrischen und geometrischen Formen, mit großen Bäumen, die Schatten spendeten, und kleineren, die Früchte trugen, dazu duftende Pflanzen wie Jasmin und Rosen.

Von dem persischen Wort *pari-daida* für ummauerter Garten leitet sich unser Wort Paradies ab. Diese Gärten tauchen erstmals zur Zeit der Achämeniden auf (559–331 v. Chr.), sie waren traditionell rechteckig und in vier Bereiche geteilt *(tschahar bagh)*, mit einem Wasserbecken in der Mitte. Der Stil breitete sich in der ganzen islamischen Welt aus.

Formale Gärten blieben in Persien hochgeschätzt, besonders zur Zeit der Safawiden. Ein herausragendes Beispiel ist die von Schah Abbas II. 1647 fertiggestellte Anlage in Isfahan, in deren Mitte in perfekter Harmonie der Tschehel-Sotun-Palast liegt. ■

Der Portikus des Tschehel-Sotun-Palasts *(kooshk)* mit seinen 18 hohen hölzernen Säulen wirft ein bezauberndes Spiegelbild auf das lange Wasserbecken.

Siehe auch: Islamische Inspiration 58–63 ▪ Maurische Architektur 64–65 ▪ Das Safawidenreich 132–133 ▪ Das Mogulreich in Indien 134–137 ▪ Die Gartenstadt 182–183

GROSSER FRIEDEN UNTER DEM HIMMEL

DIE EDO-ZEIT IN JAPAN

IM KONTEXT

THEMA
Japans Goldenes Zeitalter

FRÜHER
6. Jh. n. Chr. Mit dem Buddhismus, der über China und Korea nach Japan kommt, verbreiten sich neue Architekturformen.

794 Beginn der Heian-Zeit, in der sich in Japan ein von China oder Korea unabhängiger Baustil entwickelt.

SPÄTER
1870 Die Meiji-Regierung ordnet den Abriss japanischer Burgen an, die missliebige Erinnerungen an die feudale Vergangenheit wecken könnten.

1923 Nach seinem Abschluss an der Kunstakademie Tokyo verbindet der Architekt Yoshida Isoya den traditionellen *sukiya*-Stil mit Elementen der westlichen Moderne.

Ende des 16. Jahrhunderts, nach etwa 150 Jahren interner Konflikte, wurde Japan unter der Herrschaft dreier mächtiger Kriegsherren – Oda Nobunaga (reg. 1578–1582), Toyotomi Hideyoshi (reg. 1586–1598) und Tokugawa Ieyasu geeint. Obwohl Ieyasu offiziell nur zwei Jahre regierte, von 1603 bis zu seiner Ablösung als Schogun (»großer General«) durch seinen Sohn 1605, blieb er bis zu seinem Tod 1616 der starke Mann. Es folgte eine lange Zeit der Einheit und des Friedens – sie wird entweder nach dem regierenden Clan als Tokugawa-Shogunat bezeichnet oder aber als Edo-Periode (1603–1868), nach dem neuen politischen

Siehe auch: Der Stupa 36 ▪ Holzrahmenbau 82–85 ▪ Spätes Kaiserreich in China 96–97 ▪ Pioniere der Moderne 190–195

Die Burg Himeji im Süden Japans weist Wehranlagen, vergitterte Fenster, steile Mauern und Rutschen auf, um Angreifer mit Steinen abzuwehren. Aber es gibt auch vielfältige Schmuckelemente – die Dächer zeigen Dreiecksgiebel *(chidorihafu)*, geschwungene Giebeldächer *(karahafu)* und Zierziegel *(shibi)*.

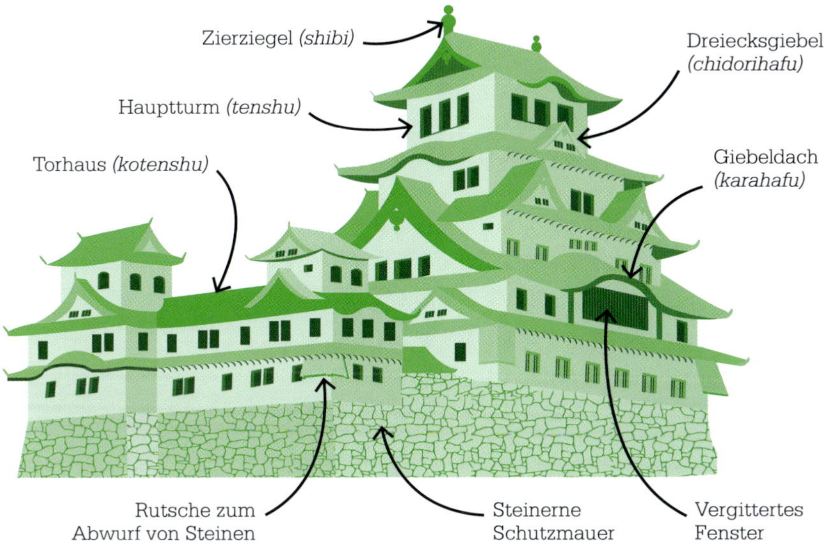

Zentrum Edo (der alte Name für Tokio). In dieser Zeit blühten Kunst, Literatur, Gartenkunst, Theater und Architektur.

Das Zeitalter der Burgen

Ironischerweise sind die architektonischen Leistungen dieser so friedlichen Zeit in der japanischen Geschichte Burgen und Herrenhäuser. Sie waren die befestigten Wohnsitze der *daimyo* (Militärfürsten), die zusammen mit ihren Samurai (Kriegern) eine Militärdiktatur unter dem Schogun bildeten. Der Burgenbau begann mit den *daimyo* Nobunaga und Hideyoshi, die Festungen errichteten, um ihre Macht zu sichern. Nobunaga gab 1576 die Burg Azuchi in Auftrag, und Hideyoshi sorgte 1597 für die Fertigstellung der Burg von Fushimi. Die Namen dieser beiden Kastelle bezeichnen die Zeit, die der Edo-Periode unmittelbar vorausging: die Azuchi-Momoyama-Periode von 1573–1603.

Bis zu dieser Zeit hatte es in Japan nichts gegeben, das man wirklich Burg hätte nennen können – es gab nur Wohnsitze, die durch Erdwälle, Wassergräben und Palisaden geschützt waren. Azuchi war die erste Burg mit massiven Steinmauern, konzentrischen Verteidigungsringen und einem zentralen Hauptturm. Die Anregung könnte auf drei Portugiesen zurückgehen, die 1543 mit einem vom Kurs abgekommenen Handelsschiff als erste Europäer Japan betraten.

Azuchi war nicht nur eine Befestigungsanlage, es war auch ein Herrensitz, der Rivalen beeindrucken und einschüchtern sollte. Der Hauptturm *(tenshu)* war ein siebengeschossiges Gebäude mit Audienzhallen, Büroräumen und Privatgemächern. Das Ganze soll von einem vergoldeten achteckigen Belvedere (Aussichtspunkt) bekrönt gewesen sein – sicher weiß man das allerdings nicht, weil das Kastell 1582 niederbrannte, und nichts blieb als die steinernen Fundamente.

Monumentale Bauten

Zu Beginn des 17. Jahrhunderts wurden zahlreiche Burgen gebaut, auch in Edo, dem Sitz der Schogun, wo 1636 eine neue Befestigungsanlage fertiggestellt wurde. Rundherum entstanden Verwaltungsgebäude, Residenzen für die *daimyo* und schließlich eine ganze Stadt. Eines der schönsten und größten erhaltenen Beispiele für japanische Militärarchitektur ist die Burg Himeji in der Präfektur Hyōgo im Süden Japans. Weitgehend zwischen 1601 und 1609 erneuert, ersetzte die Burg einen älteren Vorgängerbau. Über hohen Steinmauern erhebt sich eine Vielzahl weiß gestrichener Gebäudeteile mit einem hohen Turm, der durch Gänge und Hallen mit Nebentürmen verbunden ist. Alle haben »

» Der ganze Bau ist schön, ausgezeichnet und vollendet … er sieht aus, als reichte er bis an die Wolken. «

Luís Fróis
Jesuitenmissionar (1532–1597), in seiner Beschreibung der Burg Azuchi

geschwungene graue Ziegeldächer. Die Form der Anlage erinnert an einen auffliegenden Vogel, daher wohl auch der Beiname *shirasagi-jō,* die Burg der weißen Reiher.

Stärke und Status

Eindringlinge mussten eine Reihe von Toren passieren, jeweils nur durch einen schmalen Gang erreichbar. So war der Innenbereich der Burg nahezu uneinnehmbar.

Die Türme und oberen Bauten sind Holzrahmenkonstruktionen. In der japanischen Architektur wurde Holz immer bevorzugt – einmal, weil es auf den Inseln reichlich zur Verfügung stand, zum anderen weil Stein- und Ziegelbauten Erdbeben nicht so gut widerstehen. Das Holz wurde zum Schutz vor Feuer mit Gips überzogen. Verteidiger konnten durch vergitterte Öffnungen schießen und spezielle Rutschen oder Steinwurffenster *(ishi-otoshi)* machten es ihnen möglich, Angreifer mit Steinen abzuwehren. Der irritierende Grundriss der Anlage nutzt Sackgassen und tote Winkel, um Angreifer mit Musketen daran zu hindern, auf die inneren Gebäudebereiche zu feuern. Es gab äußere und innere Wassergräben – Letztere dienten sowohl zum Aufhalten von Angreifern als auch als Wasserdepot zum Löschen.

Die Edo-Periode war eine lange Friedenszeit. Die Verteidigungsanlagen der Burg mussten nie erprobt werden, weil es keinen Angriff gab. Im Allgemeinen sind japanische Burgen dieser Zeit weniger zur Verteidigung gebaut worden als zur Präsentation von Macht und Reichtum. Himeji war vor allem ein schöner und prachtvoller Palast, dessen elegantes, labyrinthisches Inneres eine Folge exquisiter Galerien und Räume mit *fusama* (Raumteiler) und in geometrischer Form arrangierten *tatami* (Reisstrohmatten) aufweist.

Der Sukiya-Stil

Burgen sind die Paradestücke der Architektur der Edo-Zeit und gleichzeitig repräsentieren sie wie kaum etwas sonst den *sukiya*-Stil, ein Konzept, das ursprünglich für den Bau von Teehäusern herangezogen wurde. Die Teezeremonie ist in Japan von großer Bedeutung und hat ihre Wurzeln im Zen-Buddhismus mit seiner Betonung von Ruhe und Kontemplation. Dafür bedurfte es immer eines besonderen Gebäudes. Später wurde der *sukiya*-Stil auch für *ryokan* (Reisegasthäuser), Restaurants, Geschäfte und Wohnhäuser genutzt. Er gründete auf ländlicher Einfachheit, wobei die Gebäude mit der natürlichen

Die kaiserliche Katsura-Villa bei Kyoto sollte mit der Natur verschmelzen. Tatsächlich ist die Gartenanlage aber kunstreich gestaltet – mit eigens angelegtem Teich, Hügeln und Inseln.

Die Schnitzereien zeigen mythische Ungeheuer, aber auch Tiere wie die drei Affen, die das Sprichwort »Nichts sehen, nichts hören, nichts sagen« illustrieren.

Toshogu-Schrein

Als Tokugawa Ieyasu 1616 starb, wurde er in Nikko, nördlich von Edo (Tokio), bestattet. Ihm zu Ehren entstand zwischen 1627 und 1636 der Toshogu-Schrein. Er umfasst etwa 30 Bauten und bildet den größtmöglichen Kontrast zu der schlichten Architektur, die gewöhnlich mit der Edo-Periode in Verbindung gebracht wird. Ein Feuerwerk aus Gold und bunten Lackarbeiten, ist er mit kunstvollen Schnitzereien geschmückt, die eine Vielzahl von Tieren, Menschen, Pflanzen und mythischen Ungeheuern zeigen. Die prunkvolle, überladene und ungemein ehrgeizige Anlage ist bisweilen als japanisches Versailles verspottet worden.

Der Schrein wurde von Ieyasus Sohn Tokugawa Hidetada in Auftrag gegeben und von seinem Enkel Tokugawa Iemitsu erweitert. Der Stil des Baus ergibt sich aus seiner Funktion: Er sollte der Vergöttlichung des verstorbenen Tokugawa Ieyasu dienen und versucht, Göttlichkeit durch Größe und Prachtentfaltung sichtbar zu machen.

Umgebung harmonisieren sollten. So wurde Holz im Naturzustand belassen – gelegentlich sogar mit der Rinde – und die Wände bestanden gewöhnlich aus Lehm.

Eine kaiserliche Villa

Eines der berühmtesten erhaltenen Beispiele für den *sukiya*-Stil ist die kaiserliche Katsura-Villa, 1615–1645 im Südwesten von Kyoto erbaut, das damals japanische Hauptstadt war. Das Hauptgebäude basiert auf einer offenen Holzrahmenkonstruktion, die schlichten Räume sind mit Tatamimatten ausgelegt, rundum ziehen sich erhöhte Veranden *(engawa)*. Eine Reihe von Pavillons umgibt das Hauptgebäude. Sie ziehen sich an kunstvoll angelegten, mäandernden Wegen entlang, die in der klassischen japanischen Poesie beschriebene Landschaften in Erinnerung rufen. Der gesamte Komplex umfasste ursprünglich nicht weniger als fünf Teehäuser.

Die Bauten sind von großer Schlichtheit und das umgebende, 6,5 ha große Gelände ist subtil gestaltet, um die Unterschiede zwischen Architektur und Natur zu verwischen. Die Gebäude sind so platziert, dass sie festgelegte Blicke auf den Garten, bestimmte Bäume, Wasserläufe und Teiche erlauben.

Die offene Form der Architektur – mit verschiebbaren Raumteilern im Inneren und außen einem gewebten Lichtschutz, der vollständig geöffnet werden konnte – erlaubte Durchlüftung in den heißen und feuchten Jahreszeiten. Die Architektur bot ferner den Bewohnern klare Blickachsen, um die jahreszeitlichen Wandlungen der Landschaft zu verfolgen – etwa den Beginn der Kirschblüte und den Farbenwechsel der Blätter im Herbst. Zwar hielt die überstehende Dachtraufe Regenwasser ab, aber die dünnen Wandschirme boten nach außen wenig Schutz vor Kälte im Herbst und Winter.

Verfeinerte Ästhetik

Im *sukiya*-Stil wurzeln jene Qualitäten, die an japanischer Architektur besonders geschätzt werden: Feinheit, Klarheit, edle Proportionen und Harmonie mit der Natur.

Auf der Flucht vor den Nazis kam der deutsche Architekt Bruno Taut 1933 nach Japan. Er war von der Katsura-Villa fasziniert und zog Parallelen zur beginnenden modernistischen Bewegung in Europa. Die Katsura-Villa schien ihm genauso bedeutend wie der des Parthenons in Athen. Seine Schriften regten Architekten wie Le Corbusier, Walter Gropius und Frank Lloyd Wright zu Besuchen in Japan an.

Als die japanische Bevölkerung wuchs und Wohnraum knapper wurde, konnte dank der Ästhetik von *sukiya* noch das kleinste Haus, der kleinste Garten oder Tempel ein Ort stiller innerer Sammlung sein. Diese Haltung hatte Bestand bis in die Mitte des 19. Jahrhunderts, als Japan begann, sich der westlichen Welt zu öffnen. ■

» Man leiht sich den Ort, an dem man baut, von der Natur aus. «

Tadao Ando
japanischer Architekt (*1941)

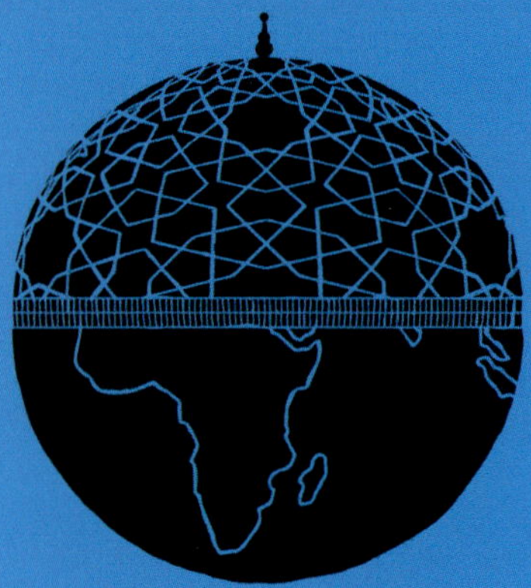

ISFAHAN IST DIE HÄLFTE DER WELT

DAS SAFAWIDENREICH

IM KONTEXT

FOKUS
Soziale Kontrolle ermöglichen

FRÜHER
12. Jh. Für den Bau islamischer Moscheen setzt sich das Vier-*iwan*-Schema durch.

1387 Der turkstämmige Kriegsherr Timur erobert Isfahan. Die Architektur der timuridischen Zeit sollte die Safawiden stark beeinflussen.

1436 Filippo Brunelleschi vollendet die riesige doppelschalige Kuppel von Santa Maria del Fiore, dem Dom von Florenz.

SPÄTER
1722 Afghanische Krieger besiegen in der Schlacht von Gulnabad das safawidische Heer und erobern Isfahan.

1933–1934 Der britische Reiseschriftsteller Robert Byron besucht Isfahan, das er später mit Athen und Rom vergleicht.

Persien, Mitte des 7. Jahrhunderts von muslimischen Arabern, danach von türkischen Seldschuken und Mongolen aus Zentralasien erobert, gewann nach 1501 seine kulturelle Identität zurück, als der Kriegsherr Ismail I. Täbris eroberte, sich zum Schah (Shah), also zum König ausrief und die Dynastie der Safawiden begründete. Sein Enkel Schah Abbas I. (»der Große«) kam 1598 auf den Thron und verlegte die Hauptstadt nach Isfahan, wo er die größte Stadt der muslimischen Welt schaffen wollte.

Naqsh-i-Djahan

Der Mittelpunkt von Abbas' neuer Stadt war ein riesiger Platz, der Naqsh-i-Djahan (»Plan der Welt«). Drei Mal so lang wie breit, hat er die Proportionen des in der Bibel beschriebenen salomonischen Tempels. Damit wollte Abbas nahelegen, dass er der neue Salomo sei und seine Hauptstadt heilig. Der Maidan war das politische, ökonomische und architektonische Zentrum im Persien der Safawiden. Er diente zeremoniellen und funktionalen Zwecken, so fand hier der Markt statt oder militärische Exerzierübungen. Der Maidan Naqsh-i-Djahan war von Geschäften unter Arkaden gesäumt, Baumreihen sorgten für Schatten und Wasserkanäle für Kühle. Die Nordseite grenzt an einen weitläufigen Basar, ein Labyrinth von breiten, überwölbten Straßen. Eine große Toranlage in der westlichen Arkade führt zu den königlichen Gärten und zum Palast. Gegenüber auf der anderen Seite des Platzes steht die Shaikh-Lutfallah-Moschee, ein exquisit ausgestattetes Gotteshaus nur für den Schah und die Frauen des Hofes. Die vierte Seite des Platzes besetzt die Masjid-i-Schah-Moschee (Kaisermoschee), die heute Imam-Moschee heißt. Die Kaisermoschee,

> » Das Zentrum der Welt ist Iran, das Zentrum Irans ist Isfahan. «
>
> **Mullah Salih Qazvini**
> persischer Gelehrter des 17. Jh.

Siehe auch: Die Kuppel 46–47 ▪ Islamische Inspiration 58–63 ▪ Das Osmanische Reich 124–125 ▪ Die Karawanserei 126 ▪ Islamische Gartenkunst 127 ▪ Das Mogulreich in Indien 134–137

Der *iwan,* durch den man die Kaisermoschee (heute Imam-Moschee) in Isfahan betritt, weist ein Gewölbe mit *muqarnas* auf. Viele kleine spitzbogige Elemente mit farbigen Fliesen erzeugen einen einzigartig schimmernden Effekt.

vielleicht von Ali Akbar Isfahani entworfen und 1629 fertiggestellt, ist ein herausragendes Beispiel safawidischer Architektur. Sie nimmt einen prominenten Platz an der Stirnseite des Maidan ein. Nach Eintritt der Gläubigen durch das prunkvolle Portal verschiebt sich die Achse der Moschee um 45 Grad, um die Ausrichtung nach Mekka zu gewährleisten. Das Tor führt in einen großen Hof, in dessen Mitte sich ein Wasserbecken befindet, das Kühlung spendet und den Gläubigen vor dem Gebet zur religiösen Waschung dient. An den vier Seiten des Hofes gibt es jeweils einen *iwan,* einen gewölbten, dreiseitig von Mauern umschlossenen Raum, der vorne offen ist. Die östlichen und westlichen *iwane* führen zu Medresen (Islamschulen), der südliche zur Bethalle. Diese ist gekrönt von einer 54 m hohen Kuppel aus Ziegeln, die auf einem Tambour steht. Sie ist zweischalig und der Abstand zwischen innerer und äußerer Schale beträgt 14 m.

Vielfarbige Fliesen

Blaue und türkisfarbene Fliesen überziehen die Kuppel und erinnern an das Farbspiel eines Pfauenschwanzes. Das Innere der Kuppel, von der Bethalle aus gesehen, wirkt wie eine himmlische Vision aus geometrischen und floralen Mustern in Gold und Tiefblau. Die Oberfläche ist mit vielfarbigen Fliesen bedeckt, die in der Sonne glitzern. Das irdische Reich des Maidan Naqsh-i-Djahan und die geistliche Welt der Kaisermoschee sind die krönenden Leistungen islamischer Stadtplanung und Baukunst. ▪

Iwan und Medrese

Historisch betrachtet waren in der islamischen Architektur Medresen fast so bedeutend wie Moscheen. Diese Gebäudeform breitete sich seit dem 11. und 12. Jh. bei den Seldschuken in Chorasan (Zentralasien) aus, als der Gelehrte und Wesir Nizam al-Mulk (1018–1092) Schulen gründete, um die Einheit des muslimischen Glaubens wiederherzustellen. Ein typisches khorasanisches Haus war kreuzförmig mit vier Bogenöffnungen, den *iwanen,* zum Innenhof hin. Dieser Bauplan wurde für die Medresen übernommen, wo die Studenten in den vier orthodoxen Rechtslehren der islamischen Theologie unterrichtet wurden. Im Lauf der Zeit wurde die Unterscheidung zwischen Medrese und Moschee unscharf, weil manche Moscheen beide Funktionen ausübten – wie die Kaisermoschee in Isfahan.

» … die größte und schönste Stadt im gesamten Orient. «

Jean Chardin
französischer Reisender (1643–1715), über die Stadt Isfahan

EIN VOLLSTÄNDIG AUF DAS BAUEN AUSGERICHTETER GEIST

DAS MOGULREICH IN INDIEN

IM KONTEXT

THEMA
Vermischung indischer und muslimischer Stile

FRÜHER
1206 Quṭb ud-Din Aibak, ein ghuridischer General, wird Herrscher über das Sultanat von Delhi, dem ersten muslimischen Reich in Indien. In Delhi lässt er den Quṭb Mīnār mit 72,3 m Höhe aus rotem Sandstein errichten.

1235 Im mongolischen Reich beginnt der Herrscher Ögedei Khan mit dem Ausbau der Hauptstadt Karakorum (heute Mongolei). Tumen Amgalan Ord ist sein erster Palast.

1403 Baubeginn des Gur-Emir-Mausoleums für den turko-mongolischen Herrscher Timur in Samarkand (Usbekistan). Es sollte die Grabmäler der Moguln beeinflussen.

SPÄTER
1840er-Jahre In Delhi wird das letzte große Gebäude der Mogulzeit beendet, der Sommerpalast Zafar Mahal.

1915 In der Jama-Masjid-Moschee in Aligarh wird wahrscheinlich vom Kalligrafen des Tadsch Mahal beschrifteter weißer Marmor verbaut.

Mogul leitet sich vom persischen Wort für Mongole ab – ein Verweis auf die zentralasiatische Herkunft von Babur (»Tiger«), der die Mogul-Dynastie begründete. Der Nachkomme Dschingis Khans und Timurs, zweier großer Krieger und mongolischer Kaiser, drang

Siehe auch: Islamische Inspiration 58–63 ▪ Indische Tempel 68–69 ▪ Das Osmanische Reich 124–125 ▪ Islamische Gartenkunst 127 ▪ Das Safawidenreich 132–133 ▪ Das Erbe des Empires 204–205

Das Mausoleum Humayuns in Delhi zeigt, wie sich in der Mogularchitektur die Einflüsse mischen, darunter der islamische *iwan* und die Kuppel sowie indische *chhatri* aus rotem Sandstein.

1526 aus dem Punjab nach Delhi vor und besiegte den dortigen Lodi-Herrscher. Wie die Sultane, deren Stelle sie einnahmen, waren die Moguln Muslime, die über ein Volk von Hindus herrschten. Doch anstatt ihren Untertanen den Islam aufzuzwingen, unterstützten sie die Vermischung der Kulturen. So entstand eine Architektur, die indische und islamische Einflüsse harmonisch verbindet, mitunter mit spektakulärem Ergebnis, wie beim Tadsch Mahal in Agra.

Einflüsse mischen sich

Die Moguln entwickelten einen Architekturstil, der sich an den Bauten ihrer Vorfahren in Zentralasien und der Sultane von Delhi im 13. und 14. Jahrhundert orientierte. Das früheste bedeutende Gebäude ist das Mausoleum von Humayun, dem Sohn Baburs, das um 1570 in Delhi entstand. Die Arkaden an der Vorderseite des riesigen Mausoleums gehen auf das 8. Jahrhundert zurück. Zu Spitzbögen im persischen Stil gesellen sich weitere islamische Elemente, wie ein großer *iwan* (überwölbte Halle) und eine hohe Kuppel auf einem Tambour. Andere Teile des Baus zitieren indische Vorbilder, wie die überkuppelten offenen Pavillons, *chhatri* genannt und die Verwendung von rotem Sandstein und Marmor – eine deutlich zurückhaltendere Farbgebung als bei persischen Bauten.

Wachsende Ambitionen

1570 gab Humayuns Sohn Akbar – Kaiser des Mogulreiches von 1556 bis 1605 – eines der prachtvollsten Ensembles islamischer Architektur in Auftrag – seine neue Hauptstadt Fatehpur Sikri, 36 km von Agra entfernt. Ihre große Moschee (Jama Masjid) betritt man durch das riesige Südtor, Buland Darzwaza (»erhabenes Tor«); eine pyramidenförmige Treppe führt in den hohen *iwan*. Der Innenhof ist von Arkaden gesäumt, darauf eine Reihe von *chhatri*. In der Nähe befindet sich das Panch Mahal, ein Palast mit fünf Geschossen, deren Höhe sich nach und nach verringert. Er wird von einem einzelnen großen *chhatri* bekrönt. Zahlreiche Pavillons aus ›› rotem Sandstein dienten als Audienzhallen, Ministerien, Schatzhäuser, Harems, Bäder und Stallungen.

Akbar wurde in Sikandra in der Nähe von Agra in einem prunkvollen Mausoleum bestattet, das etwa neun Jahre nach seinem Tod im Jahr 1614 vollendet wurde. Das schönste Element des Grabkomplexes ist das Südtor, ein weiterer Beleg für die Förderung der indo-islamischen Synthese durch den Herrscher. Man betritt das freistehende Gebäude durch einen beeindruckenden, 18,5 m hohen *iwan,* beiderseits von zwei kleineren *iwan*-artigen Nischen flankiert, sodass die Struktur an einen römischen Triumphbogen erinnert. Auf dem Dach der Torbaus erheben sich vier weiße Minarette mit aufgesetzten *chhatri.* Der Bau besteht aus rotem Sandstein, mit aufwendigen Inkrustationen aus weißem Marmor verziert, einem Material, das für die Architektur der Moguln zunehmend an Bedeutung gewann. Das Tor führt in einen riesigen Garten, in dessen Mitte sich Akbars Mausoleum befindet, wo man auf einer Plakette liest: »Dies sind die Gärten von Eden. Tritt ein, und lebe auf ewig«.

Kaiserliche Leidenschaften

Auf Akbar folgte zunächst sein ältester Sohn Djahangir, »Eroberer der Welt«, dann sein dritter Sohn, Prinz Khurram, der 1628 als Schah Jahan I. den Thron bestieg. Seine Regierungszeit war von Frieden geprägt und das Reich blühte, was sich in aufwendigen Bauprojekten zeigt. Als der Kaiser 1638 die Hauptstadt von Agra nach Alt-Delhi (Shahjahanabad) verlegte, entstand dort die Freitagsmoschee (Jama Masjid) und seine Hauptresidenz, das Rote Fort, so genannt nach der 2,4 km langen Umfassungsmauer aus rotem Sandstein. Im Inneren gab es mehrere Bauten aus weißem Marmor, darunter der private Wohnsitz des Kaisers – Khas Mahal – sowie der Hammam (Bad) und der Diwan-i Khas, die Halle für Privataudienzen.

Jahans Baumeister reservierten die spektakulärste Verwendung weißen Marmors jedoch für das Tadsch Mahal, das Grabmal für Schah Jahans geliebte Frau Mumtaz Mahal, die 1631 gestorben war. Das von einer Kuppel überwölbte Mausoleum, erbaut 1632–1643 auf einer Terrasse am Fluss Yamuna in Agra, gilt als eines der Weltwunder der Architektur. Sein Bauplan ist vom Grabmal Humayuns abgeleitet: ein achteckiger Raum, umgeben von zahlreichen Verbindungs-

> »... die glühende Leidenschaft einer kaiserlichen Liebe in lebendigen Stein gemeißelt, schimmernd und schwebend.«
>
> **Edwin Arnold**
> britischer Dichter (1832–1904), über das Tadsch Mahal

Die vier Minarette des Tadsch Mahal stehen an allen vier Ecken frei auf dem Marmorsockel und nicht wie bei anderen Mogulgräbern auf dem flachen Dach.

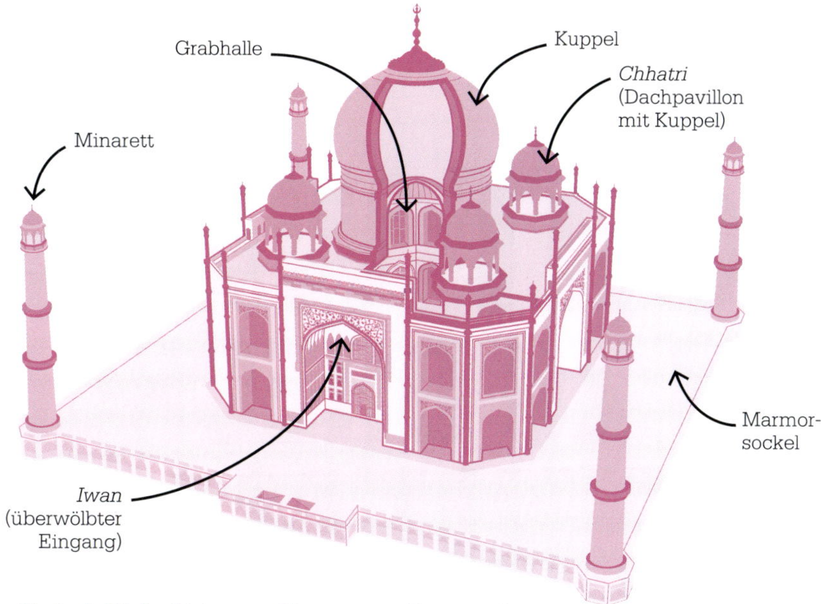

Das Tadsch Mahal ist von vollkommener Symmetrie; die zentrale Kuppel über der Grabkammer rahmen vier gleiche Minarette sowie vier überkuppelte *chhatri*.

gängen, deren Kreuzungspunkte sich jeweils zu einem weiteren Oktogon öffnen. Im Zentrum erhebt sich eine 35 m hohe Kuppel, die auf einem 7 m hohen zylindrischen Tambour ruht, wodurch ihre Zwiebelform gut zur Geltung kommt. Die Kuppel selbst ist doppelschalig konstruiert, eine Technik, die islamische Architekten eingeführt hatten. Die Kuppel symbolisiert die allumfassende Macht des Himmels, der die materielle Welt unten leitet und beschützt.

Perfekte Harmonie

Was das Tadsch Mahal über andere Meisterwerke der Moguln heraushebt, ist die Vollkommenheit seiner Proportionen und seine Symmetrie, gesteigert durch die Schönheit der Lage. Ein langgestrecktes Wasserbecken vor dem Mausoleum wirft ein Spiegelbild der majestätischen Umrisse zurück. Das Dekor, darunter eine Inschrift rund um den großen *iwan* und florale Inkrustationen in den Zwickeln (den Ecken zwischen der Spitze des Bogens und der rechteckigen Einfassung) verbreitet sich in erlesenen Mustern und Formen, ohne dabei das Bauwerk zu erdrücken.

Das Ende des Mogulreiches

1658 wurde Schah Jahan durch seinen Sohn Aurangzeb gestürzt und im Roten Fort gefangen gesetzt. Als er nach acht Jahren starb, bestattete man ihn neben Mumtaz im Tadsch Mahal. Der alte Herrscher hatte ein großartiges Erbe prunkvoller Architektur hinterlassen, aber die maßlose Bautätigkeit hatte die kaiserlichen Kassen erschöpft. Als Aurangzeb schließlich ein Grabmal für seine Gemahlin errichten ließ, war es nur noch halb so groß wie das Tadsch Mahal und in Bauweise und Ausstattung nicht besonders anspruchsvoll. Nach dem Tod Aurangzebs setzte bald der Niedergang des Mogulreiches und seiner Architektur ein, und Indien geriet mehr und mehr unter den Einfluss europäischer Kolonialmächte. ■

Die Gärten der Moguln

Persische Einflüsse zeigen sich nicht nur in der Architektur der Mogulkaiser, sondern auch in ihren Gärten. Der erste Mogulherrscher Babur beschrieb seine bevorzugte Gartenform als *tschahar bagh* (»vier Teile«), eine in Persien beliebte Form der Gartenanlage. Das Konzept bezieht sich auf Sure 55 des Koran, des heiligen Buches des Islam, wo es heißt, im Paradies gebe es zwei Gärten und daneben noch zwei weitere. In der Praxis waren solche Gartenanlagen quadratisch oder rechteckig, die Viertel meist durch Wasserkanäle getrennt. In den Mogulgärten, etwa den Schalimar-Gärten in Lahore (Pakistan) nutzte man eine raffinierte Wasserhebetechnik zur Bewässerung und zur Speisung von Teichen und Kanälen. Von Babur bis Schah Jahan legten die Moguln am Fluss Yamuna Gärten an. Mehr als 40 sind erhalten, darunter der Mehtab Bagh (der »Mondscheingarten«), gegenüber dem Tadsch Mahal.

Shalimar-Gärten in Lahore (Pakistan), angelegt 1641/42 unter Schah Jahan. Marmorne Becken speisen mehr als 400 Fontänen.

WER NICHT WAGT, DIE REGELN ZU BRECHEN, WIRD SIE NIEMALS ÜBERWINDEN

BAROCK

IM KONTEXT

THEMA
Maß und Übertreibung

FRÜHER
1436 Filippo Brunelleschi vollendet die Kuppel des Doms zu Florenz, die größte Backsteinkuppel, die je gebaut wurde.

1523–1560 Mit Michelangelos Entwürfen für die Biblioteca Laurenziana in Florenz erreicht der Manierismus – ein Vorläufer des Barock – seinen Höhepunkt.

SPÄTER
1720er-Jahre In Paris kommt das Rokoko auf. Der heitere Stil ist meist ein Dekorationsstil für Innenausstattungen.

1907 Das Port of Liverpool Building (Großbritannien) ist ein Schlüsselwerk der neobarocken »Wrenaissance«.

1997 Das Guggenheim in Bilbao (Spanien) steht für eine ganz neue Spielart des Barock.

Barocke Architektur zeichnet sich durch üppige Verzierungen, komplexe Formen und Kontraste aus, die zusammen ein Gefühl von Bewegung und Theatralik vermitteln. Der Stil entstand im ausgehenden 16. Jahrhundert in Italien im Zuge der Gegenreformation. Damals wollte die katholische Kirche Herzen und Seelen zurückgewinnen, die der Protestantismus ihr abspenstig machte. Barocke Kirchen prunken mit gedrehten Säulen und Kuppeln, aber ebenso durch die großzügige Verwendung von Gold, Bronze, Marmor, Gips und Stuck. Der Stil wurde auch für Paläste, Brunnen und öffentliche Gebäude genutzt und verbreitete sich schnell in ganz Europa.

Der Petersplatz

Genau genommen ist der Petersdom kein barocker Entwurf. 1506 begonnen und 1626 vollendet, ist er das Werk mehrerer Generationen fähiger italienischer Architekten. Dennoch zeichnet der Entwurf der Kuppel die Entstehung des neuen Stils nach. Michelangelo, von Papst Paul III. 1546 mit der Leitung betraut, bemerkte: »Der Zirkel sollte in deinem Auge sein, nicht auf dem Papier« – und meinte damit, ein Architekt sollte sich ein Gebäude vorstellen können, wie Künstler sich Gemälde und Skulpturen vorstellen. Michelangelo starb, bevor die Kuppel fertig war, aber seine Zeichnungen und seine Intentionen – die Elemente der Basilika zu einem überzeugenden Ganzen zusammenzufügen – waren seinen unmittelbaren Nachfolgern Giacomo della Porta und Domenico Fontana wohl vertraut. Die Kuppel des Petersdoms – mit 137 m bis zur Spitze des Kreuzes die höchste in

» ›Barock‹ möchte ich jenen Stil nennen, der seine Möglichkeiten bewusstermaßen ausschöpft (oder ausschöpfen will) und der hart an die Karikatur seiner selbst grenzt. «

Jorge Luis Borges
argentinischer Schriftsteller
(1899–1986)

Gian Lorenzo Bernini

Geboren 1598 in Neapel (Italien) und als Wunderkind gefeiert, verkörpert Bernini den Aufstieg des römischen Barock. Der Bildhauer, Maler, Dramatiker, Schauspieler, Stadtplaner, Dekorateur und Architekt verband die Künste zu einem überwältigenden Ganzen. »Dieses Kind«, sagte Papst Paul V. über den jungen Bernini, »wird der Michelangelo seiner Zeit sein«.

Bernini verbrachte sein langes und höchst produktives Leben in Rom und schuf in unterschiedlichen Medien illustre Meisterwerke – dazu gehören *Die Verzückung der hl. Teresa* in der Kirche Santa Maria della Vittoria, der Vierströmebrunnen (Fontana dei Quattro Fiumi) auf der Piazza Navona und die Fortführung der Arbeiten für den Petersdom bis hin zum gewaltigen Baldachin über dem Papstaltar. Seine letzte Arbeit für Sankt Peter war die Gestaltung des Platzes vor der Kirche. Er wurde 1667 fertiggestellt und war der architektonische Triumph Berninis, der nicht als Architekt ausgebildet war. Bis kurz vor seinem Tod 1680 widmete sich Bernini weiter der Skulptur, der Malerei und der Baukunst.

Siehe auch: Die Säule 26–33 ▪ Die Kuppel 46–47 ▪ Renaissance 106–113 ▪ Manierismus 116–117 ▪ Lateinamerikanischer Barock 146–147 ▪ Rokoko 148–149 ▪ Rückgriffe 196–197 ▪ Sensationalismus 300–303

Die Kolonnaden auf dem Petersplatz leiten die Besucher zur Kirche. Über den Säulen wurden 160 Heiligenstatuen aufgestellt; sie ergänzen die Figuren an der Fassade der Kirche.

der Welt – ist keine Halbkugel, wie Michelangelo, angeregt durch das Pantheon, ursprünglich geplant hatte, sondern etwas höher als breit und überdeckt eine innere Kuppel. Die selbsttragende Konstruktion verringerte den Schub auf die Pfeiler unten und ermöglichte erst die Höhe und die skulpturale Qualität.

Und wenn auch der Petersdom selbst nicht barock ist – die Gesamtanlage, in der die größte Kirche der Welt liegt, ist es sehr wohl. Mit der Piazza San Pietro und ihren Kolonnaden schuf der geniale Architekt Gian Lorenzo Bernini in den 1650er- und 1660er-Jahren ein höchst theatralisches, architektonisches und urbanes Umfeld für die Basilika, das zum Inbegriff barocker Ambition wurde. Man näherte sich dem Petersdom durch ein enges Gewirr von Straßen mit kleineren Kirchen, und erst im letzten Augenblick sah man die »Arme« der Kolonnaden des Bernini, die sich ausstrecken, um die Gläubigen aufzunehmen und zum Eingang der Kirche zu leiten.

Sinnliche Schönheit

Die Bedeutung der Skulptur für die Entwicklung des barocken Stils darf nicht unterschätzt werden. Während Michelangelos *David* (1501–1504) einem Zweck diente, entschlossen, nüchtern und kühl distanziert wirkt, ist Berninis *Verzückung der hl. Teresa* beseelt, dramatisch und erotisch aufgeladen. Und während Michelangelo die Schönheit des männlichen Körpers feiert, verlockt Bernini mit seiner Darstellung von Frauen.

Letzteres gewann für die katholische Kirche nach dem Konzil von Trient (1545–1563) zunehmend an Bedeutung. Dort hatten konservative Kräfte die katholischen Glaubenslehren bestätigt und der Rolle der Gottesmutter zusätzliches Gewicht verliehen. Kunst und Architektur waren Möglichkeiten, um den Menschen diese Rolle vor Augen zu führen, insbesondere in Italien.

Die meiste Zeit seines langen Lebens genoss Bernini die Gunst päpstlicher Auftraggeber. Seine verführerischen Skulpturen, Gebäude, Brunnen und Stadtgestaltungen lieferten genau das, was die Gegenreformation von Künstlern und Architekten verlangte: Die Darstellung der katholischen Kirche in einer Weise, die das Interesse der Gläubigen erregte und fesselte.

Musik und Bühne

Es ist kein Zufall, dass die Architektur des Barock fast genau zur gleichen Zeit entstand wie wichtige Neuerungen in der säkularen und weltlichen Musik. Nachdem Claudio Monteverdis *L'Orfeo* (nach dem antiken griechischen Mythos von Orpheus) 1607 am Hof von Mantua aufgeführt wurde, erreichte die Oper mit ihren Melodramen, Arien und reich orchestrierten Musikstücken in den 1620er-Jahren auch Rom. Gleichzeitig boten »

Francesco Borromini

Der 1599 in Bissone, einem italienischen Kanton in der Schweiz, geborene Francesco Castelli nahm mit Ende Zwanzig den Mädchennamen seiner Mutter an, Borromini. Er erhielt eine Ausbildung als Steinmetz, wie sein Vater, und arbeitete an der gotischen Kathedrale in Mailand und am Petersdom in Rom, bevor er sich 1633 der Architektur zuwandte.

Sie wurde für den lernbegierigen Einzelgänger ein Anliegen auf Leben und Tod. Als ein Arbeiter an einer Kirche, die er renovierte, Steinplatten verunstaltete, ließ Borromini ihn so brutal züchtigen, dass er starb. Bernini bemerkte über Borromini, er sei nie zufrieden und wolle »ein Ding aus einem anderen heraushöhlen und dann ein weiteres, ohne je an ein Ende zu kommen«. Borromini wurde später als wirklich großer Architekt anerkannt, der es verstand, Baukunst und Skulptur mit Leidenschaft, Experimentierfreude, Bewegung, komplexer Geometrie und subtiler Sinnlichkeit zu verbinden. 1667, auf der Höhe seiner Schaffenskraft, nahm er sich das Leben – wohl aufgrund einer psychischen Erkrankung.

Die Fassade von San Carlo alle Quattro Fontane, fast 25 Jahre nach dem Innenraum fertiggestellt, vermittelt ein Gefühl von Bewegung – ein wesentliches Merkmal der Barockarchitektur.

die Inszenierungen italienischer Theater Aufführungen vor optisch eindrucksvollen Kulissen, die mit aufwendiger Bühnentechnik Schauplätze mit Fassaden und Perspektiven simulierten. Es dauerte nicht lange, bis die Architektur des Barock diese Impulse aufnahm und in reale Bauten, Straßen und Plätze übersetzte.

Borrominis Meisterwerk

Berninis einziger ernsthafter Rivale als Architekt war Francesco Borromini, dessen überzeugendstes Bauwerk die kleine Kirche San Carlo alle Quattro Fontane in Rom ist. Sie wurde 1638–1665 auf einem schmalen Grundstück an der Kreuzung zweier verkehrsreicher Straßen erbaut und war Borrominis erster Auftrag. Die Fassade überrascht – ein konkav-konvexer Tanz am Rande eines Bürgersteigs. Kühne korinthische Säulen, geschwungene Nischen, ein geschwungenes Gesims und eine geschwungene Balustrade bahnen sich ihren Weg durch diese choreografierte architektonische »Performance«.

» Wen Borromini einmal gepackt hat, den lässt er nie wieder los. «

Anthony Blunt
britischer Kunsthistoriker
(1907–1983)

Das Innere wird von einem zentralen Oval bestimmt, dessen geschwungene Mauern Seitenaltäre und Nischen aufnehmen und durch ihren konvex-konkaven Rhythmus eine Anmutung von Bewegung und Drama erzeugen.

Die Grabtuchkapelle

Die unglaublich dramatische, kreisrunde Grabtuchkapelle SS. Sidone in Turin wurde 1668–1694 von dem Theatinerpriester, Architekten und Mathematiker Camillo Guarino Guarini erbaut, der während seiner frühen Jahre in Rom Einflüsse von Borromini und Bernini aufgenommen hatte. Man erreicht die Kapelle über eine schwarze Marmortreppe durch die Apsis des Turiner Doms. Auch die Kapelle selbst ist mit glänzendem schwarzem Marmor ausgekleidet und wirkt damit düster und dramatisch. In der Mitte befindet sich ein schwarz-goldener Altar mit dem Glasbehälter für das heilige Grabtuch – der Stoff zeigt den Abdruck einer Männergestalt, von dem viele gläubige Christen annehmen, er stamme von Jesus. Über dem Altar steigt eine kunstvoll in mehreren Zonen konstruierte Kuppel aus Segmentbögen auf.

Guerino verfasste mehrere Schriften zur Mathematik, darunter *Euclides Adauctus*, eine Abhandlung zur darstellenden Geometrie. Es waren diese Kenntnisse, zusammen mit seinem Studium der maurischen Architektur in Spanien, die ihn befähigten, eine Kuppel von unvergleichlicher Fantasie und nie dagewesener Präzision auszuführen.

Santa Maria della Salute

Der Barock hatte von Rom aus bereits Verbreitung gefunden, als Baldassare Longhena 1630 den Wettbewerb für Santa Maria della Salute in Venedig gewann, errichtet zum Dank für die Errettung vor der Pest, die ein Drittel der Bevölkerung dahingerafft hatte. Begonnen 1631 und 1687 vollendet, erhebt sich die Kirche auf der Punta della Dogana, einem dreieckigen Gelände am Eingang des Canal Grande. Tausende Holzpfeiler stützen den Bau, den eine große zentrale Kuppel überragt, gestützt von 16 geschwungenen Voluten, die an Wellen erinnern. Eine zweite Kuppel und zwei Glockentürme zitieren byzantinische Vorbilder. Den Eingang bildet ein römischer Triumphbogen aus glänzend weißem Marmor, über dem Giebel eine Statue der Muttergottes. Die neue Kirche, mit Blick über den Canal Grande auf die Piazza San Marco und den Dogenpalast, bildet den krönenden Abschluss der Barockarchitektur in Venedig.

Außerhalb Italiens

1713 wurde Wien von der Pest heimgesucht. Nach dem Ende der Pandemie verfügte Karl VI., der Kaiser des Heiligen Römischen Reiches, den Bau einer neuen Kirche. Die Karlskirche, 1715–1739 erbaut, ist dem hl. Karl Borromäus geweiht, der auch der Titularheilige von Borrominis Kirche in Rom ist. Johann Bernhard Fischer von Erlach, der Hofarchitekt der Habsburger, wurde in Rom als Architekt ausgebildet Er war ein sehr weit gereister Mann »

Die Kupppel der Grabtuchkapelle – von einer bemerkenswerten Laterne bekrönt – wurde bei einem Brand 1997 schwer beschädigt, erstrahlt aber inzwischen wieder in neuem Glanz.

» Ich habe eine Kirche in der Form einer Rotunde erschaffen, ein Werk neuer Erfindung. «

Baldassare Longhena

Die **Gegenreformation** fördert neue Kunstformen.

↓

Oper und **Theater blühen in Italien.**

↓

Mit **Michelangelo und Bernini** erlebt die Skulptur einen Aufschwung.

↓

Die **Gewissheiten der Renaissance** werden **infrage gestellt.**

↓

Der Barock bietet willkommene Freiheiten.

und veröffentlichte 1721 den *Entwurff Einer Historischen Architectur,* eines der ersten Bücher, die Architektur in einem breiten geografischen Zusammenhang präsentierten. Die Karlskirche, wenn auch barock, bezieht ihre Inspiration aus dem antiken Griechenland und Rom, aber auch aus dem zeitgenössischen Paris und London. Das Innere ist prächtiger Barock.

Der Barock übte große Anziehungskraft aus, sodass dieser höchst katholische Stil architektonische Konversionen im gesamten protestantischen Europa bewirkte. Die Frauenkirche in Dresden, 1726–1738 erbaut, ist ein exquisites Beispiel. Der Ratszimmermeister George Bähr entwarf sie als protestantisches Bethaus – die Kanzel, nicht der Altar, stand in der Mitte der Kirche unter der kühnen, glockenförmigen Kuppel mit hoher Laterne, die symbolisch das Licht und die Vernunft ausstrahlt. Die Betonung der Kanzel weist auf die Bedeutung der Predigt im Protestantismus hin.

1945, am Ende des Zweiten Weltkriegs, wurde Dresden durch britische Brandbomben in Schutt und Asche gelegt, die Frauenkirche fiel in Trümmer. Zu Zeiten der DDR blieb sie als Ruine erhalten und wurde als Mahnmal gegen den Krieg so belassen. 1994–2005 wurde die Kirche einschließlich der Orgel originalgetreu wiederaufgebaut.

Englischer Barock

Auch im mehrheitlich anglikanischen England erlebte der Barock eine kurze und eigenwillige Blüte. Die führenden Vertreter waren die Architekten Christopher Wren, John Vanbrugh und Nicholas Hawksmoor. Nach dem Großen Brand in London von 1666 war ein umfangreicher Wiederaufbau unabwendbar. Das gab Wren und Hawksmoor die Möglichkeit, zahlreiche Kirchen in London neu zu entwerfen, so auch St. Paul's Cathedral, die Wren 1666–1710 baute. Ihre Kuppel, vielleicht die größte des Barock, besteht aus einer äußeren, mit Blei gedeckten Holzschale und einer gemauerten inneren Schale. Ein aus Ziegeln gemauerter Kegel im Inneren trägt die Laterne und das Kreuz.

Der von Wren ausgebildete Hawksmoor ging John Vanbrugh bei seinem ersten Auftrag zur Hand. Der ehemalige Soldat, Kaufmann und Dramatiker Vanbrugh hatte vom dritten Earl of Carlisle den Auftrag für den Bau von Castle Howard in North Yorkshire (Großbritannien) erhalten. Gemeinsam mit Hawksmoor schuf er einen grandiosen, palastartigen Landsitz mit einer Kuppel, die alles zusammenfasst, was den englischen Barock

» Aus Vans Genie, ohne Ideen und Literatur, ward vornehmlich Architektur. «

Jonathan Swift
anglo-irischer Satiriker (1667–1745) über den Architekten und ehemaligen Dramatiker John Vanbrugh

In der Dresdener Frauenkirche, einem Juwel des deutschen Barock, befindet sich die Kanzel unter der zentralen Kuppel, flankiert von zwei Treppen, die zum Altar oberhalb führen.

ausmacht. Obwohl der äußere Bau und auch die aufwendige Innenausstattung schon fast fertig waren, als Vanbrugh 1726 starb, wurde das Projekt erst 1811 abgeschlossen. Castle Howard war weniger ornamental als vergleichbare Bauten auf dem europäischen Festland, aber dennoch von spektakulärer Wirkung, und mit historischen Verweisen aufgeladen. Vanbrugh entwarf danach Blenheim Castle in Oxfordshire, ebenfalls im Barockstil.

Bizarr und protzig?

Die Architektur des europäischen Barock kam aus der Mode, als um 1715 das Interesse an der Antike wieder erwachte. Der barocke Überschwang widerstrebte einer neuen Generation von Architekten. Sie suchten Vorbilder und Anregungen eher im antiken Rom als in einer Stadt des 17. Jahrhunderts.

Im 18. Jahrhundert war das Wort »barock« gleichbedeutend mit bizarr, übersättigt, protzig. In der Tat könnte der Begriff abgeleitet sein von dem portugiesischen Wort *barroco* für eine fehlerhafte oder unregelmäßig geformte Perle oder dem lateinischen *baroco,* mit der Bedeutung bizarr, unnötig kompliziert. Der Schweizer Kunsthistoriker Heinrich Wölfflin war der Erste, der den Barock als eigenständigen künstlerischen Stil definierte, und allmählich setzte sich die Bezeichnung durch, auch für die Architektur dieser Zeit, die von tiefer Gläubigkeit, starken Leidenschaften sowie großartigen künstlerischen und handwerklichen Leistungen geprägt war. ■

Mit Castle Howard, seiner Größe, der reich verzierten Fassade und der prachtvollen Kuppel erreichten Englands bedeutende Landhäuser eine neue Stufe der Extravaganz.

» Der Barock endete … indem er aus der Realität in ein Reich der Illusion entschwand. «

Kenneth Clark
britischer Kunsthistoriker
(1903–1983)

LEIDENSCHAFTEN, KUMMER, EKSTASE UND GLAUBE

LATEINAMERIKANISCHER BAROCK

IN KONTEXT

THEMA
Katholische Kolonialarchitektur

FRÜHER
1584 Die italienischen Architekten Giacomo Barozzi da Vignola und Giacomo della Porta vollenden die erste barocke Kirche, Il Gesù in Rom.

SPÄTER
1924 Der chilenische Architekt Ramos Correas entwirft ein Bürogebäude im Spanish Colonial-Revival-Style für die Banco Hipotecario in Mendoza (Argentinien).

1955 Baubeginn der Kathedralbasilika Unserer Lieben Frau in Aparecida (Brasilien). Der Architekt Benedito Calixto de Jesus Neto hat dafür neoromanische und neobarocke Stilelemente gemischt.

1970 Weihe der von Oscar Niemeyer entworfenen römisch-katholischen Kathedrale von Brasilia.

Im Jahr 1540 bestätigte Papst Paul III. die Societas Jesu als neuen Orden. Seine Mitglieder wurden Jesuiten genannt und bildeten den missionarischen Arm der Gegenreformation, womit die katholische Kirche auf den aufkommenden Protestantismus reagierte. Zu den unerwarteten Konsequenzen sollte die Entstehung einer ganz eigenen Ausprägung des Barock in der Neuen Welt gehören.

Neue Kirchen bauen

Seit 1549 predigten und unterrichteten portugiesische Jesuiten in Brasilien, und innerhalb weniger Jahre konnte man sie in ganz Lateinamerika finden. Sie errichteten ihre Kirchen in fantasievollen Spielarten des Barock, den sie in Italien, Spanien oder Portugal kennengelernt hatten. Der Jesuitenbarock prägte in Lateinamerika die Architektur für Generationen.

Der Bau größerer Kirchen zog sich oft über mehrere Generationen, sodass ihr Stil selten einheitlich ist. Mit dem Bau der Jesuiten-

Die Kathedrale von Cuzco ist rund um das Hauptportal reich verziert, während die Seiten aus schlichtem Andesitgestein bestehen.

Siehe auch: Die Säule 26–33 ▪ Die Kuppel 46–47 ▪ Maurische Architektur 64–65 ▪ Romanik 70–71 ▪ Bergstädte 100–101 ▪ Renaissance 106–113 ▪ Barock 138–145 ▪ Spanish Colonial Revival 216–217

Die Fassade der Kathedrale von Zacatecas (Mexiko) schmücken Engel- und Pflanzenmotive, zusammen mit Apostelfiguren.

Churriguerismus

Der spanische Architekt und Bildhauer José Benito de Churriguera (1665–1725) hat Lateinamerika nie betreten, aber sein Einfluss ist an vielen Kirchen unübersehbar. Churriguera pflegte einen überschwänglichen und üppigen Stil, der den Betrachter fast überwältigt. Den Barock verband er mit Elementen des Mudéjar-Stils und der Renaissance.

Der churriguereske Stil basierte nicht auf Regeln, und so war er offen für Interpretationen lokaler Architekten und Künstler. In Lateinamerika nahm dieser Stil ausschweifende Formen an, mit Fassaden, Altären und Schreinen, erdrückt von weinumrankten salomonischen Säulen, jede Oberfläche von Schnitzereien und Vergoldung bedeckt. Ein herrliches Beispiel für diese extreme Ausprägung des Barock ist die Kathedrale von Zacatecas (Mexiko), deren Fassade wie in Stein gemeißelte Spitze wirkt.

Anfang des 20. Jh. bildete sich in San Diego, San Francisco und Los Angeles ein als California Churrigueresque bezeichneter Stil heraus.

kirche La Compañía de Jesús in Quito (Ecuador) wurde 1605 begonnen, vollendet wurde sie 1765. Die Jesuiten hatten ihre Entwürfe aus Rom mitgebracht, aber im Lauf der folgenden 160 Jahre waren viele Hände mit dem Kirchenbau beschäftigt. 1759 wurden die Jesuiten aus Südamerika verdrängt, aber als sie 1850 zurückkehrten, nahmen sie die üppige Ausstattung des Kircheninneren in Angriff.

Das Ergebnis ist ein Werk von unvergleichlichem Prunk, in dem sich Mudéjar-Stil und Churriguerismus mit einheimischen Pflanzenmotiven und Symbolen mischen. Die spektakuläre Fassade zieren gedrehte Säulen, wie sie Bernini für den Baldachin unter der Kuppel des Petersdoms in Rom verwendete.

Cuzco und darüber hinaus

Die Kathedrale von Cuzco in den peruanischen Anden wurde in den 1650er-Jahren im barocken Stil erneuert, wohl unter Einfluss des flämischen Jesuiten Juan Bautista Egidiano, dem auch die nahe gelegene Jesuitenkirche zugeschrieben wird. Die Kathedrale erhebt sich auf den Ruinen des Inkatempels von Kiswarkancha, der von den Konquistadoren unter Francisco Pizarro zerstört worden war. Die Kathedrale, ein einfacher Bau mit üppig ornamentierter Fassade zwischen zwei mächtigen Glockentürmen, lieferte das Modell für viele andere Kirchen in Iberoamerika. Über der Vierung erhebt sich eine Kuppel. Die überreich geschmückten Altäre im Inneren verbinden barocke Elemente mit einheimischen Formen.

Lebendige Tradition

Die barocke Tradition hielt sich im Kirchenbau über Jahrhunderte, in so verschiedenen Bauten wie Nossa Senhora do Pilar in Ouro Prêto (Brasilien; 1712–1848), der Kathedrale von Zacatecas (Mexiko; 1752–1841) und der Capilla del Pocito nahe Mexiko-Stadt (1777–1797), entworfen von dem mexikanischen Architekten Francisco de Guerrero y Torres. Sie zeugen von einer religiösen Kultur, die lokale Bräuche, Glaubensvorstellungen und Handwerkskünste integriert hat. ■

Jesuiten bringen **den Barock** aus Europa **nach Lateinamerika.**

↓

Der Stil verbindet Einflüsse aus **Italien, Spanien** und **Portugal.**

↓

Einheimische Architekten entwickeln **eigene Interpretationen.**

↓

Die Ausgestaltung nimmt oft **einheimische Glaubensvorstellungen** auf.

↓

Lateinamerikanischer Barock

WUNDERBAR HEITERES DEKOR

ROKOKO

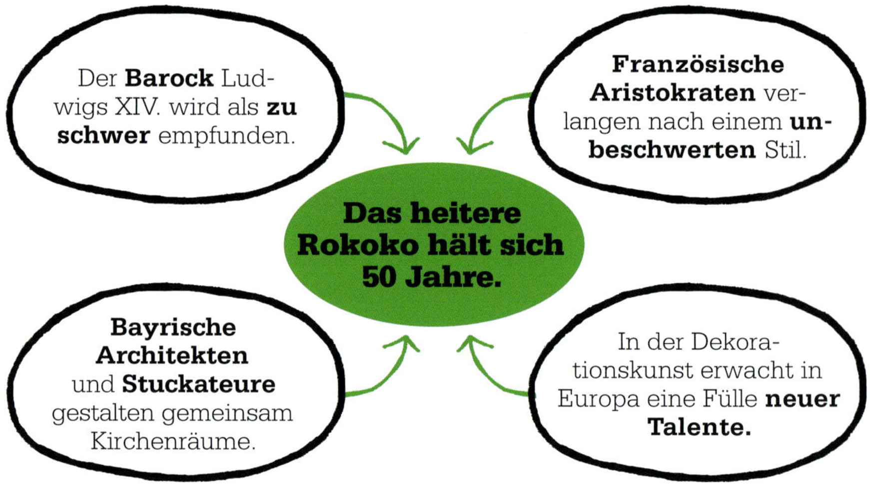

IM KONTEXT

THEMA
Verschwenderische Interieurs

FRÜHER
1717 Der französische Maler Antoine Watteau beendet die *Einschiffung nach Kythera*. Sein lyrischer Stil inspiriert die Kunst des Rokoko.

1726 Juste-Aurèle Meissonnier wird Hofzeichner des französischen Königs Ludwig XV.

SPÄTER
1776 Tod des Schweizer Stuckateurs Paolo Lafranchini. Gemeinsam mit seinem Bruder stattete er irische Herrenhäuser im palladianischen Stil mit Rokokodecken aus.

1800 Der Klassizismus mit seinen klaren Linien und symmetrischen Formen hat in Frankreich das Rokoko ersetzt.

1890–1910 Der Jugendstil, vom Rokoko stark beeinflusst, breitet sich von Europa in der ganzen Welt aus.

Den französischen Aristokraten, die der barocken Pracht von Schloss Versailles überdrüssig waren, musste das Rokoko wie eine Befreiung erscheinen. Als Ludwig XV. im Jahr 1715 den Thron bestieg, entwickelte sich der neue Stil in der Kunst, der in den 1730er-Jahren auch auf die Architektur übergriff.

Rokoko ist die letzte Stilphase des Barock, abgeleitet von der Ornamentform *rocaille* (»Muschelwerk«), einem muschelförmigen Ornament. Dieses und eine Vielzahl anderer Ornamentformen finden sich in Rokoko-Innenräumen, aber kaum im Außenbereich; das Helblinghaus in Innsbruck (Österreich), dessen Fassade mit Stuckornamenten dekoriert ist wie eine Torte, stellt dabei eine bemerkenswerte Ausnahme dar.

Rokoko-Interieurs

Zu den berühmtesten Rokoko-Interieurs in Frankreich zählen jene des Hôtel de Soubise in Paris, geschaffen von dem französischen Architekten Germain Boffrand und dem Maler Charles-Joseph Natoire. Der neue üppige Stil schwelgte in

Siehe auch: Barock 138–145 ▪ Klassizismus 150–153 ▪ Das Russische Reich 154–155 ▪ Jugendstil 180–181 ▪ Rückgriffe 196–197

Der Katharinenpalast bei Sankt Petersburg (Russland) wurde 1751–1756 von dem russisch-italienischen Architekten Francesco Bartolomeo Rastrelli im Stil des Rokoko erneuert.

Schwüngen und Gegenschwüngen, Spielereien mit den Buchstaben S und C, in Stuck, Pastellfarben und Gold, in Putti aus Gips und Reihen von Spiegeln, die im Sonnenlicht oder Kerzenschein funkelten.

Die bayrische Auslegung

Im katholischen Bayern machten sich Architekten und Handwerker den Stil zu eigen und nutzten ihn für Kirchenbauten. Die Wessobrunner Stuckateure Joseph Schmuzer und sein Sohn Franz Xaver waren für die architektonische Planung und die Stuckarbeiten der Stiftskirche Rottenbuch verantwortlich. Ihre opulenten Stuckarbeiten rollen und wogen, sodass kaum festzustellen ist, wo die Wände enden und die Decke beginnt.

1745–1754 erbauten die Brüder Dominikus und Johann Baptist Zimmermann die Wieskirche, ein freudvolles, lichterfülltes Gotteshaus am Fuß der bayerischen Alpen. Die Kirche zeigt außen die Formen des Barock, innen Rokoko – viel Gold und Weiß, von Rot- und Blautönen kontrastiert und die gemalten biblischen Gestalten gleichen eher Spielkameraden als den ehrfurchtgebietenden Heiligen des Barock.

Das Lust- und Jagdschloss Amalienburg in München, von François de Cuvilliés d. Ä. 1734–1739 im Park von Schloss Nymphenburg errichtet, wirkt von außen eher zurückhaltend, beherbergt aber die vielleicht großartigste Folge weltlicher Rokoko-Interieurs. Der märchenhafte Spiegelsaal prunkt mit Stuckarbeiten von Johann Baptist Zimmermann und Bildhauerarbeiten von Joachim Dietrich sowie Gemälden von Joseph Pasqualin Moretti. ▪

Antônio Francisco Lisboa

Als Sohn eines portugiesischen Architekten und einer Sklavin wurde Antônio Francisco Lisboa 1730 oder 1738 in der Nähe von Ouro Preto (Brasilien) geboren. Er entwickelte sich zu einem ausgezeichneten Bildhauer und Architekten. Sein Meisterwerk ist die Igrea de São Francisco de Assi in Ouro Preto, ein spätbarocker Bau mit geschwungenem Inneren hinter der konkaven Fassade mit zwei ungewöhnlichen Rundtürmen und aufwendig gerahmtem Portal. Lisboa entwarf sowohl das Gebäude als auch die Reliefs im Inneren.

Lisboa litt an einer degenerativen Erkrankung und nach dem Verlust seiner Finger ließ er sich die Werkzeuge an die Arme schnallen. Er verlor ebenfalls seine Zehen und später die Sehkraft. Man nannte ihn Aleijadinho (»kleiner Krüppel«). Er widmete sich seiner Arbeit, bis es nicht mehr ging, und starb 1814.

Die Kirche São Francisco de Assis schmückt ein Deckengemälde von dem brasilianischen Künstler Manoel da Costa Ataíde.

EINE SCHÖNE UND ANGEMESSENE SCHLICHTHEIT

KLASSIZISMUS

IM KONTEXT

THEMA
Neue Zurückhaltung

FRÜHER
447 v. Chr. Baubeginn des Parthenons, eines dorischen Tempels in Athen.

1. Jh. v. Chr. Der römische Baumeister Vitruv verfasst das zehnbändige Werk *De architectura* (*Über die Architektur*).

1540–1580 Andrea Palladio richtet sich bei der Gestaltung seiner Villen nach den von Vitruv formulierten Regeln.

SPÄTER
1922 Fertigstellung von Henry Bacons Lincoln Memorial in Washington im Stil eines dorischen Tempels.

2002 Der britische Architekt John Simpson hat für die Erweiterung der Queen's Gallery in London einen dorischen Portikus entworfen.

Angeregt durch die Bauten und Schriften von Andrea Palladio, der sich auf die ästhetischen Leitbilder des antiken Rom berief, verbreitete sich der Klassizismus in Europa. Er erreichte Großbritannien in zwei Wellen. Der Architekt Inigo Jones bereitete im 17. Jahrhundert den Weg, indem er die Regeln von Palladios *I Quattro Libri dell'Architettura (Die vier Bücher zur Architektur)* in Projekten wie dem Banqueting House in London anwandte. Nach einer Unterbrechung in Folge des Bürgerkriegs (1642–1651) setzte zu Beginn des 18. Jahrhunderts die zweite Welle ein. In seiner Schlichtheit sprach der Stil eine Nation an,

Siehe auch: Die Säule 26–33 ▪ Der Bogen 38–41 ▪ Die Kuppel 46–47 ▪ Palladianismus 122–123 ▪ Barock 138–145 ▪ Architektur und Design 234–235 ▪ Architektur als politisches Statement 238–241 ▪ Klassizistische Postmoderne 286–287 ▪ Neuer Klassizismus 305

» Ein Übermaß an Schmuck ist in jedem Fall Symptom eines vulgären oder degenerierten Geschmacks. «

Robert Smirke
unveröffentlichtes Architekturtraktat, um 1815

die 1688 die katholische Stuart-Monarchie abgesetzt hatte und jetzt die barocken Exzesse kritisierte. Der palladianische Klassizismus stützte sich oft auf literarische Quellen. Im weiteren Verlauf, als die Architekten die antiken Monumente aus eigener Anschauung kannten, wich er einem archäologisch korrekten Klassizismus.

Symmetrie und Proportion

1714 wurde Kurfürst Georg von Hannover, ein Protestant, zum König von Großbritannien und Irland gekrönt. Georgs Sohn, sein Enkel und sein Urenkel gleichen Namens folgten ihm auf dem Thron. Die nach ihnen benannte Georgianische Epoche, die 1830 endete, ist in der Architektur von Palladianismus und Klassizismus geprägt. Der britische Architekt Colen Campbell zeigte in seinem 1715–1725 erschienen *Vitruvius Britannicus,* einer Sammlung von Architekturstichen, wie man Vitruvs Regeln umsetzte.

Campbells Mäzen war Richard Boyle, dritter Earl of Burlington, der die Häuser Palladios in Norditalien bewunderte, die er auf seiner Grand Tour – einer ausgedehnten Bildungsreise, die für reiche junge Männer damals üblich war – gesehen hatte. Architekten begannen, die elementare Einfachheit und geometrische Perfektion der Villen Palladios auf große Stadt- und Landhäuser anzuwenden und dann auf elegante Reihenhäuser in Bath, Edinburgh, Dublin und anderswo.

Der Royal Crescent in Bath

1725 entwickelte der Architekt John Wood der Ältere, damals 21 Jahre alt und Autodidakt, einen Plan für die Erweiterung seiner Heimatstadt Bath, berühmt für ihre heißen Quellen und die römische Vergangenheit. Spekulanten, darunter auch Wood selbst, investierten in klassizistische Häuserzeilen. Woods Meisterwerk ist der Circus, eine kreisrunde Anlage, in der die Faszination für das Kolosseum und die Gestaltungen Palladios anklingt. John Wood der Jüngere vollendete das Projekt und wandte sich dann dem Royal Crescent zu, entstanden 1767–1775. In beiden gab es hinter einer gleichförmigen palladianischen Fassade aus honigfarbenem Bath-Stone unterschiedliche Wohnungen. Den Royal Crescent, ein großer Halbkreis aus 30 Häusern, strukturieren ionische Säulen, 114 an der Zahl, die auf der Höhe des Piano nobile ansetzen »

Georgianische Reihenhäuser sind typischerweise von klassischer Symmetrie. Sie verfügen über hohe Räume im Erdgeschoss und im ersten Stock, die oberen Geschosse sind oft niedriger. Die Fassade besteht aus Ziegel- oder Werkstein, im späten Regency auch mit Stuck verputzt.

John Nash

1752 in London geboren, erhielt John Nash seine Ausbildung bei dem palladianischen Architekten Robert Taylor, bevor er sich als Architekt und Bauunternehmer selbstständig machte. Als er für seine ersten Projekte in Bloomsbury (London) keine Mieter fand, ging er in Konkurs und setzte sich nach Wales ab.

Nash kam 1797 nach London zurück und begann mit talentierten Assistenten zu arbeiten, darunter Augustus Charles Pugin und Decimus Burton, dessen Vater James als Immobilienentwickler aktiv war. Im Auftrag des Prinzregenten (später König Georg IV.) und James Burton plante Nash den Regent's Park in London mit den pittoresken, stuckverzierten weißen Häusern rundherum, den Buckingham Palast, The Mall, das Theatre Royal Haymarket und Marble Arch. Weitere Projekte waren Landhäuser, Kirchen, Musterdörfer und, ab 1815, der Royal Pavilion in Brighton, ein Lustschloss am Meer für den Prinzregenten. Später machte sich Nash durch Überschreitung von Kalkulationen unbeliebt. Er zog sich auf die Isle of Wight zurück, wo er 1835 starb.

und den Blick über Rasenflächen und Bäume rahmen, als wäre jede Wohnung Teil eines großen georgianischen Landhauses.

Während der Circus viele dekorative Details aufweist, bevorzugte Wood der Jüngere eine Fassade mit streng geometrischen Proportionen. Das Ergebnis ist ein ruhiger Rhythmus aus Säulen, hohen symmetrischen Schiebefenstern und einer Balustrade ganz oben. Auf dem Walmdach sind die Schornsteine jeweils in Gruppen angeordnet. Auf Straßenniveau trennen schmiedeeiserne Geländer kleine Vorhöfe ab, im Untergeschoss befinden sich Küchenräume. Die Haupträume in jeder Wohnung verfügen über hohe Decken, Gesims und schmale Fenster. An der Rückseite der Häuser lässt sich – wie beim Circus – die individuelle Nutzung ablesen.

Ein Stil geht auf Reisen

James Craig, ein 27-jähriger schottischer Architekt, gewann 1766 einen Wettbewerb für die Stadterweiterung von Edinburgh. Sein Entwurf auf der Basis eines rechtwinkligen Straßennetzes war die Grundlage für eine der gelungensten Stadtentwicklungen des 18. Jahrhunderts. Auch in Dublin wurden damals neue Plätze angelegt. Dort beleben leicht unterschiedliche Türfassungen und Oberlichter die schlichten georgianischen Fassaden.

Jenseits des Atlantiks entstand seit den 1750er-Jahren Georgetown (heute Teil von Washington, D.C.). In den Wohnvierteln reihen sich an langen Straßen georgianische Häuser in offener oder geschlossener Bebauung aneinander. Wie in Großbritannien gehören sie zu den begehrtesten Wohnquartieren.

Bauunternehmer spielten im 18. und frühen 19. Jahrhundert in Großbritannien eine Schlüsselrolle bei der Anlage georgianischer Straßenzüge und Plätze. Zu den erfolgreichsten im London des Regency zählte James Burton, der die Häuserzüge um den Regent's Park finanzierte. Entworfen von seinem Sohn Decimus sowie John Nash, setzten sie auf die Illusion von *rus*

Der Royal Crescent in Bath, Inbegriff georgianischer Eleganz, nennt sich »königlich« seit dem Besuch von Prince Frederick, dem zweiten Sohn Georges III., im Jahr 1795.

» Antike Architektur strebte immer nach der offensichtlichen Harmonie der einzelnen Teile. «

John Summerson
britischer Architekturhistoriker (1904–1992)

Der italienische Architekt **Andrea Palladio** zitiert in seinen Entwürfen **Symmetrie und Proportion römischer Architektur.**

↓

Durch den englischen Architekten **Inigo Jones erreichen Palladios Ideen das jakobitische England;** der Bürgerkrieg bringt den neuen **anglo-palladianischen Stil** rasch zum Erliegen.

↓

Die Ablehnung des prächtigen Barock, der mit dem Katholizismus in Verbindung steht, führt Anfang des 18. Jh. zur Wiederbelebung des Palladianismus durch britische Architekten. Sie schätzen seine **Schlichtheit** und geometrische Perfektion.

↓

Neue Forschungen in Italien und insbesondere in Griechenland sorgen dafür, dass der **Klassizismus** zum **beherrschenden Architekturstil der Georgianischen Zeit** wird.

↓

Der Klassizismus verbreitet sich auch in Frankreich, Preußen, Bayern und Russland, ebenso in den **USA,** wo er bis in die 1930er-Jahre **der vorherrschende Stil für öffentliche Bauten** blieb.

in urbe (»Land in der Stadt«), der zuerst John Wood der Jüngere in Bath Gestalt verliehen hatte.

Authentisch bis ins Detail

Die Wiederentdeckung antiker Bauten, insbesondere in Griechenland, gab dem Klassizismus neue Nahrung. Systematische Ausgrabungen im Jahr 1738 in Herculaneum und im nahen Pompeji ein Jahrzehnt später hatten vorzüglich erhaltene römische Häuser zutage gebracht. Seit Mitte des 18. Jahrhunderts gestattete das osmanische Reich Reisen nach Griechenland, und die britischen Architekten James »der Athener« Stuart und Nicholas Revett reisten dorthin und vermaßen und zeichneten die griechischen Monumente. 1762 veröffentlichten sie *The Antiquities of Athens and Other Monuments of Greece,* das zu einem wichtigen Quellenwerk für klassizistische Architekten wurde.

Symbol der Macht

Die klaren Linien und kraftvollen Formen der Antike gefielen europäischen Herrschern, amerikanischen Bankiers und Plantagenbesitzern gleichermaßen. William Stricklands Second Bank of the United States in Philadelphia, 1824 fertiggestellt, hatte den Parthenon zum Vorbild, ebenso wie die von Leo von Klenze gebaute Ruhmeshalle Walhalla (1842) bei Regensburg. Das British Museum, entworfen von Robert Smirke und 1823–1852 gebaut, weist eine beeindruckende Kolonnade aus 43 ionischen Säulen auf, und auch das Alte Museum in Berlin von Karl Friedrich Schinkel, 1830 eröffnet, zeigt ionische Elemente.

Der französische Kaiser Napoleon Bonaparte, der römischer Größe nacheiferte, beauftragte den Architekten Jean-François Chalgrin, den Arc de Triomphe zu entwerfen. Chalgrin orientierte sich am römischen Titusbogen aus dem 1. Jahrhundert n. Chr., aber dreimal so groß.

Für mehr als 100 Jahre repräsentierte der Klassizismus die gesellschaftlichen und staatlichen Werte in so unterschieldlichen Ländern, wie Großbritannien, Frankreich, Preußen, Russland und den USA, wo sein Einfluss bis ins 20. Jahrhundert fortbestand. In einer Zeit, die von Kriegen und Revolutionen geprägt war, brachte der Klassizismus Gebäude hervor, die unglaublich zivilisiert wirkten – und das tun sie noch heute. ■

DIESES GEBÄUDE SOLL AUF EWIG BLEIBEN

DAS RUSSISCHE REICH

IM KONTEXT

THEMA
Architektur für die Hauptstadt der Zaren

FRÜHER
1733 Vollendung der Peter-und-Paul-Kathedrale im Stil des Petrinischen Barock.

1754–1762 Nach Plänen des italienischen Architekten Francesco Bartolomeo Rastrelli entsteht der barocke Winterpalast.

1801–1811 Bau der klassizistischen Kasaner Kathedrale.

SPÄTER
1820–1827 Bau der Nikolauskirche nach den Plänen von Awraam Melnikow im neoklassizistischen Stil.

1819–1825 Bau des Michailowski-Palastes durch Carlo Rossi im Stil des Klassizismus und des Empire.

1941 Das Haus der Sowjets, entworfen von Noi Trozki im Stil des stalinistischen Klassizismus wird fertiggestellt.

Im 18. Jahrhundert war der Barock in Sankt Petersburg nicht unbekannt. Es gab hervorragende Gebäude im Petrinischen (favorisiert von Zar Peter dem Großen) und Elisabethanischen (entstanden in der Regierungszeit von Zarin Elisabeth) Stil. Zar Alexander I. beauftragte 1806 Andrejan Sacharow mit der Neugestaltung der Admiralität Peters des Großen, des bedeutendsten Gebäudes der Stadt. Die Admiralität repräsentierte die Macht der russischen Marine und die Ambitionen der russischen Monarchie. Sacharow erfüllte die Erwartungen. Die 1823 fertiggestellte Neue Admiralität prunkte mit einer 406 m langen klassizistischen Fassade, von einer Reihe mächtiger dorischer Portiken strukturiert. Auf dem zentralen Bogenportal erhebt sich ein Turm, der von 28 ionischen Säulen umstanden ist, seine goldene Spitze ragt 73 m in den Himmel.

Sacharow war in den 1780er-Jahren Schüler von Jean-François Chalgrin in Paris gewesen. Dieser hatte den Arc de Triomphe entworfen und seine Ausbildung durch Étienne-Louis Boullée erhalten. In Sacharows

Die Stadt Peters

Nach Gebietsgewinnen im Großen Nordischen Krieg (1700–1721) gründete Peter der Große 1703 an der Mündung der Newa auf dem Gebiet einer schwedische Festung eine neue Stadt, die er Sankt-Pieterburch nannte. Die Anlage ist Amsterdam nachempfunden, mit strahlenförmigen Straßen, von Kanälen durchzogen – ein veritables »Venedig des Nordens«. Die ersten Pläne erarbeitete der aus der Schweiz stammende Architekt Domenico Trezzini unter möglicher Mitwirkung des deutschen Baumeisters Andreas Schlüter. Jean-Baptiste-Alexandre Le Blond aus Frankreich führte einen Barock-Rokoko-Stil in die Architektur ein. Der erste Bauabschnitt kostete das Leben von 30 000 Leibeigenen, Sträflingen und Kriegsgefangenen.

Sankt Petersburg wurde 1712 Hauptstadt Russlands, nach der Oktoberrevolution 1918 durch Moskau abgelöst. Die Stadt wurde 1914 in Petrograd umbenannt, 1924 in Leningrad und seit 1991 heißt sie wieder Sankt Petersburg.

Siehe auch: Die Säule 26–33 ▪ Der Bogen 38–41 ▪ Barock 138–145 ▪ Klassizismus 150–153 ▪ Das Erbe des Empires 204–205 ▪ Architektur der russischen Revolution 218–219 ▪ Architektur als politisches Statement 238–241

Den zentralen Triumphbogen des Generalstabsgebäudes beherrscht Nike, die geflügelte griechische Siegesgöttin, mit ihrem sechsspännigen Streitwagen.

Werk finden sich Einflüsse von Boullée ebenso wie von dessen Zeitgenossen Claude-Nicolas Ledoux, ebenfalls ein Pionier des strengen, monumentalen Klassizismus.

Imperiale Macht

Sacharows gewaltige Neue Admiralität erfasste den maritimen und wehrhaften Geist der russischen Residenzstadt und profitierte von ihrem besonderen Licht – der Reflektion der Schneemassen im Winter und dem Glanz der »weißen Nächten« im Juni und Juli, wenn die Sonne niemals untergeht.

1812, der Bau war halb fertig, marschierte der französische Kaiser Napoleon in Russland ein und eroberte Moskau, das von den Russen selbst in Brand gesetzt worden war. Der russische Winter zwang die hungrige, unterversorgte und schlecht ausgerüstete Grande Armée zum Rückzug. Danach begann für das russische Reich und seine Architektur eine Blütezeit.

Das Generalstabsgebäude

1819 begann der russisch-italienische Architekt Carlo Rossi gegenüber dem Winterpalast in Sankt Petersburg einige von der Armee genutzte Gebäude umzugestalten. Die Arbeiten zogen sich über zehn Jahre hin. Am Ende stand das mächtige neue Generalstabsgebäude – eine angemessene Verkörperung der militärischen Macht und Ambitionen Russlands.

Der viergeschossige Bau in gelbem Ocker und Weiß wird über die gesamte Länge von korinthischen Säulen auf einem Rustikasockel strukturiert. Er zieht sich 580 m um die Südseite des Palastplatzes. Der großartige, dreifache zentrale Bogen ist mit Kriegerfiguren und Kränzen geschmückt.

Die prächtigen kaiserlichen Bauten in Sankt Petersburg verdeckten die deprimierende Armut in weiten Teilen der Stadt und versprachen eine bessere Zukunft, die weder Zaren noch kommunistische Volkskommissare schließlich realisieren konnten oder wollten. ▪

» Ein Juwel der Weltkultur und Russlands europäischste Stadt. «

Walentina Matwijenko
Gouverneurin von Sankt Petersburg (*1949)

DAS INDUS
ZEITALTER
1800–1903

TRIE-

1831
Isambard Kingdom Brunel gewinnt den Wettbewerb für eine **eiserne Hängebrücke** über den Fluss Avon in Bristol (Großbritannien).

1834
Gründung des **Royal Institute of British Architects** (RIBA) »für die allgemeine Entwicklung der Architektur«.

1840
In London beginnt der Bau des neuen Parlamentsgebäudes, des **Palace of Westminster,** im Stil der **Neogotik.**

1851
Für die Weltausstellung entsteht in London der **Kristallpalast,** eine riesige Halle aus **vorgefertigten Eisenelementen und Glas.**

1855
Entwicklung eines neuen Verfahrens zur **Stahlerzeugung.** Leichter und stärker, bietet der Werkstoff **neue Möglichkeiten für Architekten.**

um 1860
William Morris initiiert das **Arts and Crafts Movement.** Es soll der Förderung handwerklicher Fähigkeiten dienen.

Im Jahr 1710 konstruierte Thomas Newcomen, ein britischer Eisenwarenhändler, die erste Dampfmaschine, um Wasser aus Bergwerken abzupumpen. In den 1760er-Jahren von James Watt, einem schottischen Erfinder, erheblich verbessert, wurde die Dampfmaschine zum Motor der industriellen Revolution, die weltweit den Wandel von der Agrar- zur Industriegesellschaft vorantrieb.

Aufstieg der Ingenieure

Um 1830 begannen Architekten in Europa und den USA, sich in Berufsverbänden zu organisieren, um Anforderungen zu definieren und anerkannte Ausbildungsmöglichkeiten zu schaffen. Die rasante Entwicklung der Industrie erforderte neue Arten von Gebäuden wie Mühlen, Bahnhöfe und Fabriken, die oft von Ingenieuren und nicht von Architekten entworfen wurden. Neue Materialien und technische Innovationen, darunter ein besonders leichter und fester Stahl, eröffneten spannende Möglichkeiten. In London entstanden Bauwerke wie Isambard Kingdom Brunels Paddington Station, mit einem gewölbten Dach aus Schmiedeeisen und Glas, oder Joseph Paxtons Kristallpalast, eine gläserne Halle für die Weltausstellung 1851. In Frankreich baute Gustave Eiffel seinen berühmten schmiedeeisernen Turm für die Pariser Weltausstellung 1889.

Neogotik

Der Klassizismus des 18. Jahrhunderts prägte noch immer Kunst und Architektur und machte sich sogar in Industriebauten bemerkbar. So standen die ersten Dampfmaschinen in Eisenrahmen, die antike Säulen imitierten. Zu Beginn des 19. Jahrhunderts entstand jedoch ein neuer Stil – die Neogotik. Sie war von den großen Kathedralen des mittelalterlichen Europa inspiriert und zeichnete sich durch Spitzbögen, Fialen und Türmchen aus. In Großbritannien wurde dieser Stil von Augustus Welby Pugin, der zusammen mit Charles Barry das neue britische Parlamentsgebäude entwarf, und von George Gilbert Scott propagiert.

Die Neogotik fand auch in anderen europäischen Ländern, in Teilen des britischen Kolonialreiches und in den USA Verbreitung. In Deutschland wählte Ludwig II. von Bayern für sein märchenhaftes Schloss Neuschwanstein eine eklektische Mischung

1869

Baubeginn für **Schloss Neuschwanstein** im bayrischen Allgäu. Im Auftrag Ludwigs II. entsteht hier das **Idealbild einer Ritterburg.**

um 1880

Der **Jugendstil** verbreitet sich in Europa. Er orientiert sich an **pflanzlichen Formen** und lehnt den Rückgriff auf historische Stile ab.

1882

In Barcelona (Spanien) beginnt **Antoni Gaudí** mit dem Bau der Basilika **Sagrada Família** – bei seinem Tod 1926 ist sie noch unvollendet.

1888

In Mumbai (Indien) geht der **neogotische Bahnhof Victoria Terminus** (heute Chhatrapati Shivaji Terminus) in Betrieb.

1889

Fertigstellung des **Eiffelturms,** des schmiedeeisernen Herzstücks der Weltausstellung in der französischen Hauptstadt Paris.

1903

Bei London entsteht die neue Stadt **Letchworth.** Nach dem Konzept der **Gartenstadt** angelegt, soll sie die Vorzüge von Stadt- und Landleben vereinen.

aus gotischen, byzantinischen und romanischen Elementen, inspiriert von den Opern Richard Wagners.

Gesucht: eine neues Idyll

Neben spektakulären Leistungen in Architektur und Ingenieurwesen brachte das Industriezeitalter auch Ausbeutung, schlechte Wohnverhältnisse und Umweltverschmutzung mit sich. Die Unmenschlichkeit der Industriegesellschaft war Thema in den Werken des deutschen Philosophen Karl Marx und britischer Schriftsteller wie Charles Dickens und John Ruskin. Es kam zu Kritik an der Massenproduktion und zur Rückbesinnung auf die Tradition der handwerklichen Herstellung gut gestalteter Waren. Das war ein Leitprinzip der Arts-and-Crafts-Bewegung, die von dem britischen Designer William Morris angeführt wurde. Sie prägte auch die Architektur und ab den 1880er-Jahren entstanden in ganz Europa und den USA eine Reihe handwerklich außergewöhnlich gut gestalteter Gebäude.

Um 1890 fand man in Großbritannien eine neue Antwort auf die Übel der Industrialisierung: Die Gartenstadtbewegung plante Modellsiedlungen in ländlichen Gebieten, gut angebunden an eine Großstadt. Ähnlich wie die Arts-and-Crafts-Bewegung und das City Beautiful Movement in den USA wollte sie das Leben in der Stadt für die einfachen Leute verbessern. Das Experiment war jedoch sehr begrenzt und die geräumigen Häuser für die Menschen, die davon profitieren sollten, zu teuer. Dennoch beeinflusste die Gartenstadtbewegung die Stadtplanung in Ländern auf der ganzen Welt.

Eine neue Kunst

Im Unterschied zur Arts-and-Crafts-Bewegung entwickelte die in den 1880er-Jahren in Belgien entstandene Art Nouveau schnell internationale Strahlkraft. In der Architektur entfaltete sie unterschiedliche regionale Ausprägungen, und jedes Land gab dem Stil mit den charakteristischen geschwungenen Linien einen eigenen Namen: Jugendstil in Deutschland, New Art oder Art Nouveau in englischsprachigen Ländern, Nieuwe Kunst in den Niederlanden oder Modernismo in Spanien. In der Hand des katalanischen Architekten Antoni Gaudí entfaltete er in der Basilika Sagrada Família in Barcelona eine vollkommen neue Formensprache. ■

DAS MASCHINEN-ZEITALTER

DIE INDUSTRIELLE REVOLUTION

IM KONTEXT

THEMA
Architektur und Industrie

FRÜHER
1771 Der britische Erfinder Richard Arkwright gründet Cromford Mills, die erste mit Wasserkraft betriebene Baumwollspinnerei.

1830 In Manchester baut der britische Ingenieur George Stephenson die Liverpool Road Station, den ältesten erhaltenen Bahnhof.

SPÄTER
1930–1932 In Nottingham entsteht für den Pharmaziehersteller Boots mit dem Gebäude D10 einer der ersten Großbauten aus Stahlbeton in Großbritannien.

1946–1952 Für die Brynmawr Rubber Factory in Wales wird eine anspruchsvolle Architektur mit gewölbten Dächern aus Stahlbeton-Schalen entwickelt.

Nur wenige Veränderungen in der Geschichte der Menschheit waren so radikal wie die industrielle Revolution, die in Europa im ausgehenden 18. und in Nordamerika im 19. Jahrhundert einsetzte. Wie Karl Marx und Friedrich Engels im *Kommunistischen Manifest* (1848) schrieben: »Alle festen, eingerosteten Verhältnisse mit ihrem Gefolge von altehrwürdigen Vorstellungen und Anschauungen werden aufgelöst, alle neugebildeten veralten, ehe sie verknöchern können.«

Neue Technologien, neue Materialien und das Streben nach Geschwindigkeit und Profit ließen traditionelle architektonische For-

Siehe auch: Fertigbau 168–171 ▪ Schmiedeeisen 176–177 ▪ Rückgriffe 196–197 ▪ Industrielle Ästhetik 206–207 ▪ Hightech 276–277

Ägyptisierendes Dekor entwarf Brunel für die Clifton Suspension Bridge, hier auf einem Kunstdruck von James Bulwer zu sehen, um 1832.

men und Konstruktionsweisen alt aussehen. Beim Bau von Industrieanlagen, Docks oder Eisenbahntrassen bewiesen die Ingenieure der Zeit Selbstvertrauen und Geschick. Die Architekten dagegen – die sich auf jahrtausendealte Traditionen beriefen – zogen es oftmals vor, sich dem Sog der Industrialisierung zu widersetzen.

Sichtbare Konstruktion

Der britische Architekt Thomas Pritchard entwarf 1775 eine kühne Konstruktion aus Schmiedeeisen, die als Symbol der industriellen Revolution gelten kann – die Iron Bridge bei Coalbrookdale (Großbritannien), die sechs Jahre später fertiggestellt wurde. Ein einziger Bogen mit einer Spannweite von 31 m verbindet die beiden Ufer des Severn. Verantwortlich für die Ausführung war der Besitzer der örtlichen Eisenhütte, Abraham Darby III. Die Brücke ist ein Sprung in die Zukunft. Pritchard starb während der Bauzeit, Darby ächzte unter den Kosten, aber das Ergebnis war großartig. Ein Stich dieses Meisterwerks hing sogar im Esszimmer des amerikanischen Präsidenten Thomas Jefferson.

Die Ingenieure fragten sich, wie schmucklos die neuen Eisenkonstruktionen sein dürften. Im Jahr 1831 gewann der britische Ingenieur Isambard Kingdom Brunel einen Wettbewerb für eine mautpflichtige Brücke über den Avon bei Bristol (Großbritannien). Brunel entwarf eine eiserne Hängebrücke, mit einer Stützweite von 214 m, die den Fluss in 76 m Höhe überquert. Die Eisenkonstruktion der beiden Träger sollte durch monumentale steinerne Pylone verdeckt werden, jeder von einem Sphingenpaar gekrönt. Brunel fürchtete, die öffentliche Meinung würde den Anblick der Eisenkonstruktion ablehnen.

» Regeln … für den Bau von Brücken … behindern oder fesseln den Fortschritt von morgen durch … die Vorurteile oder Fehler von heute. «

Isambard Kingdom Brunel
Brief, 1848

Deshalb sah sein erster Entwurf riesige steinerne Sarkophage vor, um die Ankerblöcke zu verdecken, mit denen die Pylone auf beiden Seiten des Flusses gesichert waren.

Die Inspiration für diese ägyptisierenden Details verdankte er Entwurfszeichnungen von Pierre-Dominique Bazaine für eine niemals ausgeführte Brücke über die Newa in Sankt Petersburg (Russland), »

Die fertige Brücke wirkt stark industriell, die Fahrbahn der Clifton Suspension Bridge wird auf jeder Seite von drei schmiedeeisernen Ketten gehalten.

die Brunel in einer französischen Fachpublikation gesehen hatte. Im Gefolge der napoleonischen Militärexpedition nach Ägypten 1798–1801 gab es in Frankreich großes Interesse an allem Ägyptischen, und nach Nelsons Sieg über die Franzosen in der Seeschlacht von Abukir 1798 fasste die Ägyptomanie auch in Großbritannien Fuß.

Für die künstlerische Gestaltung der Brücke bat Brunel den Maler John Callcott Horsley, gusseiserne Reliefs zu entwerfen, die Szenen des Brückenbaus zeigen und in die Pylone integriert werden sollten.

Die Arbeit an der Brücke begann 1831, aber fehlende Geldmittel brachten das Projekt bald zum Stillstand. Erst 1862 ging es weiter, Brunel war damals schon tot. Zuvor hatte er noch den Entwurf für die Pylone vereinfacht, sodass nun das Ziegelmauerwerk sichtbar bleiben sollte; das ägyptische Dekor wurde abstrahiert. Brunels Entwurf wurde von den britischen Eisenbahningenieuren William Henry Barlow und John Hawkshaw noch weiter überarbeitet; sie verstärkten und verbreiterten die Träger für die Fahrbahn und verstärkten die beiden Tragketten. Im Dezember 1864 wurde die Brücke schließlich für den Verkehr freigegeben.

Schiene und Dampf

Ab 1833 – die Arbeit an der Clifton Suspension Bridge ruhte – arbeitete Brunel als Ingenieur für die Great Western Railway. Das Unternehmen plante eine Bahnlinie von London nach Bristol. Damit war Brunel acht Jahre beschäftigt, und er fand daneben noch die Zeit, ein Dampfschiff für die Great Western Steamship Company zu entwerfen. Die 1838 fertiggestellte SS *Great Western* schaffte eine Atlantiküberquerung in 15 Tagen. Wer in London den Zug der Great Western nach Bristol bestieg, konnte von dort mit deren Dampfer nach New York reisen.

Die schnelle Verbreitung neuer Kommunikationstechniken befeuerte die industrielle Revolution. Die SS *Great Eastern,* ebenfalls von Brunel entworfen, verlegte 1866 das Transatlantikkabel.

Paddington Station

Für die Endstation der Great Western Railway in London entwarf Brunel den Bahnhof Paddington

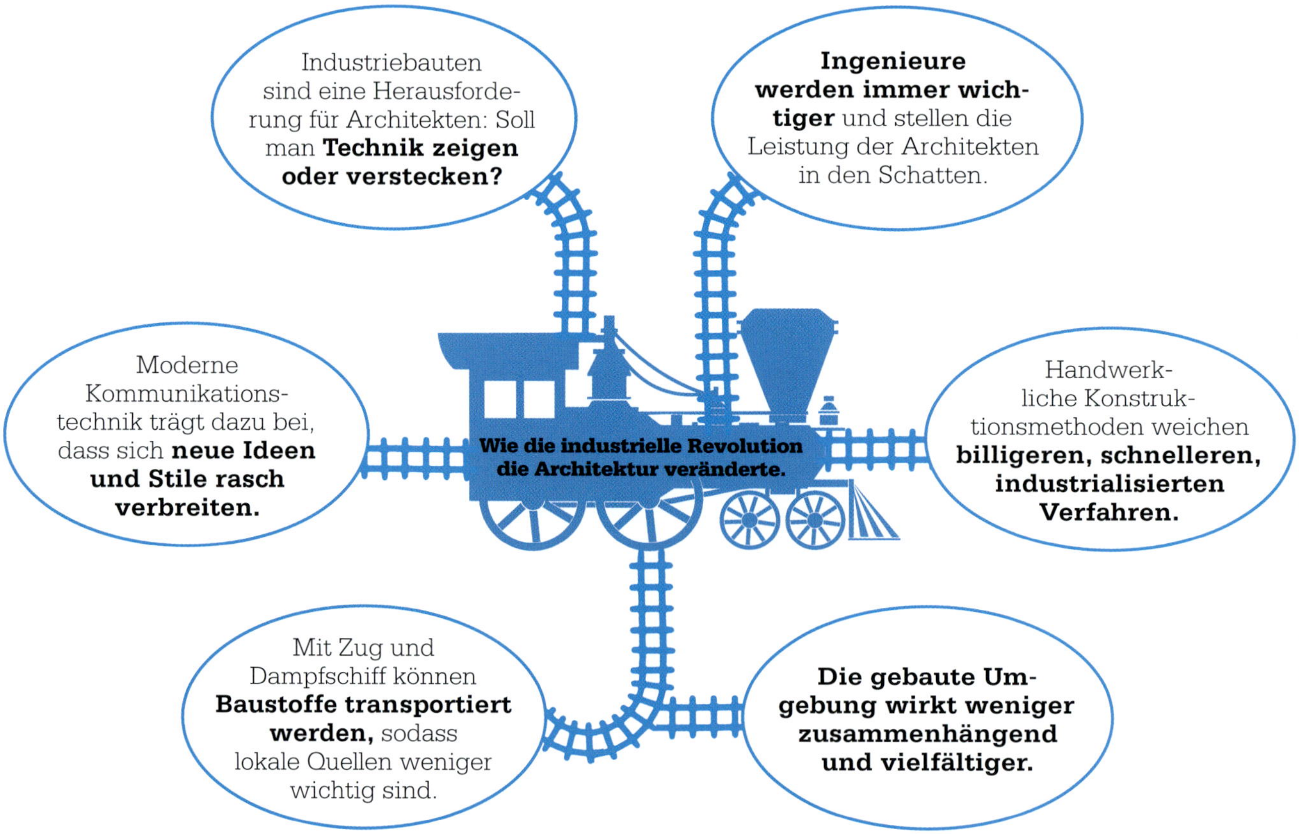

Station. 1854 vollendet, markiert er einen Triumph der Technik über die konventionelle Baukunst. Die längste Bahnhofshalle der damaligen Zeit bestand aus drei Reihen schmiedeeiserner verglaster Bögen, der breite mittlere flankiert von zwei schmaleren, wie in einer Kathedrale. Die Konstruktion war 213 m lang und insgesamt 73 m breit.

Brunels Entwurf verzichtete auf einen pompösen Eingang. Die Passagiere gelangten über Rampen von der Straße direkt in die riesige Bahnhofshalle. In der Annahme, das Publikum sei für rein technische Architektur noch nicht bereit, beauftragte Brunel den britischen Architekten Matthew Digby Wyatt, die Eisenkonstruktion zu überarbeiten. Doch während die Entwürfe für Paddington Station noch auf dem Reißbrett lagen, strömten 1851 Millionen von Besuchern in den Londoner Hyde Park, um den Kristallpalast zu sehen, eine aus vorgefertigten Elementen zusammengesetzte Ausstellungshalle – das Publikum war offenbar weiter als gedacht. Dennoch entwarf Wyatt Kapitelle für die gusseisernen Säulen, die das gewölbte Dach in Paddington Station tragen sollten und Arabesken aus Schmiedeeisen für die verglasten Enden.

Back-to-Back

Die neuen Fabriken in Großbritannien brauchten viele Arbeitskräfte. Tausende von Landbewohnern wurden von weit her angeworben und zogen von den Dörfern und Bauernhöfen in die Städte. Für die Unterbringung dieser Menschen entstanden Reihenhäuser, die Rückseite an Rückseite unter ein gemeinsames Dach gesetzt wurden. Und auch sonst wurden diese Häuser so billig wie möglich gebaut, meist aus rotem Backstein, auf drei Seiten hatten sie Kommunwände, Fenster gab es nur an der Vorderseite. Die auf kleinen Grundstücken zusammengedrängten Back-to-Back-Häuser boten wenig Privatsphäre; sie waren schlecht belüftet, hatten kaum sanitäre Einrichtungen und Krankheiten breiteten sich schnell aus.

Nach der Verabschiedung des Public Health Act von 1875 wurde der Bau solcher Häuser schrittweise verboten, in Leeds setzte er sich dennoch bis in die 1930er-Jahre fort. Heute sind nur noch wenige davon bewohnt, andere dienen als Museum.

Verkleidete Technik

Ganz anders als die unauffällige Fassade von Paddington Station macht Euston Station eine unverhohlene Anleihe bei antiken Großbauten. 1837 entwirft der Architekt Philip Hardwick mit dem Euston Arch ein 21 m hohes kraftvolles dorisches *propylaion* (Vorhalle), hinter dem sich eine bescheidene Bahnhofshalle verbirgt. Die beiden Baukörper stehen beziehungslos nebeneinander.

Zu den Herausforderungen, vor die sich Architekten in der industriellen Revolution gestellt sahen, gehörten neue Gebäudetypen, von Mühlen über Fabriken, Lagerhäuser und Bahnhöfe bis hin zu Warenhäusern, Großmärkten und Bürogebäuden. Stellte die Eisenbahn-Architektur, die Bestandteil der Städte und Landschaften des 19. Jahrhunderts wurde, anfangs noch ehrerbietige Bezüge zur Antike her, gewannen zunehmend industrielle Formen die Oberhand. Eine alte und ehrwürdige Ordnung musste ihren Platz in einer schnelllebigen Welt räumen, und im Hintergrund stampften dampfgetriebene Pumpen, Hämmer und Lokomotiven. Die Architekten mussten auf die Herausforderungen einer neuen Zeit reagieren, in der die Gewissheiten eines Vitruv oder Palladio plötzlich überholt schienen. ■

Paddington Station, die Bahnhofshalle mit den drei Bogenreihen, an den verglasten Enden Arabesken aus Schmiedeeisen. Holzstich von 1854 aus den *Illustrated London News*.

WIEDERBELEBEN IST MEIN STREBEN

NEOGOTIK

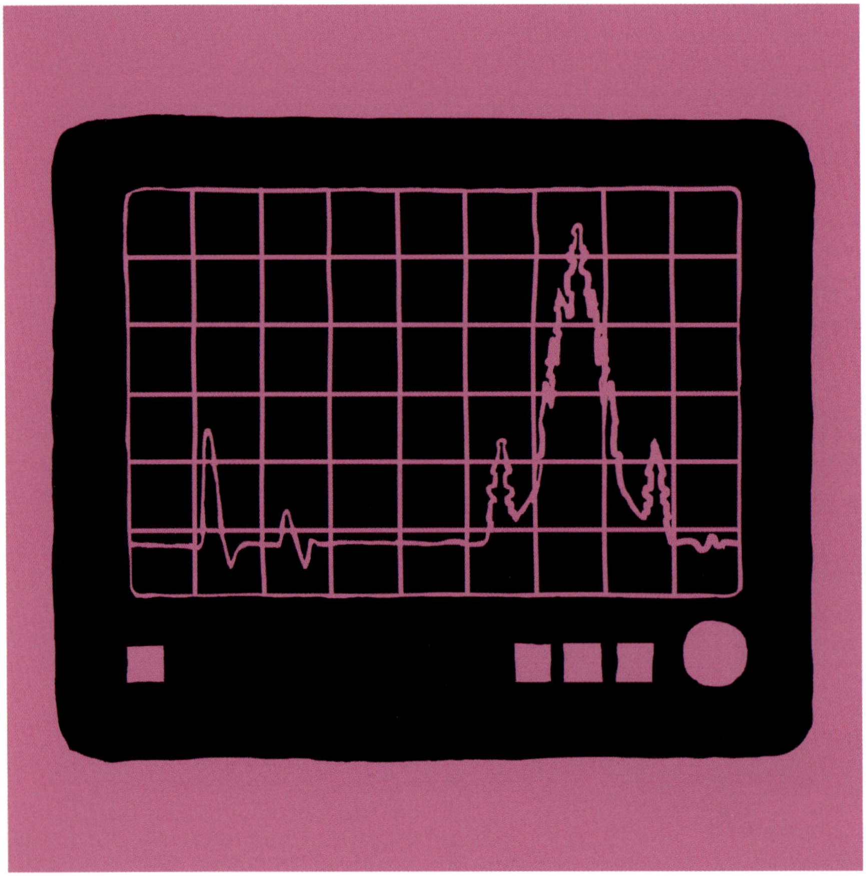

IM KONTEXT

THEMA
Die Vorherrschaft der Antike beenden

FRÜHER
12.–16. Jh. Die Gotik ist der vorherrschende Architekturstil im Europa des Spätmittelalters.

1749–1776 Strawberry Hill, das Wohnhaus von Horace Walpole nahe Twickenham (Großbritannien) entfacht eine neue Begeisterung für gotische Architektur.

SPÄTER
1910–1913 Das Woolworth Building in New York, von dem amerikanischen Architekten Cass Gilbert im neogotischen Stil entworfen, ist das höchste Gebäude der Welt.

1978 Die von Giles Gilbert Scott entworfene anglikanische Kathedrale in Liverpool – eine Neuinterpretation der Gotik – wird vollendet.

Es waren literarische, religiöse und politische Faktoren, die britische Architekten im späten 18. und 19. im Jahrhundert veranlassten, das Mittelalter als Inspirationsquelle zu entdecken. Der 1764 erschienene Bestseller *The Castle of Otranto* von Horace Walpole, angesiedelt in einem Spukschloss und *A Gothic Story* untertitelt, hatte das Publikum gefesselt und plötzlich waren Mittelalterromane in Mode. Um der Erosion des Anglokatholizismus in der Kirche von England entgegenzuwirken, priesen die High-Church-Anglikaner die Schönheit mittelalterlicher Kathedralen; Tausende von Kirchen wurden im 19. Jahrhundert neu

Siehe auch: Die Kuppel 46–47 ▪ Gotik 74–81 ▪ Gotische Profanbauten 94–95 ▪ Das letzte Aufblühen der Gotik 98–99 ▪ Die industrielle Revolution 160–163 ▪ Schmiedeeisen 176–177 ▪ Rückgriffe 196–197

Der Palast von Westminster verfügt über drei unterschiedliche Türme – von links der Victoria Tower, der Central Tower und der Elizabeth Tower, mit der Uhr und der großen Glocke Big Ben.

gebaut oder umgebaut, meist im neogotischen Stil. Um 1830 vertraten einflussreiche Politiker die Ansicht, klassizistische Architektur sei für öffentliche Gebäude ungeeignet, weil sie mit dem »gefährlichen« Liberalismus in den Vereinigten Staaten und dem republikanischen Frankreich assoziiert wurde, wo dieser Stil nach der Revolution blühte. Als 1834 der Palast von Westminster, Sitz des britischen Parlaments, durch einen Brand zerstört wurde, empfahl man folglich einen Neubau im Stil der Neogotik oder aber der Frührenaissance, wie sie in elisabethanischen Herrenhäusern üblich war.

In der Warteschleife

Unter den Schaulustigen, die in der Nacht des 16. Oktober 1834 zusahen, wie das Feuer den alten Palast zerstörte, waren auch zwei Architekten – Charles Barry und der junge Augustus Pugin. Barry beteiligte sich am Wettbewerb für den Wiederaufbau und beauftragte Pugin, meisterliche Zeichnungen für gotische Details anzufertigen, die seinen Entwurf von den 96 anderen abhoben. Barry gewann den Wettbewerb, obwohl sein Entwurf im Grunde klassizistisch ist, versehen mit etwas gotischem Dekor, inspiriert von der Kapelle Heinrichs VII. in Westminster Abbey. In den Augen der Briten jedoch verkörperte die Rekonstruktion ihres Parlamentsgebäudes die Prinzipien der Neogotik. Es war ein entscheidender Moment für die Entstehung eines nationalen Stils, der bis heute eng mit dem viktorianischen Zeitalter verbunden ist.

» Bei dem Vergleich von Werken der Architektur aus den letzten 300 Jahren mit solchen aus dem Mittelalter kommt der aufmerksame Betrachter nicht umhin, die grandiose Überlegenheit Letzterer zu bemerken. «

Augustus Pugin
Contrasts, 1836

Gewaltige Herausforderung

Für den neuen Palast von Westminster, 1840 begonnen, hatte man mit acht Jahren Bauzeit und Kosten von 724 986 £ kalkuliert. Alles in allem dauerte es dann 30 Jahre, bis er fertig war, und die Kosten beliefen sich auf mehr als 2 000 000 £. Der Originalentwurf war stark verändert und um eine oktagonale Halle ergänzt worden, die Türme stark erhöht. Das Gelände am Ufer der Themse war schlammig, »

Augustus W.N. Pugin

Geboren in Bloomsbury, London, 1812, war Augustus Welby Northmore Pugin der Sohn des französischen Architekten und Illustrators Auguste-Charles Pugin. Bereits im Alter von 15 Jahren entwarf er Möbel für Windsor Castle und fünf Jahre später eine Bühnendekoration für das Royal Opera House.

Pugin trat 1834 zum Katholizismus über und verfasste einflussreiche Traktate zur Bedeutung der Architektur als Spiegel gesellschaftlicher Werte. Er war die treibende Kraft hinter dem Gothic Revival in Großbritannien und entwarf Kirchen, Klöster, Schulen und Wohnhäuser. Pugin arbeitete wie ein Besessener und starb 1852 im Alter von nur 40 Jahren nach einem Nervenzusammenbruch. Seine letzte Ruhe fand er in St. Augustine's Church auf dem selbst entworfenen Anwesen in Ramsgate.

Wichtige Schriften

1836 *Contrasts*
1841 *The True Principles of Pointed or Christian Architecture*
1843 *An Apology for the Revival of Christian Architecture in England*

und es gab dort Treibsand, sodass man vor Beginn der Bauarbeiten erst ein riesiges Betonfloß bauen musste. Der höchste der drei Türme, der 98,5 m hohe Victoria Tower, musste durch Tausende hölzerne Pfeiler abgestützt werden. Der Palast umfasste auf seinen vier Etagen schließlich mehr als 1000 Räume, verbunden durch 120 Treppenhäuser und etwa 3,2 km Korridore, dazwischen Innenhöfe. Das Baumaterial waren vorwiegend Ziegel, mit sandfarbenem Anston-Kalkstein verkleidet. Der schmiedeeiserne Dachstuhl war mit gusseisernen Dachpfannen eingedeckt.

Dekorative Details

Barry gelang es in seinem Entwurf meisterhaft, alt und neu zu verbinden; geschickt integrierte er die mittelalterlichen Gebäude, die den Brand von 1834 überstanden hatten, wie Westminster Hall. Die Fassade des Palace of Westminster, reich mit gotischen Fenstern und Fialen geschmückt, und von drei hohen Türmen überragt, erstreckte sich 280 m am nördlichen Ufer der Themse. Von 1844 bis zu seinem frühen Tod nur acht Jahre später führte Pugin Tausende von Entwurfszeichnungen für Fassade und Innenausstattung aus – von Reliefs mit Allium-, Distel-, Klee-, Rosen-, Lilien- und Falltürmotiven, die sich im ganzen Haus finden, bis hin zu Tapeten, Vertäfelungen, Stoffen, Garderobenständern und dem Maßwerk für die Fenster. Seine Entwürfe wurden von einem Team von Handwerkern in jahrelanger Arbeit umgesetzt.

Vielen gilt der 96 m hohe Uhrturm als Pugins bester Beitrag zu Barrys Entwurf. Neben der Turmuhr beherbergt er auch fünf Glocken, darunter Big Ben. 1859 vollendet und später in Elizabeth Tower umbenannt, ist der Turm eines der populärsten Wahrzeichen Londons.

Populäres Vermächtnis

Die enormen Anstrengungen trugen zum frühen Tod sowohl Pugins wie auch Barrys bei, bevor die anspruchsvolle Aufgabe abgeschlossen war. Unter dem Einfluss vielbeschäftigter Architekten wie George Gilbert Scott verbreitete sich in dieser Zeit der Stil der Neogotik in ganz Großbritannien und überzog das Land mit Spitzbögen

»Ich arbeite so hart für Mr. Barry wie noch nie, denn morgen übergebe ich ihm alle Zeichnungen für die Vollendung des Glockenturms, und er ist wunderschön.«

Augustus Pugin
Brief an John Hardman, 1852

und Fialen. Der Stil fasste auch in anderen europäischen Ländern, im britischen Weltreich und in den USA Fuß. So weisen St. Patrick's Cathedral, Trinity Church und die große unvollendete Cathedral of St. John the Divine in New York neogotische Stilmerkmale auf, ebenso der 1925 fertiggestellte Tribune Tower in Chicago.

In Nordamerika etablierte sich in den 1840er- bis 1860er-Jahren eine Stilrichtung, die als Carpenter Gothic (oder Rural Gothic) bezeichnet wurde: verzierte Holzhäuser mit steilem Satteldach und Spitzbogenfenstern, bisweilen bunt verglast. Für den Bau von Universitäten kam in den 1880ern mit der Collegiate Gothic ein weiteres Subgenre auf.

Im gesamten Empire

Eine der besten und innovativsten Schöpfungen der Neogotik entstand im indischen Mumbai, damals Teil des britischen Empires. Ursprünglich Victoria Terminus genannt, heißt der 1888 eröffnete Bahnhof seit 1996 Chhatrapati Shivaji Terminus. Der Mix aus italienischer Gotik und einheimisch indischen Details ist das Werk des Architekten und Ingenieurs Frederick William Stevens, seit 1867 im Dienst der indischen Regierung tätig. Der Bahnhof war das größte Gebäude, das die Briten bis dahin in Indien errichtet hatten. Stevens bezog Inspirationen von George Gilbert Scotts Midland Grand Hotel, 1873 an der Londoner St. Pancras Station entstanden, und dessen nicht realisierten Entwürfen von 1872 für den Reichstag in Berlin, den eine Kuppel bekrönt.

Der überkuppelte Kopfbahnhof greift die Formensprache der Neogotik auf, aber Stevens beauftragte Studenten der örtlichen Kunstakademie mit Entwürfen für Holzschnitzereien, dekorative Fliesen, Geländer und andere Details, die dafür sorgen, dass der Sandsteinbau fest in seiner indischen Heimat verwurzelt ist.

Wohnhäuser

Britische Architekten, die im neogotischen Stil arbeiteten, trugen auch zur Wiederentdeckung des traditionellen Bauens bei (ein Baustil, der sich an einheimischen Materialien und Stilen orientiert). Ein gelungenes Beispiel dafür ist Glebe Farm in Rampisham, Dorset, von Pugin als Pfarrhaus entworfen und 1847 fertiggestellt. Mit Ausnahme eines einzigen Maßwerkfensters ist die Architektur dieses Steinhauses – heute als Pugin Hall bekannt – schlicht, Größe und Form sind sorgsam auf den vorgegebenen Platz und die Funktion abgestimmt. Bemerkenswert ist der Grundriss: Eine zentrale Halle ermöglicht den Zugang zu allen wichtigen Räumen im Erdgeschoss und in den oberen Stockwerken.

Von den Fachkollegen bewundert, wurde Pugin wenig öffentliche Anerkennung zuteil. Barry dagegen, der ebenfalls bedeutende private Wohnhäuser entwarf und umbaute, darunter Dunrobin Castle in Sutherland und Highclere Castle in Hampshire, wurde von Königin Viktoria zum Ritter geschlagen und empfing weitere Ehrungen. Kurz nach seinem Tod 1860 wurde eine von John Henry Foley entworfene lebensgroße Statue im Palace of Westminster aufgestellt. ■

Chhatrapati Shivaji Terminus, im neogotischen Stil als Hauptverwaltung der Great Indian Peninsular Railway erbaut, beherbergt heute die Zentrale der indischen Central Railway.

WIE TEILE EINES PUZZLES

FERTIGBAU

IM KONTEXT

THEMA
Bauen mit vorgefertigten Teilen

FRÜHER
1066 Für seine Landung in England verschifft Wilhelm der Eroberer hölzerne Einzelteile für drei Befestigungsanlagen.

1755 Nach einem schweren Erdbeben in Lissabon nutzt man für den Wiederaufbau vorgefertigte Holzkonstruktionen, die mit imposanten Fassaden verkleidet werden.

SPÄTER
1872 In Santiago de Chile entsteht eine große Markthalle aus gusseisernen Einzelteilen, inspiriert von Renaissance und Klassizismus.

1946–1948 Mehr als 156 000 Fertighäuser werden in Großbritannien errichtet, um die Zerstörungen des Zweiten Weltkriegs zu kompensieren.

Das Bauen mit vorgefertigten Einzelteilen war keine Erfindung des 19. Jahrhunderts. Schon seit römischer Zeit wurden Bauteile aus Stein oder Holz vorgefertigt und auf der Baustelle montiert. Im Zuge der industriellen Revolution nahm dieses Verfahren einen ungeahnten Aufschwung: Jetzt gab es Maschinen, die Baumaterial zuschneiden, schmieden oder gießen konnten. Seit den 1830er-Jahren entstanden in Großbritannien landwirtschaftliche Nutzbauten und Bungalows aus Fertigteilen. In der Zeit großer Entdeckungsreisen und kolonialer Ambitionen am anderen Ende der Welt boten Häuser, die sich in ihre Einzelteile zerlegen

Siehe auch: Die Säule 26–33 ▪ Der Bogen 38–41 ▪ Die industrielle Revolution 160–163 ▪ Schmiedeeisen 176–177 ▪ Hightech 276–277

Der Kristallpalast bedeckte eine Fläche von fast 8 ha im Hyde Park. Die Konstruktion bestand aus 3 230 gusseisernen Säulen und 2 300 Querträgern, dazwischen 84 000 m² Glas.

und im Laderaum eines Schiffs verstauen ließen, eine echte Alternative zu Zelten oder einfachen Unterkünften aus ortsüblichen Materialien.

Ein Wunderwerk aus Glas

Im Jahr 1851 wurde im Londoner Hyde Park aus vorgefertigten Elementen das größte Glashaus zusammengesetzt, das die Welt je gesehen hatte. Es sollte die Weltausstellung beherbergen, ein Lieblingsprojekt von Prince Albert, dem Ehemann von Königin Viktoria. Von Mai bis Oktober des Jahres bewunderten 6 Mio. Besucher aus Großbritannien und der ganzen Welt die dort ausgestellten Produkte, von riesigen Lokomotiven bis hin zum größten Diamanten der Welt. Die größte Attraktion war indessen die Ausstellungshalle selbst, eine spektakuläre Konstruktion, innerhalb von nur 17 Wochen vor Ort montiert. Nach Ausstellungsende wurde der Bau zerlegt und in Sydenham, etwa 13 km weiter südlich, wieder aufgebaut.

Der Kristallpalast war das Werk von Joseph Paxton. Für den Bau der riesigen Halle stand ihm weniger als ein Jahr zur Verfügung, und so setzte er in bis dahin unvorstellbarem Umfang auf vorgefertigte Bauteile. Am 11. Juni 1850 brachte Paxton, der zuvor Gewächshäuser erbaut hatte, eine erste grobe Skizze zu Papier. In den folgenden zwei Wochen entwickelte er detaillierte Pläne und Kostenvoranschläge.

Bei der Planungskommission, besetzt mit Eisenbahningenieuren wie Isambard Kingdom Brunel und Robert Stephenson sowie Thomas Donaldson, Präsident des Royal Institute of British Architects, William Cubitt, Präsident der Institution of Civil Engineers, und Charles Barry, Architekt, stieß Paxtons Konzept auf begeisterte Zustimmung. Ein im März 1850 initiierter Architektenwettbewerb war ergebnislos verlaufen. Alle 241 Einsendungen, darunter 38 aus Übersee, wurden aus stilistischen oder finanziellen Erwägungen abgelehnt. Es gab Kostenvoranschläge von bis zu 300 000 £; Paxtons revolutionärer Entwurf dagegen belief sich auf 79 800 £ (nach heutigem Wert etwa 12,6 Mio. Euro).

Schlüsselelemente

Der Kristallpalast war riesig – 563 m lang, 139 m breit und 41 m hoch, bedeckte er eine Fläche, die sechsmal so groß war wie Christopher Wrens St. Paul's Cathedral. Dank vorgefertigter Teile gelang es Paxton jedoch, die Kosten niedrig zu halten. Für sein modulares System aus »

» [Der Kristallpalast] ist ein wundervoller Ort – groß, fremd, neu und unmöglich zu beschreiben. Seine Herrlichkeit verdankt er nicht einer Sache, sondern der einzigartigen Zusammenstellung aller Dinge. «

Charlotte Brontë
britische Schriftstellerin
(1816–1855)

Ein überwältigendes Erlebnis für die Besucher bot der Kristallpalast: Auf einer Fläche von 92 000 m² verteilten sich 100 000 Ausstellungsstücke.

gusseisernen Säulen und Querstreben wurden identische Einzelteile vorgefertigt und vor Ort einfach der Reihe nach zusammengesetzt. Weil die gusseiserne Rahmenkonstruktion verglichen mit Stein leicht war, bedurfte es auch keiner Ausschachtungen für Fundamente, die die Rasenflächen zerstört hätten.

Die Firma Chance Brothers bei Birmingham produzierte 293 655 identische Glastafeln, die in die Rahmen eingesetzt wurden. Sie erreichten London per Zug und wurden mit Pferd und Wagen zur Baustelle gebracht. Paxton hatte die größten Flachglasscheiben bestellt, die damals nach einem neuen Herstellungsverfahren produziert werden konnten. Ein Team von 80 Mitarbeitern, das sich in kleinen Wagen auf hölzernen Schienen bewegte, konnte innerhalb von einer Woche 18 000 Scheiben einsetzen.

Dank über 2 000 Arbeitskräften und einem ausgeklügelten Zeitplan war der Kristallpalast nach acht Monaten Bauzeit fertig. Es blieb sogar noch Zeit für eine Änderung, um die stattlichen Ulmen zu erhalten, die im Weg standen. Paxton entwarf für sie ein Tonnengewölbe aus Holz und Glas über der hohen zentralen Ausstellungshalle. Holzböden wurden verlegt, Lüftungen installiert und ein Sonnenschutz aus ungebleichter Baumwolle angebracht. Unter der Leitung des Architekten Owen Jones erhielten die Säulen und Binder im Inneren eine farbige Fassung in rot, gelb und blau, die Ausstellungsstände wurden mit rotem oder rosafarbenem Damast überzogen. Die von dem Klempner George Jennings entwickelte münzbetriebene Toilette mit Wasserspülung feierte hier ihre Weltpremiere.

» Eine Welt, die Kunst und Ingenieurwesen getrennt betrachtet, sieht die Welt nicht als Ganzes. «

Edmund Happold
Bauingenieur (1930–1996)

Bleibendes Erbe

Die Weltausstellung war ein riesiger Erfolg und machte einen Gewinn von 186 000 £ (nach heutigem Wert fast 29 Mio. Euro). Damit konnte man den Bau des Victoria and Albert Museum, des Science Museum und des Natural History Museum in South Kensington finanzieren sowie Stipendien und Forschungsprojekte. Nach dem Ende der Weltausstellung wurde der Kristallpalast nach Sydenham verlegt und vergrößert. Er diente diversen Zwecken, bis er 1936 durch einen Brand zerstört wurde.

Doch das große Glashaus hatte die Fantasie von Architekten und Ingenieuren auf der ganzen Welt beflügelt. Paxton hatte 1851 erfolgreich den Grundstein für die strukturelle und ästhetische Verschmelzung von Architektur und Ingenieurwesen gelegt.

Chinesische Fertighäuser

Knapp drei Jahre vor Eröffnung der Weltausstellung hatte James W. Marshall, ein amerikanischer Zimmermann und Sägewerkbetreiber, in Coloma (Kalifornien) Gold gefunden. Etwa 300 000 Menschen folgten 1848–1854 dem Ruf des Goldes, in der Hoffnung, ihr Glück zu machen. Unter den Goldsuchern waren etwa 25 000 Chinesen, die vorgefertigte Teile für Häuser mitbrachten. Die Elemente aus

Kampferholz ließen sich ohne Nägel zusammensetzen. Diese Häuser waren den Zelten oder Planwagen weit überlegen, in denen viele Goldsucher unterkamen.

Die chinesischen Holzhäuser konnten in jeder beliebigen Größe hergestellt werden, üblich war ein Format von 3,7 × 7,3 m. Jedes Einzelteil war für den Zusammenbau mit chinesischen Zeichen beschriftet. In China war das Konzept nicht neu. Der Baumeister Li Jie hatte bereits im Jahr 1100 eine Schrift mit dem Titel *Yingzao fashi* (Abhandlung über das Bauen) veröffentlicht, die den Gebrauch der Modulbauweise in der traditionellen chinesischen Architektur belegt.

Viele Möglichkeiten

Im Verlauf des 19. Jahrhunderts erlaubten Fortschritte in der Stahlherstellung und im Maschinenbau die Massenproduktion von Bauteilen, und der Fertigbau verbreitete sich. In den 1830er-Jahren wurden Hunderte von Fertighäusern mit Holz- oder Eisenskelett aus Großbritannien exportiert, um neue Siedler in den USA oder Australien zu beherbergen. Im 20. Jahrhundert milderten Fertighäuser – darunter eine kleine Anzahl amerikanischer Systemhäuser, die von Frank Lloyd Wright entworfen wurden – die durch den Mangel an Baumaterial nach dem Ersten Weltkrieg verursachte Wohnungsnot. Im Hinblick auf Zeit, Arbeit und Kosten war es mittlerweile effizienter, modulare Komponenten wie vorgefertigte Beton- und Stahlprofile zu verwenden – insbesondere für große Bauwerke wie Apartmenthäuser.

Heute gelten zudem Qualitätskontrolle und Umweltverträglichkeit als Vorteile der Modulbauweise, und für Gebäude mit einheitlicher Struktur ist sie nach wie vor in Gebrauch. Doch wie der Crystal Palace und in jüngerer Zeit Beispiele wie das Lloyd's Building in London oder das Centre Pompidou in Paris gezeigt haben, kann die modulare Bauweise auch fantasievolle und spektakuläre Architektur hervorbringen. ■

Bis etwa 1830 **baut** man mit handwerklichen Methoden **vor Ort.**

→ **Fabriken** beginnen mit der preiswerten **Massenproduktion** von Bauteilen.

→ **Vorgefertigte Einzelteile** für Häuser werden nach Amerika und Australien exportiert.

→ Architekten und Ingenieure erkennen **das Potenzial** der Fertigteile **für große Gebäude.**

→ **Vorgefertigte Bauteile** haben sich allgemein durchgesetzt – nicht nur beim Bau von einfachen Wohnhäusern und Gewerbeimmobilien, sondern auch für **anspruchsvolle Architektur.**

Joseph Paxton

1803 als Sohn eines kleinen Landwirts in Bedfordshire (Großbritannien) geboren, war Joseph Paxton als Botaniker, Ingenieur und Architekt erfolgreich. Im Alter von 23 Jahren wurde er Obergärtner in Chatsworth House (Derbyshire). Dort konstruierte er ein Gewächshaus – das größte Glashaus in Großbritannien zur damaligen Zeit.

In Chatsworth wurde ein Exemplar der Riesenseerose *(Victoria amazonica)* kultiviert, und Paxton beobachtete, dass ein Seerosenblatt – es erreicht bis zu 1,5 m Durchmesser – seine achtjährige Tochter Annie tragen konnte. Die Struktur der Pflanze – netzartige Adern, die vom Stiel ausgehen und das Blatt stützen – inspirierte ihn zu seinem Entwurf für den Kristallpalast.

Später entwarf Paxton für die Familie Rothschild den Landsitz Mentmore Towers in Buckinghamshire. Von 1854 bis zu seinem Tod 1865 saß er als Abgeordneter für den Wahlbezirk Coventry im Parlament.

Wichtige Schrift

1851 *What is to become of Crystal Palace?*

IM STIL DER ECHTEN ALTEN RITTERBURGEN

EKLEKTIZISMUS

IM KONTEXT

THEMA
Eskapismus in der Architektur

FRÜHER
Ende 18. – Mitte 19. Jh.
Ist das Zeitalter der Romantik in der Kunst, Literatur und Musik; neues Interesse an ägyptischer, griechischer und gotischer Architektur erwacht.

1823 In Großbritannien wird John Nashs Brighton Pavilion vollendet.

SPÄTER
1909 Der britische Architekt Aston Webb mischt für das Londoner Victoria and Albert Museum franko-flämische und gotische Elemente mit »Wrenaissance«.

1911–1923 In Stockholm baut Ragnar Östberg das Rathaus im Stil der Nationalromantik.

2013 Der Al Yaqoub Tower in Dubai trägt eine Adaptation von Pugins Uhrturm im Palast von Westminster (»Big Ben«).

In Neuschwanstein, dem bayrischen Märchenschloss, nimmt Architektur autobiografische Züge an. Jedes fantasievolle Türmchen, jeder Erker, jede Kreuzblume und auch die opernhafte Innenausstattung erzählt die Lebensgeschichte von König Ludwig II.

Er bestieg den Thron 1864, bald darauf ging Bayern im neu gegründeten Deutschen Reich auf. Ohne wirkliche Macht und politische Ambitionen, investierte der König seine ganze Energie, seinen Charme und mehr Geld als er hatte in den Bau dieses eklektischen Rückzugsorts in den Bergen, der von seiner Liebe zur Poesie, zur Musik und zur Architektur erzählt. Ludwig förderte den Komponisten Richard Wagner und sorgte dafür, dass dieser seine Oper *Parsifal* (1882) beenden konnte, die von einem Ritter erzählt, der sich auf die Suche nach dem heiligen Gral begibt. Der König begeisterte sich auch für zwei frühere Werke Wagners – in *Lohengrin* kommt ein rätselhafter Ritter in seinem von einem Schwan gezogenen Boot einer bedrängten Frau zu Hilfe, *Tannhäuser* kreist um einen Minnesänger und einen Sängerwettstreit.

Ludwig war entschlossen, bei der Gestaltung von Neuschwanstein die Themen und die Ästhetik von Wagners Opern aufzugreifen. Mit diesem Ziel sollten Tausende Tonnen

Die **Romantik** begeistert sich für **historisches Formengut.**

→ Manche Architekten forcieren die **Wiederbelebung eines einzigen historischen Stils.**

↓ Andere mischen **unterschiedliche Stile** in ihren Entwürfen.

← Diese **künstlerische Freiheit** lässt märchenhafte Gebäude entstehen.

Siehe auch: Barock 138–145 ▪ Neogotik 164–167 ▪ Arts and Crafts 178–179 ▪ Jugendstil 180–181 ▪ Pioniere der Moderne 190–195 ▪ Art déco 232–233 ▪ Postmoderne 280–285 ▪ Sensationalismus 300–303

Neuschwansteins höchster Turm erhebt sich 65 m über den Vorplatz. Pläne für einen noch höheren Bergfried wurden nicht mehr realisiert.

handgefertigter Ziegel, Marmor und Stein hoch auf einen Felsrücken im Allgäu aufgetürmt werden, nicht weit von Hohenschwangau entfernt, wo der König seine Kindheit und Jugend verbracht hatte.

Wie eine Opernbühne

Im 19. Jahrhundert wurden viele mittelalterliche Burgen umgestaltet, damit sie malerischer wirkten. Zwei von diesen Burgen besuchte Ludwig 1867 auf der Suche nach Inspiration für sein Vorhaben: die Wartburg in Thüringen und das Schloss Pierrefonds in der Picardie (Nordfrankreich).

Nach seiner Rückkehr beauftragte der König den Architekten Eduard Riedel mit der Planung für das neue Schloss. Als Grundlage dienten Zeichnungen des Theatermalers Christian Jank, von dem das Bühnenbild für Wagners *Lohengrin* stammte.

Mithilfe von Dampfkran und Stahlgerüsten nahm Neuschwanstein ab 1869 Gestalt an. Im Stil des Historismus kostspielig ausgestattete Räume – insbesondere ein Thronsaal und ein Sängersaal mit Porphyr- und Lapislazuli-Imitat, einer mit Sternen besetzten Decke, Schwanenstatuen und zahlreichen Fresken – wurden mit allerlei modernen Annehmlichkeiten kombiniert, darunter Aufzug, fließend warmes und kaltes Wasser, Toiletten mit Wasserspülung sowie eine Warmluft-Zentralheizung.

Ludwig verbrachte in seinem Schloss nur 172 Tage, bevor er 1886 unter ungeklärten Umständen starb. Neuschwanstein wurde nie vollendet, dennoch verzaubert dieses Traumschloss, ein Symbol des romantischen Eklektizismus im 19. Jahrhundert, bis heute Besucher aus aller Welt. ▪

Gesamtkunstwerk

Der Begriff *Gesamtkunstwerk* entstand Ende der 1820er-Jahre. Zur Verbreitung der Idee in der Welt der Kunst trug Richard Wagner wesentlich bei. In seiner 1852 erschienenen Schrift *Das Kunstwerk der Zukunft* beschreibt er, wie »das vollendete Kunstwerk der Zukunft« zu erreichen sei: Für ihn besteht es darin, »jede einzelne dieser Gattungen als Mittel gewissermaßen zu verbrauchen, zu vernichten, zugunsten der Erreichung des Gesamtzwecks«. Wagner verwirklichte das Konzept in seinen vielschichtigen Operninszenierungen, vor allem in seinem eigens dafür errichteten Bayreuther Festspielhaus, das 1876 eröffnet wurde.

In der Architektur kam die Idee des Gesamtkunstwerks – wenn auch nicht unbedingt der Begriff selbst – etwas später an. Erst im Kontext von Arts and Crafts, Jugendstil, Wiener Sezession, Art déco und Bauhaus sollte er an Bedeutung gewinnen.

» Ein ewig Rätsel will ich bleiben mir und anderen. «

Ludwig II. von Bayern
Brief an Marie Dahn-Hausmann, 1876

IN DER NATUR GIBT ES KEINE GERADE LINIE

ORGANISCHE FORMEN

IM KONTEXT

THEMA
Der Natur abgeschaute Bauformen

FRÜHER
1830–80 Die Wiederbelebung der katalanischen Sprache und Kultur in der Renaixença beeinflusst Antoni Gaudí.

1879 In seiner Schrift *Histoire d'un dessinateur* zeigt der französische Architekt Eugène Emmanuel Viollet-le-Duc Beziehungen zwischen natürlichen Organismen und Bauwerken auf.

SPÄTER
1938 Die Flugzeughangars von Pier Luigi Nervi in Orvieto werden als »gebauter Organismus« bezeichnet.

1954 Frank Lloyd Wright prägt in *The Natural House* den Begriff »organische Bauweise«.

2012 Die Gestaltung des Heydar Aliyev-Center in Baku (Aserbaidschan) erfolgt nach parametrischen Prinzipien.

Im Jahr 1883 übernahm der junge katalanische Architekt Antoni Gaudí die Verantwortung für den Weiterbau der Sagrada Família in Barcelona (Spanien) – nachdem der erste Architekt im Streit mit dem Bauherrn ausgeschieden war. Das Projekt einer römisch-katholischen Basilika in Eixample, einem neuen Stadtteil, war ehrgeizig. Die Bauarbeiten, vollständig aus öffentlichen Mitteln finanziert, hatten im Jahr zuvor begonnen. Was als riesige Kirche im neogotischen Stil geplant war, nahm allerdings im Lauf der Jahre vollkommen eigenständige Züge an und wuchs organisch wie ein Baum mit vielen Ästen.

Die vier Glockentürme wurden 1930 fertiggestellt, zu Gaudís Lebzeiten war allerdings erst einer vollendet. Die beiden mittleren sind 107 m hoch.

Inspirationsquellen

Bei Gaudís Tod 1926 war gerade ein Viertel der Kirche fertig und niemand wusste, wie es weitergehen sollte. Aber es ging weiter, wenn auch sehr langsam.

Ab 1980 beschleunigte sich das Tempo, und dafür sorgte der junge neuseeländische Architekt Mark Burry. Er hatte erkannt, dass Gaudís Entwurf seine Inspiration aus parametrischen Modellen bezog. Mithilfe von anspruchsvollen Computerprogrammen fand Burry heraus, dass Gaudís Entwürfe nicht auf Architekturhandbüchern beruhten, sondern auf dem Vorbild der Natur, auf sich endlos wiederholenden Mustern aus Spiralen, Kegeln und Kurven – Paraboloiden, Helikoiden und Hyperboloiden –, wie man sie in der Struktur von Bäumen und anderen Pflanzen findet. Gaudí schwebte für seine Kirche

Siehe auch: Gotik 74–81 ▪ Neogotik 164–167 ▪ Jugendstil 180–181 ▪ Expressionismus 212–215 ▪ Sinnliche Moderne 260–261 ▪ Die reine Form 270–271 ▪ Sensationalismus 300–303

» Sie ist so anders, dass sie [die Sagrada Família] immer noch unsere Vorstellungen davon neu ordnet, was ein Gebäude ist oder sein sollte. «

Adayemi Akande
nigerianischer Architekturhistoriker

eine freistehende, selbsttragende Architektur vor – ohne Strebepfeiler. Sie sollte die Skyline von Barcelona beherrschen und im Einklang mit der Natur und dem Geist der Schöpfung stehen. In seiner Vorstellung glich das große Kirchenschiff einem Wald, die aus Stein gehauenen vegetabilen Formen schienen lebendig. Eine Gruppe von 18 Türmen sollte das von Sonnenlicht durchbrochene Gewölbe überragen. Sie verkörperten die zwölf Apostel, die vier Evangelisten, die Jungfrau Maria und Christus; der höchste Turm soll 172,5 m messen.

Gaudí entwickelte seinen Entwurf im Kopf und mithilfe von Modellen aus Pappmaché und Gips. Skizzen oder Notizen machte er kaum. Ab 1915, als er sich fast nur noch diesem Projekt widmete, war die Sagrada Família in der Tat sein Werk. Gaudís jugendliche Begeisterung für die Neogotik war längst verflogen, und nachdem er vielfältige Einflüsse aufgenommen hatte, entwickelte er einen sehr individuellen Architekturstil.

Gaudís Basilika wurde seither viel kritisiert und viel gelobt, und sie ist in fast jeder Hinsicht singulär. Manche fordern, die Sagrada Família dürfe niemals fertiggestellt werden, weil sie befürchten, dass die Arbeiten seit den 1980er-Jahren vielleicht nicht dem entsprechen, was beabsichtigt war. Gaudí selbst jedoch glaubte, ganz im Sinne mittelalterlicher Baumeister, seine Basilika würde das Werk mehrerer Generationen sein. ▪

Die Sagrada Família nimmt Elemente der **spanischen Spätgotik** auf.

↓

Weitere Einflüsse gehen auf die katalanische **Renaixença-Bewegung** zurück.

↓

Die **Dekoration** ist eine Sonderform des **Jugendstils.**

↓

Die Sagrada Família ist eine **eklektische,** aber harmonische **Stilmischung.**

Antoni Gaudí

Antoni Gaudí wurde 1852 als Sohn eines Kupferschmieds geboren. Nach der Ausbildung in einer Textilfabrik zog er nach Barcelona. Bevor er sich dem Studium der Architektur zuwandte, wollte er Lehrer werden. Wichtige erste Aufträge erhielt er von dem Textilfabrikanten Eusebi Güell, etwa für dessen Wohnhaus, für die Colònia Güell und den Parc Güell.

Beeinflusst von der Wiederbelebung der Gotik, der Arts-and-Crafts-Bewegung und der Mudéjar-Architektur in Anadalusien, entwickelte Gaudí um 1900 einen sehr eigenen Stil. Dies zeigt sich deutlich in zwei Wohnhäusern in Barcelona: der Casa Batlló (1904–1906) in Gestalt eines Drachens und der wellenförmigen Casa Milá (1906–1912).

Im Lauf der Jahre wurde Gaudí immer religiöser, und ab 1915 widmete er sich ausschließlich der Arbeit an der Sagrada Família, er wohnte sogar auf der Baustelle. 1926 wurde er von einer Straßenbahn überfahren und starb im Krankenhaus, wo man ihn zunächst für einen Obdachlosen hielt. Längst gibt es Forderungen, den »Architekten Gottes« selig zu sprechen.

EIN TURM VON SEHR GROSSER HÖHE

SCHMIEDEEISEN

IM KONTEXT

THEMA
Mit Technik in die Höhe

FRÜHER
Anfang 3. Jh. v. Chr. Bau des Leuchtturms von Alexandria (Ägypten) aus Kalkstein und Granit; er war 120 m hoch.

1311 n. Chr. Der Vierungsturm der Kathedrale von Lincoln (England) wird durch eine Spitze aus bleiummanteltem Holz auf etwa 160 m erhöht. Die Konstruktion wurde 1547 durch einen Sturm zerstört.

1853 In New York entsteht das Latting Observatory, ein eisenverstrebter Turm aus Holz.

SPÄTER
1930 Das Chrysler Building in New York ist das erste Gebäude, das den Eiffelturm überragt. Es hat ein Stahlskelett.

2010 Der Burj Khalifa in Dubai nutzt ein System aus Stahlrohrbündeln. Mit 828 m ist er das höchste Bauwerk der Welt.

Im Jahr 1884 zeigte der Ingenieur Maurice Koechlin seinem Arbeitgeber, Gustave Eiffel, eine Zeichnung für einen Turm. Mit 300 m Höhe wäre es das höchste Bauwerk der Welt. Was Koechlin zu Papier gebracht hatte, war der erste Entwurf für den Eiffelturm, Eingangstor und Herzstück der Exposition Universelle (Weltausstellung) in Paris 1889. Eiffel zeigte Koechlins Skizze dem französischen Architekten Stephen Sauvestre, der im unteren Bereich dekorative Bögen ergänzte, einen Glaspavillon auf der ersten Etage sowie ganz oben eine kleine Kuppel. Erst damit wurde aus Koechlins sprödem Entwurf die kühne und elegante Konstruktion, die sich heute auf dem Champ de Mars erhebt. Nachdem der Turm entworfen war und Eiffel den Bauauftrag erhalten hatte, wartete die größte Herausforderung: die Realisierung. Dabei arbeitete er mit Koechlin und dem französischen Ingenieur Emile Nouguier zusammen. Für den Rahmen verbrauchten

Anfang April 1888 waren die vier riesigen Turmfüße des Eiffelturms bis zur ersten Plattform errichtet.

Siehe auch: Gotik 74–81 ▪ Die industrielle Revolution 160–163 ▪ Fertigbau 168–171 ▪ Der Wolkenkratzer 198–203 ▪ Gitterschalen und Seilnetze 274–275

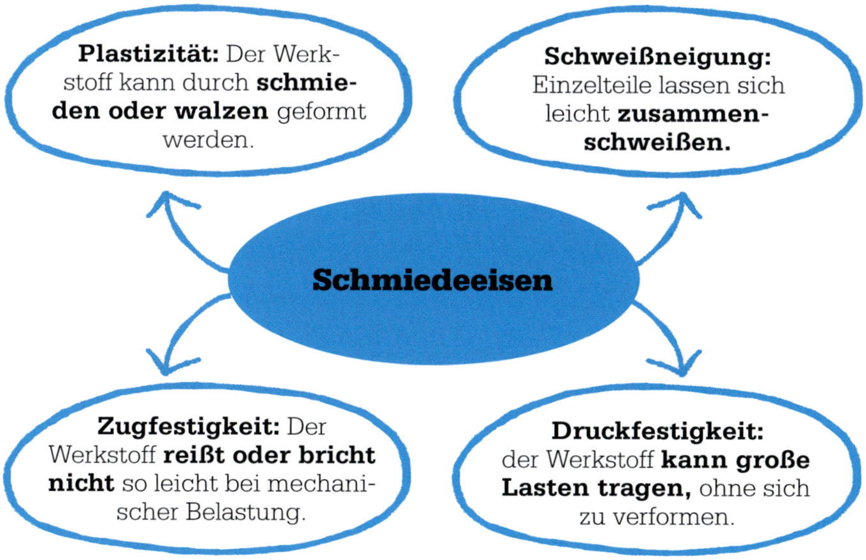

sie 7300 t Schmiedeeisen – Eisen, das durch wiederholtes Erhitzen und Hämmern in Form gebracht (»geschmiedet«) wurde. Die Wahl war auf dieses Material gefallen, weil es billiger war als Stahl, leichter und stärker als Gusseisen und weil Eiffel im Brückenbau damit bereits gute Erfahrungen gemacht hatte. Die 18 038 Einzelteile für die Eisenkonstruktion wurden meist vorgefertigt auf die Baustelle geliefert und dort nur noch vernietet.

Rasche Fortschritte

Im Jahr 1887 wurden die Fundamente gelegt, und nur etwas mehr als zwei Jahre später war der Bau fertig. Mit dem Fahnenmast auf der Kuppel erreichte der Turm 312 m Höhe, das Gesamtgewicht betrug 10 100 t, inklusive der Aufzüge, Restaurants und Geschäfte sowie der 60 t rotbrauner Farbe für den Anstrich. Von Gaslampen erhellt, sandte der Eiffelturm nach Sonnenuntergang blaue, rote und weiße Lichtstrahlen aus. Während der Weltausstellung 1889 reihten sich knapp 2 Mio. Besucher in lange Warteschlangen ein, um die 1710 Stufen bis zur Spitze zu erklimmen oder mit dem Aufzug nach oben zu fahren, in einem der drei Restaurants zu speisen und Paris aus einer Perspektive zu sehen, die bis dahin Ballonfahrern vorbehalten war. ▪

» Der erste Grundsatz der Bauästhetik schreibt vor, dass die Hauptlinien eines Baues vollkommen dessen Bestimmungen entsprechen müssen. «

Gustave Eiffel
Interview in der Zeitschrift *Le Temps*, 1887

Gustave Eiffel

Gustave Eiffel wurde 1832 in Dijon (Frankreich) geboren, wo seine Mutter eine Kohlenhandlung betrieb. Er erhielt eine Ausbildung an der École Centrale des Arts et Manufactures in Paris. 1866 gründete er ein eigenes Ingenieurbüro. Zu seinen bekanntesten Arbeiten vor dem Eiffelturm zählen der Garabit-Viadukt (1880–1884), eine spektakuläre Eisenbahnbrücke über das Tal der Truyère im Massif Central – damals mit 122 m die höchste Bogenbrücke der Welt – sowie das gusseiserne Skelett für die Freiheitsstatue in New York (1886).

Eiffel hat zudem wichtige Beiträge zur Erforschung der Aerodynamik geleistet. Im Jahr 1909 legte er am Fuß des berühmten Turms einen Windkanal an, um Studien für die Pioniere der Luftfahrt durchzuführen – darunter die Gebrüder Wright, Gabriel Voisin und Louis Blériot. 1917 entwarf Eiffel ein Eindecker-Kampfflugzeug. Sein großes Interesse für die Wetterkunde veranlasste ihn, meteorologische Instrumente auf dem Eiffelturm und an weiteren 25 Orten in ganz Frankreich zu installieren. Gustave Eiffel starb 1923.

DAS VERLANGEN, SCHÖNE DINGE HERZUSTELLEN

ARTS AND CRAFTS

IM KONTEXT

THEMA
Rückkehr zu vorindustriellen Methoden

FRÜHER
1841 Mit seiner Schrift *The True Principles of Pointed or Christian Architecture* legt Augustus Pugin den Grundstein für das Arts and Crafts Movement.

1851–1853 Der britische Universalgelehrte John Ruskin postuliert in *Stones of Venice* die »Treue zur Natur«.

1859 Philip Webb entwirft mit Red House in Bexleyheath (London) einen Vorläufer der Arts and Crafts-Architektur.

SPÄTER
1902 Millbank Estate in Pimlico (London) bietet Arbeiterwohnungen nach den Prinzipien von Arts and Crafts.

1909 Gamble House in Pasadena (Kalifornien) ist eine amerikansiche Annäherung an Arts and Crafts.

Stoneywell in Leicestershire (Großbritannien) ist ein perfektes Beispiel für ein Haus im Arts and Crafts-Stil. 1899 wurde es völlig schmucklos in waldreicher Umgebung errichtet. Innen wie außen bestehen die Wände aus hartem lokalem Stein – zum Teil wiederverwertet aus Trockensteinmauern. Ein markanter Kamin wirkt wie ein Stützpfeiler, die Inneneinteilung erfolgt durch halb durchgesägte Holzstämme. Das Haus schmiegt sich an einen Hügel und scheint aus dem felsigen Untergrund hervorzuwachsen; das Erdgeschoss hat drei Ebenen und an einer Stelle berührt das Dach fast den Boden.

Dieses spätviktorianische Landhaus folgt einem Konzept, das die Architektur und die Gesellschaft vor der industriellen Massenproduktion retten sollte. Es orientiert sich an einem idealisierten Mittelalter, das die Architekten Ernest Gimson und seine Kollegen aus dem Umfeld des Arts and Crafts Movement als

Stoneywell hatte zunächst ein Reetdach, das nach einem Brand 1938 durch Schieferplatten ersetzt wurde. Auch für Türsturz und Kaminsims fand heimischer Schiefer Verwendung.

Siehe auch: Gotik 74–81 ▪ Das letzte Aufblühen der Gotik 98–99 ▪ Neogotik 164–167 ▪ Jugendstil 180–181 ▪ Die Gartenstadt 182–183 ▪ Menschlicher Funktionalismus 248–249 ▪ Vernacular Style 278–279 ▪ Grüne Architektur 292–299

William Morris

Der Sohn einer reichen Familie wurde 1834 in Walthamstow bei London geboren. Morris war nicht nur Vordenker des Arts and Crafts Movement, sondern auch ein erfolgreicher Textildesigner, Künstler, Schriftsteller, Drucker und politischer Aktivist. Als Student in Oxford schloss er Freundschaft mit präraffaelitischen Künstlern, deren Utopien sein Interesse an Kunst und Architektur beflügelten. 1859 erteilte er dem Architekten Philip Webb den Auftrag für den Prototyp eines Arts-and-Crafts-Hauses. Zwei Jahre später gründete er eine Firma, später Morris & Co, die hochwertige Stoffe, Tapeten und Möbel produzierte. Abgestoßen von der kapitalisitischen Gesellschaft, gründete Morris 1884 die Socialist League, für die er viele öffentliche Vorträge hielt. In seinem Buch *News from Nowhere* (Kunde von Nirgendwo) erwacht der Autor in einer egalitären sozialistischen Gesellschaft. Morris starb 1896.

Wichtige Schriften

1882 *Hopes and Fears for Art*
1890 *News from Nowhere*

Paradies auf Erden verherrlichten. Inspiriert vom Gothic Revival – insbesondere von der Arbeit Augustus Pugins – war es aber nicht die aufwendige historische gotische Formensprache, die ihnen vorschwebte. Sie wollten schlichte, schöne und dauerhaft haltbare Häuser bauen. Mit Ausnahme einiger Schulen und Kirchen waren es vorwiegend freistehende Wohnhäuser, die zwischen 1880 und 1910 in Großbritannien entstanden.

> »Nichts sollte durch menschliche Arbeit hergestellt werden, das die Herstellung nicht wert ist oder dessen Herstellung die Arbeiter entwürdigt.«
>
> **William Morris**
> »Art and Socialism«, Vortrag, 1884

Das Innere von Stoneywell ist einfach und schmucklos, die Steinmauern weiß getüncht. Die Möbel für das Haus wurden von Hand gefertigt.

Ein Trugbild

Sozialistische Ideen bewegten die Anhänger von Arts and Crafts, allen voran den Vordenker William Morris. Es ging darum, das Handwerk aufzuwerten und Klassenunterschiede zu beseitigen. Stoneywell ist in all seiner handwerklichen Perfektion dennoch ein Trugbild. Der kostspielige Bau wurde nicht etwa für einen örtlichen Handwerker, sondern für einen Industriellen errichtet. Die geschätzten Kosten von 500£ im Jahr 1897 verdoppelten sich schließlich – das war etwa viermal so viel, wie ein gut bezahlter Facharbeiter für ein Haus ausgeben konnte.

Auch wenn sich das Konzept als nicht massentauglich erwies, hatte Arts and Crafts großen Einfluss auf die Architektur – vom Jugendstil über das Bauhaus bis hin zur Prairie School von Frank Lloyd Wright. ▪

Die industrielle Revolution wirkt **entmenschlichend.**

↓

Die **dekorativen Künste** sind marginalisiert.

↓

Die Folge ist **Massenware von schlechter Qualität** und monotone Architektur.

↓

Es fehlt an **Wertschätzung für gutes Handwerk.**

↓

Entstehung des Arts and Crafts Movement

LIEFERN UNS NICHT DIE ÄSTE DER BÄUME EIN MODELL?

JUGENDSTIL

IM KONTEXT

THEMA
Konventionen überwinden

FRÜHER
1868 Der französische Architekt Henri Labrouste entwirft mit dem Lesesaal der Pariser Bibliothèque Nationale einen Vorläufer des Jugendstils.

SPÄTER
1899 Victor Hortas Maison du Peuple in Brüssel – Hauptquartier der belgischen Arbeiterpartei – zeigt die Möglichkeiten des Jugendstils.

1899 Der französische Architekt Hector Guimard entwirft Eingänge für die Pariser Metro.

1925 Die Exposition internationale des arts décoratifs et industriels modernes in Paris wird Namensgeberin für einen neuen Stil: Art déco.

1965 Die Ausstellung »Jugendstil and Expressionism in German Posters« in Berkeley (USA) entfacht ein psychedelisches Revival des Jugenstils.

Im Jahr 1892 erhielt der belgische Architekt Victor Horta seinen ersten eigenen Auftrag. Das Hôtel Tassel, ein vierstöckiges Wohnhaus in einem neuen Stadtviertel von Brüssel, sollte in fast jeder Hinsicht innovativ und individuell sein, auch wenn die schmale Straßenfront das nur erahnen lässt. Es war das erste Gebäude im aufkommenden Stil des *art nouveau*.

Der Begriff lässt sich erstmals 1894 in der belgischen Zeitschrift *L'Art moderne* nachweisen. Diese »neue Kunst«, die sich von den historisierenden Stilformen des 19. Jahrhunderts lösen wollte, wird in Deutschland als Jugendstil bezeichnet.

Im Hôtel Tassel

Hinter der schweren Eingangstür des Hôtel Tassel tritt man durch eine weitere Tür in ein kleines Oktogon. Auf einer Seite führen einige Stufen zu einem Wintergarten mit Oberlicht. Auf der anderen Seite gelangt man zu einer geschwungenen Treppe mit komplexer Geometrie, deren Geländer aus verschlungenen, rankenartigen Eisenstäben besteht, auch auf dem Mosaikfußboden winden sich Arabesken und pflanzliche Formen. Das Treppenhaus wird durch Tageslicht erhellt, das durch Fenster aus geätztem Buntglas einfällt. Vom Esszimmer weiter hinten im Erdgeschoss blickt man nicht in den Garten oder auf die Straße,

Die Eisenkonstruktion im Treppenhaus des Hôtel Tassel – inspiriert von den Formen der Natur – gibt die Gestaltung für Wände und Fußböden vor. Alle Entwürfe stammen von Horta.

Siehe auch: Das letzte Aufblühen der Gotik 98–99 ▪ Rokoko 148–149 ▪ Neogotik 164–167 ▪ Eklektizismus 172–173 ▪ Organische Formen 174–175 ▪ Arts and Crafts 178–179 ▪ Art déco 232–233 ▪ Sinnliche Moderne 260–261 ▪ Gitterschalen und Seilnetze 274–275

Katajanokka

Im Jahr 1899 trieb der russische Zar Nikolaus II. die Russifizierung des Großherzogtums Finnland voran. Die Finnen sollten Russisch sprechen, der russisch-orthodoxen Kirche beitreten, die unabhängige Presse wurde verboten. Daraufhin verstärkten Künstler, Schriftsteller, Musiker und Architekten ihre Bemühungen zur Entwicklung einer eigenständigen finnischen Kultur.

In der Architektur spielte der deutsche Jugendstil eine Schlüsselrolle, und ab 1900 waren in Helsinki viele Straßen von Gebäuden gesäumt, die Motive aus dem *Kalevala* aufnahmen, dem finnischen Nationalepos. Dachlandschaften wie aus dem Märchenbuch und folkloristische Tierskulpturen schmückten Wohnblocks in dem neuen Stadtviertel Katajanokka. Eine Gruppe finnischer Architekten, die dort mit Satamakatu 7 den ersten Wohnblock im Jugendstil entworfen hatte, erhielt den Auftrag für das 1910 fertiggestellte finnische Nationalmuseum. Sieben Jahre später erlangte Finnland die Unabhängigkeit.

sondern auf den Wintergarten und die Treppe. Eine verschlossene, geheime, innere Welt – vom Leben draußen völlig abgetrennt. Über die geschwungene Treppe erreicht man oben straßenseitig einen Rauchsalon sowie eine Dunkelkammer; darüber liegen Arbeitszimmer und Fotoatelier. Am anderen Ende sind die Schlafräume untergebracht.

Horta war ein perfektes und überraschend modernes Stadthaus gelungen. Er hatte jedes noch so kleine Detail selbst entworfen, von den Holzarbeiten über die Türgriffe bis hin zu den Glasfenstern, Mosaikböden und Möbeln.

Für dieses Kunstwerk, das zeitgenössische Kunst, Design, Kunsthandwerk und Architektur verbindet, wurden die neuesten bautechnischen Möglichkeiten genutzt. Das Zentrum des Hauses – Treppenhaus und Wintergarten – ist aus leichten Stahlelementen zusammengenietet, die sichtbar belassen wurden. Aus der Metallkonstruktion ranken vegetabile Formen hervor.

» Es gibt keine geraden Linien in diesem Entwurf; alle Linien sind gebogen. «

Victor Horta
über einen frühen Auftrag, 1889

Rasche Verbreitung

Auch viele andere Architekten ließen sich vom Jugendstil beeinflussen. Dieser neue Stil, der sich aus dem Arts and Crafts Movement entwickelte, war sowohl unbeschwert dekorativ als auch wirklich modern. Ebenfalls bemerkenswert war das Tempo, in dem er sich weiterentwickelte. Die Ästhetik der langen, wellenförmigen Peitschenschwünge, der fließenden Linien und Ranken wurde ab Anfang der 1880er-Jahre von jungen Künstlern, Kunsthandwerkern, Grafikern und Geschäftsleuten aufgenommen. Unter vielen verschiedenen Namen – Art nouveau in Belgien und Frankreich, Secessionsstil in Österreich, Stile Liberty in Italien, Nieuwe Kunst (Neue Kunst) in den Niederlanden, Modernisme in Spanien – verbreitete er sich von Brüssel aus rasch in ganz Europa, von dort aus bis in die USA und darüber hinaus, bevor der Erste Weltkrieg der Entwicklung ein jähes Ende bereitete. ■

Der Rückgriff auf **historische Stile** soll beendet werden.

Florale und organische Formen liefern Inspiration.

Anregung geht auch von **geometrischen Formen** aus.

Gedämpfte Farben werden bevorzugt.

Entstehung des Jugendstils

STADT UND LAND MÜSSEN SICH VERMÄHLEN

DIE GARTENSTADT

IM KONTEXT

THEMA
Stadtplanung

FRÜHER
451 v. Chr. Seinem Entwurf für Piräus, dem neuen Hafen von Athen, legt Hippodamos ein Rastersystem zugrunde.

1893 Daniel Burnham ist leitender Architekt der World's Columbian Exposition in Chicago. Sie liefert Anregungen für das City Beautiful Movement in den USA.

SPÄTER
1912 Der russische Architekt Wladimir Semjonow plant Prozorowka (heute Kratowo), eine Gartenstadt an der Bahnlinie Moskau–Kasan.

1913 Canberra, die australische Hauptstadt, wird nach dem Muster englischer Gartenstädte geplant.

1967 In Großbritannien wird die Planstadt Milton Keynes angelegt; nach 40 Jahren leben dort etwa 250 000 Menschen.

Im Jahr 1898 veröffentlichte der britische Sozialreformer Ebenezer Howard sein Buch *Tomorrow: A Peaceful Path to Real Reform* (dt.: *Gartenstädte in Sicht),* in dem er das Konzept der Gartenstadt entwickelte. Angesichts überfüllter Slums und Umweltverschmutzung in den britischen Industriestädten sowie der Armut in den ländlichen Gebieten propagierte er eine neue Lebensweise. Er plante sozial gemischte »Gartenstädte« auf dem Land, wo bis zu 32 000 Menschen die Vorzüge des Stadt- und Landlebens zugleich genießen sollten.

Die erste Versammlung der Garden City Association fand 1901 in Bournville, Birmingham, statt. Unter den Rednern befanden sich der Schokoladenfabrikant George Cadbury, ein Quaker, der kurz zuvor Bournville als Modellanlage für seine Arbeiter angelegt hatte, sowie der Schriftsteller George Bernard Shaw, ein Sozialist. Aus den Reihen der Architekten war Raymond Unwin anwesend, Mitglied von William Morris' Socialist League und Autor des Buches *The Art of Building a Home,* dass er mit Barry Parker verfasste.

Der Traum

1903 projektierten Unwin, Parker und eine Gruppe junger Architekten Letchworth Garden City, 53 km von London entfernt. In diesem Experiment übertrug man die handwerklichen Prinzipien von Arts and Crafts auf Wohnungen für die Arbeiterklasse. Das Ergebnis

Siehe auch: Italienische Hügelstädte 114 ▪ Die Idealstadt 115 ▪ Arts and Crafts 178–179 ▪ Expressive Massenquartiere 226–227 ▪ Vernacular Style 278–279 ▪ Grüne Architektur 292–299

Letchworth Anfang des 20. Jh. Der Ort ist von landwirtschaftlich genutzten Flächen umgeben und verfügt über eine Zugverbindung nach London – das Beste aus zwei Welten.

war ein Netz pittoresker Straßen, inspiriert von Christopher Wrens Plan für den Wiederaufbau der Londoner Innenstadt nach dem großen Brand von 1666. Ziegelhäuser verteilten sich großzügig um kleine Grünanlagen, in deren Mitte öffentliche Gebäude und Kultureinrichtungen – Rathaus, Theater, Konzerthalle, Bibliothek und Hospital – platziert waren. Die weitere Ausdehnung der Stadt wurde von einem »Grüngürtel« begrenzt.

Die Realität

Anders als geplant, zog Letchworth weder Arbeiter aus der Stadt an, noch ließen sich dort Landarbeiter nieder. Es kamen aber viele Menschen, die sich für die Ideale des Arts and Crafts Movement begeisterten – darunter Handwerker, Theosophen, Sozialisten, auch viele Vegetarier und Abstinenzler. Für die Londoner wurden Exkursionen organisiert, um die fortschrittlichen »Spinner« von Letchworth zu bestaunen.

Das Ideal von Letchworth verkörpern am besten die Häuser von Parker und Unwin, insbesondere zwei Doppelhaushälften, »Laneside« und »Crabby Corner«: Sie haben Flügelfenster, gemauerte Schornsteine und Walmdächer mit Gauben. Crabby Corner bekam einen dreistöckigen »Schlafturm«, dessen obere Fenster an warmen Abenden abgenommen werden konnten.

Solche Häuser überstiegen in der Regel die finanziellen Möglichkeiten der arbeitenden Klasse. Dennoch entstand 1920 nördlich von London Welwyn Garden City, und mit dem City Beautiful Movement breitete sich die Gartenstadtbewegung auch in den USA aus. Für die Stadtplanung sind die Leitlinien dieser beiden Bewegungen bis heute von Bedeutung. ■

Das Wachstum der Vororte

Anfang des 20. Jh. gab es in vielen Städten einen Mangel an Wohnraum für einfache Leute. Vom Ausbau der Verkehrsverbindungen profitierten nicht nur die Gartenstädte, er führte auch zur Zersiedelung der Landschaft. Auf preiswertem Baugrund am Rand der Städte wurden billige, gleichförmige Häuser errichtet. Das war genau das Gegenteil von dem, was Ebenezer Howard mit der Gartenstadtbewegung beabsichtigt hatte. In London entstanden in den 1930er-Jahren solche Siedlungen entlang der Metropolitan Railway, man verspottete sie als Metro-Land.

Das Phänomen der Zersiedelung breitete sich rund um die Großstädte auf der ganzen Welt aus, von Schanghai bis Mexiko-Stadt. Seit den 1950er-Jahren sollten vielerorts »Grüngürtel« das Wachstum der Städte begrenzen.

» Dort dringt die Stadt auf das Land; hier muss das Land in die Stadt dringen. «

Ebenezer Howard
Gartenstädte von morgen, 1902

MODERNE MODERNIS

1903–1970

UND
MUS

1903

Das 16-stöckige Ingalls Building in Cincinnati (USA) ist das erste **Hochhaus** aus **Stahlbeton.**

1910–1913

In New York entsteht das **Woolworth Building,** ein Hochhaus im Stil der **Neogotik**.

1919

Der deutsche Architekt Walter Gropius gründet das **Staatliche Bauhaus,** eine Schule, die Kunst und Handwerk verbinden soll.

1923/1927

Le Corbusier umreißt in »Fünf Punkte zu einer neuen Architektur« seine grundlegenden Gestaltungsprinzipien **moderner Architektur.**

1909–1910

Der amerikanische Architekt **Frank Lloyd Wright** baut mit Robie House in Chicago das erste seiner **Prairie-Häuser,** inspiriert von der Landschaft.

1908

In *Ornament und Verbrechen* fordert der österreichische Architekt Adolf Loos den **Verzicht auf überflüssige Ornamente.**

1921

Der expressionistische Architekt Erich Mendelsohn nutzt Stahlbeton für die skulpturale Form des **Einsteinturms** in Potsdam.

1928

In Schweden entwickelt Gunnar Asplund für die **Stockholmer Stadtbibliothek** einen reduzierten Klassizismus.

Die moderne Architektur entwickelte sich nach dem Ersten Weltkrieg (1914–1918), einem Konflikt, der 20 Mio. Menschen das Leben kostete, und der Spanischen Grippe (1918–1920), die mehr als doppelt so viele Opfer forderte. Als man begann, sich von diesen Verheerungen zu erholen, regte sich das Verlangen nach einer neuen und besseren Welt.

Eine neue Architektur entstand. Diese Moderne brachte große Fenster und offene Grundrisse, Licht, frische Luft und Hygiene hervor. Die Funktion eines Gebäudes rückte in den Vordergrund, das Vorkriegsdekor verschwand.

Architekten ließen sich von den neu entwickelten Materialien und der dynamischen, stromlinienförmigen Ästhetik moderner Automobile, Flugzeuge und Ozeandampfer inspirieren. Nach den Worten des schweizerisch-französischen Architekten Le Corbusier war das Haus eine »Maschine zum Wohnen«. Dieser Glaube an Effizienz bestimmte auch die Futuristen in Italien, und im Turiner Stadtteil Lingotto verkörperten die neuen Fiatwerke den Geist jener Zeit.

Unterschiedliche Ansätze

Ein weiteres Mantra der Moderne war *make it new,* und das erreichten die Architekten auf unterschiedliche Weise. Neue oder verbesserte Methoden und Materialien ermöglichten den Bau der ersten Wolkenkratzer mit Stahlskelett im frühen 20. Jahrhundert. Im New Yorker Stadtteil Manhattan, wo Grundstücke teuer waren, schien es wirtschaftlich sinnvoll, in die Höhe zu bauen. Dort wurde das 77-stöckige Chrysler Building im Art-déco-Stil errichtet. Mit seinen geometrischen Motiven und luxuriösen Materialien spiegelte der Art-déco-Stil den Wohlstand der 1920er-Jahre vor dem wirtschaftlichen Zusammenbruch. Mit dem Seagram Building entstand 1958 in New York der erste Wolkenkratzer mit Glasfassade, entworfen von dem deutschen Architekten Ludwig Mies van der Rohe.

Andere Architekten erkundeten die Horizontale. So entwickelte der in Wien geborene Richard Neutra – inspiriert durch Frank Lloyd Wright, dem Pionier des Prairie-Stils – in Kalifornien seine Form einer entspannten modernen Architektur, die zu den stilvollen und ansprechenden »easy-living«-Häusern führte, die zwischen 1945 und 1970 entstanden.

1928
Der sowjetische Architekt Moissei Ginzburg entwirft das Moskauer **Narkomfin-Gebäude** mit Wohnungen und Gemeinschaftsräumen.

1929
Ludwig Mies van der Rohe entwickelt für die Villa Tugendhat in Brünn (Brno, Tschechische Republik) einen **offenen Grundriss.**

1930
Fertigstellung des **Chrysler Buildings,** eines der berühmtesten **Art-déco-Wolkenkratzer** in New York.

1931
Neu-Delhi wird Indiens neue Hauptstadt. In der Architektur mischen sich **europäische, islamische** und **hinduistische** Einflüsse.

1936
Olympische Spiele in Berlin. Das **Olympiastadion** ist nach dem Vorbild des römischen Kolosseums gestaltet.

1952
In Großbritannien propagiert die **Independent Group** das Bauen mit Beton – es wird als **Brutalismus** bekannt.

1960
Die nach den Prinzipien von **Funktionalität und Effizienz** geplante neue brasilianische Hauptstadt **Brasília** wird eingeweiht.

1963
Die gerade fertiggestellte **Berliner Philharmonie** markiert eine Rückkehr zum **Expressionismus.**

Neue Ideen gab es auch in Europa und der UdSSR: In Deutschland suchte das von Walter Gropius gegründete Bauhaus nach der Synthese von Kunst, Handwerk und Industrie. Der Expressionismus forderte von der Architektur, emotionale Reaktionen hervorzurufen. In der Sowjetunion versuchte der Konstruktivismus die egalitären Ideale der russischen Revolution (1917–1923) zum Ausdruck zu bringen. Mit modernen Technologien wurden funktionale, aber fantasievolle Gebäude geschaffen, die auf soziale Bedürfnisse eingingen. Dem gleichen Anliegen widmeten sich in Finnland Alvar und Aino Aalto. Aber auch auf historische Stile griff man weiterhin zurück. Vor allem der Klassizismus war für öffentliche Gebäude in den europäischen Kolonien und in den USA nach wie vor beliebt. Die autoritären Regime von Hitler, Mussolini und Stalin machten ebenfalls gern davon Gebrauch. Mit einem neuen, reduzierten Ansatz hielt der Klassizismus Einzug in die Moderne.

Städte aus Beton

Nach dem Zweiten Weltkrieg (1939–1945) avancierte Stahlbeton zum bevorzugten Baumaterial des amerikanischen und schließlich des globalen Kapitalismus. Preiswert, schwer entflammbar und schallisolierend, galt er auch als Antwort auf die Wohnungsnot in Europa nach dem Krieg. Der rohe, von anti-elitärem Idealismus inspirierte Betonstil wurde als Brutalismus bekannt. In Brasilien bot sich die Gelegenheit, einige der Prinzipien des Brutalismus auf eine ganze Stadt anzuwenden. Brasília, die neue Hauptstadt des Landes, von dem Architekten Oscar Niemeyer geplant, wurde in funktionale Zonen für Wohnen, Freizeit, Arbeit und Verkehr unterteilt und war 1960 weitgehend fertiggestellt. Niemeyer machte sich das expressive Potenzial des Werkstoffs Beton ebenso zunutze, wie der finnisch-amerikanische Architekt Eero Saarinen, dessen TWA-Terminal mit seinen geschwungenen Formen ab 1962 die Reisenden am New Yorker Flughafen Idlewild empfingen.

Als Gebäude aus Beton die Großstädte zu dominieren begannen und ihre gewachsenen Zentren zerstörten, stand der Baustoff zunehmend für die Architektur der Moderne an sich. Es kam zu einer Gegenbewegung, und in den 1970er-Jahren befand sich die Moderne auf dem Rückzug. ■

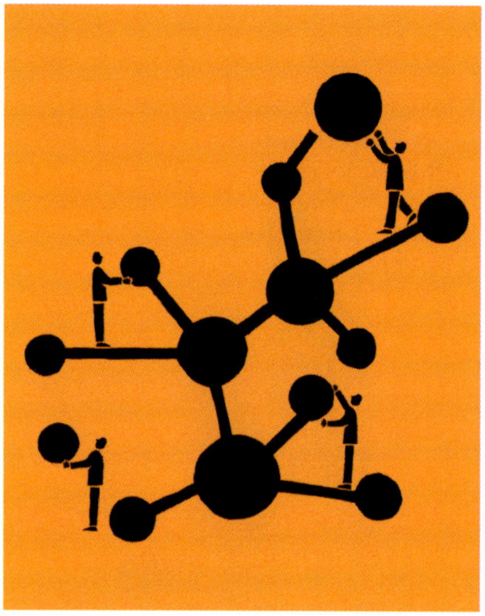

JEDES EINZELTEIL ERFÜLLT STRUKTURELLE AUFGABEN

DAS BETONSKELETT

IM KONTEXT

THEMA
Mit besseren Werkstoffen höher bauen

FRÜHER
126–128 n. Chr. Neugestaltung des Pantheons in Rom mit einer Kuppel aus Gussmörtel, einem unbewehrten Beton.

1824 Der britische Bauunternehmer Joseph Aspdin lässt Portlandzement aus Kalk und Ton patentieren.

1898 In Swansea (Wales) entsteht mit Weaver's Flour Mill das erste Gebäude mit Betonskelett in Europa. Es hat sechs Geschosse.

SPÄTER
1935 Der Hoover-Damm zwischen Arizona und Nevada (USA) ist die größte Betonkonstruktion der Welt.

2010 Fertigstellung des Burj Khalifa in Dubai. Das höchste Gebäude der Welt besteht aus Stahlbeton und gebündelten Stahlröhren.

Armierter Beton oder Stahlbeton war bereits seit einem halben Jahrhundert in Gebrauch, als 1903 in Cincinnati (USA) das 64 m hohe Ingalls Building mit seinen 16 Stockwerken fertiggestellt wurde. Es war eine Revolution in der Architektur, an deren Ende im 21. Jahrhundert Wolkenkratzer aus Stahlbeton stehen sollten, die mehr als 800 m hoch in den Himmel ragen. Dennoch war der Bau des Ingalls Building kein leichtes Unterfangen: Stadtverwaltung und Presse stellten die Verwendung von Beton infrage. Das Material war für Druckfestigkeit bekannt, aber wie stand es um die Zugfestigkeit? Müsste ein solches Gebäude bei starkem Wind oder einem Erdbeben nicht einstürzen?

Das Ingalls Building konnte rasch in die Höhe wachsen – jeden Monat um drei Stockwerke –, weil das Betonskelett vor Ort gegossen wurde.

Höher hinauf mit Beton

Zu den ersten Beispielen für den Gebrauch von armiertem Beton zählt das 1853 erbaute Wohnhaus in Saint-Denis, Paris, nach einem Entwurf von Theodore Lachez, ausgeführt von François Coignet. Ernest Ransome nutzte die Technik 1884 in größerem Maßstab für das Gebäude der Arctic Oil Works in San Francisco. Um das Skelett zu bauen, überzog er verdrillte Eisenstäbe mit Beton. Dennoch erreichten Anfang des 20. Jahrhunderts die höchsten Gebäude in dieser Bauweise nicht mehr als sechs Etagen. Mit 106 m um ein Vielfaches höher war das aus Beton erbaute Manhat-

Siehe auch: Schmiedeeisen 176–177 ▪ Der Wolkenkratzer 198–203 ▪ Le Corbusiers Spätwerk 250–251 ▪ Hochhäuser der Nachkriegszeit 252–253 ▪ Brutalismus 256–259

Beton hat große **Druckfestigkeit,** aber nur geringe **Zugfestigkeit.**

→ **Eingebettete Stahlstäbe** verbessern die Zugfestigkeit.

↓ Stahlbeton kann für einen **Rahmen** verwendet werden – das **Skelett** eines Gebäudes.

← Ein Betonskelett **ist stabil** und **schnell errichtet.**

↓ Beton ist **feuerfest.**

→ Er bietet nahezu vollkommenen **Schallschutz.**

↓ Gebäude in Betonskelettbauweise sind fast **schwingungsfrei.**

tan Life Insurance Building in New York (1894), aber es stützte sich auf ein Stahlskelett.

Henry N. Hooper, Ingenieur des Ingalls Building, war von Ransomes Betonskelettbauweise überzeugt, ebenso Melville Ingalls, der Hauptinvestor. Nach zweijährigen Auseinandersetzungen bekamen sie schließlich Recht. Der Bau wurde als monolithische Betonbox, mit 20 cm dicken Wänden und einem Betonskelett aus Säulen, Trägern, Fußboden- und Deckenplatten sowie Treppen – alle vor Ort gegossen – hochgezogen.

Feuer- und erdbebensicher

Das Bauen mit armiertem Beton hatte auch andere Vorteile: Das Ingalls Building kam mit einer Bauzeit von nur acht Monaten aus. Das Gebäude war feuersicher, wie im Jahr zuvor ein gewaltiger Brand in der von Ransome entworfenen Pacific Coast Borax Refinery in New Jersey gezeigt hatte: Das Skelett aus Stahlbeton blieb unbeschädigt. Ransomes Brücken und andere Bauten aus Stahlbeton in San Francisco sollten sogar das verheerende Erdbeben 1906 überstehen. Das Ingalls Building war außerdem vor Nagetieren sicher, geräuschgeschützt und vibrationsfrei.

Trotz all dieser Vorzüge des Betons durfte Hoopers Skelett nicht sichtbar bleiben. Das Architekturbüro Elzner and Anderson wurde beauftragt, das Ingalls Building zu verkleiden: weißer Marmor für die unteren drei Stockwerke, Etage vier bis 15 in grau glasierten Ziegeln. Der Turm wird von einem Attikageschoss im Beaux-Arts-Stil mit Gesims aus weiß glasierter Terrakotta gekrönt, das griechische Formelemente aufnimmt. ▪

Großer Brand

Die Verkleidung aus Marmor und glasierten Ziegeln am Ingalls Building hatte man nicht nur aufgrund ihrer optischen Qualitäten gewählt. Seit dem Großen Brand in Chicago 1871 wurden solche Werkstoffe für Neubauten in den Städten der USA empfohlen. Das Inferno hatte 17 500 Gebäude und 117 km Straßen zerstört, 300 Menschen getötet und über 90 000 obdachlos gemacht. Ein weiterer Großbrand 1874 zerstörte mehr als 800 Gebäude.

Die Reaktion auf die Brände revolutionierte in Chicago die Architektur. Dank der Verwendung feuerbeständiger Materialien zählte die Stadt Mitte der 1880er-Jahre zu den am besten geschützten. Zuerst waren mit Terrakottaziegeln verkleidete bis zu zehn Etagen hohe Bürogebäude entstanden, 1885 kam das ebenso hohe Home Insurance Building hinzu, entworfen von William LeBaron Jenney – das erste Gebäude der Welt in Stahlskelettbauweise. Gebäude mit Betonskelett erwiesen sich als nicht weniger feuersicher.

In einer Scheune nahm das Große Feuer von Chicago seinen Anfang. Bei trockenem, windigem Wetter breitete es sich rasch aus und zerstörte ein Drittel aller Häuser.

ORNAMENT IST VERGEUDETE ARBEITSKRAFT

PIONIERE DER MODERNE

IM KONTEXT

THEMA
Funktion versus Stil

FRÜHER
1854 Armierter Beton kommt erstmals zum Einsatz, als der britische Stuckateur William B. Wilkinson den Beton für ein Cottage mit Drahtseilen aus Eisen verstärkt.

1907 Gründung des Deutschen Werkbunds in München. Ziel ist die Verbindung von Kunst, Handwerk und Industrie.

SPÄTER
1937 Walter Gropius und Marcel Breuer kommen an die Harvard University Graduate School of Design (USA). Unter ihren Studenten ist Paul Rudolph.

1948 Auf dem Symposium *What is Happening to Modern Architecture?* im Museum of Modern Art in New York versuchen europäische und amerikanische Architekten die Debatte um Funktion und Stil beizulegen – mit wenig Erfolg.

Die Villa Müller zeigt ein kühnes, aber kryptisches Äußeres, das in krassem Gegensatz zu ihrem intimen und dekorativen Inneren steht.

»Das fehlen des ornamentes hat die übrigen künste zu ungeahnter höhe gebracht.«

Adolf Loos
Ornament und Verbrechen, 1908

In den ersten Jahrzehnten des 20. Jahrhunderts arbeiteten sich Architekten in Europa und den USA an denselben Fragen ab: Wie baut man im Industriezeitalter? Sollen Architekten sich noch mit Ornament, Kunsthandwerk und der Antike beschäftigen? Die Antworten fielen unterschiedlich aus und waren heftig umstritten. Die Arbeiten der Pioniere der Moderne waren oft eigenwillig und schwer einzuordnen, aber sie gaben den Ton und die Themen für nachfolgende Generationen vor. Bei der Beantwortung der Frage, wie wir leben sollten, sollte sich das private Wohnhaus als ergiebiges Experimentierfeld erweisen.

Das Ornament als Problem

Der österreichische Architekt Adolf Loos attackierte vehement die Verwendung von ornamentalen Schmuckelementen, wie sie in der europäischen Kunst seit Jahrhunderten üblich war. Von einer Reise in die USA kehrte er mit Eindrücken zurück, die ihm die Architektur in Wien spießig und oberflächlich erscheinen ließen. Im Jahr 1908 argumentierte er in *Ornament und Verbrechen,* der kulturelle Fortschritt sei von der Beseitigung überflüssiger Verzierungen abhängig. »Da das ornament nicht mehr ein natürliches produkt unserer kultur ist, also entweder eine rückständigkeit oder eine degenerationserscheinung darstellt, wird die arbeit des ornamentikers nicht mehr nach gebühr bezahlt«, schrieb er. Loos war streitlustig und seine Argumentation nicht frei von fragwürdigen Hypothesen.

Siehe auch: Die industrielle Revolution 160–163 ▪ Arts and Crafts 178–179 ▪ Expressionismus 212–215 ▪ Funktionalismus 220–225 ▪ Elementare Architektur 228–229 ▪ Minimalistisch bauen 230–231 ▪ Amerikanische Moderne 246–247 ▪ Brutalismus 256–259

» Ich entwerfe keine Grundrisse, Fassaden, Aufrisse, ich entwerfe Räume. «

Adolf Loos
im Gespräch, 1930

Er war dreimal verheiratet und erregte 1928 öffentliches Aufsehen, als ihm wegen »Verführung zur Unzucht« einer Minderjährigen der Prozess gemacht wurde.

Introvertierte Häuslichkeit

Loos' Ideen kommen in seinen Entwürfen zum Ausdruck. Hinter Fassaden von dramatischer Kargheit verbargen sich spannungsreiche Innenräume, die seine polemischen Aussagen relativieren. Anstatt das Ornament vollständig zu verbannen, beschränkte er es auf den privaten, inneren Bereich – es sollte nichts sein, das öffentlich »hergezeigt« wurde. Das ist auch in der Villa Müller in Prag augenfällig, fertiggestellt 1930 für František Müller, der passenderweise Mitbesitzer eines Unternehmens war, das Stahlbeton herstellte.

Das schlichte, fast würfelförmige Haus hat tragende Wände aus Beton, die oben eine Dachterrasse rahmen. Eine solch kühne Verwendung von Stahlbeton – wenn auch mit Verputz überzogen – war genau die revolutionäre Anwendung, die dem Bauherrn vorschwebte. Und damit sollte Loos noch Jahrzehnte später die Architektur des Brutalismus beeinflussen.

Obwohl seine strengen Formen eine radikale Abkehr von der überlieferten Ästhetik markierten, ließ sich Loos von der antiken Tradition und ihren Vorstellungen von Symmetrie und Proportion leiten. So gibt es in der Villa Müller die Andeutung eines Gesimses sowie einen säulenartigen Vorsprung, der sich über die ganze Fassade zieht – Loos' Absage an das Ornament war also nicht gleichbedeutend mit der Ablehnung antiker Vorbilder. In seinem Essay *Ornament und Erziehung* von 1924 schreibt Loos, »Der zeichenunterricht hat vom klassischen ornament auszugehen.« Und mit diesem Verweis auf das ehrwürdige Erbe der Antike war er weit davon entfernt, einem modischen Trend nachzulaufen.

Der Raumplan

Im Inneren der Villa Müller zeigt sich eines der gelungensten Beispiele für das, was Loos »Raumplan« nannte. Während andere Architekten einen freien und offenen Grundriss bevorzugten, spielte Loos mit den Beziehungen zwischen den einzelnen Räumen und Ebenen. Seiner Meinung nach verlangt jeder Raum eine andere Höhe. Und so sind die Innenräume der Villa Müller aufgeteilt und spielen mit dem Sehen und gesehen werden, und das nicht »

Raumplan nennt Loos sein Konzept der sinnlichen Raumerfahrung. Was von außen wie eine funktionale Box wirkt, ist in der Villa Müller durch Raumhöhe, Bodenniveau und Wegführung sorgsam differenziert.

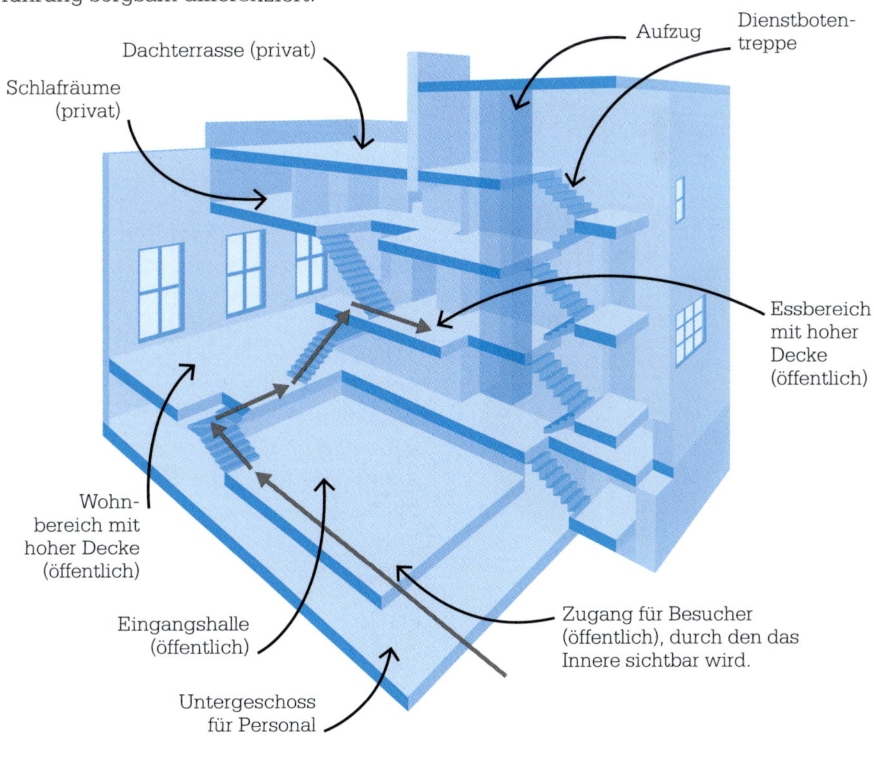

Das Bauhaus

Gegründet 1919 in Weimar von dem deutschen Architekten Walter Gropius, sollte das Staatliche Bauhaus in Dessau eine innovative neue Ausbildungsstätte werden, die freie und angewandte Kunst und Architektur zusammenführte. Die »Meister« lehrten Metallarbeit, Weben, Typografie und Malerei und gehörten auf ihrem jeweiligen Gebiet zur Speerspitze der Avantgarde. Die Schule stand bald im Zentrum künstlerischer Debatten und bestimmte die Agenda der Moderne weltweit. Als Gropius 1928 zurücktrat, folgte ihm Hannes Meyer als Direktor, gab das Amt jedoch 1930 auf, als die Nazis die Schule als Brutstätte des Kommunismus verunglimpften. Der deutsche Architekt Ludwig Mies van der Rohe wandelte das Staatliche Bauhaus in eine Privatschule um. Bei der Schließung 1933 hatte es sich von seinen handwerklichen Wurzeln entfernt und beschäftigte sich zunehmend mit der industriellen Massenproduktion.

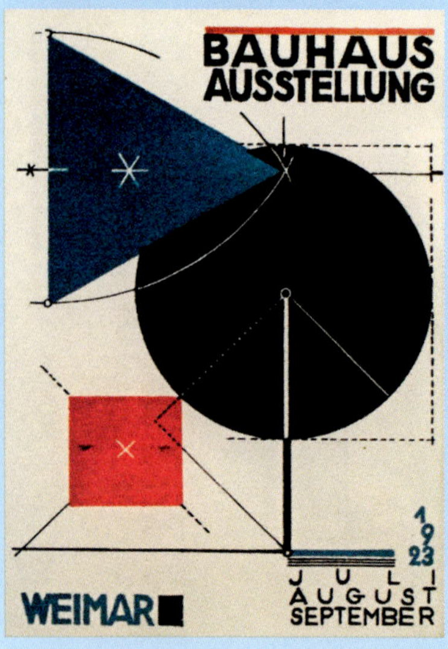

Neue Organisationen versuchen **industrielle Methoden und traditionelles Handwerk zusammenzuführen.**

Den Modernisten in Europa gilt das **Ornament als überflüssig,** die Funktion steht an erster Stelle.

Die Modernisten in den USA entwickeln einen **naturalistischeren, handwerklich orientierten** Ansatz.

Nach den Schrecken des Ersten Weltkriegs werden diese Tendenzen verstärkt eingesetzt, um **eine bessere Zukunft zu bauen.**

In Europa greift der **Modernismus zu Standardisierung und Massenproduktion,** angeführt vom Bauhaus.

In den USA entsteht moderne Architektur, die **von der Landschaft inspiriert und in ihr verwurzelt ist.**

Beide Entwicklungen fokussieren sich auf modernes, gesundes Wohnen, auf Effizienz, **natürliches Licht und offene Grundrisse.**

nur von innen nach außen – etwa durch Einschnitte in den Mauern der Dachterrasse – sondern auch innerhalb des Hauses, wo »voyeuristische« Beziehungen Einblicke zwischen den Bereichen ermöglichen.

Aus diesen dynamischen Bezügen erklärt sich auch die Anordnung der Fenster der Villa Müller. Sie scheinen wahllos verstreut zu sein, dennoch erfüllt jedes Fenster einen bestimmten Zweck. Ihre Anordnung folgt keinem Muster, sondern orientiert sich an ihrer Funktion im Inneren. Für die Innenausstattung wählte Loos Holz, Seide und Marmor. Schwere Verdunkelungsvorhänge schaffen im Zusammenspiel mit den unterschiedlichen Ebenen und Deckenhöhen unterschiedliche Stimmungen und schließen die Außenwelt aus.

Organische Architektur

Loos' Häuser waren introvertiert und zeigen nach außen nicht viel mehr als einen Betonwürfel. Viele moderne Architekten – vor allem in den USA – bedauerten dagegen, dass ihre Gebäude zu wenig Bezug zur Umgebung hatten. Der Amerikaner Frank Lloyd Wright sah die Lösung in einer »organischen Architektur«, von ihm als eine Architektur definiert, die »mit dem Boden vermählt« ist und in Übereinstimmung mit der Landschaft »von innen nach außen« entwickelt wird. Für Wright war das die weite, ebene Prairielandschaft von Illinois, wo er mit gleichgesinnten Architekten, die als Prairie School bekannt wurden, einen eigenständigen Stil entwickelte.

Wegweisend für die Prairie School – und Lehrer vieler ihrer Mitglieder – war der amerikanische Architekt Louis Sullivan, der eines der bleibenden Mantras der Moderne geprägt hat: *Form follows function*. Das war allerdings kein Plädoyer für rationales, industrialisiertes Design. In der Nachfolge des Arts and Crafts Movement ging es der Prairie School um Gebäude, die Funktionalität mit Schönheit verbinden, um natürliche Materialien wie Ziegel und Stein anstelle von Beton.

Authentisch amerikanisch

Der Prairie-Stil war modern, unterschied sich aber von der europäischen Moderne. Er sollte authentisch amerikanisch sein, die Erschließung der riesigen Gebiete der noch jungen Nation, das neue kulturelle Selbstbewusstsein und die industrielle Leistungsfähigkeit reflektieren. Wrights Robie House in Chicago, 1909/10 entstanden, illustriert diesen Stil. Seine langgestreckten Dachflächen – inspiriert von der weiten Ebene, in der es liegt – verleihen dem Haus Leichtigkeit und Dynamik; große Bereiche kragen nach außen vor und beschatten darunter liegende Terrassen. Trotz der massiven Ziegelverkleidung wirkt es leicht.

Dreh- und Angelpunkt für die Innenaufteilung ist ein großer Kamin in der Mitte des Hauses mit Feuerstellen für vier verschiedene Räume. Die offenen, langgestreckten Grundrisse scheinen aneinander vorbei zu gleiten und trennen geschickt Nutz- und Wohnbereiche.

Im Einklang mit den Grundsätzen von Arts and Crafts wurde jedes Element des Hauses sorgsam gestaltet, auch die Innenausstattung. Darin verschmelzen aus der Natur bezogene Inspirationen mit einem Ansatz, der auf den Art-déco-Stil hindeutet: Details aus edlem Holz und Glasarbeiten mit stilisierten Landschaftsdarstellungen.

> »Kein Haus sollte jemals auf einem Hügel stehen … Es sollte aus dem Hügel hervorgehen. Zu ihm gehören. Hügel und Haus sollten zusammenleben, einer um so glücklicher mit dem anderen.«
>
> **Frank Lloyd Wright**
> *An Autobiography,* 1932

Eine Synthese

Der Prairie-Stil war auch in Europa einflussreich, obwohl seine eher sentimentalen, romantischen Züge eine Art Gegenpol zu Loos und den europäischen Konzepten bildeten. Schließlich konnten die Architekten zwischen einer freieren, individuelleren amerikanischen Moderne und einer strengeren europäischen wählen, und nicht nur Wright versuchte, die unterschiedlichen Ansätze zu vereinen. In Deutschland bemühte sich das von Walter Gropius gegründete Bauhaus (siehe Kasten links) – letztlich erfolglos –, die Kluft zu überwinden, die die moderne Technik zwischen Handwerker, Künstler und Architekten getrieben hatte. Während es für Wright keinen Grund gab, weshalb Ornament, Natur und Landschaft nicht harmonisch mit Technik und Funktion zusammenfinden konnten, sollte der Wettstreit zwischen handwerklicher und industrieller Produktion die Moderne noch bis weit in die Mitte des 20. Jahrhunderts prägen. ■

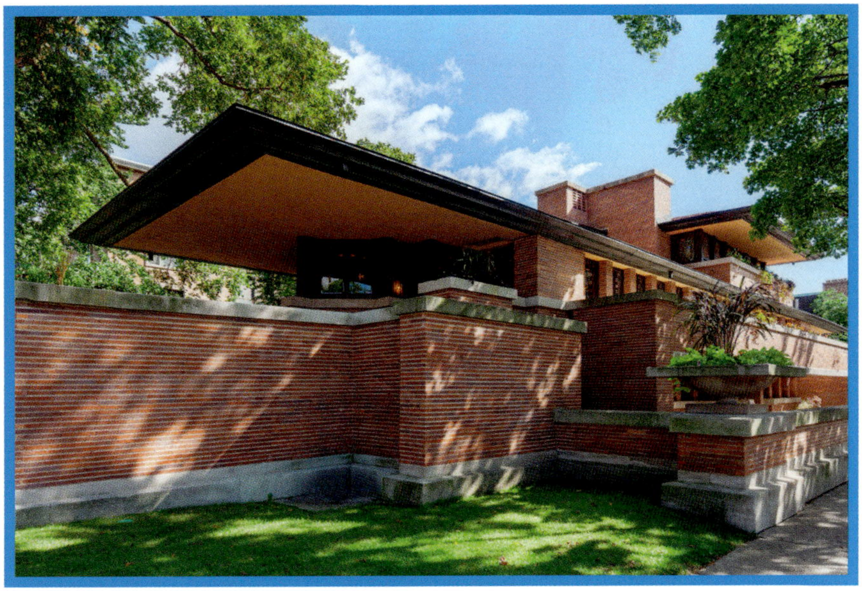

Robie House in Chicago, entworfen von Frank Lloyd Wright, zeigt zwar die Strenge und Funktionalität der Moderne, wirkt aber dennoch geerdet und harmonisch.

WIE EIN GOTT TRAT MAN IN DIE STADT EIN

RÜCKGRIFFE

IM KONTEXT

THEMA
Historistische Tendenzen

FRÜHER
1785–1820 US-Präsident Thomas Jefferson, der sich auch mit Architektur beschäftigt, propagiert den Federal Style – monumentale Bauten im klassizistischen Stil.

1890er-Jahre Gründung des City Beautiful Movement in den USA als Antwort auf die sozialen Probleme durch überfüllte Mietshäuser.

SPÄTER
1965 Verabschiedung des New York Landmarks Law; es soll die Erhaltung und Bewahrung des architektonischen Erbes der Stadt sicherstellen.

2020 US-Präsident Donald Trump ordnet an, dass alle neuen Regierungsgebäude im neoklassizistischen Stil gestaltet werden sollen, eine Entscheidung, die Präsident Joe Biden 2021 aufhebt.

Die Moderne hatte viele Gesichter, aber in einem bestand Einigkeit: Die Umwälzungen der industriellen Revolution und des Ersten Weltkriegs erforderten einen radikalen Bruch mit den Baustilen der Vergangenheit.

Doch es gab auch Architekten, die einen solchen Bruch ablehnten und historische Stile aufgriffen.

Der Historismus **nutzt historische Stile** …

↓

… um **die Größe vergangener Zivilisationen** oder die **nationale Identität** zu beschwören.

↓

Mit der Formensprache der Vergangenheit werden die **Errungenschaften der modernen Zeit** gefeiert.

Manche übernahmen einen einzelnen historischen Stil wie den Klassizismus für ein neues Gebäude, denn oft sollten damit Vorstellungen von Macht und Größe beschworen werden. Andere kombinierten verschiedene historische Elemente zu einer eklektischen Mischung. Der Rückgriff auf historische Stile wird Historismus genannt.

Ein neuer Klassizismus

In den USA, wo die europäische Moderne nur langsam Fuß fasste, griff man für öffentliche Gebäude noch bis in die Mitte des 20. Jahrhunderts gern auf historische Stile zurück. Darin vermischte sich der amerikanische Imperialismus eines Thomas Jefferson, der die Freiheit in die Welt hinaustragen wollte, mit dem wiedererwachten Interesse an der Antike und dem neoklassizistischen Beaux-Arts-Stil.

Für die Pennsylvania Station in New York, 1910 fertiggestellt, ließ sich das Büro McKim, Mead and White von den römischen Caracallathermen inspirieren (um 216 n. Chr.). Der Bahnhof bekam eine eindrucksvolle Kolonnade in klassisch dorischer Ordnung, große Portiken an beiden Ecken führten in geräumige Wartesäle – einer

Siehe auch: Die Säule 26–33 ▪ Eklektizismus 172–173 ▪ Pioniere der Moderne 190–195 ▪ Der Wolkenkratzer 198–203 ▪ Expressionismus 212–215 ▪ Architektur als politisches Statement 238–241

für Ankommende, einer für Abreisende –, die zu den größten öffentlichen Räumen in der Stadt zählten. Mit italienischem Travertin verkleidet, sollten sie das Reisen und das Stadtleben nobilitieren. Die darunter liegende Bahnhofshalle hatte Gewölbe aus Stahl und Glas.

Unerwartete Paarungen

Die Antike war nicht die einzige Inspirationsquelle für diese Art von Historismus. Beim Woolworth Building (1913) in Manhattan verband der amerikanische Architekt Cass Gilbert Moderne und Gotik zu einem Stil, der auch als American Perpendicular bezeichnet wird. In Chicago zeigt sich der Tribune Tower (1925), von Howells & Hood in einem ähnlichen Stil entworfen, von gotischen Strebepfeilern bekrönt.

Auch in Europa waren historisierende Stile populär. So ließ sich in Großbritannien James West 1933 für das Royal Air Force College in Cranwell von Christopher Wrens Royal Chelsea Hospital inspirieren.

In Skandinavien – wo die Loslösung Norwegens von Schweden 1905 und Finnlands von Russland 1917 den Nationalismus beflügelte – verbreitete sich ein nationalromantischer Stil, der historische Motive mit moderner Technologie und Ideen verbindet. In Schweden finden sich in Ragnar Östbergs Stockholmer Rathaus (1923) in den Kolonnaden, Türmen und Innenräumen gotische, romanische und byzantinische Motive, die das Venedig des 15. Jahrhunderts zitieren. Sie ist ebenfalls eine Stadt auf einer Insel. ■

Pennsylvania Station sollte das Zeitalter des Eisenbahnbaus verherrlichen, erwies sich aber als kostspielig im Unterhalt. Die oberirdischen Anlagen wurden 1963 abgerissen.

» Die mageren, strengen Entwürfe des Ingenieur-Architekten vermögen niemals die fundamentalen, spirituellen und intellektuellen Bedürfnisse des Menschen zu befriedigen. «

Ralph Thomas Walker
amerikanischer Architekt
(1889–1973)

DEMONSTRATION VON KRAFT, ENTSCHLOSSENHEIT UND GEIST

DER WOLKENKRATZER

IM KONTEXT

THEMA
In den Himmel bauen

FRÜHER
um 2550 v. Chr. Die Cheopspyramide in Giseh (Ägypten) erreicht 147 m Höhe; sie ist für mehr als 3800 Jahre das höchste Gebäude der Welt.

um 1400 v. Chr. Nach dem jüdischen *Buch der Jubiläen* war der legendäre Turm zu Babel 5433 Cubit und 2 Handbreit hoch (2484 m) – dreimal so hoch wie das Burj Khalifa.

um 1220 n. Chr. Der Bergfried von Château de Coucy in der Picardie (Frankreich) ist mit 55 m der höchste Tum, der im Mittelalter gebaut wurde.

1439 Fertigstellung des Straßburger Münsters (Frankreich); die Turmspitze erreicht 142 m Höhe.

1874 Mit 147,3 m Höhe ist der Turm von St. Nikolai in Hamburg das höchste Bauwerk der Welt.

SPÄTER
1956 Frank Lloyd Wright entwirft für Chicago The Illinois, einen 1609 m hohen Wolkenkratzer, der nie gebaut wurde.

1973 Die Zwillingstürme des World Trade Center in New York, 417 m bzw. 415 m hoch, sind fertiggestellt; im September 2001 werden sie bei einem Terroranschlag zerstört.

2010 Mit 828 m ist der Burj Khalifa in Dubai das höchste Gebäude der Welt.

Im ersten Jahrzehnt des 20. Jahrhunderts sahen die Immigranten, die New York mit dem Schiff erreichten, hinter der Freiheitsstatue die ersten Wolkenkratzer von Manhattan, darunter das dreieckige Flatiron Building, 86,9 m hoch, 1902 fertiggestellt, und das Singer Building (Firmensitz des Nähmaschinenherstellers), dessen 41-stöckiger Bau mit seinen 187 m Höhe gerade einmal ein Jahr lang das höchste Bauwerk der Welt war – 1908 bis 1909. Dann ergänzte die Metropolitan Life Insurance Company ihre Zentrale an der Madison Avenue um einen 210 m hohen Turm. Bereits 1912 wurde er vom Woolworth Building übertroffen,

Das Flatiron Building, hier ein Foto von 1903, wurde von Daniel Burnham im Stil der Neorenaissance für das dreieckige Grundstück entworfen.

Siehe auch: Die Pyramiden 22–25 ▪ Gotik 74–81 ▪ Die industrielle Revolution 160–163 ▪ Neogotik 164–167 ▪ Schmiedeeisen 176–177 ▪ Das Betonskelett 188–189 ▪ Art déco 232–233 ▪ Hochhäuser der Nachkriegszeit 252–253 ▪ Sensationalismus 300–303

einem Aufsehen erregenden neuen Wolkenkratzer, der bald »Kathedrale des Kommerzes« genannt wurde; mit seinen 241 m Höhe konnte er den Titel bis 1930 verteidigen.

Erste hohe Häuser

Der Begriff *skyscraper* (»Wolkenkratzer«) kam Ende der 1880er-Jahre in den USA auf, als neue Gebäude, zumeist in Stahlskelettbauweise, zum ersten Mal zehn Stockwerke erreichten. Jahrhundertelang hatte es kaum Wohn- oder Geschäftshäuser gegeben, die höher als acht Etagen waren. Was weiter in den Himmel ragte, abgesehen von den Türmen der Kirchen und Kathedralen, galt als *sky-scraping*. Hohe Gebäude waren immer schon teuer und technisch anspruchsvoll, und bevor es Aufzüge gab, waren sie als Geschäftshäuser eher unpraktisch.

In den USA boomte in den 1870er-Jahren die Wirtschaft, was die Bautätigkeit anheizte, insbesondere in New York und Chicago. Chicago musste nach Großbränden in den 1870er-Jahren wieder aufgebaut werden, und dort entstanden die ersten sogenannten *skyscrapers*. Es waren große rechteckige Konstruktionen mit Betonskelett, antikisierendem Gesims und einer Ornamentik im Beaux-Arts-Stil. 1892 wurde in Chicago die maximale Höhe für neue Gebäude auf 46 m beschränkt – so sollte der Lichteinfall bis zum Straßenniveau garantiert werden. In New York setzten sich kommerzielle Interessen durch. Im Zentrum lag Manhattan auf einer schmalen Insel mit einem Untergrund aus Granit – ideal, um tiefe Fundamente zu gründen. Um 1890, mit wachsender Bevölkerungszahl, wenig Bauplatz und astronomischen Grundstückspreisen begannen die Gebäude immer weiter in die Höhe zu wachsen. 1910 erteilte der Kaufhauskönig Frank Woolworth den Auftrag für den ersten echten Wolkenkratzer: ein himmelstürmendes Gebäude, das sich nach oben hin verjüngt.

Die US-**Wirtschaft boomt** und das Geschäftsviertel in **Manhattan** wird **immer dichter bebaut.**

→ Bei **steigenden Grundstückspreisen** verspricht Höhenwachstum den Bauunternehmern gute Renditen.

→ Es lohnt sich, in **Ingenieurleistungen** zu investieren, um die Probleme des Hochhausbaus zu lösen.

→ **Neue Techniken** für tiefere Fundamente, stärkere Stahlskelette und sichere Aufzüge werden entwickelt.

→ In Manhattan wachsen neue **Wolkenkratzer immer höher in den Himmel** und auch in anderen Städten weltweit entstehen Hochhäuser.

»Ein Wolkenkratzer ist eine Maschine, die den Boden profitabel macht.«

Cass Gilbert
Record and Guide of New York, 1900

Die Arbeit beginnt

Woolworth wusste ganz genau, was er wollte. Es sollte das höchste Gebäude der Welt werden und im Stil der Neogotik den Victoria Tower des Londoner Westminster Palace zitieren, mit vielen Stockwerken vermieteter Bürofläche über einem beeindruckenden Eingangsbereich. Als Architekten wählte er Cass Gilbert, der sich 1905 mit der Vollendung des Minnesota State Capitol einen Namen gemacht hatte. Es war im Beaux-Arts-Stil errichtet und mit einer Kuppel nach dem Vorbild des Petersdoms bekrönt. Im Herzen ein Klassizist – sein letztes Projekt war der Supreme Court in Washington, D.C., in Gestalt eines griechischen Tempels – wusste Gilbert gleichwohl, dass gotische Architektur auf Vertikalität basiert. Als Ingenieure beauftragte er Gunvald Aus und Kort Berle, mit denen er bereits am Minnesota State Capitol zusammengearbeitet hatte.

In den 20 Jahren zuvor hatte man viel darüber gelernt, wie hoch ein Gebäude gebaut werden konnte, ohne dass es instabil wurde. Man hatte erforscht, welche Windkräfte »

Ein Kupferdach, das sich zu einer verzierten Spitze verjüngt, mit Wasserspeiern und Maßwerk geschmückt, krönt das 58-stöckige Woolworth Building.

auf die Architektur einwirken, und wusste, dass Windgeschwindigkeit und -stärke mit der Höhe zunehmen. Wasserfeste Fundamente aus Stahl und Beton konnten nun 37 m tief in dem Granitsockel versenkt werden, um die Höhe und das Gewicht des Gebäudes zu tragen. Sicherheitsaufzüge (siehe Kasten rechts) wurden getestet. Aber es gab auch zahlreiche neue Herausforderungen zu meistern: Wohin mit dem Abwasser? Wie lassen sich 12 000 Menschen im Notfall schnell in Sicherheit bringen? Wie bringt man heißes und kaltes Wasser auf alle 58 Etagen? Und wie konnte man ein Gebäude dieser Größe beheizen und kühlen? Das Woolworth Building sollte der erste Wolkenkratzer mit einer eigenen kohlebefeuerten Dampfmaschine zur Stromerzeugung sein. Die Bauzeit betrug gut zwei Jahre, dann war alles fertig, auch die Wasserspeier aus Terrakotta, das Observatorium im 57. Stock und der Swimmingpool ganz unten. In der mit gelbem Marmor vertäfelten Lobby gab es Mosaike sowie Gipsfiguren von Gilbert mit einem Modell des Gebäudes, von Aus beim Maßnehmen und von Woolworth selbst, der mit Münzen spielt.

Gotische Formelemente, insbesondere im oberen Bereich des Turms, waren übergroß dimensioniert, um sie sichtbar zu machen. Mit zunehmender Höhe wird der Turm immer schlanker, es gibt Rücksprünge nach dem 30., 45. und 50. Stockwerk, die dem Turm eine treppenartige Form verleihen. Ganz oben thront ein fünfstöckiger pyramidenartiger Dachaufbau, mit Kupfer gedeckt und von einer Turmspitze gekrönt. Die abgestufte Form war ihrer Zeit voraus; ab 1916 gab es in New York Gesetze, die genau das forderten, damit angrenzende Gebäude und Straßen genug Licht bekamen. Diese Vorschriften wirkten sich auch auf die Form der höheren Art-déco-Wolkenkratzer in Manhattan aus – insbesondere das 77-stöckige Chrysler Building (1928) mit seiner abgestuften Krone und das 102-stöckige Empire State Building (1930).

Großer Erfolg

Die Kosten für das Woolworth Building beliefen sich auf etwa 13,5 Mio. Dollar (heute etwa 332 Mio. Euro), davon 5 Mio. Dollar für das Grundstück. Woolworth kaufte das Grundstück und steckte weitere 5 Mio. Dollar in das Projekt, den Rest finanzierten Investoren. Zum Eröffnungsdinner, das im 27. Stock stattfand, erschienen 900 VIPs, Präsident Woodrow Wilson schaltete von Washington aus die Beleuchtung ein.

Das neue Gebäude enthielt mehr als 2000 Büros, erschlossen durch 34 Aufzüge, und über eine Treppe gelangte man direkt in die U-Bahn-Station Park Place. Woolworth selbst nutzte nur eineinhalb Etagen für Büros. In den übrigen mieteten sich Dutzende kleine bis mittelgroße Unternehmen ein, darunter viele aus dem neuen Technologie- und Dienstleistungssektor. Hinzu kamen große Firmen, darunter mehrere amerikanische Eisenbahngesellschaften.

Das Gebäude fand sofort großen Zuspruch, *The Wall Street Journal* nannte es »einzigartig und eines der schönsten der Welt«. Vor Kurzem renoviert, beherbergt es heute eine Mischung aus Büros und teuren Wohnungen.

Ein Goldenes Zeitalter

Woolworth starb 1919, kurz nach dem Ersten Weltkrieg, aber sein Architekt Gilbert erlebte das Goldene Zeitalter der Wolkenkratzer in den späten 1920er- und 1930er-Jahren noch mit. Gilbert war als Berater an der Planung des Rockefeller Center beteiligt, eines Ensembles von Wolkenkratzern, das zu den besten in Manhattan zählt: Errichtet zwischen 1930 und 1939, fügt sich der vertikale Komplex scheinbar nahtlos in das horizontale Straßengitter ein, mit Luxusgeschäften, Arkaden und Restaurants, die im Erdgeschoss der Hochhäuser untergebracht waren.

Die Skyline von Manhattan ist heute ein wahres Gebirge aus Hochhäusern, akzentuiert von den Spitzen der berühmtesten Art-déco-Wolkenkratzer. Im Lauf der mehr als 100 Jahre, seit das Woolworth Building Gestalt annahm, haben sich Wolkenkratzer in verschiedenster Form immer weiter in die Höhe gestreckt und den Charakter und das Erscheinungsbild von Innenstädten auf der ganzen Welt verändert. ■

> »Die Wolkenkratzer in New York sind romantisch, eine stolze Geste . . . aber die Straße wurde getötet und die Stadt in ein Irrenhaus verwandelt.«
>
> **Le Corbusier**
> Vortrag, 1935

Das marmorne Treppenhaus in der spektakulären Lobby des Woolworth Building führt in ein Mezzaningeschoss mit farbig verglastem Oberlicht.

Sichere Aufzüge

Hochhäuser wären undenkbar ohne sichere Aufzüge. Schon Anfang des 19. Jh. gab es dampfbetriebene Vorrichtungen für den Transport von Waren, aber erst in den 1850er-Jahren kam Elisha Otis auf die Idee, dass man auch Menschen auf diese Weise befördern könnte. Der amerikanische Erfinder arbeitete damals in einer Fabrik für Bettgestelle in Yonkers, New York. Er entwickelte eine Sicherheitsvorrichtung, die einen Aufzug sofort zum Stillstand bringen konnte, sollte das Tragseil reißen.

Mit einem Assistenten, der das Tragseil über ihm durchtrennte, führte Otis 1854 auf der New Yorker Exhibition of the Industry of all Nations sein Sicherheitssystem vor. Sein erster kommerzieller Aufzug wurde 1857 in einem New Yorker Geschäft installiert. Ein Konkurrent namens Otis Tufts meldete 1859 ein Patent für einen geschlossenen Personenaufzug an, aber es war das zwei Jahre später patentierte Modell von Elisha Otis, das sich durchsetzte.

Otis verbeugt sich, nachdem das Tragseil durchtrennt wurde. Er demonstrierte die Sicherheit seiner Konstruktion im Crystal Palace der New Yorker Weltausstellung 1854.

SICHTBARES SYMBOL DER MACHT

DAS ERBE DES EMPIRES

IM KONTEXT

THEMA
Der Kolonialherrschaft Gestalt verleihen

FRÜHER
1858 Indien wird direkt der britischen Krone unterstellt.

1888 Der britische Architekt Frederick William Stevens stellt den Victoria Terminus (heute Chhatrapati Shivaji Terminus) in Bombay (Mumbai) fertig.

SPÄTER
1947 Mit dem Inkrafttreten des Indian Independence Act endet endgültig die britische Herrschaft über Indien.

1989 Abschluss der ersten Restaurierung des Rashtrapati Bhavan (Haus des Vizekönigs) durch die indische Architektin Sunita Kohli.

2019 Start des Central Vista Redevelopment Project in Neu-Delhi zur Erneuerung des von Edwin Lutyens angelegten Regierungsviertels.

Kolonialmächte bedienen sich in den eroberten Gebieten **tradierter europäischer Architekturstile** als **Zeichen der Autorität.**

Die **klimatischen** und geologischen Bedingungen in den Kolonien erfordern die Nutzung lokaler Baustoffe sowie bauliche **Modifikationen.**

Wichtige neue Gebäude zitieren **Elemente einheimischer Architektur** als Zeichen der Integration.

Neue, hybride Architekturstile entstehen.

Im späten 19. und frühen 20. Jahrhundert blühte das britische Kolonialreich. Seine Macht wurde in imponierenden Residenzen, Verwaltungsgebäuden und Bahnhöfen manifestiert. In Kolonien wie Australien und Neuseeland war der Georgian Style beliebt, in Kanada gab man der Hochgotik den Vorzug, während in den USA der Neoklassizismus favorisiert wurde. Indien, zu dessen architektonischem Erbe das berühmte Tadsch Mahal gehört, erwies sich für die Briten als besondere Herausforderung. Hier errichteten sie Regierungsbauten in einer Stilmischung aus europäischer Antike, islamischen Kuppeln und hinduistisch inspirierten Ornamenten.

Die Verlegung der indischen Hauptstadt von Kalkutta (heute Kolkata) nach Delhi 1911 war Anlass für ein ambitioniertes Bauprogramm.

Siehe auch: Islamische Inspiration 58–63 ▪ Indische Tempel 68–69 ▪ Das Mogulreich in Indien 134–137 ▪ Klassizismus 150–153 ▪ Rückgriffe 196–197 ▪ Architektur als politisches Statement 238–241 ▪ Italienischer Faschismus 242–245

» Die neue Stadt musste wahrhaft imperial sein und das Erbe der vielen antiken Hauptstädte, die zuvor an dieser Stelle errichtet worden waren, in sich aufnehmen. «

Aseem Inam
in *The Emerging Asian City*, 2012

Neu-Delhi sollte die Krönung der kolonialen Architektur werden und ein Symbol der Macht, aber der Weg dahin war lang und mühsam. Als 1931 endlich die Einweihung gefeiert werden konnte, hatte das britische Weltreich seinen Zenit bereits überschritten und sah sich wachsendem Widerstand indischer Nationalisten gegenüber.

Einflüsse mischen sich

Die britischen Architekten Edwin Lutyens und Herbert Baker wurden beauftragt, die neue Stadt zu planen. Lutyens, der einen schnörkellosen Klassizismus bevorzugte, präsentierte zunächst Entwürfe in der europäischen Tradition, musste sich aber unter politischem Druck einem anglo-indischen Stil zuwenden. Lutyens Groll war anfänglich groß. Aber er schaffte es, Klassizistisches mit Elementen der Hindu- und Mogul-Tradition zu verbinden – »angemessene Kleidung für das Wetter«, wie er zu sagen pflegte.

Standesgemäße Residenz

Der Rashtrapati Bhavan (ursprünglich der Palast des Vizekönigs, später Amtssitz des Präsidenten) war das wichtigste Gebäude der neuen Hauptstadt und das Herz des Regierungsviertels Central Vista. Eine breite, zeremonielle Straße, der King's Way, führt direkt auf die überkuppelte Fassade des Palastes zu. Die zentrale Kolonnade wirkt klassisch, tatsächlich hat Lutyens hier aber eine neue Säulenordnung entwickelt, die als Delhi-Ordnung bekannt wurde. An den Kapitellen mischen sich die Akanthusblätter der griechischen Architektur mit steinernen Glocken, wie sie in Hindutempeln gebräuchlich sind. Das klassische Gesims ersetzen hier *chhajja*, sowie breite Dachüberstände, von der Mogularchitektur inspiriert; sie schützen Türen, Fenster und Bögen und ziehen einen breiten Schattenwurf rund um das Gebäude. Es gibt zahllose Wasserspiele mit steinernen Becken und überall blickt man auf *jaalis* aus rotem Sandstein – steinerne Gitter, dem gotischem Maßwerk vergleichbar. Die zentrale Kuppel sollte ursprünglich eine Reverenz an das römische Pantheon sein, wurde dann aber abgewandelt, um an einen buddhistischen Stupa zu erinnern. Der Palast umfasst repräsentative Empfangsräume ebenso wie verspielte Kinderzimmer.

Nach der Gründung der Republik Indien 1947 wurde der Rashtrapati Bhavan als offizielle Residenz des Staatspräsidenten zum Symbol von Freiheit und Demokratie. Aus der gekonnten Verschmelzung klassizistischer Elemente mit traditionellen Stilformen der Region ist hier eine markante Mischung hervorgegangen, die unverkennbar der britischen Kolonialzeit entstammt. ■

Die Kuppel des Rashtrapati Bhavan, die an einen buddhistischen Stupa erinnert, zieren rundum steinerne Elefantenköpfe. Die *jaalis* (Gitter) in den Fensteröffnungen sind aus rotem Sandstein.

EIN BAUKÜNSTLER

INDUSTRIELLE ÄSTHETIK

IM KONTEXT

THEMA
Industriebauten entwerfen

FRÜHER
um 360 v. Chr. Der griechische Mathematiker Menaichmos studiert die Eigenschaften der Parabel.

1886–1888 In seinem Entwurf für den Palau Güell in Barcelona (Spanien) nutzt der katalanische Architekt Antoni Gaudí Parabelbögen.

SPÄTER
1950 Die Parabelbögen in der Kathedrale von Chillán (Chile) symbolisieren zu einem Gebet gefaltete Hände.

2004 Die Agora, der Zugang zum neuen Olympiastadion in Athen, wird von 99 Parabelbögen aus Stahlträgern und Röhren gerahmt.

2017 Parabelbögen, von Einheimischen aus lokalen Materialien hergestellt, akzentuieren das Kricketstadion in Kigali (Ruanda).

Eugène Freyssinet, ein französischer Bauingenieur und Pionier des Spannbetons, sagte von sich selbst, er sei gegenüber der Architektur zurückhaltend und der zeitgenössischen Kunst abgeneigt. Dennoch schuf er Betonbauwerke von intuitiver wie auch von rationaler und mathematischer Schönheit. Keines darunter ist grandioser und eindrucksvoller als die beiden Luftschiffhallen, die er zwischen 1922 und 1924 am Flughafen Orly bei Paris baute.

Freyssinet konstruierte die Hangars als Schale aus Stahlbeton in Form einer Reihe von Parabelbögen, sodass sie aussehen wie die Hälfte einer Ellipse. Die Stärke eines jeden Bogens verringert sich auf dem Weg aus den Betonfundamenten bis zur 60 m hohen Spitze. Jede Halle war 300 m lang und bestand aus 40 Einzelbögen, einer nach dem anderen vor Ort gegossen. Die Verschalung für den Beton wurde auf Schienen weiterbewegt. Die Bauzeit betrug 44 Wochen.

Effizienz ist Trumpf

Für Freyssinet war die Beherrschung der Konstruktionsmethode von entscheidender Bedeutung. So schön es war, eine neue Bauform

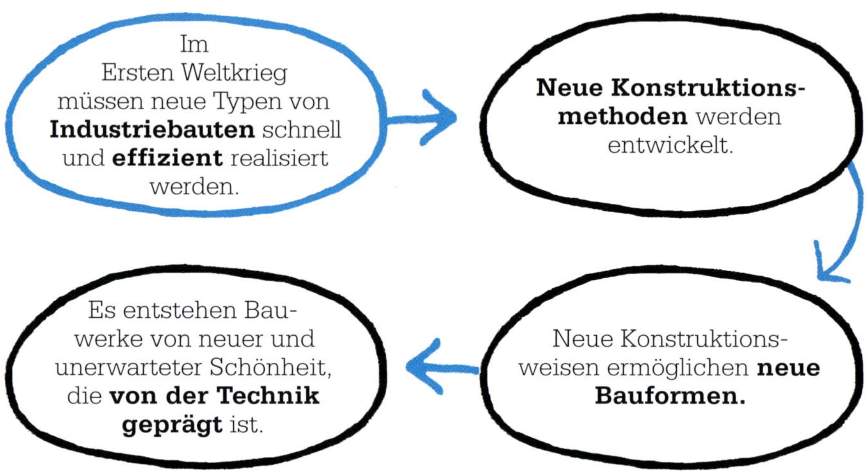

Siehe auch: Die industrielle Revolution 160–163 ▪ Fertigbau 168–171 ▪ Schmiedeeisen 176–177 ▪ Das Betonskelett 188–189 ▪ Futurismus 210–211 ▪ Hightech 276–277

Das deutsche Luftschiff *Hindenburg* schaffte 17 Transatlantikflüge, darunter sieben zwischen Deutschland und Brasilien.

Luftschiffe

Lenkbare Luftschiffe mit starrem Stahlskelett waren seit 1900 in Gebrauch, als der erste der berühmten Zeppeline in Dienst genommen wurde. Diese Luftschiffe aus deutscher Produktion wurden im ersten Drittel des 20. Jh. sehr erfolgreich im Passagier- und Frachtverkehr eingesetzt. Sie wurden immer größer: LZ129 *Hindenburg* (1936) war 246,7 m lang.

Architekten und Ingenieure waren von der Leichtigkeit der Luftschiffe fasziniert, die bei geringem Gewicht sehr viel Platz boten. Aber auch die Konstruktion von Hangars weckte Interesse und nicht zuletzt die Möglichkeit, Luftschiffe an Wolkenkratzern ankern zu lassen. Beim Bau des Empire State Building in New York wurde eine solche Vorrichtung installiert, aber sie war nie in Gebrauch.

Als die mit hochentzündlichem Wasserstoff gefüllte *Hindenburg* 1937 in Lakehurst in Brand geriet, war die Ära der kommerziellen Luftschifffahrt vorüber – auch wenn sie im 21. Jh. ein Comeback erlebte.

zu entwickeln, er war überzeugt, der Ingenieur müsse sicherstellen, dass sie schnell, effizient und ökonomisch realisiert werden könne.

Als in Orly die Bögen gegossen waren, fehlte nur noch wenig. Zwischen die Betonrippen wurden Scheiben aus gelbem Drahtglas gesetzt. Sie ließen Tageslicht hinein und schützten die empfindliche Hülle der Luftschiffe, die dort abgestellt wurden. Dachreiter aus Stahlbeton sorgten für die Durchlüftung und an von oben abgehängten Stegen bewegten sich Gondeln, die Ausrüstung und Personal zur Wartung der Luftschiffe bewegten.

Neu und schön

Freyssinet war technischer Leiter der während des Ersten Weltkriegs gegründeten Entreprises Limousin, die vor allem Brücken und Industriegebäude baute. Obwohl die Luftschiffhallen von Orly sein bekanntester Entwurf sind, hat das Unternehmen zwischen 1914 und 1928 zahlreiche Fabrikgebäude errichtet. Freyssinet bewies, dass sie zu den erfindungsreichsten und schönsten Bauwerken gehören konnten. Le Corbusier, von den architektonischen Möglichkeiten der Hangars fasziniert, veröffentlichte Fotos von deren Bau in seiner Zeitschrift *L'Esprit Nouveau*. Im Zweiten Weltkrieg fielen die Hallen im Mai 1944 einem Angriff amerikanischer Bomber zum Opfer.

Wie sein italienischer Kollege Pier Luigi Nervi, dessen 1935 gebaute Luftschiffhallen in Orvieto, (Italien) ebenfalls im Zweiten Weltkrieg zerstört wurden, verfügte Eugène Freyssinet über einen ausgeprägten Sinn für Statik, die Fähigkeit, Strukturen zu erkennen und zu verstehen. Fast jedes von ihm entworfene Gebäude war ein Experiment. ▪

Für die Luftschiffhallen in Orly nutzte Freyssinet eine Verschalung aus Kiefernholz. Nach dem Trocknen des Betons wurde die Verschalung abgenommen und wiederverwendet.

WIR WERDEN UNS AN SIE ERINNERN

KRIEGERDENKMÄLER

IM KONTEXT

THEMA
Monumentale Gedenkstätten

FRÜHER
81 n. Chr. Der Titusbogen in Rom dient als Vorbild für viele spätere Kriegerdenkmäler.

1843 Nelson's Column in London erinnert an den Sieg des britischen Admirals in der Schlacht von Trafalgar 1805.

1865 Nach dem Ende des amerikanischen Bürgerkriegs werden in vielen Gemeinden der USA Denkmäler für die Verstorbenen errichtet.

SPÄTER
1967 In Wolgograd erinnert die 85 m hohe Statue der »Mutter Heimat« an die Schlacht von Stalingrad.

2014 Im 9/11 Memorial in New York, einem mit Weißeichen bepflanzten Park, erinnern zwei spiegelnde Wasserbecken an den Standort der Zwillingstürme des World Trade Center.

Das italienische Beinhaus des Sacrario di Monte Grappa. Auf den oberen fünf Terrassen sind die Gebeine der Gefallenen in Nischen beigesetzt.

Die Gestaltung von Kriegerdenkmälern, die künftige Generationen inspirieren, war immer eine Herausforderung. Im Jahr 1919 wurde in Whitehall (London) das Modell für ein 11 m hohes Kriegerdenkmal aus Holz und Gips errichtet. Der britische Architekt Edwin Lutyens nahm damit Bezug auf den altgriechischen Kenotaph (»leeres Grab«), der Kriegstote ehrte, deren Gebeine andernorts ruhten. Ursprünglich war Lutyens' Kenotaph all jenen gewidmet, die im Ersten Weltkrieg auf britischer Seite gedient und ihr Leben verloren hatten. Der reduzierte und leicht mysteriöse Entwurf fesselte die öffentliche Aufmerksamkeit: Es gab kein Bildnis, keine nationalistischen Symbole und nur wenige Worte. Im folgenden Jahr wurde das Modell in dauerhaftem Portland-Stein ausgeführt.

Gedenken im Gebirge

Auf 1776 m Höhe in den italienischen Dolomiten erhebt sich Il Sacrario di Monte Grappa. Das

Siehe auch: Die Zikkurat 20–21 ▪ Die Pyramiden 22–25 ▪ Das Erbe des Empires 204–205 ▪ Italienischer Faschismus 242–245 ▪ Dekonstruktivismus 290–291

Kriegerdenkmäler erfüllen mehrere Zwecke:

Ehrung für diejenigen, die ihr Leben geopfert haben.

Mahnung an die Schrecken des Krieges.

Erinnerung an einen Sieg, den die Nation errungen hat.

Wirken als »Gedächtnis der Nation«

1935 fertiggestellte Kriegerdenkmal ist eines der eindrucksvollsten in Europa. Dort ruhen in zwei Ossuarien die größtenteils unidentifizierten Gebeine italienischer und österreichisch-ungarischer Soldaten, die im Ersten Weltkrieg hier gegeneinander kämpften. Die weitläufige Anlage erinnert an eine Festung oder an einen Tempel. Entworfen wurde sie von dem italienischen Architekten Giovanni Greppi in Zusammenarbeit mit dem Bildhauer Giannino Castiglioni. Das Beinhaus der Italiener erhebt sich terrassenförmig zum Grab von Marschall Gaetano Giardino, der die Truppen auf dem Monte Grappa befehligte. Ganz oben thront eine kleine Kapelle. Eine kurze Straße, die Via Eroica, führt zu einem mächtigen Portal. Über Stufen aus Granit erreicht man das Osservatorio, eine Aussichtsplattform mit spektakulärem Blick auf die Dolomiten.

Ein zweites Ossuarium bewahrt die Überreste der österreichisch-ungarischen Soldaten. Man hat den Eindruck, als verbinde sich hier oben Sterbliches und Göttliches.

Das Tannenberg-Denkmal

Der Bau von Kriegerdenkmälern setzte sich bis zum Ausbruch des Zweiten Weltkriegs fort. Zu den imposantesten deutschen Beispielen gehörte das Tannenberg-Denkmal (1927), entworfen von Walter und Johannes Krüger und in Form einer Burg mit acht Türmen bei Hohenstein (heute Olsztynek, Polen) errichtet. Nachdem Feldmarschall Paul von Hindenburg, Sieger in der Schlacht von Tannenberg im Ersten Weltkrieg, 1934 dort beigesetzt wurde, entwickelte es sich zu einer Pilgerstätte der Nationalisten und wurde von den Nazis vereinnahmt. Beim Heranrücken der roten Armee 1945 sprengte die Wehrmacht die Anlage, und ein Teil der Steine fand später Verwendung für ein sowjetisches Kriegerdenkmal in Olsztynek. ■

Kriegerdenkmäler in Großbritannien

Allein in Großbritannien gibt es etwa 100 000 Kriegerdenkmäler – von schlichten Tafeln in Kirchen über Steinkreuze in Dörfern und Städten bis hin zu Markierungen an ehemaligen Schlachtfeldern. Die meisten sind nach dem Ersten Weltkrieg entstanden. So gut wie jeder Ort hatte in diesem Konflikt Verluste zu beklagen, aber genau wie später nach dem Zweiten Weltkrieg war es nicht gestattet, die Gebeine der Gefallenen zurück in die Heimat zu bringen. Stattdessen ehrte man sie dort mit Denkmälern.

Bekannte britische Architekten – insbesondere Lutyens, Reginald Blomfield, Herbert Baker und Charles Holden – schufen im Auftrag der Imperial (heute Commonwealth) War Graves Commission würdevolle Entwürfe für das Gedenken auf Soldatenfriedhöfen in Belgien und im Nahen Osten. In der Heimat blieb die Aufstellung und Gestaltung von Denkmälern den Gemeinden überlassen.

Das Kriegerdenkmal in Kemerton (Großbritannien) erinnert an die Dorfbewohner, die in den beiden Weltkriegen ihr Leben verloren.

ALLES MUSS REVOLUTIONIERT WERDEN

FUTURISMUS

IM KONTEXT

THEMA
Architektur im Maschinenzeitalter

FRÜHER
1911 Der italienische Futurist Gino Severini besucht Paris, wo er den Kubismus kennenlernt, der ihn stark beeinflussen sollte.

1912 Die erste futuristische Ausstellung außerhalb Italiens findet in Paris in der Galerie Bernheim-Jeune statt.

1919–1920 Der russische Architekt Wladimir Tatlin entwirft das Monument für die Dritte Internationale; es war für Petrograd (heute Sankt Petersburg, Russland) geplant, wurde aber nie realisiert.

SPÄTER
1939 Die futuristische Zeitschrift *Artecrazia* kritisiert die Verurteilung moderner Kunst durch die faschistische Regierung in Italien und wird daraufhin verboten.

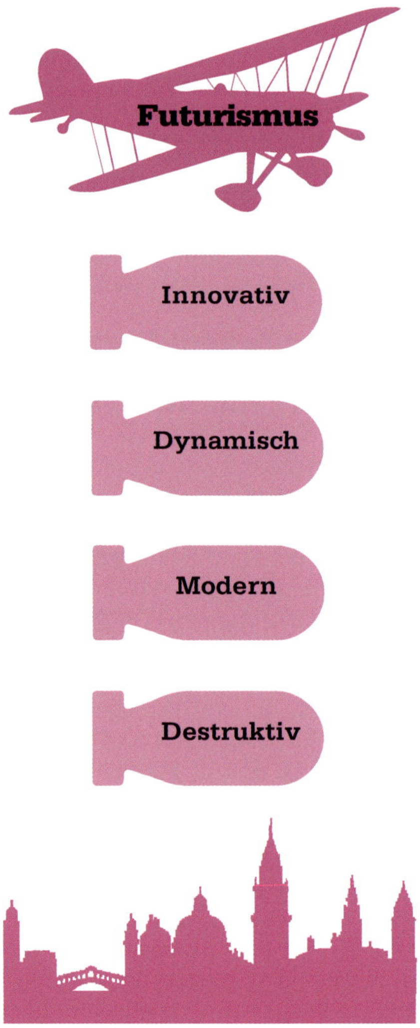

Während viele Bewegungen des 20. Jahrhunderts versuchten, die Vergangenheit neu zu bewerten, wollte der Futurismus sie auslöschen, so auch die Renaissance in Italien, wo die Bewegung ihren Ursprung hatte. Obwohl nur wenige futuristische Bauten errichtet wurden, gewann die Philosophie der Bewegung großen Einfluss auf die Moderne.

Kultureller Neustart

Der Futurismus war eine künstlerische und soziale Bewegung. 1909 publizierte ihr Vordenker, der italienische Schriftsteller Filippo Tommaso Marinetti, sein *Manifeste de Futurisme* (Futuristisches Manifest) in der französischen Zeitung *Le Figaro*. Darin umreißt er die Mission der Bewegung: Die Gesellschaft schockieren, sodass sie sich von traditioneller Kultur, Geschichte und Mythologie löst und neuen Kunstformen zuwendet, die auf Technik, Geschwindigkeit und Gewalt basieren.

Die Futuristen propagierten ihre Ideen in Texten und *serate* – Futuristischen Abenden, wo sie ihre Zuhörer mit provokativen Reden verstörten. 1909 veröffentlichte Marinetti sein zweites Manifest,

Siehe auch: Renaissance 106–113 ▪ Pioniere der Moderne 190–195 ▪ Architektur der russischen Revolution 218–219 ▪ Funktionalismus 220–225 ▪ Italienischer Faschismus 242–245

Das Fiatwerk in Lingotto (Turin) aus der Luft; man sieht die Teststrecke für die fertigen Autos auf dem Dach. Für Le Corbusier einer der beeindruckendsten Anblicke der Industriekultur.

Uccidiamo il chiaro di luna!, in dem er fordert, mit dem gleißenden Strahlen Hunderter Glühbirnen über das Mondlicht zu triumphieren – ein bezwingendes Bild für die Abschaffung der von Künstlern geliebten romantischen Symbole durch die Technik. Später in jenem Jahr zielte ein drittes Manifest auf Venedig und seine Obsession mit der Vergangenheit: »Lasst uns die stinkenden kleinen Kanäle mit den Trümmern der schwankenden, kranken alten Paläste füllen«. Das Pamphlet wurde vom Glockenturm des Markusdoms abgeworfen.

Nachdem die Relikte der Vergangenheit beseitigt waren, erwarteten die Futuristen die Entstehung radikal neuer Städte und Gebäude. Der Futurismus befürwortete Gewalt und Marinetti war überzeugt, nur ein Krieg könne den für die Verwirklichung seiner Ziele notwendigen Neuanfang ermöglichen. Aus diesem Grund befürworteten viele Anhänger der Bewegung den Eintritt Italiens in den Ersten Weltkrieg und meldeten sich 1915 freiwillig.

» Die grundlegenden Kennzeichen futuristischer Architektur werden ihre Unbeständigkeit und Vergänglichkeit sein. «

Manifest der futuristischen Architektur

Neue Städte

Die langlebigste Vision des Futurismus war *La Città Nuova* (Die neue Stadt), ein Konzept, das 1914 von dem jungen italienischen Architekten Antonio Sant'Elia veröffentlicht wurde (möglicherweise auch der Verfasser des anonymen Manifests der futuristischen Architektur aus demselben Jahr). Seine Zeichnungen für *La Città Nuova* zeigen hoch aufragende Wolkenkratzer mit Verbindungswegen in luftiger Höhe.

Wie Marinetti meldete sich auch Sant'Elia 1915 freiwillig, er starb schon im folgenden Jahr. Die Futuristen knüpften an seine Ideen an. 1934 rühmte das *Manifesto Futurista dell'architettura aerea* das 1923 von dem jungen Architekten Giacomo Mattè-Trucco erbaute Fiatwerk in Lingotto (Turin) als futurisches Werk. Der Bau ist ganz auf den Produktionsprozess ausgerichtet. Eine Betonrampe zieht sich hindurch, die unten den Transport von Materialien ermöglicht und auf dem Flachdach schließlich eine Teststrecke für die fertiggestellten Autos bietet. Obwohl die Fabrik für einen bestimmten Zweck konzipiert war, begriff man sie als Vision, wie ganze Städte um Funktionen und technologische Prozesse herum gebaut werden können – ein Konzept, das die Architektur in den frühen Jahren der Sowjetunion beeinflusste.

Die Gründerväter

Mit dem Ausbruch des Ersten Weltkriegs begann das Interesse am Futurismus zu schwinden, es fehlte an Geld für große Projekte. Die Verbindungen der Bewegung zum Faschismus – Marinetti hatte zusammen mit Alceste De Ambris 1919 ein *Fascist Manifesto* verfasst – waren nicht von Dauer. Marinetti starb 1944 durch einen Herzanfall. Damit war der italienische Futurismus Geschichte. ■

FUNKTION OHNE SENSIBILITÄT BLEIBT BLOSSE KONSTRUKTION

EXPRESSIONISMUS

IM KONTEXT

THEMA
Individualistische Entwürfe

FRÜHER
um 1890–1914 Der Jugendstil verbreitet sich in ganz Europa. Seine dekorative Formensprache aus geschwungenen Linien ist der Natur entlehnt.

1912 Antoni Gaudí vollendet die Casa Milà in Barcelona, ein frühes expressionistisches Bauwerk.

SPÄTER
1937 Der isländische Architekt Guðjón Samúelsson entwirft die Hallgrimskirkja, eine Kirche in Reykjavik. Ihr zerklüfteter Turm soll die Geologie Islands widerspiegeln.

1954 Le Corbusier baut ein neues, sehr expressives Werk – die berühmte Kirche Notre-Dame-du-Haut in Ronchamp (Frankreich).

Die Kraft der Gefühle in geschwungenem Beton, gläsernen Prismen oder Backstein sichtbar machen war erklärtes Ziel der expressionistischen Architekten. Sie waren nach dem Ersten Weltkrieg hauptsächlich in Deutschland aktiv, als sich die meisten modernen Architekten von der Funktionalität leiten ließen.

Die Expressionisten legten Wert auf einen individuellen Stil. Es ging ihnen nicht um eine bestimmte Ästhetik als verbindendes Element – die Anhänger dieser Richtung teilten vielmehr eine Reihe von Überzeugungen im Hinblick auf den Akt der Gestaltung. Sie stellten Dogmen infrage, die

Siehe auch: Organische Formen 174–175 ▪ Pioniere der Moderne 190–195 ▪ Expressive Massenquartiere 226–227 ▪ Amerikanische Moderne 246–247 ▪ Le Corbusiers Spätwerk 250–251 ▪ Brutalismus 256–259 ▪ Freigeister 264–265 ▪ Neue Formen 308–311

» Jeder gehört zu uns, der unmittelbar und unverfälscht wiedergibt, was ihn zum Schaffen drängt. «

Programm der Künstlergruppe »Brücke«, 1906

Regeln für Bauten aufstellten, und betrachteten die Architektur als Kunstwerk, sodass konzeptuelle Zeichnungen oft wichtiger waren als die praktische Umsetzung. Wie das Arts and Crafts Movement schätzten auch die Expressionisten handwerkliche Fertigkeiten und traditionelle Materialien. Sie begrüßten zudem das expressive Potenzial neuer Werkstoffe, das in ehrgeizigen Entwürfen bisweilen auch überschätzt wurde.

Innere Welten

Der Expressionismus äußerte sich zuerst in Malerei und Grafik. 1905 fand in Dresden unter Leitung von Ernst Ludwig Kirchner die Künstlergruppe »Brücke« zusammen. Ihre Mitglieder wollten sich von überkommenen Konventionen befreien und keine realistischen, sondern emotional aufgeladene Werke schaffen. Eine weitere Gruppe, »Der Blaue Reiter«, formierte sich 1911 in München, nachdem das radikal abstrakte Gemälde *Komposition V* von Wassily Kandinsky zu einer Ausstellung in der Stadt nicht zugelassen worden war.

Der Begriff »Expressionismus« wurde um 1910 von der internationalen Kunstkritik als Abgrenzung zum Impressionismus geprägt. Anstatt zu versuchen, die unmittelbaren Eindrücke einzufangen, die durch die Wahrnehmung hervorgerufen werden (Impressionismus), versuchten die Künstler des Expressionismus nun, eine innere Welt auszudrücken. In der Architektur bedeutete dies, die Fantasie des Architekten über alles zu stellen.

Neue Materialien

Die fantasievollen Entwürfe expressionistischer Architekten führten zu einem experimentellen Umgang mit neuen und alten Werkstoffen. Ein Schlüsselwerk des Expressionismus ist der Einsteinturm in Potsdam, entworfen 1921 von Erich Mendelsohn. Er sollte ein Observatorium aufnehmen, in dem mit astrophysikalischen Messungen Einsteins Relativitätstheorie bestätigt werden sollte. Mendelsohn beabsichtigte, seinen neuartigen Entwurf vollständig aus Stahlbeton zu konstruieren, was noch nie zuvor versucht worden war. Technische Schwierigkeiten des Entwurfs und eine weltweite Materialknappheit als Folge des Ersten Weltkriegs »

Die skulpturale Form von Erich Mendelsohns Einsteinturm in Potsdam sollte die Dynamik wissenschaftlicher Forschung zum Ausdruck bringen und die praktische Verwendung des Gebäudes als Observatorium widerspiegeln.

Fritz Högers Chilehaus, ein Kontorhaus in Hamburg, wurde 1924 für Henry Sloman errichtet. Diese Ikone des Backsteinexpressionismus erinnert mit ihren scharfen Linien an einen Schiffsbug.

zwangen ihn schließlich, teilweise auf Ziegelmauerwerk mit Spritzputzüberzug auszuweichen. Dennoch lebt Mendelsohns kühner Plan im Namen des Bauwerks fort, wenn man ihn nur wörtlich genug nimmt: »Ein Stein«.

Glas und Ziegel

Die sinnlichen Formen gegossenen Betons zeigen nur eine Spielart des Expressionismus. Der deutsche Architekt Bruno Taut schätzte das expressive Potenzial von Glas, bis dahin vorwiegend für Oberflächen oder dekorative Zwecke verwendet. Taut entwarf ganze Gebäude aus Glas. Sein Glashaus, ein Pavillon für die Deutsche Werkbundausstellung 1914 in Köln hatte eine gläserne Kuppel, die an eine Ananas erinnert – außen reflektierendes Glas, innen sorgten farbige Prismen und eine Treppe mit gläsernen Stufen für einen überwältigenden Sinneseindruck.

» ... muss der Architekt das Bewusstsein und die Kenntnis aller tieferen Empfindungen und Anschauungen in sich tragen, die die Gesamtheit beherrschen, für welche er bauen will ... «

Bruno Taut
Die Stadtkrone, 1919

Andere expressionistische Architekten machten sich die rohe Intensität und die scharfen Kanten einfacher Ziegel zunutze und entwickelten daraus mit dem Backsteinexpressionismus einen eigenständigen Stil. Der deutsche Architekt Peter Behrens – zu dessen Schülern Walter Gropius, Le Corbusier und Mies van der Rohe gehörten – war ein früher Vertreter dieses Stils. In seinem Gebäude für die technische Verwaltung der Farbwerke Hoechst in Frankfurt-Höchst, 1924 fertiggestellt, ist auch die 15 m hohe Eingangshalle innen mit Streifen von grünen, roten, purpurnen, orangenfarbenen und gelben Ziegeln ausgestaltet.

Ein weiteres berühmtes Beispiel für den Backsteinexpressionismus ist Fritz Högers Chilehaus in Hamburg (1924), das für die wirtschaftliche Erholung der Hafenstadt nach dem Ersten Weltkrieg steht.

Der Expressionismus **lehnt historische Stilformen ab.** Er wendet sich der **Gegenwart** zu.

Er erkundet das **expressive Potenzial** von Gebäuden.

Er stellt **die Schönheit von Materialien,** wie Ziegeln und Glas, heraus.

Er entwirft **ideenreiche Konzepte,** frei von praktischen Zwängen.

Expressionismus ist individualistisch

Am Ende

Der Expressionismus, in Deutschland als Reaktion auf die politischen und sozialen Verwerfungen vor und nach dem Ersten Weltkrieg entstanden, verbreitete sich auch in anderen europäischen Ländern, insbesondere in Österreich, der Tschechoslowakei, Dänemark und den Niederlanden. Mit dem Erfolg des Modernismus trat der Expressionismus jedoch in den Hintergrund, obwohl er zu Beginn ihrer Karriere für viele Architekten eine wichtige Rolle spielte. Nirgendwo wird dies deutlicher als im Werk von Walter Gropius, der den Expressionismus, sichtbar in seinem Denkmal für die Märzgefallenen in Weimar (1922) und Haus Sommerfeld in Berlin (1921), zugunsten einer strengeren Moderne aufgab.

Die Nationalsozialisten, die in Deutschland 1933 die Macht übernahmen, kümmerten sich nicht um die Unterschiede und diffamierten Expressionismus wie Moderne als »entartet«. In der Baukunst fasste der Neoklassizismus Fuß und die talentiertesten Architekten zog es in die Emigration. ■

Erich Mendelsohn

Geboren 1887 in Allenstein (heute Olsztyn, Polen), studierte Erich Mendelsohn Architektur in Berlin und München. Er war auch ein begabter Maler und finanzierte sich das Studium mit dem Verkauf von Bildern. Obwohl er von Neoklassizismus, Jugendstil und Funktionalismus beeinflusst wurde, wird er am häufigsten mit dem Expressionismus in Verbindung gebracht. Als junger Soldat im Ersten Weltkrieg fertigte er Zeichnungen von sehr fantasievollen Gebäuden an.

Zu Mendelsohns ersten Erfolgen als selbstständiger Architekt gehörten der Einsteinturm in Potsdam (1921) und die Hutfabrik Steinberg, Herrmann & Co in Luckenwalde (1923), ein Gebäude in der Form eines Hutes. 1933 war Mendelsohn gezwungen, Deutschland zu verlassen. In Großbritannien wandte er sich dem Internationalen Stil (einer Spielart des Modernismus) zu, etwa 1935 in seinem De La Warr Pavilion in Bexhill-on-Sea. 1941 ging Mendelsohn in die USA, wo er auch an der University of California in Berkeley bis zu seinem Tod 1953 Architektur lehrte.

DIE ATMOSPHÄRE DES ALTEN SPANIEN

SPANISH COLONIAL REVIVAL

IM KONTEXT

THEMA
Amerikanische Sehnsüchte

FRÜHER

17. Jh. Jesuiten errichten in den spanischen Kolonialgebieten in Amerika Missionsstationen mit weißen Stuckwänden, Arkaden und Ziegeldach.

1890 Die Architektur des Mission Revival nimmt diese Elemente auf; sie verbreitet sich in Kalifornien, Arizona und New Mexico.

1893 Der Architekt Arthur Page Brown gestaltet den kalifornischen Pavillon für die Weltausstellung in Chicago im Stil des Mission Revival.

SPÄTER

1930er-Jahre Wohnhäuser im Stil des Spanish Colonial Revival entstehen in Schanghai (China).

1939 In Los Angeles öffnet die Union Station, erbaut in einer Mischung aus Art-déco und Spanish Colonial Revival.

Casa Grande (»Das Große Haus«), das vorwiegend in den 1920er-Jahren errichtete Herzstück von Hearst Castle in San Simeon (Kalifornien), steht in denkbar größtem Gegensatz zu den schlichten modernen Gebäuden, die Anfang des 20. Jahrhunderts überall in den USA entstanden. Mit einer Fassade, die an eine spanische Kirche erinnert, ist es ein extremes Beispiel für den Stil des Spanish Colonial Revival, der den amerikanischen Südwesten im Sturm eroberte.

Der verzauberte Berg

Als der Zeitungsverleger William Randolph Hearst 1919 ein

In den USA beginnt man, nach **einer eigenen unverwechselbaren Architektur** zu suchen, anstatt Stile aus Europa zu importieren.

Architekten finden Inspiration **in der amerikanischen Vergangenheit.**

In Kalifornien nimmt man die **spanischen Missionsstationen** aus dem 16.–19. Jh. zum Vorbild. Daraus ergeben sich zwei Entwicklungen:

Eine sehr **dekorative** Architektur, inspiriert vom **spanischen Barock.**

Die Architektur des **Mission Revival,** die **moderne Entwicklungen** aufnimmt.

Siehe auch: Lateinamerikanischer Barock 146–147 ▪ Eklektizismus 172–173 ▪ Pioniere der Moderne 190–195 ▪ Rückgriffe 196–197 ▪ Mid-Century Modern 254–255

» Die Ausstellung in San Diego ist die beste Quelle für Spanisches in Kalifornien. «

William Randolph Hearst
Brief, 1919

101 000 ha großes Gelände erbte, erteilte er der Architektin Julia Morgan den Auftrag, ein Anwesen zu entwerfen, das er La Cuesta Encantada nannte (»Der Verzauberte Berg«), später wurde es als Hearst Castle bekannt. Morgan, die erste Frau, die in Kalifornien als Architektin zugelassen wurde, und die erste weibliche Absolventin der École nationale supérieure des Beaux-Arts in Paris, war jahrzehntelang mit diesem Projekt beschäftigt. Auf Wunsch von Hearst griff sie auf historische einheimische Traditionen zurück, insbesondere die spanische Kolonialarchitektur.

Hearsts Vorstellungen waren von der Panama–California Exposition in San Diego geprägt, die 1915–1917 anlässlich der Eröffnung des Panamakanals stattfand. Die Pavillons zeigten eine Mischung aus Mission Revival Style (schmucklose Wände, überdachte Arkaden und Innenhöfe) und spanischem Barock.

Morgan nutzte verschiedene Elemente des Spanish Revival und mischte sie mit Verweisen auf die italienische Renaissance und den Barock. Die drei Gästehäuser waren von einheimischer spanischer Wohnhausarchitektur geprägt, mit schlichteren Stuckfassaden, tiefen Arkaden, Balkonen und Terrakottadächern.

Zwei Glockentürme flankieren den Eingang von Casa Grande; der Entwurf war von der Kirche Santa Maria la Mayor im südspanischen Ronda inspiriert.

California Dreaming

Mit der Zeit entwickelte sich der Spanish-Colonial-Revival-Stil weiter und die historischen Bezüge verloren an Bedeutung. Als »Colonial californiano« verbreitete er sich in den 1930er-Jahren vorwiegend in Mexiko, insbesondere für den Bau von luxuriösen Wohnhäusern, die Modernität und mediterranes Flair ausstrahlen sollten. Aber auch an Orten, die keine historische Verbindung zu Spanien hatten, etwa in Australien oder China, war er zu finden. Der unaufdringliche Luxus, den er ausstrahlt, kombiniert mit einem nostalgischen Charme, der modernistischen Häusern fehlt, ist im amerikanischen Südwesten bis heute beliebt. ▪

ERRICHTUNG EINER NEUEN WELT

ARCHITEKTUR DER RUSSISCHEN REVOLUTION

IM KONTEXT

THEMA
Revolutionäre Ästhetik für eine neue Gesellschaft

FRÜHER
1861 Die Abschaffung der Leibeigenschaft setzt in Russland Millionen von Menschen frei – sie beschleunigen die industrielle Revolution.

1908/09 In Moskau zeigt der Salon »Goldenes Vlies« drei Ausstellungen mit russischer Avantgardekunst.

1910 Unter dem Einfluss von Marinettis *Futuristischem Manifest* entwickelt sich der Futurismus in Russland.

SPÄTER
1954 Der Architekt Berthold Lubetkin stellt Bevin Court fertig, eine Wohnanlage in London, die er als »sozialen Verdichter« beschreibt.

1980er-Jahre Der Dekonstruktivismus – eine nichtlineare Architektur – entsteht in den USA und Europa.

Die Oktoberrevolution 1917, die Wladimir I. Lenin und die kommunistische Partei an die Macht brachte und zur Gründung der UdSSR führte, gab auch Kunst und Architektur neue Impulse. Es war die Zeit einer neuen Ästhetik, gespeist von utopischen Idealen, und revolutionäre neue Gebäudetypen entstanden. Lenins Dekret über den Boden (1917) schaffte privaten Grundbesitz ab.

Entwickelt und diskutiert wurde die neue Ästhetik an den WChUTEMAS (Höhere künstlerisch-technische Werkstätten) und am INChUK (Institut für künstlerische Kultur) in Moskau. Zu den Bewegungen, die sie hervorbrachten, gehörte der Konstruktivismus – er nutzte moderne Technik zur Verwirklichung gesellschaftlicher Ideale.

Kantige Formen

Als Begründer des Konstruktivismus gelten der Architekt Wladimir Tatlin und der Künstler Alexander

Das Kulturhaus Rusakow in Moskau beherbergte Kino, Bibliothek, Turnhalle und Theater. All das stand den Mitarbeitern der Straßenbahn zur Verfügung.

Siehe auch: Das Betonskelett 188–189 ▪ Pioniere der Moderne 190–195 ▪ Rückgriffe 196–197 ▪ Futurismus 210–211 ▪ Expressionismus 212–215 ▪ Funktionalismus 220–225 ▪ Hightech 276–277 ▪ Dekonstruktivismus 290–291

» Mit Stahlbeton haben wir nicht nur ein neues Material, sondern … neue Konstruktionsweisen und eine neue Methode für den Entwurf von Gebäuden. «

Wladimir Tatlin
Zodchii, 1915

Rodtschenko. Inspiriert vom italienischen Futurismus und Werken kubistischer Künstler wie Pablo Picasso, griff der Konstruktivismus auf kantige Formen zurück und lehnte Dekoration ab. Er setzte Kunst und Architektur zu Propagandazwecken ein.

Tatlin zeigte 1920 Entwürfe für ein Monument der Dritten Internationale – es sollte dem Zusammenschluss der kommunistischen Parteien als Zentrale dienen. Die als Tatlinturm bekannt gewordene Konstruktion sollte in einem spiralförmigen Stahlgerüst, in dem vier sich drehende geometrische Körper aufgehängt waren, ein Theater und Büroräume beherbergen. Sie wurde nie gebaut, löste aber eine heftige Kontroverse über die Beziehung zwischen Architektur, Kunst und Funktionalität aus.

Das Kulturhaus Rusakow

In der gesamten Sowjetunion entstanden Arbeiterclubs. Sie dienten der Bildung, der Propaganda, der Freizeitgestaltung und sozialen Aktivitäten. Das 1927 von Konstantin Melinkow entworfene Kulturhaus Rusakow entsprach den konstruktivistischen Idealen. Das hoch aufragende Gebäude aus Stahlbeton gleicht einem riesigen Zahnrad. In seinem Inneren beherbergt es drei Auditorien, die aus der Fassade und über die darunter liegende Straße auskragen. Die Form des Gebäudes – Melnikow vergleicht sie mit einem »angespannten Muskel« – verweist auf seine Funktion.

Veränderungen stimulieren

Ein konstruktivistisches Konzept war die soziale Verdichtung, eine Vision für den Wohnungsbau, die auf der Überzeugung beruhte, dass Architektur das Verhalten beeinflussen und soziale Hierarchien nivellieren könne. Das Konzept wird insbesondere mit dem sowjetischen Architekten Moissei Ginzburg in Verbindung gebracht. Zu seinen Werken gehört das Moskauer Narkomfin-Kommunehaus (1928), in dem er Wohnungen mit Gemeinschaftsräumen mischt, darunter Küchen, Kinderkrippen, Waschräume, Bibliothek und Turnhalle.

Konstruktivistische Ideen fanden nach 1924 weitere Verbreitung, als sowjetische Architekten, die Stalins Vorliebe für einen sozialistischen Klassizismus nicht teilten, emigrieren mussten. Andere, wie Ilja Golossow, verbanden konstruktivistische Elemente mit dem Neoklassizismus zu einem sogenannten Postkonstruktivismus. ■

Das nachrevolutionäre Russland gründet sich auf utopische Ideale von **Gleichheit** und **Gemeinschaftseigentum.**

↓

Um diese Ideale zu verwirklichen, setzt man auf schnelle **Modernisierung und Industrialisierung.**

↓

Es bedarf einer neuen Architektur, um eine neue Welt zu errichten.

↓

Schnelle, effiziente Konstruktionsverfahren werden bevorzugt, **bürgerliche Ästhetik** wird **abgelehnt.**

DAS HAUS IST EINE MASCHINE ZUM WOHNEN

FUNKTIONALISMUS

IM KONTEXT

THEMA
Funktionale Entwürfe

FRÜHER
1904 Der französische Architekt Tony Garnier zeigt Entwürfe für eine *Cité industrielle*, eine sozialistische Idealstadt, nach Funktionen aufgeteilt.

1918 Nach dem Ersten Weltkrieg verspricht der Modernismus allen eine neue, bessere Welt mit funktionalen Häusern.

SPÄTER
1952 Le Corbusier entwirft Chandigarh, die erste am Reißbrett geplante Stadt im nun unabhängigen Indien.

1956 In Brasilien entsteht die neue Hauptstadt nach den Leitlinien des *Congrès internationaux d'architecture moderne* (CIAM), mitbegründet von Le Corbusier.

1959 Auf dem letzten Kongress der CIAM wird Le Corbusiers Funktionalismus zugunsten humanistischerer Städteplanung verworfen.

Architekten beginnen, **die Funktion** eines Gebäudes stärker in den Vordergrund zu stellen.

Die Stahlskelettbauweise ermöglicht freie Innenraumgestaltung. **Wände und Fenster** können dort platziert werden, wo sie **für die Nutzung** des Gebäudes **erforderlich sind.**

Wohnhäuser sind **offen, hell und vielseitig nutzbar,** sie ermöglichen ein **gesundes und effizientes** modernes Leben.

Der Zweck eines Gebäudes prägt seine Gestaltung und schafft eine neue funktionalistische Ästhetik.

Das Konzept des Funktionalismus – der Zweck eines Bauwerks ist an seiner äußeren Gestalt ablesbar – existiert in der Architektur mindestens seit römischer Zeit, als Vitruv im 1. Jahrhundert v. Chr. in seinem zehnbändigen Werk *De architectura* die Zweckmäßigkeit, *utilitias,* als wichtigen Grundsatz definierte. Der Modernismus mit seiner Ablehnung von Dekoration führte im frühen 20. Jahrhundert zu einer Verbindung des Funktionalismus mit einer industriellen Ästhetik der Massenproduktion. Beflügelt von den Fortschritten in Technik und Transportwesen war der Funktionalismus nicht mehr nur ein gestalterisches Konzept – manche Architekten erhoben ihn zu einer moralischen Verpflichtung. Die Schlüsselfigur dabei war der schweizerisch-französische Architekt Charles-Édouard Jeanneret, besser bekannt als Le Corbusier. 1923 veröffentlichte er ein Buch, das die Architekturgeschichte verändern sollte: *Vers une architecture* (dt.: *Ausblick auf eine Architektur).* Es umfasst sieben Beiträge zu Architektur, Stadtplanung und Design, zuvor abgedruckt in der Zeitschrift *L'Esprit Nouveau,* die der Autor 1920 zusammen mit dem Schriftsteller Paul Dermée und dem Maler Amédée Ozenfant gegründet hatte. In diesem Zusammenhang bediente sich Le Corbusier im Jahr 1917 erstmals des Pseudonyms.

Funktionale Wohnhäuser

Im Eröffnungsbeitrag von *Vers une architecture* kritisiert Le Corbusier die Architektur seiner Zeit als »erstickt am alten Zopf«. Für ihn war der Ingenieur, geleitet von der Ökonomie der Form und von mathematischen Berechnungen, in der Lage, die perfekte Harmonie zwischen Form und Zweck zu erreichen. Und das, so fordert er

»Die Form folgt immer der Funktion, und dies ist das Gesetz.«

Louis Henry Sullivan
amerikanischer Architekt
(1856–1924)

Siehe auch: Pioniere der Moderne 190–195 ▪ Minimalistisch bauen 230–231 ▪ Le Corbusiers Spätwerk 250–251 ▪ Eine neue Stadt 262–263 ▪ Die reine Form 270–271 ▪ Barrierefrei bauen 304

in seinem Buch, sei auch für die Architektur maßgeblich. Dort erklärt er ganz genau, wie Gebäude für ein neues Zeitalter zu entwickeln sind. Le Corbusiers ikonoklastischer *Plan Voisin* von 1925 sah vor, Teile des alten Pariser Zentrums durch moderne kreuzförmige Wohntürme und Schnellstraßen zu ersetzen.

Im Hinblick auf Wohnhäuser schreibt Le Corbusier, dass funktionale, massenproduzierte Häuser nötig seien, um eine Revolution zu vermeiden. Das Haus sollte eine »Wohnmaschine« sein, auf Effizienz und gesunde Wohnverhältnisse ausgerichtet, mit modernen Werkstoffen gebaut, aber auch schön.

Fünf Punkte

Im Jahr 1923 formulierte Le Corbusier *Cinq points de l'architecture moderne* (dt.: *Fünf Punkte zu einer neuen Architektur),* seine Grundprinzipien für den Bau von Wohnhäusern. Dazu gehören an erster Stelle *pilotis,* tragende Stützen aus Stahlbeton, die das Gebäude anheben, sodass der Raum darunter als Park- oder Grünfläche frei bleibt. Das Konzept der *pilotis* hatte Le Corbusier bereits für ein früheres Projekt entwickelt, Dom-Ino, ein Bausystem zur industriellen Serienfertigung von Wohnhäusern mit Stahlbetonskelett.

Die *pilotis* ermöglichen die »freie Grundrissgestaltung« und die »freie Fassadengestaltung«. Dank der Stützen sind die Wände von der tragenden Funktion entlastet und das Innere des Hauses konnte vollkommen frei nach den Wünschen des Architekten und des Bauherrn gestaltet werden. Das galt ebenso für die Fassade, für die eine Vielzahl von Materialien zur Wahl stand.

»Langfenster« waren Le Corbusiers vierter Punkt. Da die Außenwände keine tragende Funktion hatten, konnten sie allseitig große Öffnungen aufnehmen, ohne die Stabilität des Gebäudes zu gefährden.

> »... zum Haus als Werkzeug, das gesund ist (auch sittlich gesund) und ebenso schön wie die Werkzeuge der Arbeit, die unser Dasein begleiten.«
>
> **Le Corbusier**
> *Vers une architecture,* 1923

Auf dem Dach sollte ein Garten angelegt werden, um den Flächenverbrauch für das Gebäude zu kompensieren und als Aufenthaltsort für die Bewohner.

Das Manifest in der Praxis

Le Corbusiers fünf Punkte zeigen deutlich seine Intention: Gebäude so funktional, flexibel und effizient wie möglich zu gestalten. In seinen Entwürfen aus den 1920er- und 1930er-Jahren sind sie präsent, ebenso in den Arbeiten anderer Architekten aus aller Welt, die sich am Funktionalismus orientierten, von Lúcio Costa und Oscar Niemeyer in Brasilien bis Kenzo Tange in Japan.

Auf der Kunstgewerbeausstellung in Paris 1925 zeigte Le Corbusier im *Pavillon de l'esprit nouveau* den Prototyp einer modularen Wohneinheit, die auf einem Raster »

Villa Schwob in La Chaux-de-Fonds (Schweiz), fertiggestellt 1917 nach dem Entwurf von Le Corbusier. Im Inneren ein Dom-Ino-Skelett aus Stahlbeton.

Rampe und Kamin der Villa Savoye, die kantigen Linien und das Geländer erinnern an einen Ozeandampfer. Riesige Fenster lassen viel Licht hinein.

basierte, mit offenem Wohnbereich und Küche im Erdgeschoss sowie Schlafräumen oben. Viele zeitgenössische Kritiker zeigten sich ablehnend.

Es waren jedoch nur private Aufträge – keine schnell und preiswert produzierten Massenunterkünfte – wo der Architekt sein Manifest in die Praxis umsetzen konnte. Die Villa Savoye, 1928–1931 in Poissy (Frankreich) entstanden, war ein Architekturexperiment für Pierre und Eugènie Savoye. Le Corbusier beschreibt seine wohlhabenden Auftraggeber als in jeder Weise unvoreingenommen, sie gewährten ihm größtmögliche künstlerische Freiheit.

Die Villa Savoye mit ihren klaren Konturen, die sich auf schlanken *pilotis* erhebt, ist in vielfacher Hinsicht das Urbild des modernistischen *white cube*. Lange, bandartige Fenster zu allen Seiten fluten die Innenräume mit Licht. Das Gebäude hat keine erkennbare Vorder- oder Rückseite – es öffnet sich überall zur Landschaft, oben befindet sich eine Dachterrasse. Die singuläre Form wurde aus vorgefertigten Betonelementen zusammengesetzt, ein weißer Verputz hält optisch alles zusammen – so sah die Moderne der 1920er- und 1930er-Jahre aus.

Maßgeschneidert

Im Inneren war alles auf den Alltag der Bewohner abgestimmt. Eine Rampe – die *promenade architecturale* – zieht sich durch das Gebäude. Sie beginnt im Erdgeschoss, wo eine geschwungene Auffahrt für ein eindrucksvolles Entré sorgt, und endet auf der Dachterrasse. Ein Geländer aus Metallröhren entlang der Balustrade erinnert an einen Ozeandampfer, die Stahlrohrmöbel von Charlotte Periand, mit der Le Corbusier bei der Gestaltung der Wohnräume zusammengearbeitet hat, greifen diese Ästethik auf. Wie Eugènie Savoye glaubte Le Corbusier an die gesundheitsför-

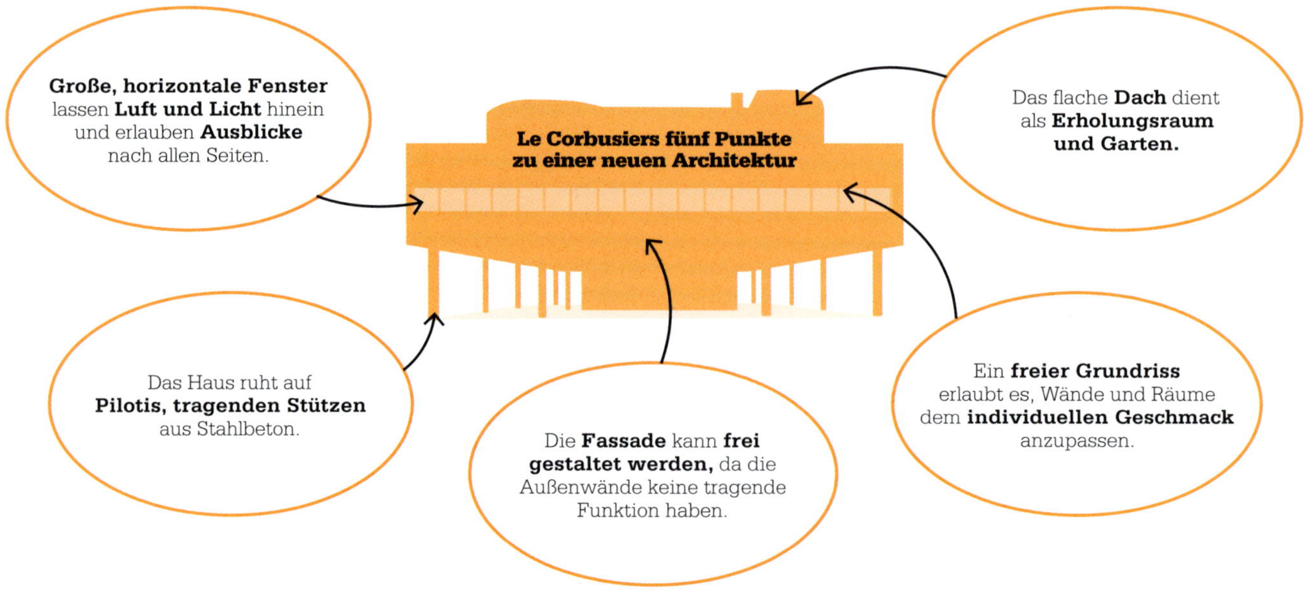

» Nach unzähligen Bitten haben Sie schließlich eingesehen, dass das Haus, das Sie 1929 gebaut haben, unbewohnbar ist … Bitte machen sie es umgehend bewohnbar. «

Eugènie Savoye
Brief an Le Corbusier, 1937

dernde Wirkung von frischer Luft und Sonnenschein und verlegte die Wohnräume der Villa nach oben, wo sie sich zur Dachterrasse hin öffnen. Die Bediensteten mussten auf solchen Luxus verzichten: ihre Zimmer befanden sich im dunkleren Erdgeschoss neben der Garage und der Waschküche.

»Unbewohnbar«

Als Prototyp für Le Corbusiers fünf Punkte zur Architektur war die Villa Savoye gelungen, aber sie war kein Haus, in dem sich gut leben ließ. Eugènie Savoye hielt sie sogar für »unbewohnbar« – das Flachdach war undicht, die großen Glasscheiben sorgten für Wärmeverlust. Le Corbusier hatte in seinem Streben nach Minimalismus Fallrohre und Fensterbänke eliminiert, was zu Problemen führte. Nachdem die Besitzer das Haus im Zweiten Weltkrieg verlassen hatten, führte die Besetzung zuerst durch Deutsche, dann durch Amerikaner zu Schäden. Ende der 1950er- Jahre konnte das Haus nur knapp vor dem Abriss bewahrt werden. Heute steht es unter Denkmalschutz.

Le Corbusiers Erbe

Le Corbusier realisierte seine Ideen in Entwürfen für Privathäuser, entwickelt hatte er sie jedoch mit der Vision für eine Massenproduktion ganzer Städte. Wichtige Konzepte – wie die Trennung von Auto- und Fußgängerverkehr und die strikte funktionale Trennung von Gewerbe, Wohnen, Verkehr und Freizeit – setzten sich nur allmählich durch. Andere Ideen wurden nach dem Zweiten Weltkrieg Realität, als es galt, Städte ganz oder teilweise wieder aufzubauen. Le Corbusiers Ideen prägten neue Entwicklungen bis weit in die 1960er-Jahre hinein.

Inzwischen hat die UNESCO 17 seiner Gebäude als herausragenden Beitrag zur modernen Architektur in die Welterbeliste aufgenommen. ■

Rampe und geschwungener Treppenaufgang der Villa Savoye winden sich elegant vom Erdgeschoss bis in die Wohnräume im ersten Stock und weiter auf die Dachterrasse, zum Solarium.

Le Corbusier

Geboren 1887 in La Chaux-de-Fonds (Schweiz), begann Charles-Édouard Jeanneret (später als Le Corbusier bekannt) nach dem Schulabschluss eine Ausbildung als Graveur, wandte sich aber bald der Architektur zu. Mit Anfang Zwanzig arbeitete er für den französischen Architekten Auguste Perret, einen Pionier des Eisenbetonbaus, und für den deutschen Architekten Peter Behrens.

Von 1922 bis 1940 entwickelte er zusammen mit seinem Cousin Pierre Jeanneret seine industrielle Ästhetik und entwarf Wohnhäuser, die heute als Prototypen moderner Architektur gelten. Gleichzeitig entwickelte er Pläne für riesige, funktionale Wohnanlagen. Mit der Unité d'Habitation, einem Wohnblock in Marseille (1952), machte er den Sichtbeton *(béton brut)* zum gefragten Werkstoff. Le Corbusier starb 1965 in Cap Martin (Frankreich).

Wichtige Schriften

1923 *Vers une Architecture (Ausblick auf eine Architektur)*
1925 *Urbanisme (Städtebau)*
1948 *Le Modulor I (Der Modulor)*

BESTMÖGLICHE WOHNUNGEN FÜR ARBEITER

EXPRESSIVE MASSENQUARTIERE

IM KONTEXT

THEMA
Sozialer Wohnungsbau in Wien

FRÜHER
1900–1902 Boundary Estate und Millbank Estate in London gehören zu den weltweit ersten Projekten des sozialen Wohnungsbaus.

1917 Mit *Plan Zuid* integriert der niederländische Architekt Hendrik Petrus Berlage sozialen Wohnungsbau in einen neuen Plan für Amsterdam.

SPÄTER
1934 Während der Februarkämpfe in Wien werden Gemeindebauten von faschistischen Kräften angegriffen.

1985 Fertigstellung des Wohn- und Kaufparks Alterlaa in Wien, entworfen von dem österreichischen Architekten Harry Glück.

2022 Fast die Hälfte aller Wohnungen in Wien sind mit öffentlichen Mitteln gefördert.

Der Erfolg der österreichischen Wohnungsbaupolitik Anfang des 20. Jahrhunderts machte das »Wiener Modell« zum Maßstab für den kommunalen Wohnungsbau. Das Konzept war den oft minderwertigen, standardisierten und vorgefertigten Massenquartieren deutlich überlegen, mit denen später die große Wohnungsnot häufig bekämpft wurde und die dem Ansehen der architektonischen Moderne schadeten.

Rotes Wien

Im »Roten Wien« – wo von 1919 bis 1934 die Sozialdemokratische Arbeiterpartei (SDAP) wiederholt die absolute Mehrheit erhielt – gab es die Vorstellung, dass schön gestalte-

Geringes Einkommen und lange Arbeitszeiten führen dazu, dass viele Menschen in **überfüllten und ungesunden Unterkünften** in der Nähe ihres Arbeitsplatzes wohnen.

Dort verschlechtern sich die Wohnverhältnisse weiter. Die **Elendsquartiere** müssen erneuert werden.

Staaten entwickeln sozialpolitische Vorgaben, um bedarfsorientiert **angemessenen Wohnraum für alle Bürger** bereitzustellen.

Fortschrittliche Politik engagiert sich für die Bereitstellung von Wohnraum und sorgt für **große und moderne Anlagen.**

Siehe auch: Das Wohnhaus 42–45 ▪ Expressionismus 212–215 ▪ Funktionalismus 220–225 ▪ Elementare Architektur 228–229 ▪ Art déco 232–233 ▪ Menschlicher Funktionalismus 248–249 ▪ Barrierefrei bauen 304

Mit dem Karl-Marx-Hof begann nach der Niederlage Österreichs im Ersten Weltkrieg die Verwandlung Wiens in eine moderne Stadt.

ter, staatlich bereitgestellter Wohnraum ein Recht für alle sein sollte. So entstanden erschwingliche Wohnungen für Arbeiter, finanziert durch neue Besteuerung von Luxusgütern.

Diese Gemeindebauten waren keine reinen Wohnblöcke, sondern bildeten völlig neue Stadtteile, mit kulturellen Einrichtungen und sozialer Infrastruktur wie Kindergarten, öffentlichen Bädern, Arztpraxen, Bibliotheken und Geschäften. Die Mieter für diese Neubauten wurden nach Bedürftigkeit ausgewählt, wobei besonders gefährdete Gruppen Vorrang genossen. Bis 1934, waren in Wien mehr als 60 000 Gemeindewohnungen entstanden. Sie beherbergten mindestens zehn Prozent der Bevölkerung.

Anders als spätere Hochhäuser, die oft isoliert an den Stadtrand gesetzt wurden, integrierte man die Gemeindebauten in das historisch gewachsene Gefüge Wiens. Um den Raum für die Bewohner in einer vertrauten Weise zu organisieren, berücksichtigte man auch typische Elemente älterer Wohnhäuser – wie Innenhöfe und Gemeinschaftsbereiche. Für den Architekturstil gab es keine einheitliche Vorgabe. Viele Architekten bedienten sich für diese Bauaufgabe des Expressionismus, der mit seiner erhabenen Größe und Monumentalität die sozialen Ziele in das richtige Licht rückte.

Paläste für das Proletariat

Der größte Wiener Gemeindebau war der Karl-Marx-Hof, 1925–1930 von dem Architekten und Stadtplaner Karl Ehn erbaut. Mit 1,1 km Länge noch heute eines der längsten Wohngebäude der Welt, nimmt er mehr als 5000 Bewohner auf.

Der fast festungsartig anmutende Komplex verbindet expressionistische Monumentalität mit der strengen Geometrie des Art déco – markante, breite, von Statuen gekrönte Torbögen strukturieren rhythmisch den gesamten Riegel. Dramatische Architektur, wie man sie andernorts für Regierungs- oder Verwaltungsgebäude nutzte, wurde hier bewusst eingesetzt, um den Alltag der arbeitenden Menschen zu erheben. Auch wortwörtlich war der Karl-Marx-Hof »rot«, die Außenwände sind überwiegend mit terrakottafarbenem Putz überzogen.

Die großen Torbögen führen in begrünte Innenhöfe und zu Spielplätzen. Die Wohnungen sind funktional, wobei die Gemeinschaftseinrichtungen und die Anlage als Ganzes im Vordergrund stehen und nicht die Innenräume. Dekoriert sind nur die öffentlichen Bereiche, wo Skulpturen und Wandmalereien in einer Zeit der Arbeitslosigkeit Künstlern Beschäftigung gaben. Nach dem Zweiten Weltkrieg instandgesetzt und später renoviert, ist der Karl-Marx-Hof immer noch ein Symbol für gelungenen sozialen Wohnbau. ▪

» Eine sozialdemokratische Gemeinderatsmehrheit kann auch im kapitalistischen Staat zeigen, welche schöpferische Kraft dem Sozialismus innewohnt. «

Robert Danneberg
österreichischer Politiker
(1882–1942)

JEDES TEIL SOLLTE SPRECHEN

ELEMENTARE ARCHITEKTUR

IM KONTEXT

THEMA
Destillation historischer Stile

FRÜHER
1784 Der französische Architekt Étienne-Louis Boullée entwirft einen *Kenotaph für Newton* in einem klassizistischen Stil unter Verwendung geometrischer Formen.

1920 Edwin Lutyens vollendet den Kenotaph in London, das erste seiner Kriegerdenkmäler, die den Klassizismus auf das Wesentliche reduzieren.

SPÄTER
1930er-Jahre Der italienische Diktator Benito Mussolini bevorzugt für öffentliche Bauten einen Klassizismus, der an das römische Weltreich erinnern soll.

1960er-Jahre In den USA blüht der New Formalism: eine Rückbesinnung auf Proportion und Symmetrie der klassischen Antike.

In der modernen Architektur gab es eine Entwicklung, die sich ganz allgemein als »Rationalisierung« beschreiben lässt. Aber der Begriff konnte verschiedene Bedeutungen haben: Für manche Architekten hieß das, alles wegzulassen, was für die Funktion eines Gebäudes unnötig war, etwa Bauschmuck. Anderen Modernisten ging es nicht um einen Prozess des Weglassens, sondern vielmehr um eine sorgsame und wohlkalkulierte Destillation. Anstatt eine industrielle Ästhetik zu verfolgen, versuchten sie, historische Stile wie den Klassizismus auf ihre Grundelemente zu reduzieren, um herauszufinden, was sich mit diesem neuen Ansatz erreichen ließ.

Die Suche nach der architektonischen »Essenz« ersetzte das

Die Stockholmer Stadtbibliothek mit dem markanten Zylinder. Ursprünglich wollte der Architekt Gunnar Asplund ihn mit einer vom römischen Pantheon inspirierten Kuppel krönen.

Siehe auch: Die Kuppel 46–47 ▪ Klassizismus 150–153 ▪ Pioniere der Moderne 190–195 ▪ Expressionismus 212–215 ▪ Funktionalismus 220–225 ▪ Architektur und Design 234–235 ▪ Italienischer Faschismus 242–245 ▪ Menschlicher Funktionalismus 248–249

Gunnar Asplund

Der 1885 in Stockholm geborene Asplund studierte an der dortigen Technischen Hochschule. Auf einer Reise durch Italien 1914 beschäftigte er sich mit der antiken Architektur und war tief beeindruckt. Zurück in Schweden, entwickelte er in seinen Entwürfen für eine Friedhofskapelle in Stockholm (1920) und die Stockholmer Stadtbibliothek (1928) eine einfache geometrische Formensprache. Für die Stockholmer Ausstellung 1930 mit schwedischem Design gestaltete er dann aus Glas und Stahl ein Restaurant – der Entwurf sollte großen Einfluss haben. 1931 erhielt Asplund einen Ruf als Professor für Architektur an die Königlich Technische Hochschule. Zu seinen wichtigen Werken zählen das Staatliche Institut für Bakteriologie, Stockholm (1937), sowie eine Erweiterung für das Gericht in Göteborg (1937). Vielen Kritikern gilt das Krematorium auf dem Stockholmer Waldfriedhof (1935–1940) – zusammen mit Sigurd Lewerentz – als sein bester Entwurf. Es wurde 1994 von der UNESCO in die Welterbeliste aufgenommen. Asplund starb 1940 in Stockholm.

Bemühen, etwas Bedeutendes und Bleibendes zu schaffen. Sie brachte eine Dramatik und Energie ins Spiel, die viele in den leichten weißen würfelartigen Bauten der Moderne vermissten. Selbst der überzeugte Modernist Le Corbusier gestand zu, dass Architektur im Grunde genommen nichts anderes ist als »das meisterhafte, korrekte und herrliche Spiel der Massen, im Licht vereint«.

Großartige Moderne

Elementare Formen dienten manchen als Mittel, um die Moderne mit Erhabenheit und Monumentalität aufzuladen, so auch dem britischen Architekten Edwin Lutyens, der mit einem einzigartigen reduzierten Klassizismus der britischen Herrschaft in Indien ihre bauliche Gestalt verlieh. Für andere, wie den schwedischen Architekten Gunnar Asplund, war es eine Möglichkeit, die städtische Infrastruktur aufzuwerten. Seine frühen Arbeiten waren im neoklassizistischen Stil gehalten, und anstatt sie gegen die neuen Ideen der Moderne einzutauschen, suchte Asplund nach einer Synthese. Unübersehbar ist dieser Ansatz bei einem seiner populärsten Werke, der Stadtbibliothek in Schwedens Hauptstadt Stockholm.

Klassisch und funktional

Der 1928 fertiggestellte Bau ist in Proportion und Form im Wesentlichen klassisch, aber mit einer modernen Note. Die zylindrische »Trommel« beherbergt einen riesigen Lesesaal mit terrassenförmig ansteigenden Regalen, die das Auffinden der Bücher erleichtern. Der Innenraum ist funktional aufgeteilt, aber mit Holz, Gips und einem Marmorboden ausgestattet, der an das Pantheon erinnert.

Außen finden sich ebenfalls Bezüge zur Antike, hier jedoch sparsamer. Der Sockel ist rustiziert wie ein Renaissancepalast, und das verputzte Mauerwerk wirkt wie eine einzigartige, monolithische Form. Die hohen Eingangsportale zitieren die Architektur des alten Ägypten, und hieroglyphenartige Symbole, die sich auf einem Band rund um den Zylinder ziehen, verweisen auf die Themen der Bücher im Inneren. Bald nach der Fertigstellung der Bibliothek änderte Asplund seinen Stil. 1931 erklärte er, es gebe »keinen Bedarf mehr an alten Kulturformen«, und seine späteren Werke waren dezidiert funktional. Es blieb anderen Architekten überlassen, diese Form des Klassizismus in den folgenden Jahrzehnten neu zu beleben. ▪

» Aufgrund ihrer Funktion als öffentliche Einrichtung und ihrer einzigartigen architektonischen Qualitäten ist die Stockholmer Stadtbibliothek ein frühes Beispiel für den nordischen Wohlfahrtsbau. «

Michael Asgaard Andersen
dänischer Autor (*1973)

WENIGER IST MEHR

MINIMALISTISCH BAUEN

IM KONTEXT

THEMA
Minimalismus

FRÜHER
1885 In Chicago (USA) entsteht mit dem Home Insurance Building nach einem Entwurf von William Le Baron Jenney das erste hohe Gebäude in Stahlskelettbauweise.

1921 Ludwig Mies van der Rohe entwirft in Berlin den ersten Wolkenkratzer der Welt aus Stahl und Glas, aber er wird nicht realisiert.

1929 Für die Weltausstellung in Barcelona gestalten Mies van der Rohe und Lilly Reich den deutschen Pavillon.

SPÄTER
1932 Der Internationale Stil mit Elementen aus Glas und Stahl wird erstmals definiert.

1986 Mit dem van Royen Apartment in London entwickelt der britische Architekt John Pawson einen zeitgenössischen Minimalismus.

Als der deutsche Architekt Ludwig Mies van der Rohe und die Designerin Lilly Reich 1929 ihren Auftraggebern Greta und Fritz Tugendhat die Entwürfe für ihr Wohnhaus in Brünn (heute Brno, Tschechien) vorlegten, sah man einen weitläufigen Innenraum ohne erkennbare tragende Elemente. Wie sollte ein solches Gebäude stabil sein? Die Auftraggeber bemerkten schließlich kleine Kreuze auf dem Plan, im Abstand von jeweils etwa 5 m. Der Architekt erklärte, es handele sich um Stahlstützen, die das Gebäude tragen sollten.

Das Konzept eines freien Grundrisses ist heute selbstverständlich, aber damals war der Vorschlag revolutionär. Ein Raster aus Stüt-

Die Villa Tugendhat mit ihrer großflächigen Verglasung an der Südostecke; vor allem dort fällt der Verzicht auf tragende Außenwände ins Auge.

Siehe auch: Pioniere der Moderne 190–195 ▪ Expressionismus 212–215 ▪ Funktionalismus 220–225 ▪ Elementare Architektur 228–229 ▪ Amerikanische Moderne 246–247 ▪ Le Corbusiers Spätwerk 250–251 ▪ Hochhäuser der Nachkriegszeit 252–253 ▪ Mid-Century Modern 254–255

Mies van der Rohe

Eine überragende Figur in der modernen Architektur war Maria Ludwig Michael Mies, geboren 1886 in Aachen. Nach Anfängen im väterlichen Bauunternehmen ging er nach Berlin, wo er für wohlhabende Kunden neoklassizistische Villen baute. Der Architekt Peter Behrens wurde auf ihn aufmerksam und holte ihn in sein Team, wo er mit Walter Gropius und Le Corbusier zusammenarbeitete.

Um den Schritt vom Handwerker zum Architekten zu markieren, änderte er 1920 seinen Namen in Ludwig Mies van der Rohe. Zu seinen Leistungen gehörte auch die Leitung des Bauhauses ab 1930, bis es als »Keimzelle des Bolschewismus« von den Nazis 1933 geschlossen wurde. Mies emigrierte 1938 in die USA, wo er Frank Lloyd Wright kennenlernte. Er ließ sich in Chicago nieder. Seine minimalistischen Entwürfe im Internationalen Stil – darunter Farnsworth House in Illinois (1951) und Crown Hall in Chicago (1956) – fielen in eine Zeit, als in Amerika die schöne, neue Welt der Massenproduktion heraufzog. Mies starb 1969 in Chicago.

zen, das die Geschossdecken aus Stahlbeton trägt (eine Konstruktion, die bis dahin Industriebauten vorbehalten war), sorgte dafür, dass die Innenräume und Außenwände der Villa vollkommen frei gestaltet werden konnten.

Simpler Luxus

In der Architektur scheint der Minimalismus Anfang des 20. Jahrhunderts in vielen Entwicklungen auf. Die Funktion rückt in den Vordergrund, auf Schmuck wird verzichtet – ob aus Überzeugung oder ökonomischer Notwendigkeit. Für Mies van der Rohe stand der Minimalismus über allem. In seinem Bestreben, ein Gebäude auf »Haut und Knochen« zu reduzieren – »weniger ist mehr« – ging es nicht darum, die Dekoration zugunsten der Funktion aufzugeben. Das Ziel war vielmehr, die Funktion selbst in eine Zierde zu verwandeln, oft durch edle Materialien und kostspielige Verarbeitung.

Und so verhält es sich auch in der Villa Tugendhat, die mit ihrem weißen Äußeren, von einem langen Fensterband durchschnitten, zunächst wie der Prototyp einer modernistischen Villa wirkt. Sie erhebt sich auf einem in den Hang eingeschnittenen Unterbau, der die Wirtschaftsräume enthält sowie die Steuerung für Zentralheizung, Klimaanlage und versenkbare Fenster.

Der große Wohnbereich im Inneren ist eine offene, helle Vision für modernes Wohnen. Der Raum ist nicht unterteilt, aber Essbereich und Bibliothek sind durch eine Onyxplatte, die im Sonnenlicht leuchtet, und einen geschwungenen Ebenholzschirm abgegrenzt. Glasscheiben lassen sich wie Autofenster im Boden versenken. Das einzige Hindernis im Inneren sind die kreuzförmigen Stützen, die dank Hochglanzverchromung mit dem Hintergrund verschmelzen.

Funktional oder frivol?

Mies van der Rohe und Reich hatten einen sehr elaborierten Minimalismus entwickelt, der die Debatte um Funktion und Ornament von Neuem anheizte. Die Villa Tugendhat zeichnet sich durch schlichte, kontrollierte Räume und edle Materialien in hochwertiger Ausführung aus. Der Bau hätte selbst den strengsten Funktionalisten zufriedenstellen müssen, dennoch wurde er bei seiner Fertigstellung 1930 als »frivol« und »snobistisch« kritisiert. Er ist gleichzeitig schwer und leicht, alt und modern. Die Auftraggeber haben es selbst auf den Punkt gebracht; sie beschreiben ihr Haus als »streng und großartig – nicht bedrückend, sondern befreiend«. ▪

» Konstruktive Klarheit, genau zum Ausdruck gebracht. Das ist es, was ich Architektur nenne. «

Ludwig Mies van der Rohe

HOT JAZZ IN STEIN UND STAHL

ART DÉCO

IM KONTEXT

THEMA
Extravaganz und Dekoration

FRÜHER
um 1890–1914 Der Jugendstil verwischt die Grenzen zwischen schönen und angewandten Künsten.

1912 *La Maison Cubiste,* eine Raumgestaltung im Pariser Salon d'Automne, wendet die Prinzipien des Kubismus auf die Architektur an.

1913 Auguste Perret verwendet Stahlbeton für die Fassade des ersten Art-déco-Gebäudes in Paris, des Théâtre des Champs-Élysées.

SPÄTER
1930er-Jahre In den USA kommt die Stromlinien-Moderne mit aerodynamischen Formen auf.

2005 Der bolivianische Architekt Freddy Mamani baut im neoandinen Stil, der Einflüsse des Art déco aufnimmt.

Häufig wird dieser kühne und extravagante Stil mit dem Glamour der Roaring Twenties in Verbindung gebracht, in Amerika war es eine Zeit wirtschaftlichen Aufschwungs. In Frankreich entstanden, verbreitete er sich schnell in der ganzen Welt und beeinflusste die Gestaltung in allen Bereichen – von der Architektur über Möbel und Mode bis hin zu Autos und Haushaltsgeräten.

Spaß und Luxus

Die Geburtsstunde des Art déco war die *Exposition internationale des arts décoratifs et industriels modernes* in Paris 1925, eine Weltausstellung der dekorativen Künste und der Versuch, den Auswirkungen der Massenproduktion zu begegnen. Die Organisatoren verlangten Entwürfe von »echter Originalität« und »moderne Inspiration«.

Es war ein Fest der Farben, der Handwerkskunst und der Technik. Geometrische Formen, edle Materialien und hochwertiges Kunsthandwerk prägten das Bild. Die Technik wurde in den Dienst der Kunstfertigkeit gestellt – ein Ansatz, der unter den Architekten geteilte Meinungen hervorrief. Le Corbusier protestierte gegen den dekorativen Überschwang mit seinem *L'Esprit-Nouveau*-Pavillon. Das Publikum jedoch lechzte nach Extravaganz, und in Europa setzte sich Art déco bald durch – ein Begriff, den Le Corbusier abwertend verwendete. Theater, Kinos, Hotels und Tankstellen wurden in diesem Stil gebaut, der ein Ausdruck des Jazz-Zeitalters war, ein Synonym für Spaß und Luxus.

» Ich liebe New York … wo immer man hinschaut, gibt es Dekoration. «

Tom Ford
amerikanischer Designer
(*1961)

Konsumtempel

In den USA fiel Art déco auf einen fruchtbaren Boden – der neue Stil wurde dort häufig für Bürogebäude und Apartmenthäuser verwendet. Ab Ende der 1920er-Jahre entstand insbesondere in Manhattan

Siehe auch: Organische Formen 174–175 ▪ Jugendstil 180–181 ▪ Der Wolkenkratzer 198–203 ▪ Architektur der russischen Revolution 218–219 ▪ Funktionalismus 220–225

eine Reihe von Art-déco-Wolkenkratzern, darunter 30 Rockefeller Plaza und das 1930 fertiggestellte Chrysler Building – der Inbegriff des amerikanischen Art déco. In Auftrag gegeben von Walter P. Chrysler, dem Gründer des Automobilkonzerns, und entworfen von William Van Alen, sollte das Gebäude die Ambitionen, die Technologie und die schnittigen Linien des Automobilzeitalters widerspiegeln. Es sollte außerdem das höchste der Welt sein, was es mit 319,5 m bis 1931 auch war – dann wurde es vom Empire State Building überragt. Van Alens Entwurf basiert auf einem Stahlskelett, mit Mauerwerk ausgefüllt und verkleidet mit smaragdgrünem Granit, weißem Marmor, weiß glasierten Ziegeln und Edelstahl. Ein getreppter Dachaufbau aus glänzendem Edelstahl bekrönt den Turm, an seinen Ecken ragen Wasserspeier, Adler und riesige Kühlerfiguren aus Metall hervor.

Auch die prächtigen Innenräume zeigen extravagantes Art déco. In der Lobby verbreiten fackelartige Leuchten ein warmes Licht, das die natürliche Maserung der marmornen Wandvertäfelung und Böden hervorhebt. Die Aufzugtüren schmücken Einlegearbeiten aus edlem Holzfurnier, und die Eingangstüren sind glänzend verchromt.

Globale Strahlkraft

Auch Indien und China wandten sich dem Art déco zu. Die *Ideal Home Exhibition* 1937 in Bombay (heute Mumbai) machte den Stil bei jungen indischen Architekten bekannt, die ihn als antikoloniale Alternative zur viktorianischen Architektur begrüßten. In China verbanden Architekten, die im Ausland studiert hatten, Art déco mit traditionellen chinesischen Elementen. Augenfällig wird das etwa in Schanghai, im Gebäude der Bank of China aus dem Jahr 1937 – eines von vielen Art-déco-Gebäuden an der Uferpromenade. Es verbindet einen monumentalen Block mit den aufgebogenen Traufen eines traditionellen chinesischen Daches.

In der großen Depression der 1930er-Jahre wichen die dekorativen Formen des Art déco klareren, geschwungenen Formen, die an aerodynamische Schiffe und Flugzeuge erinnerten. Mit Ausbruch des Zweiten Weltkriegs ließ die Begeisterung für den Art déco in den USA als auch in Europa nach. ▪

Die siebenstöckige Turmspitze des Chrysler Buildings zeigt typische Art-déco-Elemente, wie metallene »Schuppen« und Maschinenartiges.

Kennzeichen von Art-déco-Architektur

Geschwungene Linien, die Bewegung suggerieren

Kühn ineinandergesetzte geometrische Formen

Stilisierte Naturformen, darunter Blüten- und Blattwerk

Motive, die an ägyptische und aztekische Kunst erinnern

Bewegte Figuren, insbesondere weibliche Körper

STÜHLE SIND ARCHITEKTUR

ARCHITEKTUR UND DESIGN

IM KONTEXT

THEMA
Innenausstattung

FRÜHER
1849 Der deutsche Komponist Richard Wagner entwickelt in zwei Texten sein Konzept des Gesamtkunstwerks.

1893 Victor Horta stellt in Brüssel das Hôtel Tassel fertig, ein Wohnhaus im Jugendstil, für das er auch die gesamte Inneneinrichtung selbst entworfen hat.

SPÄTER
1951 Ludwig Mies van der Rohes Farnsworth House in Illinois (USA) wird fertiggestellt, aber der Auftraggeber lehnt die vom Architekten ausgewählten Möbel ab.

2006 Die britisch-irakische Architektin Zaha Hadid entwirft ein Privathaus am Rand von Moskau; zum Entwurf gehören maßgefertigte Möbel, die perfekt an die gerundeten Formen angepasst sind.

Nach einem zentralen Leitsatz der Moderne umfasste die Architektur eines Gebäudes alle seine Bestandteile – sowohl innen wie außen. In seiner 1967 erschienenen Autobiografie beschreibt der amerikanische Architekt Frank Lloyd Wright das Unbehagen, das er empfand, wenn er seine Werke mit Möbeln und Dekorationen ausgestattet sah, die er weder entworfen noch ausgewählt hatte: »Nur sehr wenige der Häuser«, bekannte er, »verursachten mir keine Pein, nachdem die Auftraggeber ihr Hab und Gut hineingebracht hatten«. Infolge der ganzheitlichen Herangehensweise der Moderne verschwammen die Grenzen zwischen Kunsthandwerk und Architektur und der Architekt wurde mehr und mehr auch zum Designer und Innenarchitekten.

» Die Aufmerksamkeit der Architekten für das Äußere scheint auf Kosten des Interieurs zu gehen. «

Eileen Gray und Jean Badovici
L'Architecture Vivante, 1929

Villa E.1027

Mit Blick auf das Meer in Roquebrune-Cap-Martin in Südfrankreich plante die irische Architektin und Innenausstatterin Eileen Gray, E.1027, ein modernistisches Wohnhaus mit zwei Etagen, für ihren damaligen Partner, den rumänisch-französischen Architekten und Kritiker Jean Badovici. Das 1929 fertiggestellte Haus erinnert an einen weißen Ozeandampfer auf Stelzen. Für Gray waren die Möbel von Anfang an ein wichtiger Bestandteil ihres Konzepts. In ihren Entwürfen für das Haus setzte sie Möbel und Dekoration als Mittel zur Unterteilung des Innenraums ein.

Grays Aufmerksamkeit für das kleinste Detail belegt die Bedeutung, die sie der Innenarchitektur für Wirkung und Funktion des fertigen Hauses beimaß. Eine Beschreibung von E.1027, gemeinsam mit Badovici für seine Zeitschrift *L'Architecture Vivante* 1929 verfasst, erklärt, wie die Polster eines Sofas konzipiert waren, sodass sie wie

Siehe auch: Arts and Crafts 178–179 ▪ Jugendstil 180–181 ▪ Minimalistisch bauen 230–231 ▪ Amerikanische Moderne 246–247 ▪ Mid-Century Modern 254–255 ▪ Neue Formen 308–311

Eileen Gray

Die 1878 in Enniscorthy (Irland) geborene Eileen Gray studierte Malerei in London und Paris, bevor sie bei dem japanischen Lackkünstler und Bildhauer Seizo Sugawara in Paris ihre Inspirationen fand. 1917 wurde die britische *Vogue* auf die talentierte junge Frau aufmerksam. Im selben Jahr erhielt sie den Auftrag für die Innenausstattung der Wohnung von Juliette Lévy, einer Dame der Pariser Gesellschaft. Für sie entwarf Gray viele Objekte, darunter den kokonartigen Bibendum-Sessel, eines ihrer Markenzeichen.

Gray wandte sich Ende der 1920er-Jahre der Architektur zu. Obwohl einige Entwürfe Gemeinschaftsarbeiten mit Jean Badovici waren, geht man heute davon aus, dass er mitunter auch die Rechte an Arbeiten reklamierte, die Gray allein produziert hatte. Nach dem Zweiten Weltkrieg wandte sich Gray wieder dem Design zu, aber der ganz große Erfolg stellte sich nicht mehr ein. Erst die Ausstellung »Eileen Gray: Pioneer of Design« in London 1972 weckte das Interesse an ihrer Arbeit von Neuem. Sie starb 1976 in Paris.

»Satelliten« rundherum arrangiert werden konnten, um die vorhandene Sitzfläche zu erweitern. Grays NonConformist-Sessel hatte eine gepolsterte Armlehne, die andere bestand aus einem vernickelten Stahlrohr. Viele der von ihr entworfenen Möbel wurden in die Bausubstanz des Hauses integriert, und es war ihr Wunsch, dass keine Änderungen oder Ergänzungen an der Inneneinrichtung vorgenommen werden sollten.

Totale Kontrolle

Während Grays ganzheitlich konzipierte Villa bescheidene Ausmaße hatte, zeigten zeitgleiche Projekte die Möglichkeit eines einheitlichen Designs in einem viel größeren Maßstab. Der französische Architekt Robert Mallet-Stevens zeichnete verantwortlich für jedes Detail der Villa Cavrois, die modernistische Interpretation eines Châteaus bei Lille (Nordfrankreich), 1932 fertiggestellt. Alle Entwürfe stammen aus seiner Hand, von den Wanduhren bis hin zur Einrichtung des riesigen Badezimmers und dem Wasserbecken im Garten, in dem sich die 60 m lange Fassade des Hauses spiegelt.

Der in Neuseeland geborene Architekt Mark Wigley kritisierte 1998 den Versuch, jedes Detail eines Entwurfs zu kontrollieren als »Illusion von Kontrolle, Architektur als Kontrolle«. In der zweiten Hälfte des 20. Jahrhunderts setzten sich die postmodernen Architekten zum Ziel, diese Illusion von Ordnung und Kontrolle zu zerstören. ▪

Eileen Gray kontrastiert in ihren Möbeln für E.1027, inzwischen sorgfältig restauriert, Holz und weiche, exotische Stoffe, Polster und Leder mit dem Beton, dem Stahl und dem Glas des modernistischen Gebäudes.

EIN PALAST FÜR DAS VOLK

METRO-STIL

IM KONTEXT

THEMA
Öffentliche Räume gestalten

FRÜHER
1863 Die erste Untergrundbahn der Welt eröffnet in London; sechs Stationen verbinden Paddington und Farringdon.

1904 Eröffnung des ersten Teilstücks der New York City Subway. Ein Endbahnhof – City Hall Station – wurde von dem spanischen Architekten Rafael Guastavino im neoromanischen Stil gestaltet.

SPÄTER
1935 Eröffnung der Moskauer Metro, sie besteht zunächst aus einer Linie mit 13 Stationen; Frank Pick und Charles Holden sind beratend tätig.

1999 In London wird die Verlängerung der Jubilee Line eröffnet; die Stationen wurden von führenden Architekten wie Norman Foster entworfen.

Mit dem Ausbau des Londoner U-Bahn-Netzes (»Tube«) in den 1920er- und 1930er-Jahren fand modernes Design Eingang in den Alltag. Verantwortlich für dieses goldene Zeitalter des U-Bahn-Designs war der brillante Geschäftsführer Frank Pick, der den Architekten Charles Holden engagierte.

Pick und Holden arbeiteten zusammen, bis Ersterer 1940 in den Ruhestand ging. Pick wollte eine »neue Architektursprache« finden, um aus den neuen U-Bahn-Stationen kraftvolle Symbole des Fortschritts und der Modernität zu machen, sowohl schön als auch nützlich. Den funktionalistischen Ansatz der beiden Männer fasste Picks Motto »zweckdienlich« zusammen.

Auf der Suche nach Inspiration bereisten Holden und Pick Nordeuropa. Ihr Interesse galt nicht Bahnhöfen an sich, sondern durchdachten Beispielen moderner Infrastruktur. Die Formen, die sie vor allem in Skandinavien sahen, trafen den Nerv der Zeit, verbanden sie doch den gewünschten Nutzen mit

Die Station Majakowskaja der Moskauer Metro im Art-déco-Stil, 1938 eröffnet, entworfen von dem russischen Architekten Alexei Duschkin.

Siehe auch: Pioniere der Moderne 190–195 ▪ Funktionalismus 220–225 ▪ Elementare Architektur 228–229 ▪ Art déco 232–233 ▪ Menschlicher Funktionalismus 248–249

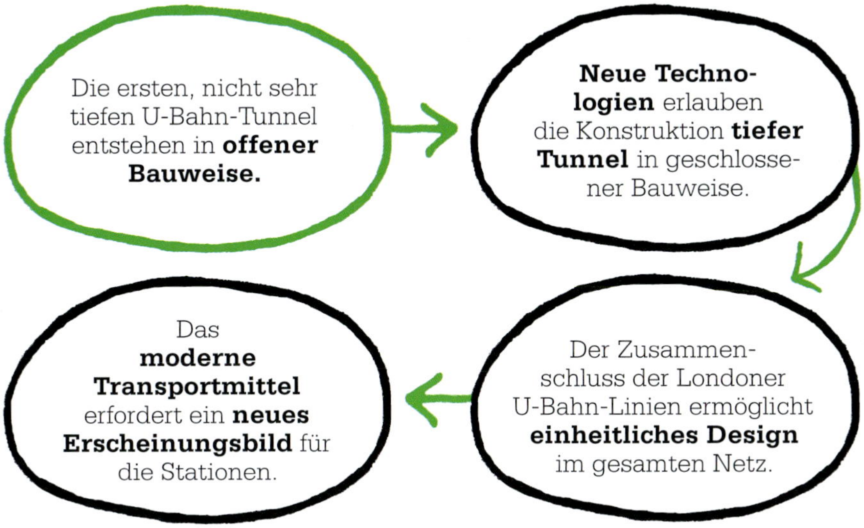

einer schlichten, klassischen Schönheit. Das war der ideale Stil für die Londoner Bahnhöfe – funktional und dabei unabhängig von modischen Trends, zeitlos und auf eine Art und Weise monumental, die bis heute viele Bereiche der Stadt prägt.

Funktional und doch schön

Der Einfluss aus Skandinavien wird an Holdens Arnos Grove Station im Norden Londons sichtbar. Mit ihrer rechteckigen Form und dem Zylinder in der Mitte erinnert sie an die Stockholmer Stadtbibliothek des schwedischen Architekten Gunnar Asplund. Es gibt mehrere Verweise auf die Antike: Wo man an der Fassade ein dekoratives Fries erwarten könnte, wurde der Raum für das Branding genutzt: Der Name der Station auf einem Streifen blauer Fliesen wurde von einem Betongesims gekrönt.

Die Londoner Stationen waren ein Erfolg. Besucher aus Russland berichteten dem sowjetischen Diktator Joseph Stalin davon. Beim Bau der Moskauer Metro, deren erster Abschnitt 1935 eröffnet wurde, waren britischen Ingenieure beratend tätig. Und so beeindruckend das Ergebnis auch war, es reichte nicht an die Opulenz des zweiten Abschnitts (1938) heran, dessen Bahnhöfe eher an erhabene Kathedralen als an Metro-Stationen erinnern. Trotz aller stilistischen Unterschiede war das Ziel in London und in Moskau das gleiche – die öffentliche Versorgung in ein neues Zeitalter zu führen. ▪

» Der Gütetest für eine Sache ist ihre Tauglichkeit zum Gebrauch. «

Frank Pick
Vortrag, 1916

Charles Holden

Der 1875 in Bolton (Großbritannien) geborene Holden studierte an der Manchester Technical School und der Manchester School of Art. 1899 ging er nach London, um für den Architekten H. Percy Adams zu arbeiten. Dort entwarf er zahlreiche Gebäude, darunter Krankenhäuser und Bibliotheken. Nach dem Ersten Weltkrieg plante Holden für die Imperial War Graves Commission 69 Soldatenfriedhöfe in Belgien und Frankreich.

1924 erhielt er den Auftrag, sieben Stationen für die Londoner Untergrundbahn zu entwerfen – es sollten noch viele weitere folgen. 1930 reiste er mit Frank Pick durch Europa, um die neueste Architektur zu sehen. Es war das Vorspiel zu Holdens produktivster Zeit, in der er viele weitere U-Bahn-Stationen sowie das Senate House der Londoner Universität entwarf. Eine seiner letzten Stationen, Gant's Hill, zeichnet sich durch ein bemerkenswertes Tonnengewölbe aus.

Holden machte sich auch Gedanken über Stadtplanung. Er fand, Industriebetriebe sollten an den Stadtrand verlegt werden, mit neuen Häusern für Arbeiter in der Nähe. Holden starb 1960.

DAS BEDÜRFNIS, DIE EIGENE KRAFT ZU DEMONSTRIEREN

ARCHITEKTUR ALS POLITISCHES STATEMENT

IM KONTEXT

THEMA
Macht zum Ausdruck bringen

VORHER
1806–1814 Der französische Kaiser Napoleon I. lässt Gebäude und Triumphbögen nach antiken Vorbildern errichten, um militärische Erfolge zu feiern.

1929 In Neu-Delhi wird der Palast des Vizekönigs fertiggestellt, ein riesiges Gebäude im anglo-indischen Stil, das die Bedeutung des britischen Empires repräsentiert.

NACHHER
1999 Der britische Architekt Norman Foster versieht den Reichstag in Berlin mit einer gläsernen Kuppel.

2004 Neueröffnung des restaurierten Berliner Olympiastadions als moderne Sportarena.

Kühne Projekte mit politischer Agenda, von sozialem Wohnungsbau und Regierungsgebäuden bis hin zu Stadien und Infrastruktur, prägen alle großen Städte der Welt. Sie vermitteln nicht nur starke Botschaften, sie beeinflussen auch die Wahrnehmung von Architekturstilen. Sobald ein bestimmter Stil einmal für einen bestimmten Zweck verwendet wurde – etwa für die politisch-ideologischen Ziele eines totalitären Regimes –, ist es schwierig, dies auszublenden.

Totalitäre Architektur

Die diktatorischen Regime, die sich in Europa in den 1930er-Jahren herausbildeten, insbesondere unter

Siehe auch: Der Bogen 38–41 ▪ Pioniere der Moderne 190–195 ▪ Rückgriffe 196–197 ▪ Das Erbe des Empires 204–205 ▪ Architektur der russischen Revolution 218–219 ▪ Italienischer Faschismus 242–245

Albert Speer

Der 1905 in Mannheim geborene Albert Speer erwarb 1927 sein Diplom als Architekt. 1931 trat er in die NSDAP ein und erhielt den Auftrag, das Gelände für den ersten Reichsparteitag in Nürnberg 1933 zu gestalten.

Er stieg rasch zu einem Vertrauten Hitlers auf, der ihm die künstlerische und technische Gestaltung von Massenkundgebungen übertrug; später war er Generalbauinspektor. Seine Entwürfe für die Reichskanzlei, das Stadion auf dem Zeppelinfeld und die nicht realisierte Volkshalle in einem strengen und monumentalen klassizistischen Stil sollten noch als Ruinen von der Größe des Dritten Reiches künden.

1942 wurde Speer zum Reichsminister für Bewaffnung und Munition ernannt. Nach der deutschen Niederlage 1945 wurde er wegen Kriegsverbrechen und Verbrechen gegen die Menschlichkeit angeklagt und zu 20 Jahren Haft verurteilt. Nach seiner Freilassung 1966 konnte er als Architekt nicht mehr Fuß fassen, aber er veröffentlichte mehrere erfolgreiche Bücher über das Dritte Reich. Er starb 1981.

Adolf Hitler in Deutschland und Joseph Stalin in der Sowjetunion, versuchten das nationale Selbstverständnis und die Geschichte mithilfe der Architektur zu prägen. Während das Bauhaus in Weimar (1919–1933) und die WChUTEMAS in Moskau der Moderne den Weg bereiteten, änderte sich das mit dem Aufkommen von Nazismus und Stalinismus. Hitler verurteilte die Moderne als »entartet«, weil sie mit der Tradition brach, und das Bauhaus galt ihm als »Brutstätte des Bolschewismus«. Das führte zur Zerstörung von Werken wie Walter Gropius' expressionistischem Denkmal für die Märzgefallenen. Für Stalin sprach der Modernismus nur eine kosmopolitische Elite an, aber nicht das Proletariat.

Moderne Architektur kommunizierte oft nichts anderes als ihre Funktion. Die assoziationsreiche Architektur früherer Zeiten dagegen erzählte von Imperien, Größe und Tradition. Für Stalin transportierten klassizistische Gebäude Botschaften, die mit dem Sozialistischen Realismus konform gingen – einem neuen, von Stalin favorisierten Stil, der das Leben in der Sowjetunion idealisierte. Für Hitler beschwor der Klassizismus die Erinnerung an mächtige Reiche herauf, als deren direkter Nachfahre sich das Dritte Reich – das 1000 Jahre dauern sollte – verstand.

Der Wert von Ruinen

Dass ein neues Regime Gedanken an eine Zerstörung seiner Bauwerke heraufbeschwört, mag seltsam erscheinen, aber genau das hatte Hitlers Leibarchitekt Albert Speer im Sinn. Er prägte in einem 1936 veröffentlichten Text *Die Ruinenwerttheorie*. Darin entwickelte er die Idee, Gebäude so zu entwerfen, dass sie sich irgendwann in schöne Ruinen verwandeln, die noch lange nach dem Untergang einer Zivilisation von deren Größe zeugen konnten. Speer war nicht der Erste, der das Potenzial von Ruinen erkannte – schon für die Romantiker waren sie von großem ästhetischem Reiz –, aber er war der Erste, der versuchte, daraus politisches Kapital zu schlagen. Ihm schwebten Gebäude vor, »

Totalitäre Regierungen verlangen Architektur, die **Macht und Stärke** ausstrahlt.

↓

Moderne Architektur gilt als degeneriert und wird **abgelehnt.**

↓

Klassizistische Architektur wird bevorzugt, weil sie **Tradition und Macht** suggeriert.

↓

Dekoriert werden die neuen Bauten mit den **Symbolen der neuen Ideologie.**

» … an die großen Epochen der Geschichte [erinnern] doch nur deren monumentale Bauwerke. «

Albert Speer

die noch nach Jahrhunderten von vergangener Macht kündeten und, um Hitler zu zitieren, »Berlin wird … nur mit dem alten Ägypten, Babylon oder Rom vergleichbar sein«.

Mit dem Konzept des »Ruinenwerts« ging die Ablehnung moderner Stilformen und Materialien einher. Speer mied Stahlkonstruktionen, weil er glaubte, sie würden nicht länger als 50 Jahre halten. Für wichtige öffentliche Bauten bevorzugte er tragende Wände aus Werkstein – arbeitsintensiv und kostspielig in der Herstellung. Industrielle Produktionsverfahren galten nur im Wohnungsbau als angemessen – vorausgesetzt, man kleidete sie in ein traditionelles Gewand –, aber für große Regierungsgebäude, auch für die geplante Neugestaltung von Berlin, setzte er auf schiere Größe und emotionale Überwältigung.

Olympiastadion Berlin

Die Nationalsozialisten erkannten die Olympischen Spiele 1936 in Berlin als Möglichkeit, für ihre Ideologie zu werben – erstmals wurde das Sportereignis im Fernsehen übertragen. Ursprünglich wollte man das Deutsche Stadion renovieren, das Otto March für die Spiele 1916 gebaut hatte, die aufgrund des Ersten Weltkriegs nicht stattfanden. Hitler begriff jedoch schnell, welchen großen Propagandawert ein neues Großstadion haben konnte. Werner March, Ottos Sohn, erhielt den Auftrag, ein neues Stadion zu entwerfen. Speer zufolge schlug March eine moderne Konstruktion aus Stahl, Beton und Glas vor, was aber mit Hitlers ästhetischen Vorlieben und Speers Theorie vom »Ruinenwert« nicht konform ging. Hitler drohte angeblich damit, die Spiele wegen des Stadions abzusagen, und stimmte schließlich zu, dass Speer Marchs Entwurf mit einer neoklassizistischen Fassade versah.

Das Olympiastadion war eine mit Werkstein verkleidete strengere Variante des römischen Kolosseums. Der große Platz davor konnte nach dem Ende der Spiele für Paraden und Aufmärsche genutzt werden. Den Zugang markierten zwei hohe steinerne Türme, zwischen denen die olympischen Ringe aufgehängt wurden. Hitler bevorzugte die strenge Form des Klassizismus, und mit Ausnahme des Hakenkreuzes weist

Das Olympiastadion nutzt eine vereinfachte antike Formensprache, um Ehrfurcht und Staunen zu erregen, aber auch, um den Besucher einzuschüchtern, den NS-Staat zu erhöhen und das Individuum klein zu halten.

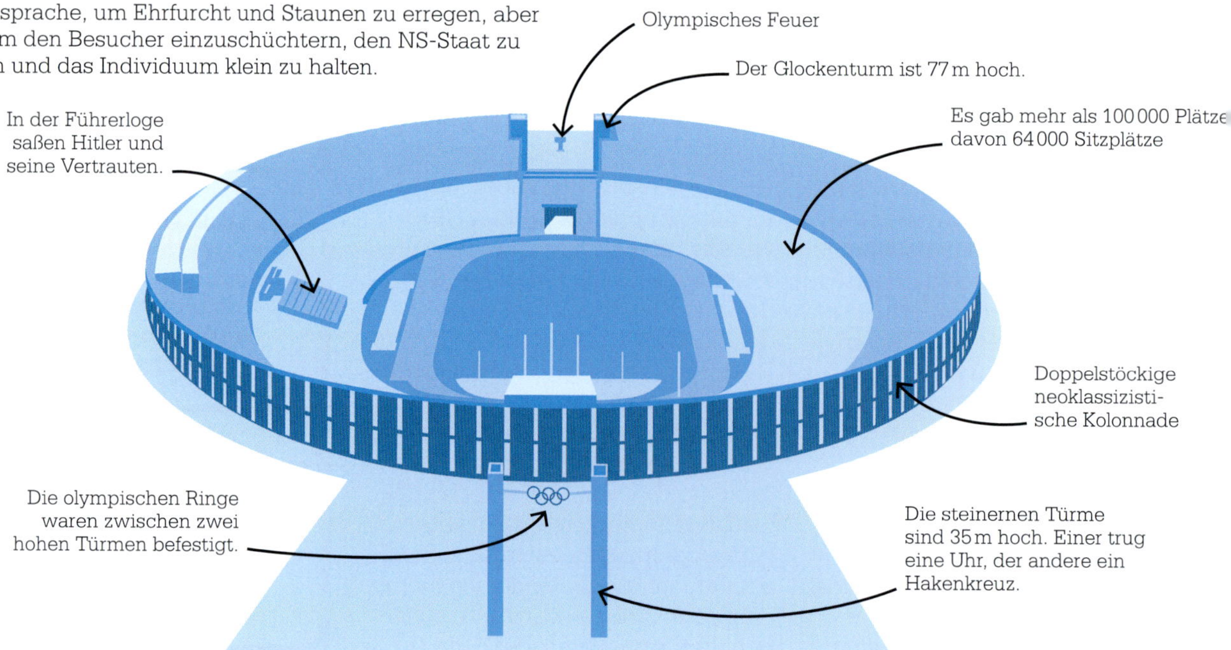

Die Staatliche Lenin-Bibliothek (heute Russische Staatsbibliothek) in Moskau zeigt auf einem neoklassizistischen Fries Lesende zwischen Soldaten und Arbeitern.

das Stadion kaum Dekor auf. Einzige Ausnahme sind die Statuen muskelbepackter Athleten von Karl Albiker und anderen Bildhauern, die das NS-Regime wegen ihrer Monumentalplastiken favorisierte.

Wie Propaganda-Architektur allzu oft war auch das Olympiastadion zu groß, um es visuell zu erfassen. Man musste es durchschreiten, um seine Größe vollständig zu erfassen. Wie bei vielen anderen Gebäuden in deutschen Städten waren die Nazi-Assoziationen so stark, dass nach Kriegsende lange über die weitere Verwendung der Sportstätte gestritten wurde.

Sowjetische Werte

In der Sowjetunion war die Durchsetzung einer einheitlichen Ästhetik eines der Mittel, mit denen das Regime seine totalitäre Ideologie voranzutreiben versuchte, und überall in dem riesigen Territorium, in dem 1946 mehr als 100 Nationalitäten lebten, entstand monumentale Architektur. In der Frühzeit der Sowjetära richtete die Führung unter Wladimir I. Lenin (1917–1924) Kunstschulen ein, die avantgardistische Künstler und Designer hervorbringen sollten, die in der Lage waren, die Künste auf neue und fantasievolle Weise in die Produktion einzubinden. Diese Idee wurde aufgegeben, als Stalin nach Lenins Tod die Führung übernahm.

Sozialistischer Realismus

Stalin zufolge sollten Architektur und Kunst realistisch und traditionell sein, Abstraktion war unerwünscht. Geeigneter für seine Ziele schien ihm der Neoklassizismus der französischen Revolutionsarchitektur mit ihrem Konzept der *Architecture parlante*, der »sprechenden Architektur«, die in architektonischen Formen oder allegorischen Ornamenten Ideen vermittelt.

Andere Stile wurden zwar nicht als »entartet« verunglimpft, wie in Nazi-Deutschland, aber ein Erlass von 1932 verbot unabhängige Künstlergewerkschaften und dekretierte zudem die Schaffung staatlich kontrollierter Organisationen, um den staatlich sanktionierten sozialistischen Realismus in allen Künsten durchzusetzen, auch in der Architektur. Der Allunionskongress sowjetischer Schriftsteller formulierte 1934 folgende Doktrin: Kunstwerke mussten relevant sein für die Arbeiterklasse, Szenen aus dem Alltagsleben zeigen, die Darstellungsweise hatte realistisch zu sein und die Ziele der kommunistischen Partei zu unterstützen.

Rückkehr des Klassizismus

In den Jahren unmittelbar nach der Russischen Revolution 1917 nicht gefragt, begannen die neoklassizistischen Architekten wieder zu bauen. Die Lenin-Bibliothek (Russische Staatsbibliothek) von Wladimir Schtschuko und Wladimir Helfreich, entworfen 1927, wurde 1945 vollendet. Ihre hohen quadratischen Pfeiler – sie stehen für die Stabilität und Stärke der sowjetischen Ideologie – sind von der Antike inspiriert, folgen in ihrer kantigen Geometrie jedoch dem Konstruktivismus. ■

» Wahre Baukunst ist immer objektiv und ist Ausdruck der inneren Struktur der Epoche, aus der sie wächst. «

Mies van der Rohe

EIN NEUES ROM WIRD ERSTEHEN

ITALIENISCHER FASCHISMUS

IM KONTEXT

THEMA
Vergangenheit und Gegenwart verbinden

FRÜHER
80 n. Chr. Fertigstellung des Kolosseums in Rom; es ist das größte Amphitheater, das jemals gebaut wurde.

1923 Mussolini spricht bei einer Ausstellung der Gruppe *Il Novecento Italiano;* die Künstler ziehen die Kunst der Romantik der Abstraktion vor.

SPÄTER
1960 Für die Olympischen Sommerspiele werden große Teile des EUR-Viertels genutzt, ursprünglich für die Weltausstellung 1942 gedacht; unter anderem entsteht dort unter Mitwirkung des faschistischen Architekten Marcello Piacentini der Palazzo dello Sport.

2016 Nach 18 Jahren Bauzeit wird im EUR-Viertel das neue Konferenzzentrum La Nuvola (»Die Wolke«) nach Plänen von Studio Fuksas eröffnet – das größte Gebäude, das in Rom in den vergangenen mehr als 50 Jahren entstanden ist.

Die Überschneidungen zwischen Faschismus und Moderne lassen sich bis zu den italienischen Futuristen Anfang des 20. Jahrhunderts zurückverfolgen. Doch als der spätere Diktator Benito Mussolini 1922 Regierungschef wurde, hinkte Italien in Bezug auf den technischen Fortschritt, für den sich Faschisten und Futuristen gleichermaßen begeisterten, anderen europäischen Ländern hinterher. Anders

Siehe auch: Der Bogen 38–41 ▪ Rückgriffe 196–197 ▪ Das Erbe des Empires 204–205 ▪ Futurismus 210–211 ▪ Art déco 232–233 ▪ Architektur als politisches Statement 238–241

Mussolini erhebt 1935 den Arm zum faschistischen Gruß, neben ihm eine Statue des römischen Eroberers Julius Caesar. Im selben Jahr begann die Eroberung Abessiniens (Äthiopiens).

Mussolini entwickelt ein **idealisiertes Bild des alten Rom,** um die **nationalistische Ideologie** der italienischen Faschisten zu fördern.

↓

Gleichzeitig bemüht er sich, **Italien** als **moderne Nation** darzustellen.

↓

Architekten realisierten **Mussolinis Konzept** durch:

↓

Verbindung antiker Zitate und **monumentaler Dimensionen** mit der reduzierten Formensprache der **Moderne.**

Moderne Konstruktionsweisen

↓

Das faschistische Italien wird als **starke, mächtige und vorwärtsgewandte Nation** präsentiert.

als die Futuristen sah Mussolini die Lösung nicht in der Zerstörung der Vergangenheit, sondern in der Verschmelzung moderner Ideen mit einer romantisierten Darstellung der italienischen Geschichte.

Mussolinis Konzept wurde als *romanità* bekannt. Es lädt die Ziele des italienischen Faschismus mit dem Geist des alten Rom auf, wenn auch stark simplifiziert. Die *romanità* beeinflusste alles, von sozialen Werten, gegründet auf römischen Vorstellungen von Kraft und Mut, bis hin zur Sprache – es gab Versuche, das antike Latein wiederzubeleben. Diesen neuen Ansatz wollte Mussolini auch in ein italienisches Reich in Afrika exportieren und so an die Verbreitung der antiken griechisch-römischen Kultur im Römischen Reich anknüpfen.

In der Architektur ging aus der *romanità* der *stile littorio* hervor, der die historische monumentale Baukunst des Römischen Kaiserreiches mit den neuen Ideen des Funktionalismus und Rationalismus verband. Mussolini und seinem Regime ging es um Gebäude, die an die Architektur der Antike erinnern, aber mit modernen Mitteln konstruiert sein sollten.

Ein neues Rom

1938 wurden Pläne für die Esposizione Universale di Roma (EUR) vorgestellt – eine Weltausstellung zur Feier des 20. Jahrestags der faschistischen Machtergreifung in Italien 1942. Den Masterplan für das 194 ha große Gelände verantwortete Marcello Piacentini, eine Schlüsselfigur für die faschistische Architektur. Sein Entwurf orientierte sich an einem Plan des antiken Rom – ein rechtwinkliges Straßennetz – im Maßstab des *centro storico,* des historischen Stadtzentrums. Piacentini plante, die gleichen Baumaterialien zu verwenden, wie Travertin, Marmor und Tuff (ein leicht zu bearbeitendes vulkanisches Gestein). Es war sogar geplant, einen Obelisken aus Aksum in Äthiopien – einer italienischen Kolonie – auf einer der neuen Piazzas aufzustellen, wie einst Kaiser »

Augustus einen ägyptischen Obelisken nach Rom gebracht hatte, als Sinnbild für seine Eroberungen. Daneben gab es aber auch sehr moderne Ideen, wie einen »Palast des Lichts« ganz aus Glas.

Die geplante Weltausstellung fand niemals statt; 1939 brach der Zweite Weltkrieg aus; das faschistische Regime in Italien war 1943 am Ende und die Arbeiten am EUR wurden eingestellt.

Quadratisches Kolosseum

Das Glanzstück der EUR war der Palazzo della Civiltà Italiana (Palast der italienischen Zivilisation), entworfen 1938 von Giovanni Guerrini, Ernesto La Padula und Mario Romano. Dort sollte eine Ausstellung über die Geschichte der italienischen Zivilisation gezeigt werden. Das Gebäude illustriert mit seiner schmucklosen Fassade und den einfachen Bögen Mussolinis Ziel, die Architektur der römischen Antike auf das Wesentliche zu reduzieren. Das Gebäude wurde als *Colosseo quadrato* bekannt, eine moderne Version des römischen Amphitheaters. Oben an der Fassade war ein Zitat aus einer Rede Mussolinis angebracht, in der er 1935 Abessinien den Krieg erklärte.

Im Unterschied zum historischen Kolosseum – und im Unterschied zu den Bauwerken in Nazi-Deutschland, wo man massive Konstruktionen aus Naturstein bevorzugte – nutzte man für den Palazzo della Civiltà Italiana ein Skelett aus Stahlbeton, das mit dünnen Travertinplatten verkleidet wurde, um den Anschein von Marmor zu erwecken. Der ursprüngliche Plan – von Mussolini abgelehnt – sah auch eine Rampe im Inneren vor, auf der sich die Besucher durch die Ausstellung bewegen konnten.

Das Kolonialreich

Das Bestreben, in der Architektur das Wesen des alten Rom sichtbar zu machen, lässt sich auch an Bauten in den italienischen Kolonien in Afrika ablesen. 1936 zählten dazu Libyen, Eritrea, Äthiopien und Teile Somalias. Zunächst entwarfen die in den Kolonien tätigen Architekten vor allem Häuser für die Kolonialbeamten, sowie Regierungsgebäude und Denkmäler.

> »Rom ist unser Ausgangspunkt und unser Bezugspunkt; es ist unser Symbol, oder, wenn Sie so wollen, es ist unser Mythos.«
>
> **Benito Mussolini**
> Erklärung, 1922

In Libyen kam es unter dem Einfluss von Giovanni Pellegrinis *Manifesto dell'architettura coloniale* zu einer Rückbesinnung auf traditionelle Bauweisen und -formen; auch der Architekt Carlo Enrivo Rava trug dazu bei; ihm erschienen die libyschen Häuser mit ihren kleinen Fenstern, weißen Wänden und Innenhöfen »überwältigend rational«. Aber es ging dabei weniger um die einheimischen architektonischen Traditionen, als um den Geist der *romanità* in den Kolonien. Rava bemerkte, das arabische Haus sei »nichts anderes als ein antikes römisches Haus, getreu reproduziert«.

Im Unterschied zu Libyen war Äthiopien niemals Teil des Römischen Reiches gewesen, und deshalb galten die Städte als architektonisch wertlos. Die Pläne für völlig neue Stadtteile zur Ansiedlung italienischer Kolonisten, vor allem in der Hauptstadt Addis Abeba,

Die eritreisch-orthodoxe Kathedrale Enda Mariam in Asmara verbindet Elemente des italienischen Rationalismus mit starken Farben und einheimischen Konstruktionsweisen.

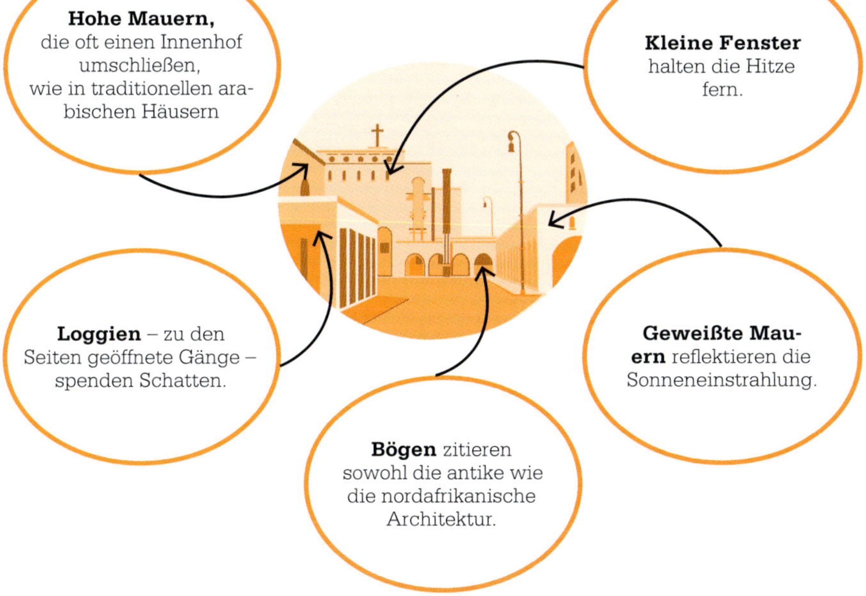

Die Architektur in den italienischen Kolonialgebieten verbindet antike Elemente, wie Loggien und Kolonnaden, mit einheimischen Bautraditionen.

behandelten eine historische, dicht bewohnte Stadt wie unbesiedeltes Gebiet. Die ursprünglichen Einwohner wurden in eigenen Vierteln am Stadtrand untergebracht, sorgsam getrennt von den Italienern im Zentrum. Bei der Planung der Verkehrswege achtete man darauf, die Kontakte der Kolonisten mit der lokalen Bevölkerung zu minimieren.

Eine weiße Utopie

Mit der Umsetzung nach Entwürfen von Ignazio Giudi und Cesare Valle wurde 1939 begonnen, aber bereits im folgenden Jahr setzte der britische Einmarsch den Arbeiten ein Ende. Im benachbarten Eritrea hingegen, speziell in der Hauptstadt Asmara – von Mussolini als *La Piccola Roma* (»kleines Rom«) bezeichnet – ist der Einfluss italienischer Architekten bis heute sichtbar. Nach einem Plan aus den 1930-Jahren von Vittorio Cafiero – bis zur Niederlage der Italiener in Ostafrika 1941 nur teilweise realisiert – wurde ein Stadtzentrum für weiße Italiener von den Vierteln für die Einheimischen durch einen gewerblich genutzten Gürtel abgegrenzt. Die in verschiedenen Stilen entworfenen, aber meist von Art déco und Futurismus beeinflussten Gebäude sollten eine moderne Utopie entwerfen, mit belebten Cafés und Kinos – zumindest für weiße Italiener.

Ein Beispiel dafür ist das Fiat-Tagliero-Gebäude in Asmara, 1938 von Giuseppe Pettazzi entworfen: eine Tankstelle in Form eines startenden Flugzeugs. Sie symbolisiert das neue Zeitalter des schnellen Reisens und besteht aus einem zentralen Turm und zwei »Flügeln« aus Stahlbeton, die zu beiden Seiten den Vorplatz überdachen. Das Gebäude, heute UNESCO-Weltkulturerbe, erinnert an die Kolonisierung Eritreas durch Italien. ■

Manifest der kolonialen Architektur

1936, im Gefolge des brutalen »Pazifizierungskrieges« der Italiener in Libyen, veröffentlichte Giovanni Pellegrini sein *Manifesto dell'architettura coloniale* (»Manifest der kolonialen Architektur«). Gestützt auf eigene Reisen durch Libyen, beschreibt er, wie die in Rom entwickelten architektonischen Ideen auf die italienischen Kolonien übertragen werden konnten.

Das Manifest forderte, die italienische Kolonialarchitektur solle sich von der lokalen Architektur inspirieren lassen, aber »falsche Imitation« vermeiden. Typische Elemente libyscher Häuser wie Innenhöfe und kleine Fenster wurden aufgegriffen. Sie galten als sinnvolle Reaktion auf das Klima und sollten Grundlage eines neuen funktionalen Stils sein.

Pellegrinis libysche Entwürfe umfassten öffentliche Gebäude und Wohnhäuser, darunter die Villa Salvi in Tripolis mit einem typischen einfachen Grundriss aus miteinander verbundenen Kuben.

» Es darf keinerlei Zweifel hinsichtlich der Identität und Kultur der Nation geben, die [diese] Gebäude errichtet hat. «

Giovanni Pellegrini
Manifesto dell'architettura coloniale, 1936

MÜHELOS AUS DEM UNTERGRUND HERAUSWACHSEN

AMERIKANISCHE MODERNE

IM KONTEXT

THEMA
Befreiung der Moderne

FRÜHER
1910 Frank Lloyd Wright beendet Robie House, das heute als bestes Beispiel für die Prairie School gilt – ein genuin amerikanischer moderner Architekturstil.

1925 In Deutschland veröffentlicht Walter Gropius sein Buch *Internationale Architektur,* einen bebilderten Überblick zur zeitgenössischen Baukunst in Europa und Amerika.

1934 Wie viele andere Architekten emigriert Gropius – zunächst nach London, später in die USA.

SPÄTER
1959 Frank Lloyd Wright vollendet das Guggenheim Museum in New York.

1960er-Jahre Ein Bauboom beschert Amerika eine Fülle neuer Wolkenkratzer aus Glas und Stahl.

Im Jahr 1932 eröffnete in New York eine Ausstellung mit dem Titel »Modern Architecture: International Exhibition«. Sie wollte die internationale Moderne der 1910er- und 1920er-Jahre analysieren, geriet aber schnell in die Kritik, weil sie den Modernismus auf die visuellen Elemente einer industriellen Ästhetik reduzierte. Zu den lautstarken Kritikern gehörte Frank Lloyd Wright.

Ein Begriff sorgt für Ärger

Kuratiert wurde die Ausstellung im Museum of Modern Art (MoMA) von dem amerikanischen Kunsthistoriker Henry-Russell Hitchcock und Philip Johnson, Gründungsdirektor der Architekturabteilung des MoMA, später selbst als Architekt erfolgreich. In zweijähriger Vorbereitungszeit hatten sie Material aus 15 Ländern zusammengetragen. Sie definierten dafür bestimmte Merkmale, wie das Fehlen von Ornamentik sowie eine einfache Geometrie, und prägten dafür die Bezeichnung »Internationaler Stil«.

Anstatt die komplexen Entwicklungen innerhalb der verschiedenen modernistischen Bestrebungen zu analysieren, hatten die Kuratoren die Werke von jedem kontextuellen Bezug befreit und schienen vor allem an der Ästhetik interessiert, indem sie die Gebäude nach ihrem visuellen Stil beurteilten. Die Idee, dass ein neuer, minimalistischer Stil aus Europa die Quintessenz moderner Architektur sei, war für Wright ein Affront. Der Internationale Stil, meinte er, sei eine »Fehlgeburt des Maschinenzeitalters«.

> »Zu den größten Empfindlichkeiten eines jungen Landes im Aufbau gehört seine Architektur.«
>
> **Frank Lloyd Wright**
> »In the Cause of Architecture, II«, 1914

Organische Architektur

Wright arbeitete auch weiterhin an seinem eigenen, idiosynkratischen Konzept von Moderne. Er nannte diesen Stil »organische Architektur« und charakterisierte ihn ganz allgemein als Bauten, entwickelt »von

Siehe auch: Organische Formen 174–175 ▪ Pioniere der Moderne 190–195 ▪ Funktionalismus 220–225 ▪ Minimalistisch bauen 230–231 ▪ Menschlicher Funktionalismus 248–249 ▪ Hochhäuser der Nachkriegszeit 252–253 ▪ Mid-Century Modern 254–255

innen nach außen« – funktional, aber in Harmonie mit der umgebenden Landschaft und nicht an den spezifischen Vorstellungen eines modernistischen Stils orientiert

1939 stellte Wright den neuen Verwaltungssitz der S. C. Johnson Corporation in Racine (Wisconsin) fertig. Der als Johnson's Wax Headquarters bekannte Bau besteht aus einer Reihe niedriger Kuben, 1951 um einen Turm, den Research Tower, ergänzt. Der Architekt mied, was er die »Maschinenanbetung« des Internationalen Stils nannte und setzte lieber auf natürliche Formen. Der Johnson's-Wax-Bau konterkariert die starren Kuben des Internationalen Stils durch die Verwendung von gebogenem Glas und Backstein, die im Einklang mit Wrights Vorstellung von einer eher »plastischen« Architektur stehen; augenfällig wird das insbesondere im Research Tower. Im Inneren der Großraumbüros scheinen Stützen, die Wright als »dendriform« (baumartig) bezeichnete, aus dem Boden emporzuwachsen, die sich zur Decke hin pilzartig verbreitern. Oberlichter lassen warmes Licht ein. Wright entwarf auch das Mobiliar in weich gerundeten rechteckigen Formen und erdigen Farben.

Wie viele andere von Wrights Entwürfen war auch dieses Gebäude vollkommen neuartig. Er betrieb die Weiterentwicklung eines amerikanischen Stils, der die Funktionalität der Moderne mit einem humaneren, natürlicheren Ansatz verband. ▪

Der 14-stöckige Research Tower des Johnson's Wax Headquarters ist eines von nur zwei erhaltenen höheren Gebäuden Wrights; der innere Kern besteht aus Stahlbeton.

Frank Lloyd Wright

Der 1867 in Wisconsin (USA) geborene Frank Lloyd Wright studierte kurze Zeit Ingenieurwesen, bevor er in Chicago bei den Architekten Dankmar Adler und Louis Sullivan anheuerte, die erste Hochhäuser bauten. Wright gründete 1893 eine eigene Firma und entwickelte um 1900 den Prairie Style – funktionale amerikanische Architektur, die mit der Landschaft verschmilzt und großen Wert auf handwerkliche Perfektion legt.

Wright entwickelte seinen Ansatz weiter und bezeichnete ihn später als »organische Architektur«. Er entwarf in mehr als 70 Jahren über 1000 Gebäude, darunter eine Reihe preiswerter sogenannter »Usonia«-Häuser, Fallingwater (1939) in Pennsylvania und das Guggenheim Museum (1959) in New York. Wright starb 1959 in Arizona.

Wichtige Schriften

1932 *The Disappearing City*
1939 *An Organic Architecture*
1955 *An American Architecture*

HUMANISIERUNG DER ARCHITEKTUR

MENSCHLICHER FUNKTIONALISMUS

IM KONTEXT

THEMA
Sympathetische Moderne

FRÜHER
1925 Le Corbusier präsentiert umstrittene Pläne für eine Umgestaltung des Pariser Stadtzentrums mit funktionalen Hochhäusern.

1929 Walter Gropius schlägt vor, Mietshäuser durch hohe Wohnblocks zu ersetzen, ein Konzept, das nach dem Zweiten Weltkrieg Anklang findet.

SPÄTER
1972 Beginn der Abbrucharbeiten am Pruitt-Igoe-Komplex in St. Louis, Missouri (USA). Es wurde kritisiert, dass architektonische Ideale hier wichtiger waren als die alltäglichen Bedürfnisse der Bewohner.

1996 In seinem Buch *The Eyes of the Skin* fordert der finnische Architekt Juhani Pallasmaa, bei der Gestaltung von Räumen alle menschlichen Sinne zu berücksichtigen.

Die Villa Mairea mit ihrem holzverkleideten Äußeren reagiert auf die Bäume rundherum. Lange Stäbe, zu einer Art Holzverschalung verbunden, verschmelzen mit den Wänden.

Schon in ihren Anfangstagen zu Beginn des 20. Jahrhunderts regte sich Kritik an der rationalen Moderne: Sie sei unsensibel gegenüber menschlichen Bedürfnissen, heißt es noch heute. Wenn Architektur nur durch Analyse und industrielle Effizienz zum Ziel kommt, so argumentieren die Kritiker, welcher Raum bleibt dann noch für sinnliche Erfahrungen und für Gebäude, die im Einklang mit ihrer natürlichen Umgebung stehen? Manche der Kritiker waren selbst Architekten. Und auch wenn sie viele modernistische Ideen befürworteten, missfiel ihnen der zunehmend wissenschaftliche Ansatz, wie er in Le Corbusiers Forderung nach »Maschinen zum Wohnen« zum Ausdruck kam.

Statt auf Funktionalität zu setzen, wie Le Corbusier in seiner Villa Savoye, einem weißen Kasten in grüner Landschaft, ließen sich andere von natürlichen Formen

Siehe auch: Expressionismus 212–215 ▪ Funktionalismus 220–225 ▪ Expressive Massenquartiere 226–227 ▪ Minimalistisch bauen 230–231 ▪ Mid-Century Modern 254–255 ▪ Grüne Architektur 292–299 ▪ Die Moderne in Sri Lanka 314–315

» Form muss einen Inhalt haben, und dieser Inhalt muss mit der Natur verbunden sein. «

Alvar Aalto

und Materialien inspirieren. Ihre Entwürfe waren modernistisch, aber sie begannen, Material und Form von Gebäuden stärker mit der Umgebung zu verknüpfen, sodass die Bauten weniger nüchtern und radikal wirkten und menschliche Erfahrungen reflektierten.

Zähmung der Moderne

In den USA kommt dieser Ansatz vor allem im Werk von Frank Lloyd Wright zum Ausdruck, etwa in Fallingwater (entworfen 1935) und in den Prairie-Häusern, die ihre Inspiration aus dem flachen Grasland um Chicago bezogen. In Europa, insbesondere in Skandinavien, entstand mit dem sogenannten neuen Humanismus ein Stil, der vor allem für Wohnanlagen Anwendung fand. Zu seinen Pionieren gehören die finnischen Architekten Alvar und Aino Aalto.

Wie viele ihrer Zeitgenossen hatten die Aaltos mit neoklassizistischen Entwürfen begonnen, bevor sie sich der Moderne zuwandten. Sie nutzten moderne Methoden, waren aber der Meinung, dass die zunehmend industrielle Ästhetik menschliche Bedürfnisse vernachlässigte. Zu einem Wendepunkt in ihrer Arbeit kam es, als das Ehepaar Harry und Maire Gullichsen, mit der die Aaltos die Firma Artek gegründet hatten, ihnen den Auftrag erteilte, in Noormarkku in Westfinnland einen ländlichen Rückzugsort zu gestalten – die Villa Mairea, die 1939 fertiggestellt wurde.

Einfühlsamkeit

Mit der Villa Mairea entwarfen die Aaltos ein funktionales modernistisches Haus auf L-förmigem Grundriss. Die Wahl der Werkstoffe reflektiert den Standort sowie den Charakter der verschiedenen Innenräume. Als Fußbodenbelag kommt beispielsweise Stein im Eingangsbereich zum Einsatz, dann Fliesen und schließlich Holz und Teppiche im Inneren. Von außen ist der typische, weiß verputzte Kasten zu sehen, jedoch mit hölzernen Elementen kombiniert, die von der traditionellen Architektur Finnlands und Japans inspiriert waren. Im Inneren ist das Raster aus Stützen dynamischer als bei Le Corbusier, behält aber seine Funktion als Abgrenzung des offenen Wohnraums. Innen wie außen mildern Wellenformen die rechten Winkel ab. Die Stützen weisen unterschiedliche Oberflächen auf – einige wurden mit taktilem Rattan verkleidet, andere zeigen Sichtbeton. Die schlanken Holzpfosten rund um die Treppe erinnern an die Birkenstämme der Umgebung und schaffen eine Kontinuität zwischen innen und außen.

Bedeutendes Erbe

Die Villa Mairea ist ein sehr individuelles, rustikales, aber dennoch modernistisches Werk, das sowohl an traditionelles finnisches Design als auch an die Arbeit von Le Corbusier erinnert. Sie beweist, dass ein funktionales Gebäude nicht unwirtlich sein muss. Den Aaltos ist es zu verdanken, dass die Moderne menschlicher wurde. ▪

Führende modernistische Architekten erheben **die Funktion** zum **Leitprinzip** für die Gestaltung von Häusern.

↓

Andere kritisieren, dass auf diese Weise **menschliche Bedürfnisse ignoriert werden.**

↓

Diese Architekten entwickelten einen **humanen Ansatz,** sie verwendeten lokale und haptische Materialien, um funktionale Elemente in ihrer Wirkung abzumildern.

DIE WAHRHAFTIGKEIT VON WERKSTOFFEN

LE CORBUSIERS SPÄTWERK

IM KONTEXT

THEMA
Mit Sichtbeton bauen

FRÜHER
1824 In Großbritannien meldet Joseph Aspdin ein Patent für Portlandzement an, ein Grundbestandteil modernen Betons.

1902 Der französische Architekt Auguste Perret plant in Paris ein Apartmenthaus aus Beton; seine Eleganz verbessert die Akzeptanz des Materials.

1945 Le Corbusiers Plan für den Wiederaufbau von Saint-Dié wird abgelehnt, seine Unités d'habitation kritisiert man als »Baracken«.

SPÄTER
1956 Le Corbusier schließt seinen Entwurf für die Planstadt Chandigarh (Indien) ab, ein Projekt, an dem er bis zu seinem Tod 1965 arbeitete.

2006 José Oubrerie beendet Le Corbusiers letztes Werk, Saint-Pierre in Firminy (Frankreich).

Le Corbusier verwendet Beton zuerst für individuell geplante **funktionalistische Villen.**

Er erkennt, das man mit Beton preiswert bauen kann, und entwirft **große, städtische Wohnanlagen.**

Le Corbusiers Entwürfe, **zunächst streng geometrisch, werden fließender,** er gießt aus Beton unterschiedliche Formen.

In den **expressiven Betonkonstruktionen** Le Corbusiers kündigt sich in Europa die Abkehr vom Funktionalismus an.

In Le Corbusiers Schaffen verdichtet sich die Entwicklung der modernen Architektur.

Die meisten Architekten stehen für eine bestimmte Ästhetik, eine Bewegung oder einen Stil. Der schweizerisch-französische Architekt Le Corbusier hingegen verfügte über die Fähigkeit, sich immer wieder neu zu erfinden. Sein Weg war für andere Architekten richtungsweisend, auch wenn er sich mitunter selbst zu widersprechen schien.

In den 1950er-Jahren war Le Corbusier einer der berühmtesten Architekten der Welt. Mit seinen Ideen für massenproduzierte Wohnhäuser erlangte er in den 1920er-Jahren weltweit Einfluss; als Prototyp dienten seine Entwürfe im Internationalen Stil, wie die Villa Savoye in Poissy (Frankreich). Später, für die Unité d'habitation (1952) in Marseille und Sainte Marie de la Tourette (1959),

Siehe auch: Das Betonskelett 188–189 ▪ Pioniere der Moderne 190–195 ▪ Expressionismus 212–215 ▪ Funktionalismus 220–225 ▪ Brutalismus 256–259 ▪ Sinnliche Moderne 260–261 ▪ Eine neue Stadt 262–263 ▪ Seelenvolle Moderne 306–307

Notre-Dame-du-Haut mit ihrem segelartigen Dach beherrscht von einem Hügel aus die umliegende Landschaft. Der größte Turm, über der Hauptkapelle, ist 27 m hoch.

einem Kloster bei Lyon, verlegte er sich auf Sichtbeton *(béton brut)* als Werkstoff und schuf damit die Grundlagen für den Brutalismus. Nach starren, geometrischen Konstruktionen rang er dem Material später ausdrucksvolle, geschwungene Formen ab.

Eine skulpturale Kapelle

Im Jahr 1955 vollendete Le Corbusier ein Projekt, das sich von allen seinen früheren Arbeiten unterscheidet. Notre-Dame-du-Haut in Ronchamp (Ostfrankreich), eine römisch-katholische Kapelle, war im Zweiten Weltkrieg zerstört worden. Hier löste sich Le Corbusier von früheren Vorstellungen zugunsten eines eindringlichen, skulpturalen Gebäudes, das mit seiner Umgebung in Beziehung tritt.

Die dicken Wände von Notre-Dame-du-Haut schwingen zu einer bugartigen Ecke aus. Sie sind von kleinen Fenstern durchbrochen, einige farbig verglast und leicht nach innen geneigt, um den Lichteinfall zu verstärken. Zur Kirche gehören zwei kleinere Kapellen an der Nordseite, darüber zwei Türme mit abgerundeten Kanten, die sich über das geschwungene Dach aus zwei Betonschalen erheben. Eine dritte Kapelle befindet sich in dem breiteren, höheren Turm an der Südwestecke des Gebäudes.

Das Innere des Baus wird durch kleine Fenster, Einschnitte in den Türmen und einen schmalen Lichtschlitz rundherum in Deckenhöhe belichtet. Die Anordnung der Fenster wirkt zufällig, doch Le Corbusier hat sie sorgfältig choreografiert, um verschiedene Teile des Gebäudes im Lauf des Tages zu beleuchten: Das Licht flutet bei Sonnenaufgang durch die nach Osten ausgerichteten Öffnungen der Morgenkapelle, bevor es durch die Schlitze zwischen den Wänden fällt und bei Sonnenuntergang die nach Westen ausgerichteten Abendkapelle erreicht.

In diesem bescheidenen Gebäude wollte Le Corbusier die ganze Dramatik und Atmosphäre einer barocken Kathedrale entfalten, nur durch das »meisterhafte, korrekte und großartige Spiel« von Masse und Licht – genau das war für ihn die Essenz aller Architektur.

Raum und Rückzug

Le Corbusier wollte »einen Ort der Stille, des Gebets und der inneren Freude« schaffen, indem er das Gebäude als eine Reihe von konkaven und konvexen Räumen gestaltete, die den Besucher aufnehmen. Mit seinem segelartigen Dach, den schrägen Wänden und den drei Türmen über den drei Kapellen ragt das Bauwerk jedoch auch in die Höhe und wirkt größer als es ist.

Der Stil von Notre-Dame-du-Haut ist schwer zu definieren. Einige Experten sehen darin das erste Gebäude der Postmoderne, andere ein frühes Beispiel des Neoexpressionismus. Weil ihr Einfluss auf so viele nachfolgende Bauwerke offensichtlich ist, gilt diese Kapelle heute als eines der wichtigsten Bauwerke des 20. Jahrhunderts. ▪

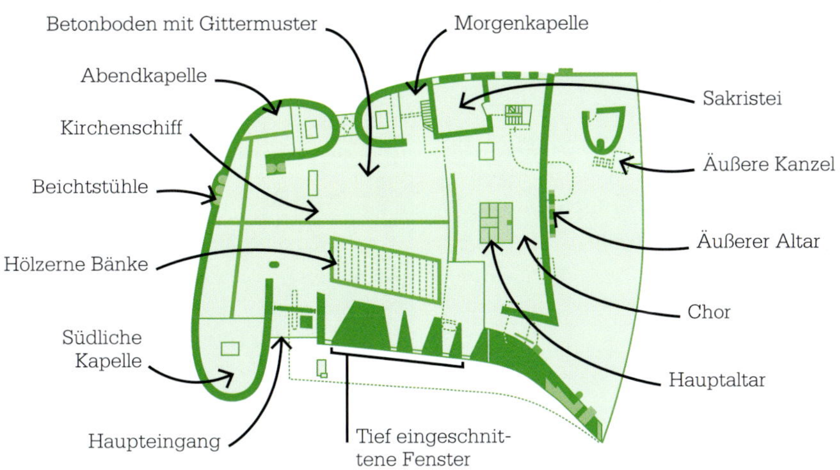

Notre-Dame-du-Haut umfasst auf vergleichsweise bescheidenen 756 m² Grundfläche eine Haupt- und drei Nebenkapellen. Der Fußboden folgt dem natürlichen Anstieg des Untergrunds, die geschwungenen Wände lassen Außenräume entstehen, und der Altar draußen bindet den Bau noch stärker an den Ort.

EIN MOSAIK AUS GLAS

HOCHHÄUSER DER NACHKRIEGSZEIT

IM KONTEXT

THEMA
Wirtschaftlicher Erfolg

FRÜHER
1885 Das Home Insurance Building in Chicago (USA) ist mit seinen 42,1 m eines der höchsten Gebäude der Welt.

1949 Mies van der Rohe stellt seinen ersten Wolkenkratzer fertig, die Promontory Apartments in Chicago (USA).

1952 Das neue Hauptquartier der UNO in New York, entworfen von Le Corbusier und dem brasilianischen Architekten Oscar Niemeyer, gehört zu den ersten klimatisierten Hochhäusern mit Glasfassade.

SPÄTER
2009 Das Burj Khalifa in Dubai ist der höchste Wolkenkratzer mit Glasfassade.

2019 Der New Yorker Bürgermeister Bill de Blasio will den Bau von Hochhäusern mit Glasfassade beschränken, da sie nicht energieeffizient sind.

Das Seagram Building mit seinen in schmale Bronzerahmen gesetzten Glasscheiben, die eine Fläche von 11 300 m² bedecken, wirkt optisch wie ein einziger riesiger Glaskubus.

Heute nehmen wir kaum noch Notiz von Wolkenkratzern mit Glasfassade, denn sie beherrschen die Skyline von Städten in aller Welt. Was inzwischen als Symbol für unternehmerische Hybris und zügellose Marktentwicklung gilt, kündigte einst ein strahlendes neues Konsumzeitalter an, die Hoffnungen und den Wohlstand der Nachkriegszeit. Vor allem in den USA, beflügelt von einem Bauboom, der alles übertraf, was man bis dahin kannte, und unberührt von den hohen moralischen und politischen Maßstäben früher Modernisten wie Le Corbusier und Walter Gropius, wurden diese eleganten Türme zu Ikonen eines neuen Zeitalters.

Pionier aus Deutschland

1921 hatte der deutsche Architekt Ludwig Mies van der Rohe mit dem Bürohochhaus Friedrichstraße den ersten Wolkenkratzer aus Stahl und Glas entworfen. Er wurde nie gebaut, aber der Einfluss seines Schöpfers ist kaum zu überschätzen. 1930 berief man ihn als Direktor an das Bauhaus, das unter dem Druck der Nazis schließen musste. Mies van der Rohe übersiedelte 1938 in die USA, wo er in Philip Johnson

Siehe auch: Das Betonskelett 188–189 ▪ Pioniere der Moderne 190–195 ▪ Der Wolkenkratzer 198–203 ▪ Funktionalismus 220–225 ▪ Minimalistisch bauen 230–231 ▪ Amerikanische Moderne 246–247 ▪ Menschlicher Funktionalismus 248–249

einen Unterstützer fand. Als Kurator hatte dieser Arbeiten von Mies van der Rohe in der Ausstellung »Modern Architecture: International Exhibition« im New Yorker Museum of Modern Art 1932 gezeigt.

1954 plante Samuel Bronfman, Besitzer der kanadischen Destillerie Seagram, einen neuen Firmensitz in Manhattan. Seine Tochter Phyllis Lambert übernahm die Leitung. Die Shortlist der Architekten war eindrucksvoll – darunter Le Corbusier, Walter Gropius und Frank Lloyd Wright –, schließlich fiel die Wahl auf Mies van der Rohe, für den seine berühmten gläsernen Wohntürme sprachen, die 1948–1951 am Lake Shore Drive in Chicago entstanden waren.

Nach der Weltwirtschaftskrise und dem Zweiten Weltkrieg setzt ein neuer **Hochhaus-Boom** ein.

↓

Glas und Stahl stehen für moderne Technologien und sind bevorzugte Werkstoffe.

↓

Viele **ältere Hochhäuser** werden dem Zeitgeschmack angepasst oder **abgerissen**.

Das Seagram Building

Das als Seagram Building bekannt gewordene Gebäude war ein Meilenstein für Mies van der Rohe, der mit Johnson und seinen amerikanischen Architektenkollegen Ely Jacques Kahn und Robert Allan Jacobs zusammenarbeitete, um den Bau zu realisieren. Entgegen den städtebaulichen Konventionen nutzte er nicht das gesamte Grundstück, sondern setzte den 157 m hohen, 38-stöckigen Büroturm von der Park Avenue zurück, um davor und darunter einen öffentlichen Raum zu schaffen, der den Wolkenkratzer mit der Stadt verbindet.

Getreu seinem minimalistischem Mantra »weniger ist mehr«, reduzierte Mies van der Rohe das Seagram Building auf seine Kernelemente. Das Budget war nicht beschränkt, und so kamen luxuriöse Materialien zum Einsatz. Bei seiner Fertigstellung 1958 war das Seagram Building der teuerste Wolkenkratzer, der je gebaut wurde. Die Struktur aus nichttragenden, vertikalen bronzefarbenen I-Trägern, die eine Glashaut unterteilen, verweist auf das darunterliegende Stahlskelett. Mies hatte gehofft, das Skelett offenlegen zu können, aber nach den Bauvorschriften musste der Stahl mit feuerfestem Beton verkleidet werden. Der gesamte Turm wird von bronzefarbenen Stahlstützen getragen, die aus einem mit rosafarbenem Granit ausgelegten Platz aufsteigen – eine moderne Interpretation der antiken Kolonnade.

Als Diktum Mies van der Rohes gilt auch »Gott steckt in den Details«, und so unterlag alles einer rigorosen Gestaltung, selbst Elemente wie Jalousien: Sie wurden auf drei Positionen beschränkt, um zu verhindern, dass nach außen ein unruhiges Bild entstand.

Ein neuer Trend

Das Seagram Building gab den Ton für Hunderte von weiteren Gebäuden vor, und seine Ästhetik dominiert den Bau von Wolkenkratzern bis heute. Außerdem bewirkte es eine Änderung der Bauvorschriften von New York, die es Bauherren seit 1961 erlaubt, höher zu bauen, wenn sie dafür im Gegenzug öffentlichen Raum vor dem Gebäude zugänglich machen. ■

» Technologie und Architektur sind so eng verbunden … wir hoffen sehr, dass sie zusammenwachsen werden. «

Ludwig Mies van der Rohe
Vortrag am Illinois Institute of Technology, 1950

ELEGANTE REDUKTION

MID-CENTURY MODERN

IM KONTEXT

THEMA
Eine neue Art zu leben

FRÜHER
1924 Le Corbusier veröffentlicht einen Text, in dem er die Architekten auffordert, die Methoden der Massenproduktion zu nutzen.

1947 Baubeginn für die typisch amerikanische Vorstadt Levittown (New York); in Spitzenzeiten entsteht hier alle 16 Minuten ein neues Haus.

SPÄTER
1972 Der deutsche Hersteller Huf Haus entwickelt das Huf Fachwerkhaus 2000, eine anpassungsfähige Konstruktion aus Fertigteilen.

2003 Die amerikanische Zeitschrift *Dwell* schreibt einen Architektenwettbewerb für günstige Fertighäuser aus.

2021 Im Londoner Stadtteil Croydon wird das höchste Haus in Modulbauweise fertiggestellt; es hat 44 Etagen.

Der Nachkriegsboom in den USA brachte neue Ansätze für den Bau von Wohn- und Geschäftshäusern hervor. Erstere waren stark von Le Corbusiers Konzept für die Massenproduktion beeinflusst, das er in den 1920er-Jahren in Europa entwickelt hatte. Explosionsartig wachsende Vorstädte ermöglichten eine völlig neue Lebensweise. Und die eleganten, geradlinigen Wohnhäuser, die in Kalifornien entstanden und mit schicken Modemagazinen und Hollywood in Verbindung gebracht wurden, sollten stilbildend wirken.

Von 1945 bis 1966 unterstützte das *Case Study House Program*, gesponsert von John Entenza, dem Herausgeber von *Arts & Architecture*, einige der führenden Architekten der Zeit. Dazu zählten die Amerikaner Charles und Ray Eames, der in Österreich geborene Richard Neutra und Eero Saarinen, der aus Finnland stammte. Sie entwarfen effiziente, preiswerte Prototypen für neue Häuser in Los Angeles, um dem Mangel an Wohnraum nach dem Zweiten Weltkrieg zu begegnen. Durch das Zusammenspiel von Architektur, Werbung und Lifestyle

Die Wohnungsnot nach dem Zweiten Weltkrieg sorgt für **neues Interesse an Konzepten** für standardisierte, massenproduzierte Häuser.

→ Architekten entwickeln **Prototypen** für Modelle, die sich in großer Stückzahl fertigen lassen.

↓ Die Modellhäuser sollen Hauskäufer inspirieren und Architekten und Immobilienentwickler anregen, **anspruchsvolle Häuser für die breite Masse** zu bauen.

← Die Prototypen erweisen sich als zu aufwendig für die Massenproduktion und bleiben **Unikate.**

Siehe auch: Fertigbau 168–171 ▪ Pioniere der Moderne 190–195 ▪ Funktionalismus 220–225 ▪ Expressive Massenquartiere 226–227 ▪ Amerikanische Moderne 246–247 ▪ Menschlicher Funktionalismus 248–249 ▪ Hochhäuser der Nachkriegszeit 252–253

Stahl House diente als Location für zahllose Werbespots, Modefotos, Fernsehsendungen und Filme. Der L-förmige Bau hat nur eine einzige massive Außenmauer – der Rest ist Glas.

prägte das Programm dauerhaft die Vorstellung von modernem Wohnen.

Das Konzept

Jeder Architekt sollte einen Prototyp für ein Haus entwickeln, das für die Massenproduktion geeignet war. Die Entwürfe durften keine »individuelle Leistung« darstellen. Die Innenarchitekten erhielten Rabatt auf Materialien, im Gegenzug durfte *Arts & Architecture* Fotos veröffentlichen und die fertig eingerichteten Häuser einen Monat lang zu Ausstellungszwecken nutzen, bevor die Besitzer einzogen.

Die Case Study Houses, auf Massenproduktion und Standardisierung ausgerichtet, zeichneten sich durch raumhohe Fensterfronten, leichte Stahlrahmenkonstruktionen und offene Wohnräume aus. Und damit glichen sie den Schöpfungen Mies van der Rohes, einem der Begründer des Modernismus.

Stahl House

Im Jahr 1959 stellte der amerikanische Architekt Pierre Koenig das Case Study House 22 – Stahl House – in den Hollywood Hills oberhalb von Los Angeles fertig. Die minimalistische Konstruktion hat große verglaste Flächen, und bildet eine Art »Guckkasten«, der einen ungehinderten Blick in die Landschaft erlaubt. Unsterblich wurde das Haus durch die Fotografien von Julius Shulman, der die Lichter Hollywoods in der Ferne und die moderne Einrichtung des Hauses, refelektiert durch die Glasscheiben, festhielt. Es wurde schließlich kein Prototyp für die Serienfertigung, sondern ein Symbol für die Ambitionen der Moderne.

So sehr sich Entenza auch bemühte, die Case Study Houses erwiesen sich als zu komplex und teuer, um in Serie zu gehen. Es blieb Immobilienentwicklern überlassen, günstige Häuser zu entwickeln. Das Architektenhaus blieb für die Mehrheit ein unerschwinglicher Luxus. Obwohl nur 26 der 36 geplanten Case Study Houses realisiert wurden, stellen sie eine beeindruckende Reihe von Prototypen dar; eine einzigartige amerikanische Vision von anspruchsvollem Wohnen. ▪

» Es ist kein aufgesetzter Stil … Er hat sich aus unserer Vorliebe für einen modernen Lebensstil entwickelt … «

Greta Magnusson Grossman
schwedische Innenarchitektin
(1906–1999)

DIE GRIMMIGE KEHRSEITE DER MODERNE

BRUTALISMUS

IM KONTEXT

THEMA
Ablehnung der Eleganz

FRÜHER
1940er-Jahre Der französische Künstler Jean Dubuffet begründet die antiakademische *Art brut* (»rohe Kunst«); .

1954 Le Corbusier entwirft die Maisons Jaoul in Neuilly-sur-Seine bei Paris; Sichtbeton und Ziegel prägen das Äußere.

SPÄTER
1977 In London öffnet Aylesbury Estate, eine Wohnanlage mit modernen Apartmentblocks für etwa 7500 Menschen; bald trägt sie den Spitznamen »Beton-Dschungel«.

1982 Eröffnung des Barbican Centre in London. Die Oberfläche der brutalistischen Betonwände wurde mit dem Stockhammer (einem Steinmetzwerkzeug) grob strukturiert.

Eines der frühesten Beispiele des Brutalismus in der Architektur ist Le Corbusiers Unité d'habitation in Marseille, ein 1952 fertiggestellter Wohnblock. Aufgrund von Materialknappheit nach dem Krieg musste das ursprünglich geplante Stahlskelett aufgegeben werden. Der Architekt entschloss sich, das Beste daraus zu machen, in Beton zu bauen und die Unvollkommenheiten in der Oberfläche zu zeigen, anstatt sie zu verputzen oder zu glätten. Er bezeichnete die Ausführung als *béton brut* (»roher Beton«).

Trotz geringer Verbindung mit einer der Gründerfiguren des Modernismus ließen sich Nach-

Siehe auch: Das Betonskelett 188–189 ▪ Pioniere der Moderne 190–195 ▪ Funktionalismus 220–225 ▪ Le Corbusiers Spätwerk 250–251 ▪ Eine neue Stadt 262–263 ▪ Hightech 276–277 ▪ Dekonstruktivismus 290–291

Die Bombardements des Zweiten Weltkriegs **verändern das Gesicht britischer Städte** und beeinflussen eine **neue Generation** von Architekten.

Sie lehnen den Funktionalismus und die Eleganz der frühen Moderne ab, die **den Realitäten der Nachkriegszeit** nicht entsprechen.

Diese Architekten fordern eine **ehrliche Architektur** – man soll Gebäuden ansehen, woraus sie bestehen und wie sie gebaut wurden.

In großen Wohnanlagen nehmen sie keine funktionale Trennung vor, sondern versuchen mit **baulichen Maßnahmen** die **Interaktion** zu fördern.

Obwohl sein Ansehen unter schlecht ausgeführten Wohnanlagen leidet, kann der Brutalismus auch einige **Meilensteine der Architektur** für sich verbuchen. **International** erfolgreich, beeinflusst er später die Hightech-Architektur und den Dekonstruktivismus.

kriegsarchitekten, die den Funktionalismus Le Corbusiers und seiner Weggefährten ablehnten, von dieser rauen Ästhetik inspirieren. Sie suchten keine gängige Ästhetik, sondern einen rohen Stil aus Beton, den sie »Brutalismus« nannten. Der Ursprung des Begriffs liegt in *béton brut,* aber der Name suggeriert unweigerlich Aggression.

Alltägliches aufwerten

Der jungen Architektengeneration schien der strenge Ansatz des Funktionalismus im Städte- und Wohnungsbau zu abgehoben vom wirklichen Leben. Die luxuriösen Villen im Internationalen Stil repräsentierten den Snobismus derjenigen, die jahrzehntelang entschieden hatten, was »gute« oder »moderne« Architektur ausmachte.

Die Wegbereiter des Brutalismus im Großbritannien der Nachkriegszeit – Künstler, Architekten und Kritiker, die als Independent Group bekannt wurden – trafen sich erstmals 1952 am Institute of Contemporary Arts in London. Warum, so fragten sie, entscheidet ein akademisches Establishment darüber, was als Kunst gelten kann? Was hindert uns, auch dem Alltäglichen und Banalen – von Lagerhäusern aus Beton bis hin zu Werbung – diesen Status zu gewähren? Das war der Ausgangspunkt für zwei Bewegungen: Pop-Art und Brutalismus.

1955 versuchte Reyner Banham, Kunstkritiker und Mitglied der Independent Group, die neue Richtung in seinem Essay »The New Brutalism« in *The Architectural Review* zu analysieren. Banham zufolge zeichnete sich der Brutalismus durch ein klares Konzept, durch das Bekenntnis zur Funktion der Bauten und durch Werkstoffe mit »immanenten Qualitäten« aus.

Vor allem die Arbeit der britischen Architekten Peter und Alison Smithson stellte Banham als »schonungslos ehrlich« heraus – insbesondere ihre Hunstanton School in Norfolk von 1954. An dem Gebäude aus Stahl und Ziegeln wurde nichts versteckt oder verschönert, Material und Funktion sind deutlich erkennbar.

Die Smithsons erweiterten die visuelle Ästhetik des Brutalismus und sie wandten sich gegen Le Corbusiers Konzept der funktionalen Stadt, weil es grundlegende menschliche Bedürfnisse im Alltag nur unzureichend berücksichtige. Sie waren der Meinung, dass eine Stadt nicht um getrennte Funktionen herum geplant werden kann, »

» Man kann erkennen, woraus Hunstanton gebaut wurde und wie es funktioniert und darüber hinaus gibt es nichts zu sehen, außer dem Spiel der Räume. «

Reyner Banham
The Architectural Review, 1955

Die Smithsons

Der 1923 in Stockton-on-Tees (England) geborene Peter Smithson lernte Alison Gill aus Sheffield (*1928) an der University of Durham kennen, wo beide Architektur studierten. Sie heirateten 1949. Den produktiven Autoren gelang es mithilfe von Reyner Banham, ihre Ideen bekannt zu machen. Die von ihnen entworfene Hunstanton School in Norfolk (1954) war der erste brutalistische Bau in Großbritannien. Auch das Konzept der *streets in the sky*, Verkehrswege an der Außenseite von Gebäuden, als öffentliche Räume für Fußgänger konzipiert, haben die beiden Architekten vorangebracht. Solche Wege wurden in der Wohnanlage Robin Hood Gardens in London und vielen anderen Projekten des sozialen Wohnungsbaus genutzt.

Zu den herausragenden Entwürfen der Smithsons gehört das Ensemble für *The Economist* in St. James's (London). Alison Smithson starb 1993, Peter 2003.

Wichtige Texte

1953 *House in Soho, London*
1967 *Urban Structuring*
1974 *Without Rhetoric: an Architectural Aesthetic*

sondern organisch aus Nachbarschaften heraus wachsen muss. Der Versuch, diese Ideen in gebaute Strukturen zu übersetzen war jedoch meist zum Scheitern verurteilt.

Banham bemühte sich, die philosophischen und die stilistischen Ideale des Brutalismus miteinander in Einklang zu bringen. Bei der Wiederveröffentlichung seines Textes 1966 als Buch mit dem Titel *The New Brutalism: Ethic or Aesthetic?*, kam er allerdings zu dem Schluss, der Brutalismus sei niemals mehr gewesen als ein visueller Stil.

National Theatre, London

Eines der wenigen Beispiele für die gelungene Verbindung der visuellen Kraft des Brutalismus mit seinen städtebaulichen und sozialen Idealen ist das Royal National Theatre in London, von dem britischen Architekten Denys Lasdun entworfen und 1976 fertiggestellt. Lasdun bezeichnete sich nicht explizit als Brutalist, distanzierte sich jedoch vom dominierenden Funktionalismus der europäischen Moderne und den Stadtplanungen Le Corbusiers und war der Meinung, Städte sollten organisch wachsen.

> »Zugehörigkeit ist ein menschliches Grundbedürfnis … die kurze enge Straße in einem Slum erfüllt es oft besser als eine großzügige Sanierung.«
>
> **Alison und Peter Smithson**
> Text für den Congrès Internationaux d'Architecture Moderne, 1953

Lasduns National Theater, an der Themse neben der Waterloo Bridge, veranschaulicht seine Vision von der Architektur als »Stadtlandschaft«. Er beschrieb seine Arbeit als »eine Erweiterung des Kontextes«, indem er moderne Formen verwendete, die den Geist des Ortes respektieren, aber nicht auf Nachahmung aus sind. Die unverwechselbare Form des Baus entsteht aus flachen, horizontalen

Robin Hood Gardens, ein Entwurf von Alison und Peter Smithson aus den 1960er-Jahren, scheiterte auch daran, dass die toten Winkel entlang der öffentlichen Räume Kriminalität hervorbrachten.

Das Royal National Theatre umfasst drei Theaterräume sowie Restaurants und Werkstätten. Die öffentlichen Räume im Außenbereich bezeichnete Lasdun als »viertes Theater«.

Elementen, die um zwei höhere turmartige Strukturen gestapelt sind. Am Rand entstehen offene Terrassen. Für Lasdun waren diese öffentlich zugänglichen Räume eine Bühne für die Interaktionen des Alltags. Sie erfüllten zudem den Zweck, ein überwältigend großes Gebäude auf ein menschliches Maß herunterzubrechen, indem sie kleinere Raumeinheiten schaffen.

Oberflächenstruktur

Ein charakteristisches Merkmal des Theaters ist die Verwendung von Sichtbeton. Lasdun verwendete sandgestrahlte, sägeraue Holzschalungen – riesige Formen aus strukturierten Brettern, in die Beton gegossen wurde, um Wände herzustellen, die die Maserung des Holzes annahmen. Es heißt, jede Schalung sei während des Baus höchstens zweimal verwendet worden, um eine abwechslungsreiche Oberflächenstruktur innen wie außen zu gewährleisten.

Lasdun sah im Beton »das Nicht-Glatte und das Dauerhafte«, aber auch »antike Ruinen«; für ihn spielte es keine Rolle, ob er »Streifen hat, Warzen bildet oder Flechten trägt«. Andere wiederum fanden die Bewitterung hässlich und konnten das Material nicht von seiner industriellen Nutzung trennen. Prinz Charles sah in dem Bau eine »clevere Art, ein Atomkraftwerk mitten in London zu bauen«.

Globaler Brutalismus

Der neue Brutalismus, wie ihn Banham definiert hatte, war relativ kurzlebig, aber es ging ein kraftvoller Stil daraus hervor, der in Großbritannien durch zahlreiche hochkarätige Aufträge für den sozialen Wohnungsbau und öffentliche Gebäude zu einem starken Symbol für den Wohlfahrtsstaat avancierte. Ein gelungenes Beispiel dafür sind Wohnanlagen wie der Londoner Alexandra and Ainsworth Estate von Neave Brown aus dem Jahr 1968. In Verruf geriet dieser Stil schließlich durch die von Bauunternehmern in billiger Plattenbauweise errichtete Sozialwohnungen, die Sicherheitsmängel hatten.

Das Kenyatta International Convention Centre, mit Turm und Auditorium im brutalistischen Stil, wurde von Jomo Kenyatta in Auftrag gegeben, dem ersten kenianischen Staatspräsidenten, und 1973 fertiggestellt.

Das Aufkommen des Brutalismus fiel mit der Unabhängigkeit Indiens und vieler afrikanischer Länder zusammen, und die neuen Regierungen nutzten den rebellischen Stil, um damit ihre Ablehnung europäischer Vorherrschaft zum Ausdruck zu bringen. Dennoch waren an den neuen Betonbauten oft europäische Architekten beteiligt. Beispiele sind Le Corbusiers Entwürfe für Chandigarh (Indien) oder das Kenyatta International Convention Centre in Nairobi (Kenia) von 1973, entworfen von dem kenianischen Architekten David Mutiso in Zusammenarbeit mit Karl Henrik Nøstvik aus Norwegen.

Im 21. Jahrhundert wird Sichtbeton mit neuer Dynamik eingesetzt, etwa in Bauten wie dem Kunstmuseum MAXXI in Rom (2010), entworfen von der britisch-irakischen Architektin Zaha Hadid, oder dem UTEC Campus im peruanischen Lima (2015), entworfen von Grafton Architects aus Irland. ■

STIMULIERUNG DER SINNE

SINNLICHE MODERNE

IM KONTEXT

THEMA
Funktion mit Emotionen aufladen

FRÜHER
1935–1941 Die spanischen Architekten Carlos Arniches und Martín Domínguez sowie der Ingenieur Eduardo Torroja Miret erproben für das Hipódromo de la Zarzuela in Madrid die Verwendung dünner, gekurvter Stahlbetonschalen.

1954 In Mexiko publiziert der deutsche Emigrant Mathias Goeritz sein »Manifiesto de la Arquitectura Emocional«, wonach Architektur Emotionen erzeugen muss.

SPÄTER
1960 Für die Kirche Cristo Obrero in Atlántida bei Montevideo (Uruguay) verwendet Eladio Dieste gewellte Betonschalen und Ziegel.

1973 Eröffnung der Oper in Sydney, einer geschwungenen Betonschale.

Am 2. Juli 1956 war der finnisch-amerikanische Architekt Eero Saarinen auf dem Cover des Nachrichtenmagazins *Time* zu sehen. Ein Artikel mit dem Titel »The Maturing Modern« berichtete begeistert von der »Vorrangstellung der USA in der modernen Architektur«, Ausdruck der »fabelhaften industriellen Entwicklung« Amerikas in den Nachkriegsjahren. Junge amerikanische Architekten inspirierten nun ihre europäischen Kollegen, wie die Europäer zuvor den Modernismus.

Architekten wie Mies van der Rohe waren damit beschäftigt, neue Wolkenkratzer zu entwerfen, die den wachsenden wirtschaftlichen Optimismus der Zeit widerspiegelten. Die Unternehmen erkannten, dass eine ausdrucksvollere, sinnliche Architektur Teil ihres Images sein könnte, und wollten Gebäude, die nicht nur funktional waren, sondern auch die Fantasie und die Sinne ansprachen.

Faszination des Fliegens

Im Jahr 1956 begann am Idlewild Airport (heute John F. Kennedy Airport) in New York ein Projekt mit dem Namen »Terminal City«. Damit hoffte man, den zunehmenden Verkehrsfluss in den Griff zu bekommen. Jede Fluglinie sollte selbst ein

Der **Wirtschaftsaufschwung** der Nachkriegszeit in den USA führt zu einer Vielzahl **neuer Bauprojekte.**

Unternehmen stellen fest, dass **mutige Architektur** ihnen dabei helfen kann, **eine Botschaft zu vermitteln.**

Um **das Image und den Erfolg** von Firmen zu transportieren, entwerfen Architekten technologisch fortschrittliche Gebäude, die **eine emotionale Reaktion hervorrufen.**

Siehe auch: Die Gartenstadt 182–183 ▪ Pioniere der Moderne 190–195 ▪ Funktionalismus 220–225 ▪ Le Corbusiers Spätwerk 250–251 ▪ Brutalismus 256–259

Das TWA Terminal wirkt wie ein futuristisches Flugzeug, das sich in die Lüfte erhebt, und erfüllt damit Saarinens Ziel, der hier das »Gefühl des Fliegens interpretieren« wollte.

Gebäude mit eigener Infrastruktur bauen. Trans World Airlines (TWA) erkannte das Potenzial eines ikonischen Gebäudes und beauftragte Saarinen.

Saarinen schwebte ein Gebäude vor, das die Faszination und den Luxus des Fliegens widerspiegelt. Nach einem langwierigen Entwurfsprozess fand er die richtige Form: vier hoch aufragende Betonschalen, die von Y-förmigen Stützen getragen werden, mit vorgehängter Glasfassade. Die geschwungene Form soll ihm beim Frühstück eingefallen sein, als er die leere Hälfte einer Grapefruit umdrehte und in der Mitte nach unten drückte. Die technologisch avancierten Betonschalen wurden in einer einzigen, durchgehenden Form gegossen.

Saarinen wollte, dass sich der Übergang vom Boden in die Luft möglichst nahtlos und natürlich anfühlt, und das spiegelt sich auch im Inneren des Gebäudes wider. Es gab dort eine vertiefte Lounge mit geschwungenen, rot gepolsterten Betonsitzen, Restaurantbereiche und eine Bar für die Premium-Kunden von TWA. Eine ovale Abflugtafel mit Fallblattanzeige gehörte zu den technischen Innovationen. Das Gebäude erfüllte nicht nur einen funktionalen Zweck, es überhöhte ihn durch Raum und Form.

Zweites Leben

Das 1962 in Betrieb genommene TWA-Terminal wurde als großer Erfolg für Saarinen verzeichnet und TWA wurde für das Vertrauen gelobt, dass sie in die Architektur gesetzt hatte. Für *The New York Times* war es »der am dynamischsten modellierte Raum seiner Zeit«. Die rasanten Veränderungen im Flugverkehr führten in den 1990er-Jahren zu Aufgabe des Terminal-City-Systems, und TWA selbst stellte 2001 den Betrieb ein. Saarinens Gebäude jedoch lebt weiter, seit 2019 als Hotel. ▪

» Es gibt keine geraden Linien in unserem Körper. Warum sollte es in unserer Architektur gerade Linien geben? «

Philip Johnson
amerikanischer Architekt
(1906–2005)

NICHT ENTWORFEN, SONDERN CHOREOGRAFIERT

EINE NEUE STADT

IM KONTEXT

THEMA
Moderne Stadtplanung am Reißbrett

FRÜHER
1898 Der britische Stadtplaner Ebenezer Howard entwickelt die Idee der Gartenstadt.

1933 Le Corbusier veröffentlicht mit der *Charta von Athen* neue Ansätze für den Städtebau der Zukunft.

SPÄTER
1959 Letzte Tagung der Congrès Internationaux d'Architecture Moderne (CIAM).

1961 Die amerikanische Autorin Jane Jacobs veröffentlicht in *The Death and Life of Great American Cities* ihre Kritik an der nach Funktionen getrennten Bebauung und der Abhängigkeit vom Auto.

1980er-Jahre In den USA entsteht das New Urbanism Movement, das umwelt- und fußgängerfreundliche Planungen fordert.

Nach den Zerstörungen des Zweiten Weltkriegs schien die Vision eines modernen, geordneten Städtebaus, wie ihn die Modernisten seit 1928 in zahlreichen Tagungen der Congrès Internationaux d'Architecture Moderne (CIAM) entwickelt hatten, endlich realisierbar. Als der Wiederaufbau begann, griffen viele Planer auf die Vorschläge der CIAM zurück.

Im Jahr 1933, auf der vierten Tagung der CIAM, hatte der schweizerisch-französische Architekt Le Corbusier eine Reihe von Vorschlägen entwickelt, die unter dem Titel *Charta von Athen* zusammengefasst wurden. Sie enthielten Empfehlungen für einen effizienten Städtebau. Im Mittelpunkt stand die Idee der funktionalen Entflechtung, also der Unterteilung der Städte in Funktionsbereiche: Wohnen, Freizeit, Arbeit und Verkehr. Sie wurden durch Grüngürtel getrennt, und breite Straßen ermöglichten den ungehinderten Verkehrsfluss. Zu den weiteren Ideen gehörten ein

Nach dem Zweiten Weltkrieg greifen Stadtplaner **beim Wiederaufbau** und der **Neuanlage von Städten** auf modernistische Theorien zurück.

Dabei geht es um die **funktionale Trennung** etwa von Wohnen und Arbeiten und die Bevorzugung des **Autoverkehrs** vor anderen Verkehrssystemen.

Das starre Konzept lässt keinen Raum für **Bevölkerungswachstum,** was zur Entstehung ungeplanter Vorstädte führt.

Die Theorien der CIAM weichen Ansätzen, die größeren Spielraum und eine **organische Entwicklung** zulassen.

Siehe auch: Die Idealstadt 115 ▪ Die Gartenstadt 182–183 ▪ Pioniere der Moderne 190–195 ▪ Expressionismus 212–215 ▪ Funktionalismus 220–225 ▪ Le Corbusiers Spätwerk 250–251 ▪ Brutalismus 256–259

Die Kathedrale von Brasília weist einen runden Grundriss und 16 massive, geschwungene Betonstützen auf. 1958 begonnen, wurde sie erst im Jahr 1970 vollendet.

Minimum an Sonnenstunden für Wohnungen und die Anlage von Verkehrswegen nach »gründlichen analytischen Studien«.

In Europa und den USA sind diese Prinzipien in kleinerem Maßstab in vielen Wohnsiedlungen angewendet worden, etwa bei der Ausrichtung von Blöcken, sodass sie möglichst viel Sonnenlicht erhalten und von der Straße durch Grünflächen abgegrenzt sind. Im Jahr 1955 bot sich jedoch eine viel größere Chance – eine ganz neue Stadt.

Die Stadt Brasília

Die Idee für Brasília geht auf das Jahr 1827 zurück, als ein Berater dem brasilianischen Kaiser Pedro I. den ersten Plan für eine neue Stadt vorlegte. Wiederbelebt wurde sie von dem Präsidentschaftskandidaten Juscelino Kubitschek, der sein Wahlkampfversprechen wahr machte, als er 1956 an die Macht kam. Eine Jury beauftragte den Architekten Lúcio Costa mit der Entwicklung eines Leitplans. Er orientierte sich an der *Charta von Athen* und konzipierte eine kreuzförmige Anlage mit zwei großen Achsen, die sich schneiden, um die funktionale Trennung zu erleichtern. Der Autoverkehr war ein prägendes Element, auch der Abstand zwischen den Häuserblocks orientierte sich nicht an Fußgängern, sondern am Straßenverkehr.

Bis 1960 war Brasília weitgehend fertiggestellt. Von Ost nach West führt die Eixo Monumental (Monumentalachse), an dem Verwaltungsgebäude und politische Institutionen aufgereiht sind. Ein breiter Grünstreifen trennt die sechsspurigen Fahrbahnen. An der Esplanada dos Ministérios, dem ersten Abschnitt der Achse, liegen mehrere ausdrucksstarke Gebäude des brasilianischen Architekten Oscar Niemeyer, darunter der Nationalkongress und die Kathedrale. Quer durch die Achse schneidet von Nord nach Süd ein Streifen mit Wohnbebauung, der nach den Vorstellungen von Le Corbusier in Quartiere mit eigenen Geschäften, Schulen und Gemeinschaftseinrichtungen unterteilt ist.

Theorie und Praxis

Gute Lebensqualität für alle Bewohner stellte sich hier nicht ein. Brasília war zu starr, die Stadt ließ kein Wachstum zu, und ein menschliches Maß war kaum zu finden. Schon früh errichteten Bauarbeiter provisorische Unterkünfte, einige bauten Hütten in der Stadt – Häuser ohne sanitäre Einrichtungen. Auch Hausbesetzer zogen ein. Heute leben in der Metropolregion Brasília etwa 3 Mio. Menschen, viele sind auf überfüllte Verkehrsmittel angewiesen, um ihren Arbeitsplatz in der Innenstadt zu erreichen.

Mit der Umsetzung der *Charta von Athen* in die Realität wurde deutlich, dass wissenschaftliche Analyse und funktionelle Ordnung allein dem lebendigen Organismus einer Stadt nicht gerecht werden. ▪

» Die Materialien der Stadtplanung sind: Himmel, Raum, Bäume, Stahl und Zement – in dieser Reihenfolge und in dieser Rangordnung. «

Le Corbusier

ÜBERBORDENDE FANTASIE

FREIGEISTER

IM KONTEXT

THEMA
Die Regeln brechen

FRÜHER
1919 Der deutsche Architekt Hans Poelzig beendet den Umbau einer Markthalle zum Großen Schauspielhaus in Berlin in den Formen des Expressionismus.

1950 Le Corbusier kehrt in seinem Entwurf für Notre-Dame-du-Haut (Frankreich) zu expressiven Formen zurück.

1962 In New York öffnet am JFK Airport das TWA-Terminal nach einem Entwurf des finnisch-amerikanischen Architekten Eero Saarinen.

SPÄTER
1969 Scharoun beendet die deutsche Botschaft in Brasília.

1993 In Weil am Rhein (Deutschland) verbindet das Vitra Feuerwehrhaus, entworfen von Zaha Hadid, Konstruktivismus und Neo-Expressionismus.

Die Berliner Philharmonie, 1963 fertiggestellt, reagiert mit ihrer Fassadengestaltung auf die Bäume im angrenzenden Tiergarten.

Nach dem Ende des Zweiten Weltkriegs stieß das modernistische Ideal eines »großen Narrativs« für Architektur und Städtebau zunehmend auf Kritik. Der Modernismus mit seinem Vertrauen auf Standardisierung, Industrie und Wissenschaft schien unfähig, auf die alltäglichen Bedürfnisse der Menschen einzugehen.

Wer sich diesem Ideal verweigerte, hatte freie Hand. So markierten die kantigen, höhlenartigen Innenräume und das wellenförmige Äußere der Berliner Philharmonie die triumphale Rückkehr zur Architektur des Expressionismus, der in seinem Heimatland Deutschland von den Nazis und anderswo von den Traditionalisten unterdrückt worden war.

Die Berliner Philharmonie wurde 1957 von dem deutschen Architekten Hans Scharoun entworfen. Der Ansatz von Scharoun und gleichgesinnten Architekten wurde als Wiederbelebung des deutschen Expres-

Siehe auch: Expressionismus 212–215 ▪ Le Corbusiers Spätwerk 250–251 ▪ Hochhäuser der Nachkriegszeit 252–253 ▪ Brutalismus 256–259 ▪ Sinnliche Moderne 260–261 ▪ Die reine Form 270–271 ▪ Dekonstruktivismus 290–291 ▪ Sensationalismus 300–303 ▪ Neue Formen 308–311

»Der Raum, in dem wir leben, ist nicht von einer statischen, sondern von einer dynamischen Natur.«

Hans Scharoun

sionismus der 1920er-Jahre gesehen und erhielt schnell das Etikett neoexpressionistisch. Aber noch lebten die Wegbereiter des Expressionismus, und sie hatten die ursprünglichen Impulse bewahrt. Nun war es politisch zulässig und technisch möglich, ihre emotional aufgeladenen Visionen zu verwirklichen.

Gegen den Strom

Scharoun hatte in Berlin studiert und sich nach dem Ersten Weltkrieg aktiv für die expressionistische Bewegung engagiert. Als viele Expressionisten in der Nazizeit emigrierten, weil ihre Kunst als »entartet« gebrandmarkt wurde, blieb Scharoun in Deutschland. In seinem Werk kam es zu einer faszinierenden Veränderung: Expressive Innenräume wurden hinter konventionellen Fassaden versteckt, deren Geschmacklosigkeit sich durchaus als Form von Protest deuten ließe.

Unmittelbar nach dem Ende des Zweiten Weltkriegs wurde Scharoun als Stadtbaurat Leiter der Abteilung Bau- und Wohnungswesen. Seine umstrittenen Pläne für den Wiederaufbau führten jedoch rasch zu seiner Ablösung. Später gewann er den Wettbewerb für den Neubau der Berliner Philharmonie, die 1944 durch Bomben zerstört worden war.

Funktionale Dramatik

Die Berliner Philharmonie ist schon von außen bemerkenswert – obwohl die markante Aluminiumverkleidung erst später hinzugefügt wurde –, aber eigentlich wurde dieses Gebäude von innen nach außen konzipiert. Fast verwirrend in seiner Form ist das Foyer, mit Betonstützen, die kreuz und quer verlaufende Treppen und Balkone tragen, die spitze Winkel an der Decke bilden. Kritiker verrissen das Gebäude als Caligari-Architektur, eine Anspielung auf den expressionistischen Horrorfilm *Das Kabinett des Dr. Caligari* (1920). In dem Konzertsaal im Inneren ist die Verschmelzung von Funktion und Ausdruck jedoch gelungen, die Scharoun schon immer beschäftigte.

Der Saal ist nahezu symmetrisch, obwohl er nicht so wirkt. Um die zentrale fünfeckige Bühne erheben sich unregelmäßig gestaffelte Besucherblöcke bis unter die geschwungene Decke. Letztere ist so konzipiert, dass sie den Klang zum Publikum zurückwirft. Das Herzstück dieser zerklüfteten Formen bildet die große Orgel von Karl Schuke. Die Philharmonie markierte den Aufbruch in eine neue Ära ikonischer Kulturbauten, auch wenn niemand den globalen Wettbewerb um ausdrucksstarke architektonische Symbole vorhersehen konnte, der folgen sollte. ■

Im Modernismus mit seiner Fixierung auf **Funktion** und dem **Verzicht auf Ornamente** hat der Expressionismus keinen Platz.

↓

Auf der Suche nach **Individualität** lehnen Architekten nach dem Zweiten Weltkrieg zunehmend den **Funktionalismus** des Internationalen Stils ab.

↓

Mit der Rückkehr des **individuellen Ausdrucks** gehen **formale Experimente** einher.

↓

Dank des **technischen Fortschritts** können viele dieser expressionistischen Visionen schließlich Realität werden.

POSTMODE
GEGENWAR
NACH 1970

RNE UND
T

1972
Das Olympiastadion in München wird von einem zeltartigen **Dach aus Plexiglas** überspannt.

1973
Fertigstellung des **Opernhauses in Sydney,** ein Triumph fantasievoller **Architektur und moderner Technik.**

1977
Eröffnung des **Centre Pompidou** in Paris. Der Entwurf mit den nach außen verlagerten **Versorgungseinrichtungen** ist ein großer Erfolg.

1982
Das Gebäude der **Nationalversammlung** in Bangladesch (Pakistan), verbindet monumentale Formen und traditionelle, einheimische Elemente.

1983
Das neue **Sainsbury Building** im Worcester College, (Oxford) entwickelt den **Vernacular Style** weiter.

1984
In Stuttgart öffnet die **Neue Staatsgalerie.** Ihr spielerischer Mix aus traditionellen und modernen Elementen ist typisch für die **Postmoderne.**

1992
Weltausstellung in Sevilla (Spanien). Zu den architektonischen Highlights gehört der **ungarische Pavillon,** konzipiert, »um Erde und Himmel zu verbinden«.

1997
Das von Frank Gehry entworfene **Guggenheim Museum** in **Bilbao** wird eröffnet. Es verhilft der Stadt zu einem neuen Aufschwung.

Mitte des 20. Jahrhunderts galt der Modernismus vielen nicht nur als Stil, sondern geradezu als Endpunkt der Architektur: Erfüllte er doch alle rationalen Bedürfnisse. In den späteren Jahrzehnten regte sich aber Kritik. So konstatierte der amerikanische Architekt Robert Venturi in seinem Buch *Complexity and Contradiction in Architecture* (1966) fehlende Vielfalt in der modernen Architektur.

Lyrische Formen

Die Form erschien nun mindestens genauso wichtig wie die Funktion. Das 1973 fertiggestellte Opernhaus von Sydney war dafür ein frühes Beispiel. Seine riesigen »Segel« aus Beton, eine technische Meisterleistung, zielen auf eine emotionale Reaktion. Das Gebäude am Hafen, das auf die Dramatik der Oper verweist, wirkt erhaben und ist nicht nur ein Symbol für Sydney, sondern für Australien an sich.

Es gab jedoch auch viele andere Reaktionen auf die strenge Architektur des Modernismus. Das neue Interesse für landestypische und regionale Bauweisen gehörte genauso dazu wie ein Rückgriff auf den Klassizismus. In Frankreich entstand mit den Apartmenthäusern Les Espaces d'Abraxas am Rand von Paris ein modernes Versailles in Betonfertigbauweise für Jedermann. In Bangladesch gelang es dem amerikanischen Architekten Louis Kahn in seinem Entwurf für das Gebäude der Nationalversammlung (Jatiya Sangsad Bhaban), Monumentalität und Sensibilität zu verbinden und dem Bau einen zeitlosen und elementaren Charakter zu verleihen.

Den größtmöglichen Gegensatz zum Modernismus bildet die Postmoderne. Auf der Suche nach Individualität greift sie auf spielerische Elemente oder sogar Kitsch zurück.

Ikonen der Architektur

Anfang der 1970er-Jahre erhielten der britische Architekt Richard Rogers und sein italienischer Kollege Renzo Piano den Auftrag für ein neues Kulturzentrum in Paris. Ihr Entwurf für das Centre Pompidou begründete eine Ästhetik des Hightech-Zeitalters. Seine flexible Struktur und die Platzierung von Versorgungseinrichtungen an der Außenseite erinnerten an Konzepte der italienischen Futuristen und russischen Konstruktivisten.

Die Besucher des Centre Pompidou interessierten sich für das Gebäude ebenso wie für die

1998

Das niederländische Architekturbüro OMA stellt das Maison à Bordeaux (Frankreich) fertig, ein **rollstuhlgerechtes** Wohnhaus.

2001

In Berlin öffnet das **Jüdische Museum,** entworfen von Daniel Libeskind. Es versucht, über seine Form und die Räume, jüdische Erfahrungen zu vermitteln.

2005

Die pakistanische Architektin **Yasmeen Lari** entwickelt die Philosophie der »Barfuß-Architektur« für **ökologisch nachhaltiges Bauen.**

2007

In der **Bruder-Klaus-Feldkapelle in** Mechernich-Wachendorf strebt der Architekt Peter Zumthor nach **»schöner Stille«.**

2008

Mit **Masdar** entsteht am Persischen Golf eine Ökostadt vom Reißbrett: **CO_2-neutral und abfallfrei.**

2012

Fertigstellung des von Zaha Hadid mithilfe von computergestütztem Design entworfenen **Heydar Aliyev Center** in Aserbaidschan.

2015

Das Wohnhaus und Studio von Palinda Kannangara in Sri Lanka steht für die **Tropische Moderne** – eine Architektur im Einklang mit örtlichen Gegebenheiten.

2020

Im Kampf gegen den Klimawandel verpflichten sich 136 Länder, **Emissionen im Bausektor zu verringern** und die **Energieeffizienz** zu verbessern.

Exponate im Inneren. Ende des 20. Jahrhunderts erlangten weitere auffallend originelle Gebäude ebenfalls Kultstatus, darunter das Guggenheim Museum in Bilbao und bald darauf das Jüdische Museum in Berlin, die mit dekonstruktivistischen Ansätzen die vorgegebene Ordnung unterlaufen.

Im 21. Jahrhundert wurde die Gier nach aufregender Architektur einerseits durch eine Reihe von Wolkenkratzern erfüllt, vor allem den 828 m hohen Burj Khalifa in Dubai, andererseits durch spektakulär geformte Gebäude der britisch-irakischen Architektin Zaha Hadid. Einige dieser Bauten wirken wie eine späte Reaktion auf den Modernismus alter Schule; andere waren Ausdruck einer auf Hochtouren laufenden Wirtschaft, die auf Spektakel und Novitäten aus war. Das Aufkommen des computergestützten Designs (CAD) ermöglichte außergewöhnliche neue Formen.

Ethische Architektur

Die wachsende Sorge um die Umwelt und die Einsicht, dass es im Leben um mehr geht als Geld, Shopping und Wolkenkratzer, wies der Architektur im zweiten Jahrzehnt des 21. Jahrhunderts eine neue Richtung. Es gab zwei Wege: Der eine, in der Arbeit des britischen Architekten Norman Foster zu sehen, setzt zum Schutz der Umwelt auf fortschrittliche Technologie. Foster + Partners hatte 1997 mit dem Commerzbank-Hochhaus in Frankfurt den Weg für diesen Ansatz geebnet, einem »grünen« Wolkenkratzer, der natürliches Licht und Belüftung nutzt, um den Energieverbrauch zu senken.

Ein anderer Weg ist eine Architektur, die traditionelle und recycelte Materialien verwendet und sich in die natürliche Landschaft einfügt. Diesem Ansatz wenden sich oft Architekten aus Regionen zu, die stark von den Auswirkungen des Klimawandels betroffen sind. Dazu gehören etwa Palinda Kannangara in Sri Lanka, Yasmeen Lari in Pakistan oder Marina Tabassum in Bangladesch.

Der Wunsch nach mehr Einfachheit kommt auch in Gebäuden wie der Bruder-Klaus-Feldkapelle in Mechernich-Wachendorf (Eifel) zum Ausdruck. Sie wollen die Sinne ansprechen und zum Nachdenken anregen. Die Architektur von heute respektiert nicht nur das Leben der Menschen, sondern das Leben an sich, in seiner ganzen Vielfalt, Komplexität und natürlichen Schönheit. ■

AN DER GRENZE DES MACHBAREN

DIE REINE FORM

IM KONTEXT

THEMA
Der Kampf zwischen Form und Funktion

FRÜHER
1896 Der amerikanische Architekt Louis Sullivan prägt den Satz: »Die Form folgt der Funktion«, das heißt, der Zweck eines Gebäudes bestimmt seine Form.

1959 In New York öffnet das Guggenheim Museum von Frank Lloyd Wright – eine expressive Form mit Nutzwert.

SPÄTER
1987 Der spanische Architekt Santiago Calatrava stellt die Brücke Bac de Roda in Barcelona fertig. In ihren geneigten Bögen verbindet sich bauliche Funktion mit ausdrucksstarken geschwungenen Formen.

1997 Das Guggenheim Bilbao (Spanien) von Frank Gehry verdeutlicht, welchen Einfluss ikonische Architektur auf den Tourismus haben kann.

Die unverwechselbaren »Segel« aus Beton machen das 1973 fertiggestellte Opernhaus in Sidney zu einer der ganz großen bautechnischen Leistungen. Als der dänische Architekt Jørn Utzon die Ausschreibung gewann, hatte er noch keine Ahnung, wie die Segel zu realisieren wären. Erst zwei Jahre nach Baubeginn fand er die Lösung – er zerlegte sie in Kugelsegmente und fertigte jedes Segel aus zwei symmetrischen Halbschalen. Expressive Formen wie die Oper von Sydney gaben der Debatte um Form und Funktion neue Nahrung, die schon die frühen Modernisten beschäftigt hatte: Muss die Form eines Baus seine Funktion widerspiegeln? Utzon glaubte, Funktion und Zweck ließen sich auch als »menschliche Funktionen« deuten, als emotionalen Ausdruck. »Anstelle einer rechteckigen Form«, schrieb Utzon, »habe ich eine Skulptur gemacht – eine Skulptur, die alle notwendigen Funktionen abdeckt«. Und wie eine Skulptur sollten die Segel des Opernhauses das Drama symbolisieren, das sich im Inneren abspielt. Aber: »Wenn Sie an eine gotische Kirche denken«, verriet der Architekt, »sind Sie näher an dem, worauf ich hinaus wollte.«

Die sphärische Konstruktion der »Segel« war entscheidend für die Realisierung von Utzons Entwurf. In den Keramikfliesen spiegeln sich Himmel und Meer, ohne zu blenden.

Herausforderungen

Die Bauaufgabe erwies sich als schwierig. Die Arbeiten mussten beginnen, bevor die Pläne abgeschlossen waren, die Kosten explodierten, es gab Zeitverzögerungen.

Siehe auch: Gotik 74–81 ▪ Sinnliche Moderne 260–261 ▪ Freigeister 264–265 ▪ Die Verbindung von Himmel und Erde 288–289 ▪ Sensationalismus 300–303 ▪ Seelenvolle Moderne 306–307 ▪ Neue Formen 308–311

Die Bauzeit der Oper in Sydney erstreckte sich über 14 Jahre. Zuerst musste der Untergrund stabilisiert werden, was die Kosten steigen ließ.

Schließlich stellte eine neue Regierung Utzons Kompetenz infrage und nannte ihn einen »realitätsfernen Träumer«. Utzon ging nach Dänemark zurück.

Peter Hall übernimmt

1966 wurde die leere Betonhülle dem australischen Architekten Peter Hall übertragen. Utzons Gesamtkonzept für das Projekt mit hölzernem Innenausbau, der die Betonsegel ergänzen sollte, und belebenden hellen Farbakzenten wurde aufgegeben.

Hall tauschte die Belegung der beiden Säle: Klassische Konzerte wurden in den Saal verlegt – der in der Praxis keine gute Akustik entwickelte – und die Opernaufführungen wechselten in den kleineren Saal, der nicht den erforderlichen Platz bot. Pläne, an der Unterseite der Betonsegel die Rippen freizulegen – ein Verweis auf die gotischen Kathedralen, die Utzon inspiriert hatten – wurden weitgehend verworfen, wie auch ein verglastes Foyer, das die Einbindung in den Hafenbereich stärken sollte. Viele der Details, mit denen Utzon die einzigartige Form des Gebäudes und seine Funktion als emotionaler Raum in Beziehung setzen wollte, wurden aufgegeben. Hall zufolge waren die Änderungen notwendig, um gesetzliche Vorgaben zu erfüllen.

Die Debatte geht weiter

Das Argument, der Ausdruck gehe auf Kosten der Funktionalität, wird mit mehr oder weniger guten Gründen immer wieder gegen fantasievolle Architektur vorgebracht. Trotz aller Anfechtungen ist das Opernhaus von Sidney ein großartiger Entwurf und es beweist, dass Architektur auch heute noch die Kraft hat, Gebäude mit symbolischem Wert aufzuladen. ■

Neue Konstruktionsweisen erlauben experimentellere und komplexe Formen.

↓

Von Einschränkungen befreit, rücken Architekten in ihren Entwürfen **Ausdruck und Emotion** in den Fokus.

↓

Gebäude werden zu komplexen **Symbolen ihrer Zeit.**

↓

Kritiker beklagen, dass Architekten **das eigene Ego** über die Funktionalität stellen.

» Woher die Form kommt, weiß ich nicht. Aber mit den funktionalen oder soziologischen Aspekten unserer Architektur hat sie nicht das Geringste zu tun. «

Philip Johnson
amerikanischer Architekt
(1906–2005)

MATERIAL ALS VERBRAUCHTES LICHT

MODERNER MONUMENTALISMUS

IM KONTEXT

THEMA
Licht-Raum-Konzepte

FRÜHER
1953 Team 10, eine Gruppe europäischer Architekten, beginnt, die modernistische Fixierung auf Funktion infrage zu stellen.

SPÄTER
1979 Der Architekt Muzharul Islam vollendet die Bangladesh National Archives and Library in Dhaka, einen monumentalen Ziegelbau.

1982 Acht Jahre nach dem Tod von Louis Kahn eröffnet das Jatiya Sangsad Bhaban.

1996 Der Schweizer Architekt Peter Zumthor beendet die Therme Vals, für die er sichtbar belassenen Naturstein mit sorgfältig kontrolliertem Lichteinfall kombiniert.

2012 Fertigstellung des Franklin D. Roosevelt Four Freedoms Park in New York, den Louis Kahn 1974 entworfen hatte.

Der Schweizer Architekturhistoriker Sigfried Giedion publizierte 1944 den Essay »The Need for a New Monumentality«. Zusammen mit Le Corbusier hatte er 1928 zu den Gründern der Congrès Internationaux d'Architecture Moderne (CIAM) gehört, die die funktionalistische Agenda des Modernismus bestimmten. Später begann Giedion jedoch, nach dessen Versäumnissen zu fragen.

Die globalen kulturellen Verwerfungen vorwegnehmend, die dem Zweiten Weltkrieg folgten, forderte Giedion, Symbolkraft und »lyrische Werte« wieder zu berücksichtigen. Beim Wiederaufbau von Städten brauchte man für die Bewohner monumentale Symbole und Bauwerke, die mehr waren als eine »funktionale Umsetzung«. Giedion definierte ein Monument als etwas, das die »kulturelle Kraft« der Menschheit in etwas Symbolisches übersetzt. Der Modernismus hatte diese Vorstellung zurückgewiesen. Giedion hatte kein Problem mit

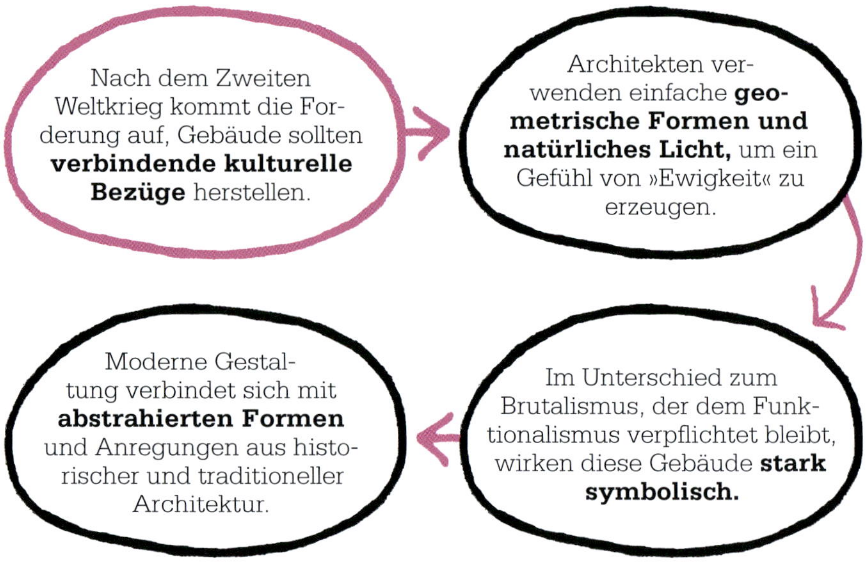

Siehe auch: Expressionismus 212–215 ▪ Brutalismus 256–259 ▪ Freigeister 264–265 ▪ Die reine Form 270–271 ▪ Die Verbindung von Himmel und Erde 288–289

Die geometrischen Ausschnitte in der Fassade des Jatiya Sangsad Bhaban in Dhaka sind von traditioneller bengalischer Kultur inspiriert. Sie sorgen im Inneren für ständig wechselnde Lichtmuster.

modernen Materialien und wies die Idee, historische Monumente zu kopieren, zurück. Er verlangte den Einsatz moderner Technik für den Bau von Monumenten, die dem 20. Jahrhundert angemessen sind.

Architektur und Ewigkeit

Nur wenige haben die moderne Monumentalität besser erfasst als der amerikanische Architekt Louis Kahn. Er begann seine Karriere in den 1930er-Jahren mit einem begeisterten Blick auf die europäische Avantgarde und entwarf in den USA Projekte im Internationalen Stil. Später änderte er seinen Ansatz und entwickelte 1944 in einem Manuskript für einen Vortrag mit dem Titel »Monumentality« eine Reihe neuer Themen. Wie Giedion hatte Kahn kein Problem mit modernen Materialien, wohl aber mit ihrer Verwendung. Nachdem er 1950 an die American Academy in Rom berufen worden war, reiste Kahn zu den antiken Ruinen in Italien, Griechenland und Ägypten und beschäftige sich damit, wie Gebäude »ein Gefühl ihrer Ewigkeit« vermitteln könnten. Dabei waren in seinen Augen Einfachheit und Reduktion Schlüsselbegriffe, also die Verbindung von monolithischen, freiliegenden skulpturalen Formen mit dem poetischen Gebrauch natürlichen Lichts.

Jatiya Sangsad Bhaban

1962 bot sich Kahn die Gelegenheit, seine Ideen zu realisieren: Er entwarf das Jatiya Sangsad Bhaban, das Gebäude der Nationalversammlung in Dhaka, Ostpakistan (heute Bangladesch). Seine eindrucksvolle, monolithische Gestaltung versammelt eine Gruppe kubischer und zylindrischer Blöcke aus Beton mit eingelegtem Gitternetz aus weißem Marmor an einem künstlichen See. Im Zentrum befindet sich die große Versammlungshalle, um die sich konzentrisch acht kleinere Hallen und andere Räume gruppieren, darunter Restaurant und Büros.

Eine gigantische zweite Haut mit großen geometrischen Ausschnitten umgibt das Gebäude. In den Zwischenräumen, die so entstehen, wird Kahns Konzept von Monumentalität und Licht deutlich. Unter hohen Decken liegen höhlenartige Räume, durchkreuzt von Gängen. Die geometrischen Ausschnitte erzeugen scharf umrissene Lichtzonen und vertiefen andererseits die Schatten, wo sich Mauern schneiden.

Kahn zitiert römische und traditionelle bengalische Architektur und verwurzelt sein Gebäude damit in der Vergangenheit – allerdings nicht durch Imitation, sondern durch Abstraktion. Das Jatiya Sangsad Bhaban beweist, dass moderne Bauwerke die symbolische Kraft historischer Architektur erreichen können. ▪

» Monumentalität in der Architektur vermittelt ein Gefühl ihrer Ewigkeit. «

Louis Kahn
Monumentality, 1944

EINE GANZ NEUE WELT DER FORMEN

GITTERSCHALEN UND SEILNETZE

IM KONTEXT

THEMA
Innovative Konstruktionsverfahren

FRÜHER
1896 Der Ingenieur Wladimir Schuchow präsentiert einen Hyperboloid-Gitterturm auf der »Allrussischen Industrie- und Handwerksausstellung« in Nischni Nowgorod.

1955 Frei Otto baut seine erste Seilnetzkonstruktion: ein Vierpunktsegel als Musikpavillon in Kassel.

SPÄTER
2000 Für die Expo 2000 in Hannover entwickelt Frei Otto zusammen mit dem japanischen Architekten Shigeru Ban ein Flächentragwerk aus Karton und Papier.

2018 Das »Maidan-Zelt« aus Gewebe über einem Metallrahmen, entwickelt von dem italienischen Büro ABVM Studio, wird in einem griechischen Flüchtlingslager aufgebaut.

Technische Fortschritte ermöglichen das Überspannen **großer Flächen** mit **leichten, flexiblen** und **kostengünstigen** Konstruktionen.

↓

Sie eignen sich für **preiswerte Unterkünfte, die leicht zu bauen, zu zerlegen und wiederzuverwenden** sind.

↓

Die Entwicklung fester, aber leichter **synthetischer Gewebe** und **Kunststoffe** ermöglicht den Bau **dauerhafter Zeltkonstruktionen.**

↓

Diese Konstruktionen werden verwendet, um **große Flächen** wie **Sportstadien** und **Flughäfen** leicht und einfach zu überdachen.

Die leichten Strukturen aus Stahlstäben und Membranen – bekannt als Gitterschalen –, die in den 1960er-Jahren beliebt waren, nutzten das allereinfachste architektonische Konzept, um Räume zu umschließen oder zu überdachen, aber auf zeitgemäße und eindrucksvolle Weise. Leichterer und stabilerer Stahl sowie dünne, aber widerstandsfähige neue Materialien wie beschichtete Glasfaser und Plexiglas boten immer bessere Möglichkeiten. Dächer ver-

Siehe auch: Pioniere der Moderne 190–195 ▪ Architektur als politisches Statement 238–241 ▪ Die reine Form 270–271 ▪ Hightech 276–277 ▪ Grüne Architektur 292–299

»Ich habe wenig gebaut. Aber ich habe viele Luftschlösser ersonnen.«

Frei Otto

dankten ihre Festigkeit jetzt ihrer zweifach gekrümmten, wellenartigen Geometrie. Nach dem Vorbild von zarten, aber widerstandsfähigen Strukturen in der Natur wie Insektenflügeln oder Spinnennetzen gestaltete gigantische Zeltdächer auf Gitterrahmen zeugten von architektonischem Optimismus, der die Welt verändern wollte.

Architektur zum Überleben

Der deutsche Architekt und Ingenieur Frei Otto war die Schlüsselfigur bei der Entwicklung von Seilnetzen und Gitterschalen. Er war sich bewusst, dass einerseits Gebäude enorme Mengen an Ressourcen verbrauchen, und andererseits Millionen Menschen weltweit keine geeignete Unterkunft hatten. Er glaubte, die Architektur dürfe nicht mehr auf Dauerhaftigkeit aus sein. Preisgünstige, leichte, vielseitig verwendbare und einfach einsetzbare Gitterschalen waren für ihn die Lösung – Architektur für das Überleben. Otto, der während des Zweiten Weltkriegs in Frankreich in Kriegsgefangenschaft war, hatte dort einfache Unterkünfte aus bescheidenen Materialien gebaut. Nach dem Krieg studierte er Architektur. Ab 1964 leitete er an der Universität Stuttgart das Institut für leichte Flächentragwerke. Auf der Expo 1967 in Montreal erfuhr er große Anerkennung für den deutschen Pavillon. Er beschrieb ihn als »Leichtigkeit gegen Brutalität« – und setzte ihn so in direkten Kontrast zur Monumentalität der Nazis.

Olympiastadion München

Im selben Jahr gewann der deutsche Architekt Günter Behnisch, angeregt von Ottos Arbeiten, den Wettbewerb für die Gestaltung des Stadions für die olympischen Spiele 1972 in München. Unter Vermeidung jeglicher Monumentalität, die an das von den Nazis gebaute Berliner Olympiastadion erinnert hätte, konzipierte Behnisch seinen Entwurf als eine Gruppe von Elementen, vereint unter einem einzigen, zeltartigen transparenten Dach. Er lud Otto zur Mitarbeit ein, obwohl das Projekt dessen funktionalem und nicht-symbolischen Ansatz eigentlich widerstrebte. Am Ende entstand eine technische Meisterleistung von unglaublicher Präzision und ein Bauwerk von spektakulärer Kühnheit.

Auch die spätere britische Hightech-Architektur ist von Ottos Ideen beeinflusst, so etwa Richard Rogers' Millenium Dome (2000) oder Norman Fosters Überdachung des Großen Innenhofs im British Museum (2000), beide in London. Die visuelle Attraktion und die großflächigen Ausdehnungsmöglichkeiten zugbeanspruchter Flächentragwerke – ihre Vorteile für die Umwelt und die Baukosten nicht zu vergessen – inspirieren auch heute die Planung von vielen Großprojekten. ■

Das Dach des Münchener Olympiastadions wird von 58 Stahlmasten gehalten, dazwischen sind 480 km Stahlseile zu einem mit transparentem Plexiglas bedeckten Netz gespannt.

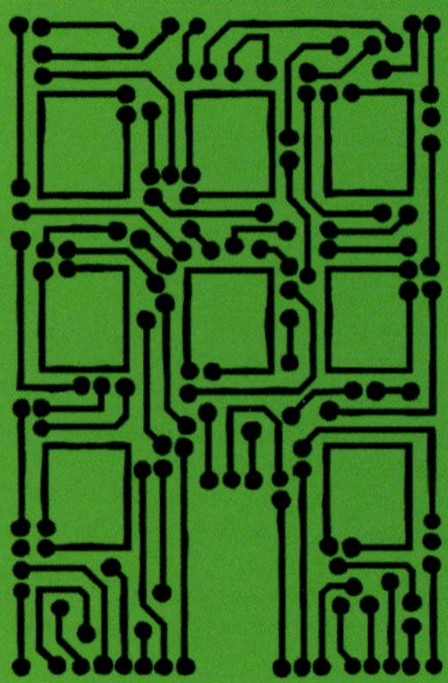

ICH VERLEGTE DIE STRUKTUR NACH AUSSEN

HIGHTECH

IM KONTEXT

THEMA
Kreativität durch Technologie

FRÜHER
1914 Der italienische Architekt Antonio Sant'Elia entwirft *La Città Nuova* (» Die neue Stadt«). Je nach Entwicklung der Technik können Elemente angepasst werden.

1967 Eröffnung des ersten Hightech-Industriegebäudes, entworfen von dem britischen Büro Team 4 für die Elektrofirma Reliance Controls in Swindon (Großbritannien).

SPÄTER
1986 Im neuen Lloyd's Building von Richard Rogers sorgt die Verlagerung von Aufzügen und Treppen nach außen für ein großzügiges Atrium.

2001 Portcullis House in London, entworfen von Michael Hopkins, beweist, dass Hightech auch in ein historisches Umfeld passen kann.

Die Hightech-Architektur basiert auf moderner Ingenieurwissenschaft und Technik. Charakteristisch ist die Freilegung von Stahlrahmen und die sichtbaren Rohre und Leitungen, die gewöhnlich im Inneren von Gebäuden verborgen sind.

Zwei wichtige Einflüsse

Viele der jungen britischen Architekten, die in den 1960er-Jahren Wegbereiter des Hightech-Stils waren, hatten an der Architectural Association School of Architecture in London studiert. Ihre Begeisterung für Technik verband sich mit der Überzeugung, die Welt verändern zu können. Großen Einfluss auf sie hatte das Werk des amerikanischen Erfinders und Ingenieurs Richard Buckminster Fuller (1895–1983), der innovative Gebäude entwickelte, um die begrenzten Ressourcen der Erde zu schonen. Als Reaktion auf die Wohnungnot

Das Centre Pompidou wurde in der Tageszeitung *Le Figaro* mit dem Ungeheuer von Loch Ness verglichen. Die Besucher ließen sich davon nicht abhalten – anfangs kamen bis zu 25 000 täglich.

Siehe auch: Pioniere der Moderne 190–195 ▪ Industrielle Ästhetik 206–207 ▪ Futurismus 210–211 ▪ Funktionalismus 220–225 ▪ Brutalismus 256–259

» Ich sagte, ich hätte es entworfen, und sie schlug mir mit ihrem Schirm auf den Kopf. «

Richard Rogers
über sein Zusammentreffen mit einer Passantin in Paris vor dem Centre Pompidou, 2018

in den USA Mitte der 1940er-Jahre entwickelte er Häuser in Leichtbauweise aus vorgefertigten Bauteilen, um Kosten zu sparen; der Prototyp ging alleridngs nie in Produktion.

Ein zweiter wichtiger Einfluss war die experimentelle Arbeit der britischen Gruppe Archigram, die in den 1960er-Jahren ganze Städte aus modularen Elementen konzipierten, die auf den neuesten Stand gebracht oder ersetzt werden konnten, wenn sie veraltet waren.

Ein Spielzeug in der Stadt

Bei der Hightech-Gestaltung des 1977 eröffneten Centre Pompidou in Paris ging es um Flexibilität. Für den Entwurf war ein Team um den britischen Architekten Richard Rogers und seinen italienischen Kollegen Renzo Piano verantwortlich. Ein leichtes Stahlskelett trägt außen ein Netzwerk farbig kodierter Röhren – Blau für die Klimaanlage, Gelb für Elektrizität, Grün für Wasser. Dieses Konzept sorgte dafür, dass die Innenräume frei gestaltet werden konnten und der Besucherfluss nicht gestört wurde.

Höhlenartige, verglaste Gänge an der Außenseite des Centre Pompidou betonen seinen pragmatischen, industriellen Charakter und bieten den Besuchern Panoramablicke über Paris.

Der Entwurf für das Kulturzentrum ging 1971 als umstrittener Sieger aus einem Wettbewerb mit 681 Einsendungen hervor. Seine Schöpfer hatten einen offenen, anpassungsfähigen Innenbereich mit zehn Ebenen konzipiert, der für alles Mögliche genutzt werden konnte. Ganze Geschossplatten in der Größe von zwei Fußballfeldern sollten sich nach oben und unten bewegen lassen. Draußen war ein großer Bildschirm geplant, der vom Vorplatz aus als dynamische, ständig wechselnde Fassade gesehen werden sollte.

Als es aber zur Ausführung des ambitionierten Projekts kam, kürzte Präsident Giscard d'Estaing, der Nachfolger Georges Pompidous, das Budget, und der Großbildschirm und die beweglichen Elemente wurden gestrichen. Ein dynamisches, sich ständig änderndes Gebäude, fast 50 Jahre zuvor von den Futuristen erdacht, erwies sich wieder einmal als Trugbild. Realisiert wurden schließlich sechs Etagen im Modulbau, die sich für eine Vielzahl von Projekten anpassen lassen.

Hightech lebt weiter

Obwohl vollständig flexible Gebäude noch nicht möglich sind, lebt die Hightech-Ästhetik in vielen neuen Bauten in der ganzen Welt weiter. Die großen, durchgehenden Räume, die charakteristische Leichtigkeit und Einfachheit dieses Stils kommen vor allem für Verkehrsinfrastrukturen wie Flughäfen zum Einsatz. ■

Fortschritte in **Ingenieurwesen und Technologie inspirieren** eine neue Generation junger Architekten.

→ Sie entwickeln einen neuen **Hightech-Stil,** der **tragende Elemente und Versorgung** betont, indem sie nach außen verlegt werden.

→ Das ermöglicht größere Freiheit im Inneren, das von den Archtikten so **flexibel und anpassungsfähig** wie möglich gestaltet wird.

→ Auch wenn völlige Flexibilität ein Wunschtraum bleibt, ermöglicht der Hightech-Stil eine **starke visuelle Sprache.**

DIE VERGANGENHEIT WIRD TEIL DER GEGENWART

VERNACULAR STYLE

IM KONTEXT

THEMA
Rückbesinnung auf den Standort

FRÜHER
1911 Frank Lloyd Wright stellt sein Anwesen Taliesin in Wisconsin (USA) fertig. Es verbindet traditionelle, einheimische Materialien und von der Landschaft inspirierte Formen.

1979 Das Hillingdon Civic Centre (London) des britischen Architekten Andrew Derbyshire verweist mit rotem Backstein und Satteldächern auf seinen Standort in der Vorstadt.

SPÄTER
2018 Die britische Regierungskommission Building Better, Building Beautiful empfiehlt, Wohnhäuser im traditionellen Stil zu bauen.

2019 Der britische Architekt Peter Barber legt für die McGrath Road (East London) eine Neuinterpretation der Back-to-Back-Häuser vor.

Moderne Architektur stößt in Großbritannien zunehmend auf **Kritik.**

→ Mit der Fokussierung auf **traditionelle Stile** geht die **Rückbesinnung** auf historische Architekturformen einher.

→ Manche Architekten wenden sich der **Postmoderne** zu.

→ Andere greifen **heimische** Bauformen auf, die in **Geschichte, Klima und Umgebung** verwurzelt sind.

Trotz der Allgegenwart moderner Architektur im Großbritannien der 1980er-Jahre war sie nicht wohlgelitten. Angeheizt durch den *style war,* in dem Prince Charles die Hinwendung zu traditionellen Formen forderte, geriet die Anonymität des Modernismus in die Kritik. Auch die Architekten zeigten sich von funktionalistischen Ansätzen enttäuscht, deren utopische Versprechungen oft nicht realisierbar waren.

Der von Prince Charles favorisierte Klassizismus stieß nur bei wenigen Architekten auf Gegenliebe, eine Rückbesinnung auf Tradition und Geschichte lag jedoch in der Luft. Das wurde nicht zuletzt in den auffälligen Schöpfungen der Postmoderne deutlich, die in spielerischer Verwendung antiker Formelemente und kräftigen Farben schwelgten.

Heimische Traditionen

Als Reaktion auf den Modernismus ist auch der britische Vernacular oder Neovernacular Style zu sehen. Ihm ist die Rückbesinnung auf heimische Traditionen und der direkte Bezug zu Landschaft und Umfeld wichtiger als eine bestimmte Vorstellung von Stil oder Ästhetik. Er setzt an, wo die Arts-and-Crafts-Bewegung des

Siehe auch: Die industrielle Revolution 160–163 ▪ Arts and Crafts 178–179 ▪ Menschlicher Funktionalismus 248–249 ▪ Brutalismus 256–259 ▪ Postmoderne 280–285 ▪ Klassizistische Postmoderne 286–287 ▪ Neuer Klassizismus 305

» Durch diese eher evolutionäre als revolutionäre Entwicklung hat die Kunst der Architektur Fortschritte gemacht. «

Richard MacCormac
Vortrag, 1983

19. und frühen 20. Jahrhunderts aufgehört hatte. Das zeigte sich insbesondere bei der Suche nach der angemessenen architektonischen Reaktion auf einen Ort.

Romantisch-pragmatisch

Wenig überraschend, kam der neue heimatbezogene Ansatz häufig an idyllischen Orten zum Zug, wo es reichlich natürliche und architektonische Anregungen gab, aus denen man schöpfen konnte. So schuf der britische Architekt Richard MacCormac einige Wohnprojekte an idyllischen Universitätscolleges, besonders bemerkenswert darunter das 1983 gebaute Sainsbury Building im Worcester College (Oxford).

In Übereinstimmung mit dem Ethos des Vernacular Style bezog MacCormac seine Inspiration aus dem Hauptgebäude und den traditionellen Kalksteinbauten der nahen Cotswold Hills. Seinem Entwurf liegt das Torhaus eines Colleges zugrunde, mit einem ziegelgepflasterten Eingang und kleinem Innenhof. Auf die klassische Loggia des Hauptgebäudes bezieht sich seine erhöhte Terrasse über dem See, die von Ziegel- und Betonpfeilern getragen wird.

Offene Geheimnisse

Formal gleicht das Sainsbury Building mit seiner mehr oder weniger symmetrischen Anordnung von Bauteilen den traditionellen Häusern der Cotswolds, die als »Gemeinschaft von Räumen um eine Küche« charakterisiert werden. Weit entfernt von den Bestrebungen der Moderne war MacCormacs Ansatz einfach und direkt und auf lokale Bauweisen und die Landschaft bezogen. »Mich interessiert eine Architektur, die einfach zugänglich und ansprechend ist«, schrieb MacCormac, »sie sollte aber geheimnisvoll und herausragend bleiben, selbst wenn sie ergründet und verstanden wurde«.

In *The Architectural Review* vom September 1983, auf deren Cover das Sainsbury Building abgebildet war, wurde MacCormac mit ähnlich denkenden Architekten unter der Rubrik »romantischer Pragmatismus« eingeordnet. Das war weniger ein Stil als ein gemeinsames Anliegen: einen direkten Bezug zu Zweck und Konstruktion eines Gebäudes herstellen, oft ausgehend von seinem Standort, verbunden mit »romantischer« Sensibilität.

Heimische Bautechniken waren nie verloren gegangen, jetzt standen sie im Fokus der architektonischen Diskussion. Die modernen technischen Möglichkeiten konnten genutzt werden, um Geschichte zu aktualisieren, anstatt sie zu kopieren. Manchen Kritikern erschien der Vernacular Style in seiner ostentativen Zurückhaltung allzu konservativ, aber überall, wo Sensibilität für das Erbe Vorrang hat, ist diese Einstellung angebracht. ■

Das Sainsbury Building weist auch moderne Elemente auf, wie die Fenster und einen Gemeinschaftsraum mit tiefer gelegtem Fußboden auf dem Niveau des angrenzenden Sees.

WENIGER IST LANGWEILIG

POSTMODERNE

IM KONTEXT

THEMA
Spielerisch bauen

FRÜHER
1896 In den USA prägt Louis Sullivan die Maxime »die Form folgt der Funktion«; die äußere Gestalt eines Gebäudes soll seinen Grundriss und seinen Zweck widerspiegeln.

1923 Le Corbusier veröffentlich *Vers une architecture (Ausblick auf eine Architektur),* ein Manifest des Modernismus.

1972 Teilabriss der Pruitt-Igoe-Wohnanlage in St. Louis (USA) – für Charles Jencks »der Tag, als die moderne Architektur starb«.

1972 Mit dem Erscheinen des Buches *Learning from Las Vegas,* verfasst von Robert Venturi, Denise Scott Brown und Steven Izenour, beginnt sich die Postmoderne durchzusetzen.

SPÄTER
1985 Der italienische Hersteller Alessi lanciert den postmodernen Flötenkessel 9093, entworfen von Michael Graves.

1988 Die Ausstellung »Deconstructivist Architecture« im Museum of Modern Art markiert das Ende der Postmoderne.

2011 Das Victoria & Albert Museum in London zeigt eine große Retrospektive mit dem Titel »Postmodernism: Style and Subversion 1970–1990«.

Vanna Venturi House wirkt verspielt, mit den Fenstern, die nicht zusammenpassen, und dem Eingang unter einem Bogen, der keinerlei Zweck dient.

Die Postmoderne entstand in den 1960er-Jahren als Reaktion auf den Modernismus, so wie 400 Jahre zuvor der Manierismus als Antwort auf den regelgebundenen Perfektionismus der Renaissance. Der postmoderne Stil war eine Reaktion auf die strenge und elitäre Architektur, wie sie Le Corbusier und Mies van der Rohe geprägt hatten. Manche kritisierten, das Dogma, »Form follows function«, führe zu Gleichförmigkeit und Mangel an Individualität in der Architektur. Die Postmoderne mit ihrer Bereitschaft, sich nach Belieben aus der Geschichte der Architektur zu bedienen, brachte Abwechslung und neue Vielfalt. Die Bewegung blühte einige Jahre, verblasste dann aber am Ende des Jahrhunderts weitgehend. Doch in der kurzen Zeit entstanden einige der eigenwilligsten und kontroversesten Gebäude der Welt.

» Der Modernismus, den es vor 1980 gab, war restriktiv, zweckorientiert und ziemlich doktrinär. «

Terry Farrell
»Postmodern architecture«, in: *Dezeen,* 2015

Erste Schritte

Den Beginn der Postmoderne markierte 1966 das Buch *Complexity and Contradiction in Architecture* des amerikanischen Architekten Robert Venturi – obgleich der Terminus selbst erst Mitte der 1970er-Jahre von dem amerikanischen Architekturhistoriker Charles Jencks geprägt wurde. Venturi ermunterte Architekten, Anregungen in der Vergangenheit zu suchen, aber auch in lokalen Traditionen. Er wies darauf hin, dass Inspiration von einem dorischen Tempel genauso kommen könne wie von einem Bistro an der

Siehe auch: Renaissance 106–113 ▪ Manierismus 116–117 ▪ Funktionalismus 220–225 ▪ Amerikanische Moderne 246–247 ▪ Hochhäuser der Nachkriegszeit 252–253 ▪ Mid-Century Modern 254–255 ▪ Moderner Monumentalismus 272–273

Ecke. Venturi schrieb: »Ich bin für unordentliche Vitalität statt offensichtlicher Einheit«. Mies van der Rohes berühmtes Diktum *less is more* setzte Venturi sein *less is a bore* entgegen, »weniger ist langweilig«. Mit seinem Ansatz, sich Vergangenheit und Populärkultur anzueignen und umzunutzen war Venturi das Äquivalent zu Andy Warhol und der Pop-Art.

Erste Bauten

Schon vor der Publikation des Buches hatte Venturi seine Ideen in einer Reihe von Gebäuden in den USA realisiert. Das erste davon war Chestnut Hill (Pennsylvania) für seine Mutter, 1964 fertiggestellt und später Vanna Venturi House genannt. Berühmt wurde es durch seine Fassade in Form eines monumentalen Giebels mit vertikalem Einschnitt in der Mitte über dem rechteckigen Eingang und überdimensionalem asymmetrischem Kamin. Der italienische Architekt Aldo Rossi meinte anerkennend, das Haus habe »die Architektur in Amerika und überall sonst befreit«.

Etwa gleichzeitig entstand Venturis Guild House, ein Apartmenthaus für ältere Menschen in Philadelphia (Pennsylvania). Dieser Ziegelbau fällt durch ein riesiges, halbkreisförmiges Fenster auf, das einem klassischen Segmentbogengiebel ähnelt, eine einzelne, massive schwarze Granitsäule auf Straßenniveau und ein mit riesigen Lettern wie im Supermarkt beschriftetes Schild. Ursprünglich erhob sich direkt über dem Eingang eine goldfarbene funktionslose Fernsehantenne sichtbar auf dem Dach – Venturi zufolge »ein Symbol für die älteren Menschen, die so viel Zeit vor dem Fernseher verbringen«.

Für Guild House und Vanna Venturi House mischte Venturi gegensätzliche Elemente, um aus Gewöhnlichem große Kunst zu machen. Die beiden Bauten zählen zu den frühesten der Postmoderne. Anfang der 1970er-Jahre begann Rossi seinen Aufstand gegen den Modernismus. Auch wenn er einmal erklärte, »ich kann kein Postmodernist sein, weil ich nie ein Modernist war«, gilt er doch als führender Vertreter der Postmoderne. Dieser Ruf gründet hauptsächlich auf dem nicht vollendeten Friedhof San Cataldo (1971 begonnen) in Modena (Italien), dessen kühne Formen, kräftige Farben und historische Anspielungen so typisch für die Postmoderne sind.

> »Ich mag es, der Richtige am falschen Ort zu sein und der Falsche am richtigen Ort … immer passiert etwas Interessantes.«
>
> **Andy Warhol**
> amerikanischer Künstler (1928–1987)

Die Neue Staatsgalerie

Bedeutende postmoderne Bauten entstanden auch anderswo. Die Neue Staatsgalerie in Stuttgart, 1977 von den britischen Architekten James Stirling und Michael Wilford entworfen, gilt manchen als Inbegriff dieses Stils. Die Arbeit an dem Kunstmuseum begann 1979 und war fünf Jahre später been- »

An den Rampen und Treppen der Neuen Staatsgalerie fallen röhrenförmige Handläufe in Pink und Blau ins Auge, auch die Stützen und die Rohre der Klimaanlage zeigen knallige Farben.

det. Das Konzept von Stirling und Wilford kombiniert Gestaltungselemente aus dem Museumsbau des 19. Jahrhunderts, wie Säulen, Giebel, Architrave aus schwerem Travertin und Sandsteinblöcke, mit modernen industriellen Materialien, wie Hightech-Elementen in knalligen Farben. Das gesamte Gebäude wirkt wie eine angeregte Unterhaltung zwischen alt und neu.

Das Gebäude offenbart überall ungewöhnliche Winkel, eigenwillige Grundrisse und andere Überraschungen. Stirling und Wilford betrachteten das ansteigende Gelände nicht als Problem, sondern als Chance. Das Erdgeschoss ist ein Parkhaus. Im ersten Stock mit seiner Terrasse kontrastiert der blattgrüne Stahl und das Glas der geschwungenen Fassade mit dem gedämpften Gelb und der Grauschattierung des Mauerwerks. Der Noppenboden im Foyer ist ebenfalls leuchtend Grün. Treppen führen vom Foyer in die zweite Etage, wo eine große zentrale Rotunde als Skulpturengarten dient. Die kräftigen Farben bilden einen Kontrast zu den Ausstellungsräumen selbst, wo ruhige, neutrale Farbtöne nicht von den ausgestellten Kunstwerken ablenken.

Zu den erfolgreichen postmodernen Entwürfen gehört auch das 1981 fertiggestellte TV-am Studio in London von dem britischen Architekten Terry Farrell. Der Bau, inzwischen umgestaltet, lag wie ein großer grauer Schuppen mit geschwungener Fassade an einem Kanal. Das Dach zierten eine Reihe riesiger Eierbecher. Innen gab es eine Reihe von Räumen, die Themen aus aller Welt aufgriffen, etwa einen japanischen Tempel und eine mesopotamische Zikkurat, alles in starken Farben, Formen und Motiven.

Das ehemalige TV-am Studio in London. Die riesigen Eierbecher auf dem Dach mögen auf britische Frühstücksgewohnheiten verweisen oder auf Gefäße, die den Garten schmücken.

Erbe und Nachwirkung

Die Postmoderne blühte während des Wirtschaftsbooms der 1980er-Jahre. Inbegriff dieses konsumfreudigen Jahrzehnts und seiner Architektur war das AT&T Building (heute Sony Tower) an der Madison Avenue in New York, 1984 fertiggestellt von den amerikanischen Architekten John Burgee und Philip Johnson. Sie gehörten einst zu den Anwälten der Moderne, waren aber offen für neue Ideen. Der 37-stöckige Wolkenkratzer ist mit rosa Granit verkleidet und ganz oben setzt der riesige gesprengte Giebel einen besonderen Akzent.

Comicartig überzeichnet

Verspieltheit war ein Charakteristikum der Postmoderne und stand im Vordergrund bei Bauten wie Mart van Schijndels Oudhof in Amsterdam, 1990 vollendet, und dem Kindergarten Wolfartsweier in Karlsruhe (2002) von dem Künstler Tomi Ungerer und dem Büro Yöndel Zimmelin Architekten. Aber der Stil verführte auch zu karikaturhaften Extremen, wie in dem M2 building (1991) des japanischen Architekten Kengo Kuma, ein Showroom für Mazda in Tokio, dominiert von einem Bauteil, das einer über-

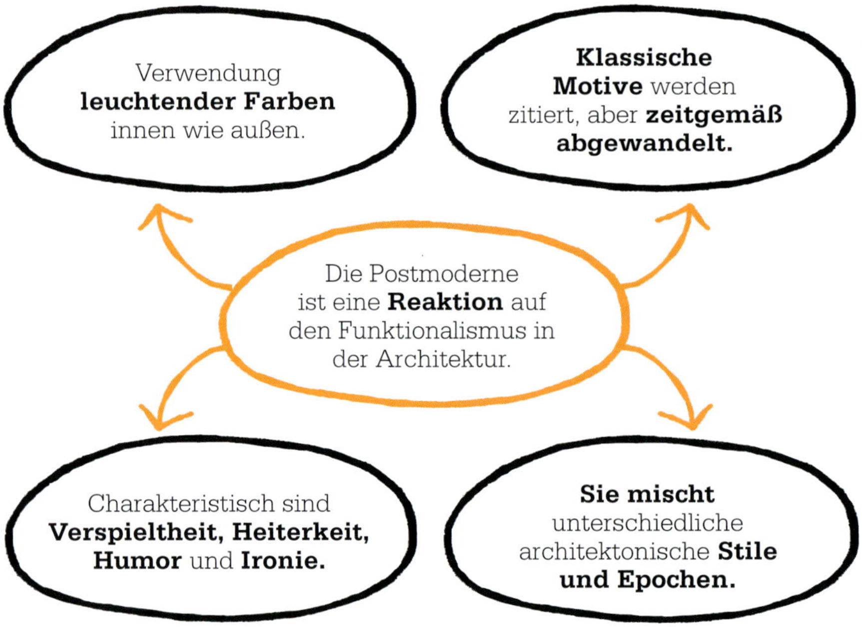

dimensionalen ionischen Säule gleicht, sechs Stockwerke hoch.

Popkultur

Kritik an der Postmoderne hatte sich schon zuvor geregt. Mit ihrer Neigung zum Pastiche brachte sie Traditionalisten und Modernisten gleichermaßen gegen sich auf. So bemängelte der britische Historiker William J. R. Curtis in seinem Buch *Modern Architecture Since 1900,* Philip Johnson habe bei seinem AT&T Building »nur wenig mehr getan, als ein historisches Zitat auf ein ganz normales Bürohaus zu kleben«. Curtis missbilligte, was ihm wie die Reduzierung der Wolkenkratzer auf cartoonartige Zeichen in der Stadtlandschaft erschien – sie standen symptomatisch für den Zwang, Architektur als Marketinginstrument einzusetzen. Curtis schlimmste Befürchtungen wurden mit Team Disney Building (1991) in Burbank (Kalifornien) wahr. Dort, so schien es manchen, war der angesehene amerikanische Architekt Michael Graves bei seinem Flirt mit der Postmoderne zu weit gegangen, als er Schneewittchens sieben Zwerge als Karyatiden einsetzte – Skulpturen, die anstelle von Säulen ein Gebälk tragen.

Ohne Einschränkung

Ende der 1990er-Jahre war die Postmoderne so weit gegangen wie sie konnte. Sie zerfiel in viele neue Trends wie Sensationalismus und Dekonstruktivismus. Aber das Erbe der Postmoderne ist allgegenwärtig. Heute können Architekten sich bedienen, wo immer sie wollen, ohne auf Regeln Rücksicht nehmen zu müssen. Und man mag davon halten was man will, auch Architektur als Marketinginstrument hat sich durchgesetzt. Die meisten Wolkenkratzer müssen sich heute durch Effekthascherei behaupten. ■

Der Kindergarten Wolfartsweier hat die Form einer Katze. Das »Maul« ist die Eingangstür, die »Augen« sind die Fenster und der »Schwanz« eine Rutschbahn.

Robert Venturi

Der 1925 in Philadelphia (USA) geborene Robert Venturi schloss 1947 sein Architekturstudium an der Princeton University (New Jersey) ab. Nach einem kurzen Engagement bei dem finnisch-amerikanischen Architekten Eero Saarinen erhielt er 1954 ein Forschungsstipendium der American Academy in Rome. Dort beschäftigte er sich mit manieristischer Architektur, die ein traditionelles Vokabular auf neue Weise nutzte, um Bauten von großem Einfallsreichtum zu erschaffen.

Als Venturi 1956 nach Philadelphia zurückkehrte, arbeitete er kurzzeitig im Büro von Louis Kahn, bevor er sich 1960 selbstständig machte. Venturi lehrte Architekturtheorie an der University of Pennsylvania, und aus dieser Tätigkeit ging sein Buch *Complexity und Contradiction in Architecture* hervor, das ein Kritiker die wichtigste Schrift über Architektur seit Le Corbusiers *Vers une Architecture* von 1923 nannte.

Wichtige Schrift

1966 *Complexity and Contradiction in Architecture*

DER ALLTAG SOLLTE ERHEBEND SEIN

KLASSIZISTISCHE POSTMODERNE

IM KONTEXT

THEMA
Neuer Klassizismus

FRÜHER
1978 Der amerikanische Architekt Charles Moore vollendet die Piazza d'Italia in New Orleans (USA) mit einer Fassadengestaltung, die Anleihen bei der Antike macht.

1980 Die erste Architekturbiennale in Venedig macht »The Presence of the Past« zum Thema und blickt auf die Postmoderne.

SPÄTER
1988 Fertigstellung einer Pumpstation der Isle of Dogs in London, entworfen von dem britischen Architekten John Outram. Das Gebäude erinnert an einen bunt bemalten antiken griechischen Tempel.

1991 Die Architekten Denise Scott Brown und Robert Venturi stellen den postmodernen Sainsbury-Flügel der National Gallery in London fertig.

Eingeklemmt zwischen einer viel befahrenen Straße und einem Einkaufszentrum in Marne-la Vallée bei Paris erhebt sich Les Espaces d'Abraxas, eine bizarre Versammlung dreier großer neoklassizistischer Gebäude: Le Palacio, L'Arc und Le Théâtre. Darin verbergen sich weder Kultureinrichtungen noch teure Apartments, wie Name und Aufmachung vermuten lassen, sondern etwa 600 Mietwohnungen. In dem 1982 fertiggestellten Komplex trieb der spanische Architekt Ricardo Bofill das postmoderne Spiel mit den Stilen auf die surreale Spitze.

Die Postmoderne wollte das modernistische Konzept von der Architektur als großes Narrativ des sozialen Wandels durchbrechen. Pluralität rückte in den Vordergrund und die etablierten Lesarten histori-

Postmoderne Architekten stellen die modernistische Fixierung auf Funktionalität **infrage.**

↓

In einer Hinwendung zu historischen Stilformen **greifen sie auf die Antike** zurück und **unterlaufen** deren Konventionen.

↓

In einem »Free-style-Klassizismus« werden antike Formen und Motive **aufgenommen und angepasst.**

↓

Die **Form** eines Gebäudes folgt nicht mehr seiner **Funktion,** mitunter widerspricht sie ihr auf ironische Weise.

Siehe auch: Rückgriffe 196–197 ▪ Architektur und Design 234–235 ▪ Architektur als politisches Statement 238–241 ▪ Postmoderne 280–285 ▪ Neuer Klassizismus 305

Der 18-stöckige Palacio in Les Espaces d'Abraxas enthält etwa 440 Wohnungen und umschließt drei Seiten des Innenhofs, in dessen Zentrum sich L'Arc erhebt.

scher Stile sollten unterwandert und durch neue Bedeutungen aufgeladen werden – neu und alt mischte sich. Der Architekturhistoriker Charles Jencks, der entscheidend zur Definition der Postmoderne beigetragen hat, nannte dieses Konzept »doppelte Codierung«.

Ein Versailles für alle

Bofill wollte mit seinem Rückgriff auf historische Formen und Arrangements in Les Espaces d'Abraxas offensichtlich das Leben der Pariser Arbeiterklasse aufwerten. Es sollte ein »Versailles für alle« sein und als Antwort auf die anonymen, modernistischen Häuserblocks in der Peripherie von Paris verstanden werden.

Der Grundriss zitiert barocke Stadtplanungen und betont Monumentalität und Bewegung. Das halbkreisförmige Théâtre mit seinen riesigen verglasten Halbsäulen öffnet sich zu einem großen Innenhof, dessen flache Stufen an ein antikes Theater erinnern, mit dem zentralen Arc, dem Bogen, anstelle der Bühnenwand. Der U-förmige Block, Le Palacio, umarmt die andere Seite und zeigt eine deutlich abstraktere, geometrische Interpretation antiker Vorbilder.

Les Espaces d'Abraxas wurde aus vorgefertigten Stahlbetonteilen errichtet, die erdbraun eingefärbt wurden, damit sie besser zur umliegenden Bebauung passen. Der gesamte Komplex wird von einer zentralen Achse durchschnitten, an der freistehende Tore mit Säulen und Tympanon die Eingänge zur Anlage markieren. Hier wurden viele antike Motive genutzt, aber die strengen Regeln der Vergangenheit zugunsten von neuen Proportionen und Kombinationen außer Kraft gesetzt.

Heroisch oder bedrückend?

Ins Monumentale gesteigert, kann Neoklassizismus bedrückend und dominierend wirken, insbesondere im Dienst historischer totalitärer Regime. Das halbkreisförmige Théâtre in Les Espace d'Abraxas, das den zentralen Platz überblickt, mag Erhabenheit vermitteln, wirkt aber auch wie ein Panoptikum – ein kreisförmiges Gefängnis mit Zellen, die sich rundherum ziehen – und wer sich auf dem Platz aufhält, fühlt sich ständig beobachtet.

So mag es vielleicht nicht überraschen, dass Les Espaces d'Abraxas 1985 in dem Horrorfilm *Brazil* verewigt wurde und für die Verfilmung der *Tribute von Panem* als das Kapitol der Unterdrücker Verwendung fand. Dennoch dominierte die inszenierte Pracht des Free-style-Klassizismus in den letzten beiden Jahrzehnten des 20. Jahrhunderts eine ganze Reihe anspruchsvoller Projekte. Erst mit dem Beginn des neuen Jahrtausends schwand seine Popularität. ▪

» Wir wollten uns wirklich die Augen öffnen durch die Konfrontation mit Dingen des Alltags, die als hässlich, geschmacklos und bizarr galten. «

Denise Scott Brown
Artforum, 2010

SPIRITUALISIERUNG DER NATUR

DIE VERBINDUNG VON HIMMEL UND ERDE

IM KONTEXT

THEMA
Moderne christliche Architektur

FRÜHER
1883 Der katalanische Architekt Antoni Gaudí beginnt mit den Entwürfen für die Basilika Sagrada Família in Barcelona.

1967 Fertigstellung der von einem Kranz spitzer Fialen bekrönten Metropolitan Cathedral in Liverpool, entworfen von dem britischen Architekten Frederick Gibberd.

1990 Der japanische Architekt Tadao Ando vollendet die Kirche des Lichts in Ibaraki – ein stark reduzierter Betonbau.

SPÄTER
2007 Fertigstellung der Bruder-Klaus-Feldkapelle in Mechernich-Wachendorf (Eifel), entworfen von dem Schweizer Architekten Peter Zumthor.

2018 Der Vatikan gibt zehn Kapellen für ein Waldgebiet in Venedig in Auftrag.

Der **Modernismus** hat **keine neuen Ideen** für religiöse Architektur entwickelt, beklagen viele Architekten.

Durch Rückgriffe auf die Vergangenheit kommt es zur **Neuinterpretation historischer Traditionen** und Techniken.

Symbole und Ornamentik sind nach wie vor wichtig, aber das **Erlebnis des Raums rückt in den Vordergrund.**

Innovative Verwendung von **dynamischen Formen** und **natürlichem Licht** ist die Folge.

Das ganz eigene Schaffen des ungarischen Architekten Imre Makovecz seit Ende der 1950er-Jahre gab der Suche nach einer modernen spirituellen oder religiösen Architektur dringend benötigten Auftrieb. Seine Anregungen fand er im ländlichen Ungarn – damals ein Satellitenstaat der Sowjetunion. Seine frühesten Entwürfe waren eine Antwort auf die nichtssagenden Plattenbauten sowjetischer Provenienz. Makovecz verwandte traditionelle Elemente wie Strohdächer und Holzkonstruktionen für den Bau von Gebäuden, von denen er annahm, sie könnten in den Dörfern gemeinschaftsstiftend wirken. Makovecz war ein gläubiger Christ, und auch in seinen zahlreichen Kirchenbauten überführte er die Tradition in moderne, inspirierende Formen.

Makovecz bezeichnete sein Werk als »organische Architektur«. Die Formulierung stammt von einem seiner großen Vorbilder, dem amerikanischen Architekten Frank Lloyd Wright, und bezeich-

Siehe auch: Gotik 74–81 ▪ Organische Formen 174–175 ▪ Amerikanische Moderne 246–247 ▪ Le Corbusiers Spätwerk 250–251 ▪ Sinnliche Moderne 260–261 ▪ Freigeister 264–265 ▪ Moderner Monumentalismus 272–273 ▪ Seelenvolle Moderne 306–307

» Ich möchte dem subsensiblen Zauber der technischen Zivilisation mit supersensibler Vorstellungskraft begegnen. «

Imre Makovecz
ungarischer Architekt
(1935–2011)

net einen Ansatz, der die Beziehung eines Gebäudes zu seinem Standort in den Vordergrund rückt.

Fantasiewelt

Diesen Ansatz vermisste Makovecz schmerzlich in der zeitgenössischen Architektur. »Wer kümmert sich heutzutage um die Beziehung zwischen der inneren Struktur eines Gebäudes und dem Boden, auf dem es steht?«, beklagte er. Für Makovecz ging es dabei nicht nur um den Baugrund, sondern um weitreichendere Beziehungen – die Verbindung seiner Entwürfe zu »Himmel und Erde«. Dazu angeregt hatte ihn die anthroposophische Lehre von Rudolf Steiner. Mit dem Rückgriff auf ungarische Traditionen und Volkskunst wollte Makovecz etwas schaffen, das wirkte, als wäre es schon immer da gewesen, »in der Welt vor der Menschheit, in der Welt des Anfangs«. Die Ergebnisse scheinen einer Fantasiewelt entnommen, mit rippenartigen Holzgewölben im Inneren von zwiebelförmigen Kuppeln, gekrönt von Turmspitzen, in denen – nicht unumstritten – oft christliche Ikonografie mit heidnischen Symbolen wie Sonne und Mond verschmilzt.

Der ungarische Pavillon

Nach dem Zerfall der Sowjetunion um 1990 gewann die Architektur von Makovecz eine völlig neue Bedeutung als Symbol des demokratischen Ungarn, im Einklang mit seinen Traditionen und seiner Geschichte. Er erhielt den Auftrag, den ungarischen Pavillon für die Weltausstellung 1992 in Sevilla (Spanien) zu gestalten. Der Pavillon, halb Kirche, halb politisches Statement, sieht aus wie ein riesiger umgedrehter Schiffsrumpf. Innen liegt die Dachstruktur frei, um eine dramatische Decke zu schaffen. Über dem Eingang ragt drohend eine eulenartige Form auf, aus federartigen Holzschindeln zusammengesetzt. Um die Position Ungarns zwischen Ost und West darzustellen, durchschneidet eine Mauer das Gebäude in der Mitte; die der Sowjetunion zugewandte Seite zeigt slawische, die Westseite barocke Motive. Auf der westlichen Seite steht ein Baum, *égig érö fa,* der mythische Lebensbaum, dessen Äste bis zum Himmel und dessen Wurzeln bis in die Unterwelt reichen. In Makoveczs Pavillon berühren die Äste fast das Dach und die Wurzeln sind unter einer Glasabdeckung sichtbar.

Damals war dieser symbolische, seelenvolle Ansatz einzigartig und ein erster Hinweis darauf, dass Architekten begannen, die Macht von Raum und Erfahrung wiederzuentdecken, um spirituelle Vorstellungen zu vermitteln. ■

Sieben Turmspitzen – jede mit einem Symbol bekrönt – brechen aus dem Schieferdach des ungarischen Pavillons hervor. Unter den Symbolen sind Kreuz, Sonne und Halbmond.

DIE FORM WIRD VERHÖRT

DEKONSTRUKTIVISMUS

IM KONTEXT

THEMA
Lineare Strukturen aufbrechen

FRÜHER
1967 Der algerisch-französische Philosoph Jacques Derrida entwickelt in *De la grammatologie* das Konzept des Dekonstruktivismus.

1982 Der Schweizer Architekt Bernard Tschumi entwirft mit dem Parc de la Villette in Paris eines der ersten dekonstruktivistischen Projekte.

SPÄTER
1997 Eröffnung des Guggenheim Bilbao (Spanien), eines der berühmtesten dekonstruktivistischen Gebäude – obwohl der Architekt Frank Gehry den Begriff ablehnt.

2010 Zaha Hadid stellt das Museum MAXXI in Rom fertig, einen Betonbau mit scharfen, sich überschneidenden Formen, wie sie für den Dekonstruktivismus typisch sind.

Das zickzackförmige, metallverkleidete Jüdische Museum in Berlin, 2001 eröffnet, wirkt als Gebäude dysfunktional. Es hat keine Eingangstür und ist nur durch einen unterirdischen Gang von einem benachbarten Gebäude aus dem 18. Jahrhundert aus erreichbar. Schmale, verwinkelte Fenster lassen nur wenig natürliches Licht ein, Treppen und Gänge scheinen nach Nirgendwo zu führen. Dieser Bau versucht, durch seine Handhabung von Form und Raum die Erfahrungen der Juden in Deutschland nachvollziehbar zu machen. Er ist, wie der polnisch-amerikanische Architekt Daniel Libeskind bemerkt, »eine Erfahrung«.

Die Ordnung erschüttern

Auch wenn Libeskind sich das stilistische Label nicht zu eigen machte, ist sein Jüdisches Museum ein frühes Beispiel des Dekonstruktivismus. Es wirkt wie der architektonische Versuch, die Vorstellungen von formaler Ordnung, Rationalität und Klarheit zu untergraben und aufzuheben. Die Idee, es sei möglich, die Nutzung eines

Historische Stilformen etablieren **formale Ordnung und Klarheit** auf der Basis von **Proportion und Harmonie.**

→

Der Dekonstruktivismus bricht mit dieser Vorstellung und schafft **ungewöhnliche Formen,** die traditionelle Raumkonzepte herausfordern.

↓

Dekonstruktivistische Ansätze werden genutzt, um durch die Form eines Gebäudes **Ideen zu vermitteln.**

←

Räume, die **Bedeutung und Erfahrungen** über die Benutzbarkeit stellen, entfachen die Debatte um **Form und Funktion** von Neuem.

Siehe auch: Expressionismus 212–215 ▪ Architektur der russischen Revolution 218–219 ▪ Sinnliche Moderne 260–261 ▪ Freigeister 264–265 ▪ Die reine Form 270–271 ▪ Neue Formen 308–311

Die Titan-Zink-Fassade des jüdischen Museums Berlin ist von zickzackförmigen Fensterschlitzen durchzogen, die keinen Bezug zur Geschossgliederung erkennen lassen.

Gebäudes sorgfältig zu planen, wird als Mythos zurückgewiesen. Die häufig gestörte Beziehung zwischen Räumen und Nutzern soll fruchtbar gemacht werden.

Pioniere der Bewegung

Die amerikanischen Architekten Philip Johnson und Mark Wigley kuratierten 1988 die Ausstellung »Deconstructive Architecture« im Museum of Modern Art (MoMA) in New York, für die sie Arbeiten von Architekten wie Libeskind, Frank Gehry und Zaha Hadid versammelten. Für Johnson und Wigley nahm der Dekonstruktivismus den Faden dort wieder auf, wo ihn der Konstruktivismus der russischen Avantgarde Anfang des 20. Jahrhunderts liegen gelassen hatte. So entstand nicht nur eine Ästhetik der Unordnung, sondern eine neue Art von Architektur als sinnkritische Analyse, die mit der Sicherheit der reinen Form bricht. Der Dekonstruktivismus hat kein Manifest verfasst, auch keine Absichtserklärungen, und in den Händen unterschiedlicher Architekten nimmt er jeweils eigene Ausprägungen an. Libeskind nutzt ihn, um experimentelle Räume zu schaffen – die Form der Architektur dient dem Narrativ des Gebäudes und der Erzeugung von Atmosphäre. Sein Entwurf für das Jüdische Museum in Berlin ist voller eingebauter Bedeutungen und Metaphern, viele sollen Unbehagen und Verwirrung hervorrufen.

> »Dies ist eine Architektur der Disruption, Dislozierung, Ablenkung, Abweichung und Verzerrung.«
>
> **Mark Wigley**
> *Deconstructivist Architecture,* 1988

Erfahrungen gestalten

Drei Achsen repräsentieren, was Libeskind als die drei Hauptlinien jüdischer Geschichte in Deutschland ausgemacht hat – Kontinuität, Exil und der Holocaust. Sie sind in die Form des Gebäudes eingeschnitten. Die Achse des Exils führt zu einem Garten mit schräg abfallenden Pflanzgefäßen aus Beton, die für »die Orientierungslosigkeit und Unsicherheit« im Exil stehen. Die Achse des Holocaust endet in einem kargen Schacht aus Beton, nur durch einen unterirdischen Gang erreichbar, der ein Gefühl von Bedrängnis und Angst hervorruft. Weitere leere Räume, die sogenannten *voids,* stehen für die »Auslöschung« jüdischen Lebens in Berlin. Sie durchschneiden das Gebäude und verhindern jegliche logische Route durch das Museum. Die schmalen Fenster sind in geometrischen Mustern angeordnet, basierend auf den Anschriften bekannter Berliner. Libeskinds Architektur stellt das Narrativ über die Bedürfnisse der Benutzer. Man könnte auch sagen, das Narrativ fordert hier, die Bedürfnisse der Benutzer zu missachten.

Das Jüdische Museum in Berlin ist selbst so mit Bedeutung aufgeladen, dass die Ausstellung von Exponaten zur Herausforderung wird. Und damit gab der Bau der Debatte um Form und Funktion neue Nahrung. Sein theoretisches Fundament wurde immer wieder als allzu elitär und intellektuell kritisiert. Nichtsdestotrotz setzte damit ein radikaler Wandel ein, eine Konzentration auf die Kraft der architektonischen Form an sich. ■

IN HARMONIE MIT DER NATUR

GRÜNE ARCHITEKTUR

IM KONTEXT

THEMA
Zunehmend nachhaltig

FRÜHER
1936 Frank Lloyd Wright entwirft Falling Water, Pennsylvania (USA) – ein Wohnhaus, das in Harmonie mit der Natur steht.

1963 Der ungarische Architekt Victor Olgyay veröffentlicht *Design with Climate*, ein einflussreiches Buch zum Thema Architektur und Klima.

1987 Die UN World Commission on the Environment and Development liefert die erste Definition von »nachhaltiger Entwicklung«.

1990 Großbritannien führt als erstes Land ein Bewertungssystem für nachhaltiges Bauen ein; es dient als Vorbild für ähnliche Modelle in anderen Ländern.

SPÄTER
2020 In Frankreich wird ein Gesetz erlassen, wonach ab 2022 neue öffentliche Gebäude zu wenigstes 50 % aus nachhaltigen Materialien bestehen müssen.

2021 In Amsterdam wird der Green Deal Timber Construction angenommen; danach müssen ab 2025 Neubauten 20 % Holz nutzen.

2022 Die umweltfreundliche Möbelfabrik The Plus – vom Architekturbüro BIG – wird bei Magnor (Norwegen) fertiggestellt; der Bau in einem Waldgebiet besteht aus Holz.

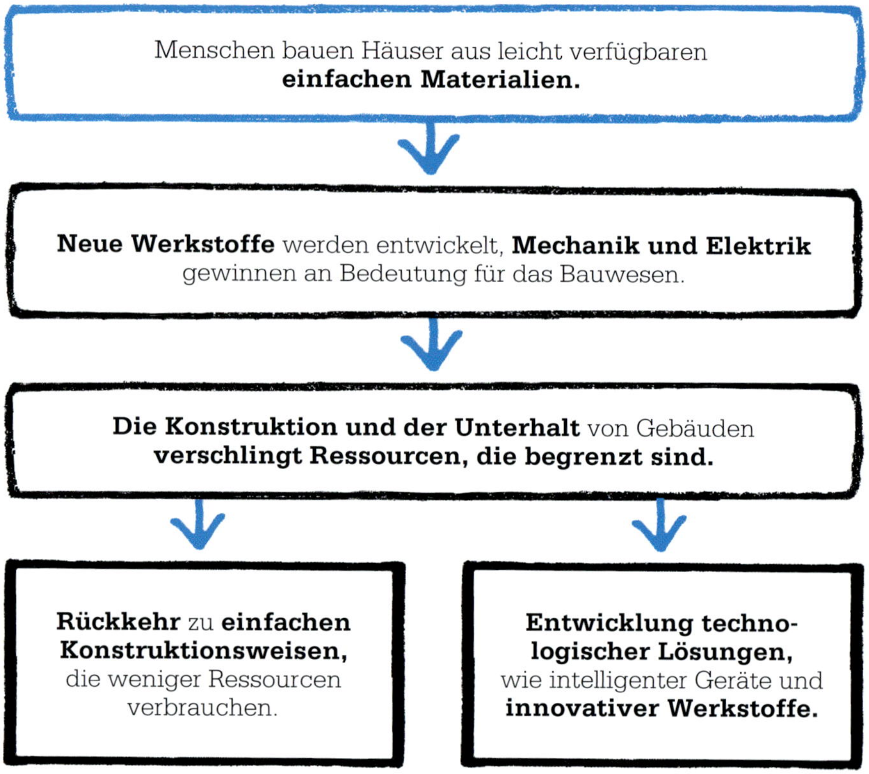

Ein zentrales Thema der Architektur heute ist das »grüne« Bauen: möglichst geringe Auswirkungen auf Umwelt und Klima bei Entwurf, Konstruktion und Betrieb von Gebäuden. Dezidiert grüne Gestaltung ist ein postindustrielles Phänomen. Vor dem 19. Jahrhundert und der Nutzung von Kohle zum Heizen waren fast alle Häuser relativ »grün«, sie waren nicht abhängig von fossilen Brennstoffen. Zum Heizen wurde Holz, Holzkohle oder Dung genutzt, und die Gebäude hatten weder elektrisches Licht noch Klimaanlage. Zum Bauen nutzte man in der Regel vorhandene Materialien, wie Stein, Holz, Ziegel und Lehm.

Im 21. Jahrhundert sind unsere Bauten weit komplexer und benötigen Service und Systeme, um das Umfeld zu schaffen und zu erhalten, in dem wir leben und arbeiten wollen. Das verursacht hohe Kosten, auch im Hinblick auf den Verbrauch von Land und natürlichen Ressourcen angesichts der rapide wachsenden Weltbevölkerung.

Das umweltbewusste Bauen hat fraglos in den letzten Jahren an Bedeutung gewonnen, aber einige weitsichtige Architekten haben sich diesem Ansatz mit Blick auf die weitverbreitete Forderung nach schnellen und sinnvollen Aktionen schon vor Jahrzehnten zugewandt.

Ein leichter Fußabdruck

Der australische Architekt Glenn Murcutt, 1936 geboren, etablierte sich beruflich in den 1970er-Jahren, die geprägt waren von zunehmender Sorge um die Auswirkungen menschlicher Aktivität auf den Planeten. Infolge des technischen Fortschritts verzeichneten viele westliche Länder damals enormes

Siehe auch: Schutz 18–19 ▪ Holzrahmenbau 82–85 ▪ Lehm 90–93 ▪ Menschlicher Funktionalismus 248–249 ▪ Hightech 276–277 ▪ Architektur in Westafrika 312–313 ▪ Auf die Erde hören 316–317

Wirtschaftswachstum. Es ging einher mit wachsender Besorgnis über die Umweltschäden durch Produktion und Konsum. Am ersten »Tag der Erde« am 22. April 1970 gingen 20 Mio. Amerikaner auf die Straße, um besseren Umweltschutz zu fordern. Ölknappheit in verschiedenen Ländern, wie Murcutts Heimat Australien, rückte den Energieverbrauch ins Zentrum des öffentlichen Bewusstseins.

In diesem Zusammenhang wurde Murcutt zum Wegbereiter umweltorientierter Gebäude, »sorgsam abgestimmt auf Land und Wetter« – so wurden seine Häuser beschrieben, als er 2002 den Pritzker-Preis erhielt, die höchste internationale Auszeichnung für Architekten. Entschlossen, »den Boden leicht zu berühren« – wie die australischen Ureinwohner sagen –, hat er Häuser gebaut, die sensibel auf das Klima des Landes und seine Landschaft Rücksicht nehmen.

Die Gaia-Hypothese

Diese Hypothese, benannt nach der Göttin der Erde, wurde Mitte der 1970er-Jahre vom britischen Wissenschaftler James Lovelock (1919–2022) vorgestellt. Danach ist das Leben auf der Erde ein System natürlicher Aktivitäten, das den Planeten ordnet, um die Bedingungen für Leben aufrechtzuerhalten – etwa die Zusammensetzung der Atmosphäre.

Die Gaia-Hypothese gewann 1979 weitere Verbreitung dank Lovelocks Buch *Gaia: A New Look at Life on Earth*. Seither hat die Vorstellung, dass alles Lebende miteinander verbunden ist, Menschen aller Disziplinen angeregt, darüber nachzudenken, welche Wirkung sie auf den Planeten ausüben – und die Architektur gehört dazu. Der britische Architekt Howard Liddell gründete 1984 ein ökologisches Architekturbüro, Gaia Architects, und der Pritzker-Preisträger Francis Kéré aus Burkina Faso beteiligte sich an dem Programm »Growing Gaia«, das die Bedeutung der Idee für die zeitgenössische Architektur erforscht.

Einfachheit als Pflicht

Obwohl Murcutt zur Avantgarde des umweltbewussten Bauens gehört, setzt er dabei nicht unbedingt auf neueste Technik, sondern nutzt einfache nachhaltige Ansätze, angeregt durch die regional unterschiedlichen traditionellen Bautechniken seines Heimatlandes. Dieser Ansatz spiegelt den Einfluss des amerikanischen Naturforschers und Autors Henry David Thoreau, der im 19. Jahrhundert lebte und sich ganz bewusst dem einfachen Leben in der Natur zuwandte. Murcutts Überzeugung, Einfachheit sei eine »moralische Pflicht« ist davon beeinflusst.

Ein für Murcutt prototypischer Entwurf ist das Marie Short House, entworfen 1974 für einen Standort am Maria River in Kempsey, nördlich von Sidney. Es wurde aus leicht erhältlichen lokalen Materialien gebaut, zumeist Holz aus einem nahegelegenen Sägewerk. Große Teile des Äußeren sind mit verstellbaren Stahllamellen bedeckt, die den Lichteinfall steuern und Luft hindurch lassen, die das Gebäude auf natürliche Weise kühlt. »Wenn uns warm wird«, hebt Murcutt hervor, »schwitzen wir. Gebäude sollten etwa Vergleichbares machen. Sie sollten sich öffnen und schließen«. Die breiten Überstände des Wellblechdachs bieten Schutz vor der Sonne. Das Haus steht auf Stelzen, fast 1 m über dem Boden, was die Ventilation verbessert und außerdem Schlangen und Reptilien fernhält.

Ball-Eastaway-House in Glenorie (Australien), 1983 für ein Künstlerpaar entworfen, hat ein tonnenförmiges Blechdach – ein Markenzeichen von Glenn Murcutt.

Kontinuität und Innovation

Die Orientierung an bewährten einheimischen Traditionen hat Kontinuität in Murcutts nachhaltigen Entwürfen; sie zeigt sich in seinen frühen Häusern ebenso wie in den jüngeren Projekten. Einer der bekanntesten Bauten Murcutts ist das Marika-Alderton-House, entworfen 1990 für die Aborigine-Künstlerin und Gemeindevorsteherin Banduk Marika und ihren Partner Mark Alderton. Das Haus liegt in der weitgehend indigenen Gemeinde Yirrkala, im australischen Northern Territory – einer Region mit tropischem Klima, schweren Regenfällen und starkem Wind. Der Entwurf basierte auf vorgefertigten Elementen, die in zwei Container verpackt und an » den Standort gebracht wurden, wo sie zusammengenietet und verschraubt wurden.

Das elementare Konzept basiert auf einem Stahlrahmen, einer hölzernen Plattform und Wänden aus Sperrholz und Holzleisten, die sich zur Seite schieben oder aufklappen lassen. Glasfenster gibt es nicht. Auf dem Blechdach sitzen schwenkbare Rohre, die heiße Luft ableiten, und vertikale Grate, um kühle Brisen in die Wohnräume zu leiten. Das Haus ist nur einen Raum tief – das Bad und die Schlafzimmer sind durch Lamellenpaneele abgetrennt, um Luftzug zu ermöglichen.

Auch wenn Murcutt sich häufig von einfachen Bautraditionen anregen ließ, weist jedes seiner Häuser Neuerungen auf, die lokalen Bedingungen geschuldet sind. Magney House (1984) in Moruya an der Küste von New South Wales, hat ein V-förmiges Dach, um Regenwasser aufzufangen, das für den Gebrauch aufbereitet wird. Donaldson House (2016), nördlich von Sidney, ist zum Schutz vor Waldbränden mit geschwärzten Zinkplatten verkleidet. Wassertanks unter dem Haus stellen auch Löschwasser bereit.

Grüne Materialien

Die Erkenntnis, dass es besser ist, Gestaltung und Konstruktion eines Gebäudes an sein Umfeld anzupassen als umgekehrt, hat sich auch in anderen Teilen der Welt verbreitet. Der chinesische Architekt Li Xiaodong etwa verwendet nur umweltfreundliche Materialien aus lokalen Quellen. In einer kleinen Gemeinde am Rand von Peking hat er 2011 eine öffentliche Bibliothek fertiggestellt, ganz aus Holz und mit Holzstäben verkleidet, wie sie die Dorfbewohner das ganze Jahr über als Brennstoff für ihre Küchenöfen sammeln.

Während Architekten in Asien mit traditionellen, umweltfreundlichen Materialien wie Bambus experimentieren, sind ihre Kollegen in der nördlichen Hemisphäre zu Holzkonstruktionen im großen Format zurückgekehrt, darunter sogar eindrucksvolle Wolkenkratzer. Das 2019 fertiggestellte Mjøstarnet in Brumunddal (Norwegen) ist das höchste Holzgebäude der Welt – 18 Stockwerke verteilt auf 85 m. Häuser wie dieses nutzen auch technische Holzwerkstoffe – so etwa Verbundmaterialien für das Holzmehl oder Platten aus Holzspänen, die mit feuerfestem Klebstoff verbunden werden. Brettschichtholz aus mehreren in gleicher Faserrichtung verleimten Brettlagen wird für Träger und Stützen genutzt. Brettsperrholz, das aus kreuzweise verleimten Holzschichten besteht, soll so fest sein wie Baustahl und eignet sich perfekt für Wände und Bodenplatten.

> »Ich kann meine Architektur nicht verwirklichen, ohne an die Minimierung des Energieverbrauchs zu denken …«
>
> **Glenn Murcutt**
> Rede anlässlich der Verleihung des Pritzker-Preises, 2002

Emissionen verringern

Das Bauen mit Holz hat große Vorteile für die Umwelt. Konventionelle Bauten gehören zu den größten Produzenten von Treibhausgasen. Die Global Alliance for Buildings and Construction schätzt, dass acht Prozent der weltweiten Emissionen von Kohlendioxid durch die Her-

Die Glasflächen an der Liyuan Library in einem Vorort von Beijing sind mit Holzstäben bedeckt, die Schatten spenden und die Temperatur im Inneren des Gebäudes regulieren.

Mjøstårnet im norwegischen Brumunddal ist in Modulbauweise aus Holz errichtet: Das Äußere besteht aus großen vorgefertigten Elementen, die sich schnell zusammensetzen lassen.

stellung von Beton und fünf Prozent durch die Herstellung von Stahl erzeugt werden. Hinzu kommen Emissionen für die Gewinnung, die Fertigung und den Transport all dieser Materialien.

Im Gegensatz dazu absorbieren und binden Bäume in ihrem Holz Kohlendioxid. Beim Holzbau verringert sich der Aufwand für den Transport zum Bauplatz geschätzt um 80 Prozent, weil Holz viel leichter ist. Und wenn weniger Energie verbraucht wird, wird die Luft weniger verschmutzt. Die Bäume für den Holzbau können oft lokal geschlagen werden – und Aufforstung ist möglich, im Unterschied zu den nicht erneuerbaren Grundstoffen für Beton und Stahl. Geringe Mengen Beton können bei den sogenannten Plyscrapern zum Einsatz kommen, denn sie sind so leicht, dass in den obersten Etagen die Geschossplatten aus Beton verbaut sein müssen, um mehr Gewicht zu erzeugen, sodass die Gebäude stabilisiert werden, und bei starkem Wind nicht zu sehr schwanken. Andere Plyscraper nutzen dazu vertikale Stahlstäbe.

Grüne Städteplanung

Seit 2008 ist Abu Dhabi eines der größten Experimentierfelder für neue technische Entwicklungen in nachhaltig grünen Städten. Masdar City, eine Planstadt in der Wüste, entworfen von Foster + Partner aus Großbritannien, soll technische Innovation, Ausbildung, Forschung und Entwicklung vorantreiben und stimulieren. Das Projekt soll ein Modell für die Co_2-neutrale und abfallfreie Stadt werden, die ihre Energie aus Wind und Solarparks bezieht. Der Wüstenhitze in dem kleinen Stadtzentrum begegnet man mit terrakottaverkleideten Häusern, die ihren Schatten auf die kurzen, schmalen Straßen werfen und für natürliche Luftzirkulation sorgen, unterstützt durch moderne Versionen der traditionellen Windtürme, die jede Brise einfangen und weiterleiten. Das unterirdische Transportsystem in Masdar soll elektrisch und führerlos sein. Prototypen sind bereits im Einsatz, allerdings erwies sich das System als zu kostspielig für die allgemeine Nutzung. Bis 2022 hatte Masdar City einige Hundert Universitätsstudenten und mehr als 1000 innovative Unternehmen aufgenommen, aber es wird noch Jahre dauern, bis die Einwohnerzahl auf die geplanten 50 000 angewachsen ist. »

Bei ihrer Fertigstellung 1997 war die 53-stöckige Hauptverwaltung der Commerzbank in Frankfurt am Main, ein Entwurf von Foster + Partners, das höchste Gebäude Europas und der erste ökologische Büroturm der Welt. Es nutzt natürliche Beleuchtungs- und Belüftungssysteme: Jedes Büro hat Tageslicht und Fenster, die sich öffnen lassen. Letztere mindern den Energieverbrauch um die Hälfte, verglichen mit Bürohäusern, die ausschließlich eine Klimaanlage einsetzen, um die Temperatur zu kontrollieren.

Was ein »grünes« Gebäude ausmacht, ist weit gefasst: Es ist ein Bau, der negative Folgen für die Umwelt reduziert oder eliminiert. Dies kann auf vielen Wegen erreicht werden. Der italienische Architekt Renzo Piano gab 2008 der von ihm entworfenen California Academy of Sciences in San Francisco ein »lebendiges« Grasdach mit Hügeln. Es nimmt Regenwasser auf und kühlt das Gebäude darunter. Das Dach wird von einem gläsernen Vordach eingefasst, das fast 60 000 Fotovoltaikzellen enthält, die zehn Prozent des Energiebedarfs abdecken. Recycelter Jeansstoff dient zur Isolation der Wände.

Der vietnamesische Architekt Vo Trong Nghia versucht, die Natur in die Stadtlandschaft zurückzubringen, indem er Bäume und andere Pflanzen in seine Bauten integriert. Zu seinen Projekten gehören ein Haus mit terrassenförmigem Dachgarten, Häuser mit Öffnungen in den Fassaden, durch die Bäume wachsen und ein Gebäude, das aus Betonwürfeln besteht, die an riesige Pflanztöpfe erinnern, aus denen Bäume wachsen. Viele seiner Gebäude wirken wie überwuchert von tropischem Regenwald.

Das Commerzbank-Hochhaus in Frankfurt am Main ist so konzipiert, dass möglichst viel natürliches Licht einfallen kann, um die Energieeffizienz des Gebäudes zu verbessern.

> » Wir versuchen, die Natur zurück in die Stadt zu bringen, die Umwelt zu schützen und eine Verbindung zwischen Mensch und Natur herzustellen. «
>
> **Vo Trong Nghia**
> Interview mit *CNN Style,* 2016

Probleme grüner Bauten

Nach dem *Global Status Report for Buildings and Construction* der UN von 2021 war im Jahr 1915 der Bau und der Betrieb von Gebäuden für 38 Prozent der energierelevanten CO_2-Emissionen verantwortlich. Das macht deutlich, dass der Trend zu Bäumen und Gras auf Dächern oder die Verwertung von Regenwasser allein keine adäquate Lösung für das Problem sein können. Die Gebäude müssen auch eine nachhaltige Nutzung über ihre gesamte Lebensdauer ermöglichen, bis hin zu ihrer endgültigen Entsorgung.

Architekten und Auftraggeber preisen gern die nachhaltigen Aspekte ihrer neuen Bauprojekte, während Kritiker darauf hinweisen, dass diese in Wahrheit nicht immer mit den Versprechungen Schritt halten können. So erinnert der

amerikanische Autor und Umweltschützer Wade Graham daran, dass einzelne Elemente von »Öko-Gebäuden« zwar oft eindrucksvoll erscheinen, deren Konstruktion aber mitunter enorme Ressourcen verschlingt und diese Bauten nicht immer gut an existierende Infrastruktur angeschlossen sind, sodass Pendler auf Autos angewiesen sind.

Ein von Graham zitiertes Beispiel ist der Apple Park, die Zentrale des Technikriesen Apple in Silicon Valley (teilweise von Forster + Partners geplant). Graham zufolge ist er »angewiesen auf riesige Garagen (die meisten von ihnen dezent vergraben)« für 13000 Pendler. Sein ökologischer Fußabdruck ist damit nicht kleiner als der eines konventionellen Bürogebäudes.

Eine grünere Zukunft?

Mit dem Pariser Klimaschutzabkommen von 2015 wird der Versuch unternommen, möglichst viele Staaten auf die Reduzierung von CO_2-Emissionen zu verpflichten. Seit 2020 haben 136 Staaten in ihren nationalen Klimaaktionsplänen Maßnahmen zur Erfassung gebäudebezogener Emissionen und zur Verbesserung der Energieersparnis ergriffen. Immer mehr Städte und Regierungen erlassen strenge Bauvorschriften und fordern, dass Pläne für neue Gebäude im Hinblick auf Baumaterialien, Gesamtgestaltung, Konstruktionsmethoden und Betrieb nachhaltig sein müssen.

Das sind hohe Anforderungen für Architekten, Bauunternehmer und Handwerksbetriebe. Bauten müssen nicht nur schön gestaltete Schutzräume für menschliche Aktivitäten sein, sondern auch nachhaltig – und das alles im Rahmen eines vorgegebenen Budgets. Es ist aber klar, dass grüne Architektur keine Modeerscheinung sein darf. Nachhaltigkeit ist die notwendige Grundlage für alle zukünftigen Bauvorhaben, wenn wir vermeiden wollen, unsere Erde und ihre Ressourcen über Gebühr zu beanspruchen. ■

> »Wenn wir die Umweltschäden, die wir verursachen, reduzieren und sogar umkehren wollen, müssen wir unsere Gebäude neu denken …«
>
> **UK Architects Declare**
> Gruppe von Klimaschützern und Architekten, 2021

Hunderte von Sträuchern begrünen die beiden Türme des Bosco Verticale in Mailand (Italien) und nehmen CO_2 auf. Sie werden durch ein Bewässerungssystem versorgt.

ICH ARBEITE VON INNEN NACH AUSSEN

SENSATIONALISMUS

IM KONTEXT

THEMA
Ikonische Formen

FRÜHER
1973 Eröffnung des Sydney Opera House, entworfen von dem dänischen Architekten Jørn Utzon – ein starkes neues Symbol für das moderne Australien.

1977 Richard Rogers und Renzo Piano beenden das Centre Pompidou in Paris – ein Kulturzentrum, dessen radikale Gestaltung weltweit Anerkennung findet.

SPÄTER
2010 Nach dem Aufsetzen der Spitze ist der Burj Khalifa in Dubai (VAE) das höchste Gebäude der Welt.

2010 Zaha Hadid stellt das Opernhaus von Guangzhou (China) fertig, das vom Wasser glatt geschliffenen Kieselsteinen ähnelt.

Bei seinem Besuch des neu eröffneten Guggenheim Museum in Bilbao (Spanien) schrieb Herbert Muschamp, Architekturkritiker der *New York Times,* »Jetzt weiß man, dass es noch Wunder gibt, und dass ein großes hier geschehen ist«. Der von dem kanadisch-amerikanischen Architekten Frank Gehry entworfene Bau wurde dank seiner ungewöhnlichen Form zum Inbegriff moderner Architektur und verwandelte die unterentwickelte baskische Stadt in eine Touristenattraktion. In 20 Jahren haben etwa 20 Mio. Menschen das Museum besucht.

Die Folgen für die Architektur im Allgemeinen und kulturelle Ein-

Siehe auch: Der Wolkenkratzer 198–203 ▪ Die reine Form 270–271 ▪ Hightech 276–277 ▪ Postmoderne 280–285 ▪ Dekonstruktivismus 290–291 ▪ Neue Formen 308–311 ▪ Architektur in Westafrika 312–313

Die geschwungenen Formen des Guggenheim Bilbao, in Verbindung mit der Lage am Wasser, tragen zu einem schiffsähnlichen Eindruck bei, der auf das industrielle Erbe der Stadt anspielt.

richtungen im Besonderen waren zwiespältig. Das neue Museum ist eine Dependance des 1959 eröffneten Guggenheim Museum in New York. Das Kooperationsmodell sieht vor, dass die lokale Regierung den Bau finanziert und die laufenden Kosten trägt, im Gegenzug profitiert sie vom Prestige des Namens Guggenheim, von den Sammlungen und der Kompetenz der Kuratoren. Kritiker nannten diesen kollaborativen Ansatz »McGuggenheim«.

In der ganzen Welt begannen nun Städte mit angespannter Finanzlage ebenfalls nach einem Architekturspektakel zu verlangen. Aufwendigen Neubauten gab man allzu gerne den Vorzug vor Unterstützung und Erweiterung bestehender Einrichtungen.

Sensation und Sensibilität

Das Guggenheim Bilbao wird oft mit dem von ihm initiierten Boom spektakulärer und gewöhnlich wenig sinnvoller Architektur in Verbindung gebracht – eine Erscheinung, die man »Bilbaoeffekt« nennt. Wer jedoch nur auf die zahlreichen Nachahmungen schaut, läuft Gefahr, die Qualität von Gehrys Entwurf zu unterschätzen. Das Gebäude ist nicht nur ein bedeutendes architektonisches Wahrzeichen, es demonstriert zugleich eine große Sensibilität für die Bedeutung des Standorts. Mag die Form des Museums auch zufällig erscheinen – typisch für den postmodernen und dekonstruktivistischen Ansatz von Gehrys Werk –, beziehen sich die geschwungenen Flächen doch auf die Geschichte des Schiffbaus in Bilbao, und das Museum steht auf einem Werftgelände am Flussufer.

Die Besucher gelangen über eine Treppe in ein weitläufiges Atrium – ein Kontrast von Enge und Weite, angeregt durch die engen Fußgängerstraßen und den großen Hauptplatz – die Plaza Nueva – im historischen Stadtzentrum. Konzipiert als »Knotenpunkt«, wo Wege, Treppen und Aufzüge zusammentreffen, verbindet das Atrium alle Bereiche des Museums, während große Glasflächen beeindruckende Blicke auf Bilbao erlauben.

Raumexperimente

Das mit Titan verkleidete Äußere des Museums ist berühmt für seine ungewöhnliche Form. Die Gestaltung des Inneren orientiert sich an den Bedürfnissen der Nutzer, » getreu Gehrys Prinzip, die Planung mit dem Inneren zu beginnen. Von den 19 Ausstellungsräumen, die vom Atrium abgehen, sind zehn rechtwinklig, neun haben andere Grundformen und ignorieren damit eine Konvention des zeitgenössischen *white cube*. Die Gestaltung im Inneren verbindet Kunstfertigkeit mit Funktion in einer für den Dekonstruktivismus bezeichnenden Weise, die geometrische Gebilde aus Glas, Metall und Stein aufeinanderstoßen lässt.

Weltweite Anerkennung

Dass ein besonderes Bauwerk als Synonym für eine Stadt oder für ein ganzes Land stehen kann, ist nichts Neues – denkt man nur an die Cheopspyramide in Ägypten oder das Tadsch Mahal in Indien. Als Gehry das Projekt mit der Stadtverwaltung von Bilbao besprach, sagte man ihm: »Mr. Gehry, wir brauchen so etwas wie das Opernhaus von Sidney, unsere Stadt stirbt«. Der Erfolg des Museums zeigte, dass in einer Zeit der Globalisierung und weltweiten Berichterstattung ein beeindruckendes Bauwerk das Geschick einer Stadt verändern kann, und so waren viele versessen darauf, diesem Beispiel zu folgen. Häufig war das Ergebnis ein Baustil, der formale Neuartigkeit und große Beachtung wichtiger nahm als Funktion und Umwelttauglichkeit. Das Phänomen regte auch eine grundsätzliche Diskussion über Architektur an: Wenn es vor allem darum geht, aufzufallen, wird ein Gebäude dann nicht nur auf ein Fotomotiv reduziert, anstatt so gut wie möglich die Bedürfnisse der Benutzer zu befriedigen?

Spektakuläre Architektur

Ende des 20. Jahrhunderts kam es in der postmodernen Kultur zu einer Verschiebung von der Erfahrung zum Bild, die der amerikanische Philosoph und Kritiker Fredric Jameson als »eine neue Seichtheit ... eine völlig neue Kultur der Bilder« beschrieben hat. Mit dem Siegeszug der »flachen«, zweidimensionalen Medien – eine neue Welt digitaler Bildschirme, vom Smartphone bis zu riesigen Reklametafeln – wurden auch Gebäude zunehmend als flache Bilder geplant, breitere soziale Zwecke traten in den Hintergrund.

In früheren Zeiten war der symbolische Wert eines Gebäudes von vielen Aspekten bestimmt – die Umstände eines Auftrags, technische Anforderungen oder ein besonderes Ereignis. An der Wende zum 21. Jahrhundert verlagerte sich der Fokus auf spektakuläre Formen. Dazu trugen Fortschritte der Computertechnik bei – von Gehry in Bilbao mit großem Erfolg genutzt –, die völlig neue, komplexe Geometrien ermöglichte.

Etwas Spektakuläres zu schaffen, erwies sich allerdings schnell als Herausforderung, sobald nach dem Niedergang des Modernismus freiere Formen auftraten. Die Schwierigkeiten, die beim Bau der Oper in Sidney auftraten – ein Projekt, das sich über 15 Jahre hinzog – brach-

» Architektur ist eine Dienstleistung ... Manchmal wird aus dem Endprodukt Kunst – zumindest sagen das die Leute. «

Frank Gehry
The Atlantic magazine, 2011

Das Atrium des Guggenheim Museum in Bilbao (Spanien) zeigt eine komplexe Kombination aus Kurven und Geraden und nutzt Materialien wie Glas, Stahl und Kalkstein.

ten dem Architekten Jørn Utzon den Vorwurf ein, ein praxisferner Träumer zu sein. Abgesehen von den Herausforderungen beim Bau spektakulärer Gebäude galt es auch, möglichen Missbrauch zu verhindern, wie der amerikanische Kritiker Aaron Betsky schrieb: »… eins zu machen ist schwierig, und die meisten … scheitern. Noch komplexer ist die Aufgabe, das Spektakel davor zu bewahren, ein Verkaufsinstrument zu werden«.

Stararchitekt und Ikone

Die Instrumentalisierung spektakulärer Architektur geht mit einem Phänomen einher, das mit der Fertigstellung des Guggenheim Bilbao aufkam: dem Stararchitekten. Vorher hatte die Architektur weniger Aufsehen erregt als andere Kunstformen. Jetzt aber waren Praktiker wie Gehry und seine britisch-irakische Kollegin Zaha Hadid für ihren auffallenden eigenen Stil berühmt.

Die Nutzung spektakulärer Formen, um öffentlichen Bauprojekten Glanz zu verleihen, wurde gängige Praxis, und gelegentlich entstanden so auch spektakuläre Werke. So entwarf der japanische Pritzkerpreisträger Shigeru Ban das 2010 eröffnete Centre Pompidou in Metz mit dramatisch gewelltem Holzdach. Andere Projekte verkamen zu visuellen Gags, wie das National Fisheries Development Board in Hyderabad (Indien) in Form eines Fisches (2012). Gebäude, die als »ikonisch« bejubelt wurden, sobald die Pläne veröffentlicht waren, brachten privaten Firmen oder Bauunternehmern Aufmerksamkeit – wie im Fall von Renzo Pianos 72-stöckigem The Shard in London, bei seiner Fertigstellung im Jahr 2012 Europas höchstes Haus.

Städte und Länder entdecken **den Einfluss spektakulärer Architektur** auf **Wirtschaft** und Tourismus.

↓

Erste Erfolge führen in den 1990er- und 2000er-Jahren zu weiteren Restrukturierungsprojekten, für die **angesehene Architekten** Gebäude in dem für sie charakteristischen Stil entwerfen.

↓

Diese Architekten nutzen oft **neue computergestützte Technologien,** um spektakuläre Formen zu entwickeln.

↓

Auch **private Firmen und Immobilienentwickler** nutzen diese Möglichkeit, um spektakuläre Wolkenkratzer zu entwickeln.

»… man sollte das Verlangen der Öffentlichkeit nach guten ikonischen Bauten nicht unterschätzen.«

Charles Jencks
amerikanischer Architekturhistoriker (1939–2019)

Das Ende einer Ära?

Trotz der Behauptung, die Zeit der Stararchitekten sei vorbei, besteht der Trend zur sensationalistischen Architektur weiter, wenn auch hauptsächlich in Ländern, wo finanzielle Ressourcen und schnellere Bauzeiten das möglich machen, wie in China oder in den Golfstaaten. Auf der Insel Saadiya in Abu Dhabi ist eine von dem französischen Architekten Jean Nouvel geplante Dependance des Louvre entstanden, mit Kuppeln aus Metallgittern überspannt.

Der britische Architekturkritiker Tom Dyckhoff schreibt in *The Age of Spectacle*, dass »Einwohner heutiger Spektakelstädte diese pflichtschuldig … durchstreifen, auf der Suche nach Erfüllung durch Erleben«. Da Immobilien jedoch eine Ware sind, haben viele das Gefühl, dass erfahrbare Räume immer seltener werden – ein Problem, das durch sozialere Formen von Architektur gelöst werden kann, die sich mit den Nutzern und nicht nur mit dem Image beschäftigt. ■

DAS HAUS DEFINIERT MEINE WELT

BARRIEREFREI BAUEN

IM KONTEXT

THEMA
Barrierefreiheit

FRÜHER
1952 In Illinois (USA) stellt Frank Lloyd Wright Laurent House fertig, entworfen für einen Rollstuhlfahrer.

1985 Der amerikanische Architekt Ronald Mace prägt den Begriff *universal design* (»universelles Design«), womit er den Anspruch formuliert, ein Gebäude sollte für jeden zugänglich sein.

SPÄTER
2008 Gründung des DisOrdinary Architecture Project in Großbritannien, um die Benachteiligung von Menschen mit Behinderungen zu beenden.

2017 Die amerikanische Wissenschaftlerin Aimi Hamraie veröffentlicht *Building Access: Universal Design and the Politics of Disability*, eine Kritik am universellen Design.

Architektur basiert oft auf Annahmen darüber, wer der Nutzer sein könnte. Allzu oft geht man bei der Planung eines Gebäudes davon aus, dass seine Bewohner keine Behinderung haben. Diese fehlende Voraussicht kann nachträglich großen Aufwand erforderlich machen. Wie lässt sich Barrierefreiheit von Anfang an besser berücksichtigen?

Der Mensch im Zentrum

1998 beendete das niederländische Architekturbüro Büro OMA, 1975 unter anderem von Rem Koolhaas gegründet, die Maison à Bordeaux für Hélène und Jean- François Lemoine. Was als ein Auftrag für ein minimalistisches Haus begann, wurde angepasst, als Jean-François Lemoine einen Autounfall hatte, der ihn an den Rollstuhl fesselte. »Ich möchte kein einfaches Haus«, soll er zu Koolhaas gesagt haben, »ich möchte ein komplexes Haus, denn mein Haus definiert meine Welt.«

OMA nutzte diese Chance, um die Familie vor den Herausforderungen, denen sich Rollstuhlfahrer an vielen Orten gegenübersehen, zu bewahren, und stellte den Rollstuhl in den Mittelpunkt. Eine Hebebühne als beweglicher Boden verbindet die drei Etagen des Hauses. Hatte sich Le Corbusier mit funktionalistischen, seriell hergestellten »Wohnmaschinen« um Universalität bemüht, bewies OMA, dass Räume dann am besten sind, wenn die Erfahrungen ihrer Bewohner im Zentrum des Entwurfs stehen. ■

> »Behinderung … ist kein neutrales oder objektives Faktum; sie entsteht immer wieder neu durch die täglichen Gefühle, Erfahrungen und Herausforderungen.«
>
> **Jos Boys**
> britischer Architekt und Wissenschaftler

Siehe auch: Pioniere der Moderne 190–195 ▪ Funktionalismus 220–225 ▪ Minimalistisch bauen 230–231 ▪ Menschlicher Funktionalismus 248–249 ▪ Dekonstruktivismus 290–291

EINE LEBENDIGE TRADITION

NEUER KLASSIZISMUS

IM KONTEXT

THEMA
Der Klassizismus lebt

FRÜHER
1965 Der britische Architekt Donald McMorran beendet die Erweiterung von Old Bailey (London) in klassizistischen Formen, die von einem skulpturalen Gestus geprägt sind.

1996 Die Triennale von Bologna (Italien) zeigt eine Ausstellung über das European Urban Renaissance Movement und propagiert eine Rückkehr zu klassischen Stilformen in der Architektur.

SPÄTER
2009 Quinlan Terry ergänzt das von Christopher Wren entworfene Royal Hospital Chelsea um die New Infirmary.

2013 Das Büro ADAM versieht den Oval Cricket Ground (London) mit einem neuen Eingangsportikus; die Kapitelle zeigen das Signet mit den drei Federn des Prince of Wales.

Der Klassizismus hatte seine Höhen und Tiefen im Lauf der Geschichte, aber völlig verschwunden war er nie. Welcher Stil auch gerade vorherrschend war, es gab immer Architekten, die sich an klassischen Regeln orientierten.

In Großbritannien registrierten Quinlan Terry und John Simpson in den 1980er-Jahren die zunehmende Popularität des Klassizismus. Zu dieser Zeit sprach sich Prince Charles für traditionellere Konzepte in der Architektur aus. 1997 gewann Simpson den Wettbewerb für die Erweiterung und Erneuerung der Queen's Gallery – einen von drei tempelartigen Pavillons, die John Nash Anfang des 19. Jahrhunderts für den Buckingham Palace in London entworfen hatte. Die neue Galerie wurde 2002 fertiggestellt, und Simpson gab ihr unverhohlen klassische Formen. Im Stil ähnlich wie das zentrale Karree von Nash führt der Eingang, ein Portikus mit eng gestellten Säulen in weißem Portlandstein, in die doppelt so hohe Lobby mit ionischen Säulen und feinem Stuck.

In diesem Zusammenhang scheint die Nutzung klassischer Motive angemessen. Dennoch gibt es Zweifel an ihrer Verwendung im 21. Jahrhundert, insbesondere im Hinblick auf Assoziationen mit dem Totalitarismus. Terry meint, ein Stil könne politischen Zwecken dienen, aber seine »Sprache bleibt neutral, wie die Farbe auf der Palette eines Malers«. ■

Der Portikus der Queen's Gallery verweist mit seinen dorischen Säulen, dem Dreiecksgiebel, dem Gebälk und den Triglyphen auf die klassischen griechischen Säulenordnungen.

Siehe auch: Die Säule 26–33 ▪ Palladianismus 122–123 ▪ Klassizismus 150–153 ▪ Rückgriffe 196–197 ▪ Klassizistische Postmoderne 286–287

EINE SCHÖNE STILLE

SEELENVOLLE MODERNE

IM KONTEXT

THEMA
Authentische Erfahrungen

FRÜHER
1957 Der französische Philosoph Gaston Bachelard beschäftigt sich in *La Poétique de l'éspace* mit den emotionalen Reaktionen auf Gebäude.

1966 Der italienische Architekt Aldo Rossi interpretiert in *L'architettura della città* das Stadtbild als Sammelbecken kollektiver Erinnerung.

1998 Der Schweizer Architekt Valerio Olgiati stellt das Oberstufenschulhaus in Paspels (Graubünden) fertig, einen monolithischen Betonblock mit warmer Lärchenholzauskleidung im Inneren.

SPÄTER
2014 Eine Ausstellung in der Royal Academy (London) mit dem Titel »Sensing Spaces: Architecture Reimagined« befragt Architektur jenseits des Visuellen und Formalen.

Inmitten der Übertreibungen der Postmoderne wandten sich manche Architekten der Einfachheit zu. Minimalismus und Materialität (der Beitrag des Materials zur Gesamtwirkung eines Gebäudes) waren bereits im Brutalismus der 1960er- und 70er-Jahre ein Thema gewesen. Nun wurden sie eingesetzt, um architektonische Erfahrungen zu schaffen, die auf eine Welt reagierten, die immer

Als Reaktion auf die formalen Übertreibungen der Postmoderne suchen manche Architekten nach einer neuen **Einfachheit.**

↓

Basierend auf Ideen von **körperlicher Erfahrung** berücksichtigen sie in ihren Entwürfen **Gefühl und Wahrnehmung.**

↓

Sie entwickeln keinen Stil mit besonderen Kennzeichen, sondern **lassen das Material für sich selbst sprechen,** das oft unbehandelt bleibt.

↓

Das Ergebnis sind Räume von **zeitloser Anmutung,** die jedem, der sie betritt, **eine besondere Botschaft vermitteln können.**

Siehe auch: Menschlicher Funktionalismus 248–249 ▪ Sinnliche Moderne 260–261 ▪ Die reine Form 270–271 ▪ Postmoderne 280–285 ▪ Die Verbindung von Himmel und Erde 288–289 ▪ Sensationalismus 300–303

Im Inneren der Bruder-Klaus-Feldkapelle in Mechernich-Wachendorf stehen die Materialien im Vordergrund, etwa der gegossene Boden aus einer Zinn-Blei-Legierung, der wie geschmolzen wirkt.

stärker auf Oberfläche und Aussehen fixiert war.

Authentische Erfahrung

In seinem Buch *The Eyes of the Skin* (1996) verweist der finnische Architekt Juhani Pallasmaa auf die Phänomenologie – die Lehre von unserer Welterfahrung – und argumentierte, dass die Fixierung der modernen Architektur auf Bilder keine »authentischen menschlichen Erfahrungen« erzeugen kann. Materialität, Haptik, Geruch, Klang, all das sollte der Architekt in seinem Entwurf berücksichtigen. Einige der schönsten Beispiele für diesen Ansatz liefern die Schweizer Valerio Olgiati und Peter Zumthor. Beide waren davon überzeugt, dass Architektur keine Bezugspunkte außerhalb ihrer selbst braucht, um überzeugend zu sein – und damit standen sie in Opposition zur Postmoderne.

Poetischer Raum

Zumthor wurde Mitte der 1990er-Jahren bekannt, aber erst 2007 realisierte er ein Projekt, das all seine Idee in einem Raum zu bündeln scheint. Die Bruder-Klaus-Feldkapelle in Mechernich-Wachendorf (Eifel) steht einsam auf freiem Feld. Das schlichte Äußere besteht aus hellem, das Innere aus brandgeschwärztem Beton. Geschaffen wurde sie durch einen fast rituellen Prozess: 112 Holzstämme wurden von Freunden und der Familie des Auftraggebers in der Art eines Wigwas aufgebaut und mit Stampfbeton umschlossen. Dann wurde die Konstruktion drei Wochen durch ein Köhlerfeuer getrocknet und die Stämme anschließend von oben aus der Dachöffnung gezogen.

Die Öffnung taucht den gerippten Raum an sonnigen Tagen in helles Licht. Weil dies eine Kapelle ist, gibt es auch einige religiöse Symbole. Zumthor ging es um die Erschließung eines gefühlsbetonten Raums mit kaum mehr als Licht und Oberflächenstruktur. Dieser Bau setzte Maßstäbe für einen poetischen Ansatz in der Architektur. ▪

> »Der Architektur geht es nicht um Form. Es geht um vieles andere.«
>
> **Peter Zumthor**
> Vortrag im Royal Institute of British Architects (RIBA), 2013

EIN KREIS HAT 360 GRAD, WARUM ALSO NUR EINEN NUTZEN?

NEUE FORMEN

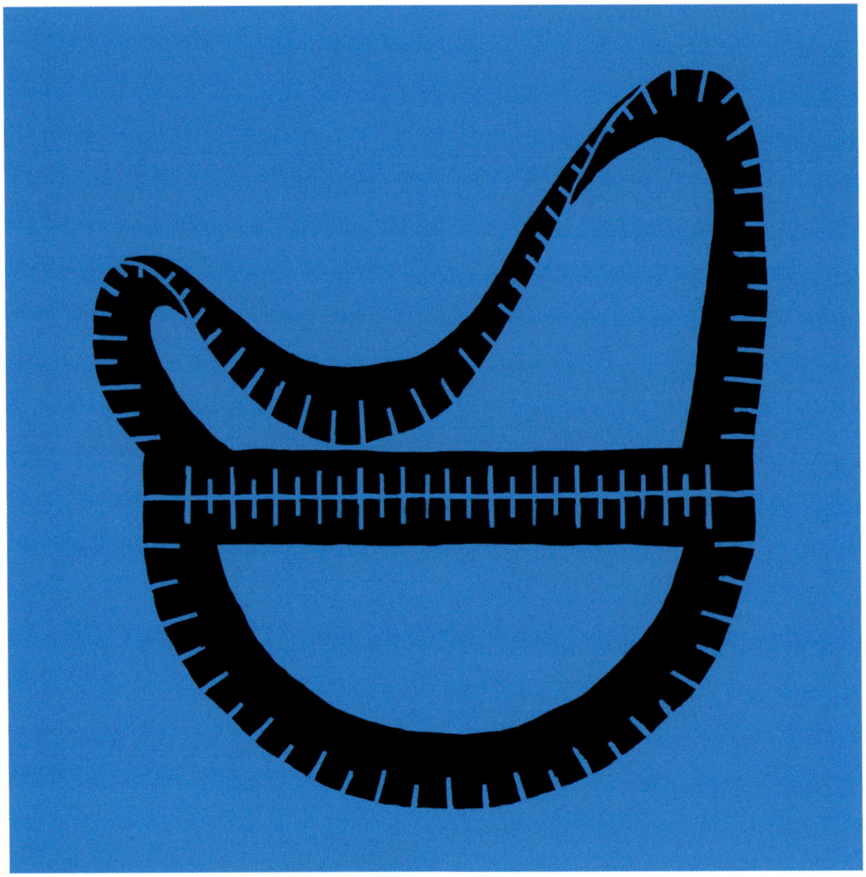

IM KONTEXT

THEMA
Innovative Formfindung

FRÜHER
1950 Der österreichisch-amerikanische Architekt Friederich Kiesler konzipiert »Endless House«, ein »elastisches« Haus ohne Ecken und traditionelle Geometrie.

1999 Future Systems nutzt für das Medienzentrum aus Aluminium im Londoner Lord's Cricket Ground modernste Technologie aus dem Schiffsbau.

SPÄTER
2008 Snøhetta beendet das Opernhaus in Oslo (Norwegen); ein öffentlicher Platz zieht sich bis auf das Dach.

2020 Das Ingenieurbüro Happold einwickelt einen »Wachstumsalgorithmus« für die Planung des Museum of the Future in Dubai.

Seit Ende der 1960er-Jahre rang die Architektur um eine Antwort auf das Ende des Modernismus und seiner utopischen Ambitionen. Der Traum vom singulären, funktionalistischen Stil, der die Gesellschaft verändert, war ausgeträumt, und verschiedene neue Stile tauchten auf. Die Architektur erlebte eine Identitätskrise.

Manchen schien es, als hätte die Architektur zu lange versucht, auf Gebiete Einfluss zu nehmen, wo sie schlicht keine Rolle spielen konnte. Obwohl Gebäude stets in politischen, ökonomischen und soziologischen Zusammenhängen entstehen, glaubte man immer

Siehe auch: Organische Formen 174–175 ▪ Pioniere der Moderne 190–195 ▪ Expressionismus 212–215 ▪ Freigeister 264–265 ▪ Die reine Form 270–271 ▪ Gitterschalen und Seilnetze 274–275 ▪ Dekonstruktivismus 290–291 ▪ Sensationalismus 300–303

Das Gebäude der Zentralverwaltung im Kulturzentrum von Santiago folgt teilweise dem mittelalterlichen Grundriss der Stadt und verzerrt ihn, um eine wogende Form zu schaffen.

weniger, dass Architektur in diesen Bereichen irgendeinen Handlungsspielraum hätte.

Der Fokus verschob sich in die Bereiche, in denen Architekten viel einfacher Einfluss ausüben konnten: Form, Konstruktion und Material. Das eigene Konzept und die Handschrift wurden wichtiger, und in der Folge entstanden »ikonische« Bauten und Architekten wurden zu »Stars«. Formexperimente, ermöglicht durch Computertechnologie, führten zu einer Explosion von Blobs, Kurven und komplexen Geometrien, die den fundamentalen Zweck von Architektur neu belebten: Räume erschaffen. Eine neue Zeit der freien Formfindung war angebrochen, Entwürfe mussten nicht mehr vorgeschriebenen Regeln folgen.

Suche nach Autonomie

Der amerikanische Architekt Peter Eisenman, eine zentrale Figur des kurzlebigen Dekonstruktivismus, hatte versucht, diesen Wandel zu definieren und beschrieb ihn als Hinwendung zur »Autonomie« der Architektur. In der Vergangenheit wurde die Ästhetik von Gebäuden durch Ideen außerhalb der Architektur selbst bestimmt, zumeist aus der bildenden Kunst und der Philosophie. Dies hatte die Aufspaltung der Architektur in eine künstlerische und poetische Disziplin und eine funktionale Dienstleistung verstärkt.

Eisenman plädierte für die Hinwendung zu einer befreiten Architektur als einen »unabhängigen Diskurs, frei von externen Werten – klassischen oder anderen«. Das Konzept einer autonomen Architektur versuchte, die Erschaffung von Formen wieder in den Mittelpunkt zu rücken und die modernistische Obsession von sozialer Verantwortung, die der Architekturhistoriker K. Michael Hays als »Last der Nützlichkeit« beschrieb, abzulegen.

Was dabei herauskam, war ein Ansatz, der dynamische neue Formen nutzte, um die Idee vom Gebäude als einem einzelnen Objekt in einem eindeutigen Zusammenhang zu unterlaufen. Stattdessen verschmelzen diese Formen mit ihrer Umgebung und verwischen Innen und Außen. Ein frühes Beispiel ist Eisenmans Entwurf für die Cidade da Cultura de Galicia, das Kulturzentrum im spanischen Santiago de Compostela (1999). Hier ging es Eisenman um die Destabilisierung der typischen Beziehung zwischen Boden und Bauwerk, indem er beide zusammenführt.

Parametrismus

In den 1990er-Jahren entwickelten sich eine neue architektonische Sprache und ein neuer Ansatz, ermöglicht durch Technologien, die in das Gebiet der Architektur gerade erst Einzug gehalten hatten. Allgemein bekannt als CAD (Computer-aided Design), nutzt das parametrische Design Computeralgorithmen zur Erzeugung völlig neuer Formen dreidimensionaler Räume. Anders als eine Bauform, die manuell von einem »

» Ich möchte, dass [Gebäude] sich verbinden … um eine neue Art von Landschaft hervorzubringen. «

Zaha Hadid
Interview im *Guardian*, 2006

Architekten konzipiert wird, umfasst der parametrische Entwurf die Erzeugung eines Computermodells mit seiner eigenen internen Logik. Sie fußt auf einem Satz von Regeln, zu denen auch Strukturelemente wie Mauerhöhen oder Dachneigung gehören, bis hin zu Materialbedarf und Erfordernissen der Fertigung. Wenn ein Element sich ändert, passt der Rest sich an. Das Ergebnis sind außergewöhnliche, moderne Formen.

Der parametrische Entwurf konnte nun die Art von autonomem »geschlossenem System« liefern, an dem Architekten wie Eisenman interessiert waren. Die Debatte um Form und Funktion hatte sich damit offenkundig erledigt. Die wichtigen Funktionen eines Gebäudes konnten nun in einem Satz von Regeln gespeichert und dem Computer anvertraut werden, während der Architekt sich auf die Erschaffung organischer, natürlicher Formen konzentrierte. Im Extremfall könnte ein Computer sogar sämtliche Konstruktionsvarianten für eine Reihe formaler Vorgaben durchspielen und die am besten geeignete auswählen.

> »Ich mache keine Funktion.«
>
> **Peter Eisenman**

Blob-Architektur

Der amerikanische Architekt Greg Lynn war einer der Pioniere dieser computergenerierten Formen, die er »blobitecture« oder »Blob-Architektur« nannte: sphärische Formen, durch fließende Ebenen verbunden. Der kurzlebige Stil wird am besten in zwei Projekten aus dem Jahr 2003 deutlich: das Kaufhaus Selfridges in Birmingham (Großbritannien) von Future Systems und das Kunsthaus Graz in Zürich, entworfen von den britischen Architekten Colin Fournier und Peter Cock. Derartige Formen und bauliche Spitzenleistungen wären nicht möglich gewesen ohne den Einsatz von CAD, das auch bei der Teilung der geschwungen Flächen herangezogen wurde, um einzelne Elemente für die Produktion zu definieren. Lynn demonstrierte ferner, wie man durch Eingabe einer Zahl von Parametern in den Computer ganze Gebäude und sogar Städte »wachsen« lassen kann.

Die Parametrie bot eine Fülle neuer Techniken und Chancen. Angesichts der vorherrschenden Unlust, neue Stile oder Bewegungen zu definieren, führten die Konzepte, die der parametrische Ansatz bot, zu einer völlig neuen Ideologie: dem Parametrismus. Patrik Schumacher von Zaha Hadid Architects prägte 2008 den Begriff »Parametristic Manifesto«. Er sah

Das Heydar Aliyev Center ist von einer durchgehenden, geschwungenen Hülle auf dreidimensionalem Raumfachwerkrahmen umgeben. So entsteht ein Innenraum ohne Stützen.

im Parametrismus eine einzigartige Möglichkeit, Architekten mit jenen Mitteln auszustatten, um auf die Belange der Ökologie und der Umwelt bis hin zu den vielfältigen Herausforderungen des Lebens in modernen Städten einzugehen. Anstatt starrer geometrischer Formen entstanden auf diese Weise »lebendige, dynamische und interaktive Einheiten«. Gebäude konnten dann Teil eines miteinander verbundenen Systems sein, integriert in die Stadtplanung. Schumacher benannte Frei Otto, der große Bereiche mit frei fließenden Gitternetzschalen überspannt hatte, als Vorläufer dieses Ansatzes.

Das Heydar Aliyev Center

Das vielleicht beste Beispiel für den parametrischen Ansatz ist das Heydar Aliyev Center in Baku (Aserbaidschan). 2007 von der irakisch-britischen Architektin Zaha Hadid entworfen, umfasst das Kulturzentrum ein Museum, Konferenzzentrum, Ausstellungsräume und ein Auditorium. Der Ausgangspunkt für die Gestaltung des Gebäudes war der Bruch mit der starren, geometrischen Architektur der Sowjetzeit in Baku. Die fließenden Formen des 2012 fertiggestellten Gebäudes sind in dieser Umgebung einzigartig, und es ist schwierig, ein Gefühl für die Proportionen zu gewinnen. Das Gebäude ist mithilfe parametrischer Entwurfstechniken als singuläre Wellenform angelegt. Hadid beschreibt es als »vollkommen nahtlos«, mit höhlenartigen Räumen im Inneren. Der Bau wölbt sich auf, umformt sich selbst und bestimmt so seine Raumhöhen – Stützen sind nicht erforderlich. Die äußere Schale schwingt schließlich in den umgebenden Platz aus. Das Gebäude verkörpert die Idee von Form als Ergebnis eines Systems – selbst das Gitternetzmuster, entstanden durch weiße Fliesen, verweist auf die computergenerierten Anfänge. Das Gebäude soll die strahlende Zukunft Aserbaidschans verkörpern und kündet zugleich von der Fähigkeit der Architektur, neue spektakuläre Formen zu erschaffen.

Die Begeisterung über diese neuen Möglichkeiten prägt die Architektur im ersten Jahrzehnt des 21. Jahrhunderts maßgeblich. Später regte sich erneut das Interesse an der sozialen Verantwortung des Architekten. ■

Mit dem **Ende des Modernismus** richtet sich der Fokus auf Architektur als **künstlerische Praxis** der Formentwicklung.

↓

Architekten nutzen **computergestütztes Design,** um neue, komplexe Formen zu generieren.

↓

Diese **fließenden dynamischen Formen** werden als **Parametrismus** bekannt.

↓

Diese **Formfindungen** sind nicht von **Funktion oder Zweck** bestimmt.

Die segelförmigen Dachsegmente des Opernhauses in Sydney bestehen aus 2194 großen vorgefertigten Betonteilen, jeweils 15 t schwer. Der Bau wurde 1959 begonnen und erst 1973 abgeschlossen.

CAD

Die Anfänge des computergestützten Designs (CAD) liegen vor allem im Ingenieurwesen und in der Luftfahrt, wo es hauptsächlich für komplexe Analysen von Widerstand und Tragfähigkeit eingesetzt wurde. Eine der ersten hochkarätigen Anwendungen in der Welt des Bauens stellte das Opernhaus in Sidney (Australien) dar. Kollegen des britischen Ingenieurs Ove Arup nutzten 1961 CAD zur Berechnung der komplexen Geometrie der Betonschalen für das Dach. Innerhalb weniger Jahre entwickelte sich CAD vom Werkzeug für die Analyse vorgegebener Entwürfe zu einem Werkzeug, das an den Entwürfen selbst beteiligt ist. Neuere Entwicklungen in der Bauwerksdatenmodellierung (BIM) versetzen Software in die Lage, ganze Häuser zu entwerfen. Die Debatte, ob CAD nur als ein weiteres Werkzeug zur Darstellung, ähnlich einem Bleistift oder einer Feder, eingesetzt werden soll, oder ob es grundlegend informieren, Einfluss nehmen und Entwürfe anfertigen soll, ist damit noch nicht beendet.

DIE UMGEBUNG VERSTEHEN, ARCHITEKTUR VERSTEHEN

ARCHITEKTUR IN WESTAFRIKA

IM KONTEXT

THEMA
Die Besonderheiten des Standorts berücksichtigen

FRÜHER
1948 Baubeginn der Großen Moschee in Niono (Mali); für das Gebäude werden natürliche Materialien wie Lehmziegel und Palmenholz verwendet.

1975 Die französischen Architekten Jean-François Lamoureux und Jean-Louis Marin stellen die Foire Internationale de Dakar (Senegal) fertig, eine brutalistische Pyramide, und eines von zahlreichen modernen Gebäuden, die in ganz Afrika entstehen, um die Unabhängigkeit zu feiern.

SPÄTER
2018 David Adjaye zeigt Entwürfe für die Nationalkathedrale in Accra (Ghana), »ein Wahrzeichen, das Religion, Demokratie und einheimische Traditionen bruchlos und symbolisch verbindet«.

Im Jahr 2011 veröffentlichte der ghanaisch-britische Architekt David Adjaye sein Buch *Adjaye, Africa, Architecture,* in dem er die Vielfalt traditioneller, kolonialer und zeitgenössischer Architektur auf dem Kontinent fotografisch dokumentiert. »Anders als im Moment in Europa oder Amerika«, schreibt Adjaye, »kann man in Afrika versuchen, ein neues Leitbild aufzuspüren«.

Während viele afrikanische Städte dem globalen Trend zur schnellen Entwicklung folgen, findet sich eines dieser neuen Leitbilder in einer Reihe von Bauten in Westafrika wieder, die versuchen, sich vollständig auf die Besonderheit des Ortes einzulassen. Der burkinische Architekt Francis Kéré und sein nigerianischer Kollege Kunlé Adeyemi haben sich von den gängigen Konzepten verabschiedet und errichten Gebäude mit und für ländliche oder gefährdete Gemeinden und begreifen Architektur als Möglichkeit zur Verbesserung der Lebensbedingungen.

In Reaktion auf die Realität, in der sie arbeiten, kompensieren Kéré, Adeyemi und andere begrenzte Ressourcen und fehlende Fachkräfte durch einfallsreiche Materialnutzung und die Einbindung der Bevölkerung in Entwurf und Konstruktion; dabei wird sie für zukünftige Projekte geschult. Für Kéré gehörte dazu auch die Rückkehr in das Dorf, in dem er aufwuchs, und der Bau einer Schule aus nachhaltigen Lehmziegeln.

> »Nur weil deine Ressourcen beschränkt sind, musst du dich nicht mit Mittelmäßigkeit zufriedengeben.«
>
> **Francis Kéré**
> Interview mit *ArchDaily,* 2022

Schwimmende Schule

Eine der bemerkenswertesten Beiträge Adeyemis zur Architektur in Nigeria war der Bau einer Schule in Makoko, einer Siedlung, die schon seit mehr als 100 Jahren in der Nähe der Third Mainland Bridge in Lagos besteht. Die meisten Häuser stehen auf Pfählen in der Lagune, nicht weit von dem sich schnell

Siehe auch: Lehm 90–93 ▪ Menschlicher Funktionalismus 248–249 ▪ Grüne Architektur 292–299 ▪ Auf die Erde hören 316–317

entwickelnden Finanzzentrum von Lagos. Die Gemeinde sieht sich zunehmend bedroht: einerseits vom Klimawandel, andererseits von Maßnahmen der lokalen Regierung, die 2012 begann, Gebiete gewaltsam zu zerstören und zu räumen.

Die Siedlung war Gegenstand eines Forschungsprojekts von Adeyemis Büro NLÉ, das zeigte, dass mehr Schulen und eine neue Infrastruktur für die Gemeinde nötig waren. So entstand das Pilotprojekt »MFS I« – die Makoko Floating School. Dieser Bau war zwar als Schule konzipiert, zeigte aber auch, wie sich schwimmende Gebäude für eine Vielfalt von Nutzungen eignen.

Umweltbedingungen

Für den Bau wurden preiswerte Lösungen genutzt, um dem Standort gerecht zu werden; so entstand die Plattform aus wiederverwerteten leeren Plastikfässern. Es war kein hierarchischer Prozess von Entwurf und Konstruktion, beschreibt Adeyemi, »die Innovation ... kam nicht nur von uns, sondern größtenteils aus der Gemeinde selbst«. Allerdings gab es Schwierigkeiten am Standort der Schule. Im Jahr 2016 wurde MFS I – sie war bereits geräumt – von einem Sturm zerstört. Es gab den Vorwurf, die Schule sei eher symbolisch als funktional gewesen, aber es gelang, damit ein Schlaglicht auf die Zerstörung von Makoko zu werfen und Widerstand zu mobilisieren.

Vor allem zeigte das Projekt aber, wie viel Umsicht und Sensibilität erforderlich sind, wenn Architekten sich für Gemeinschaften und deren Umfeld engagieren, um nicht nur eindrucksvolle Konzepte zu entwerfen, sondern um Bauten zu entwickeln, die wirklich ein nachhaltiger Gewinn sind. ■

Die schwimmende Schule von Makoko bei Lagos (Nigeria): Eine Plattform aus Plastikfässern trägt den dreieckigen Aufbau aus heimischem Holz.

Francis Kéré

Francis Kéré wurde 1965 in dem Dorf Gando (Burkina Faso) geboren und ging 1985 nach Berlin, wo er seine Schreinerlehre beendete. Zehn Jahre später, nachdem er in der Abendschule das Abitur nachgeholt hatte, begann er ein Architekturstudium an der Technischen Universität in Berlin. 2001 wurde nach seinen Entwürfen die erste Schule in seinem Heimatdorf Gando gebaut. Kéré versuchte, die Gemeinde bei der Konstruktion der Schule mit einzubeziehen, dabei nutzte er beispielsweise Sandzeichnungen, um seine Pläne zu vermitteln, und er verwendete traditionelle lokale Techniken und Materialien.

Inzwischen hat Kéré verschiedene öffentliche Gebäude in ganz Afrika entworfen und größere Projekte in vielen Ländern der Welt. Unter anderem beteiligt er sich mit einer Reihe von Bauten in Zhoushan Harbour an der chinesischen Ostküste an der Umwandlung eines ehemals industriell genutzten Gebiets in ein Freizeit- und Erholungszentrum. Als erster farbiger Afrikaner erhielt Kéré 2022 den renommierten Pritzker-Preis für Architektur.

PAKT ZWISCHEN ARCHITEKTUR UND NATUR

DIE MODERNE IN SRI LANKA

IM KONTEXT

THEMA
Regionalismus

FRÜHER
1930 In Colombo, der Hauptstadt von Ceylon (Sri Lanka), eröffnet der britische Gouverneur Herbert Stanley das neobarocke Parlamentsgebäude – ein Symbol der Kolonialmacht.

1948 Der Architekt Luis Barragán mischt für sein Haus in Mexiko-Stadt moderne und traditionelle Elemente.

SPÄTER
2019 Das Architekturbüro Kosala Weerasekara Chartered Architects (KWCA) in Sri Lanka stellt ein Wohnhaus und Studio in Colombo fertig, das in Materialien und Prinzipien traditionelle und tropische Moderne verbindet.

2021 Palinda Kannangara gewinnt den Geoffrey Bawa Award für seine Frame Holiday Structure in Imaduwa, im Süden von Sri Lanka.

Der Internationale Stil wird **kritisiert, weil er Standort und Traditionen nicht respektiert.**

»Regionalismus« wird dem »Universalismus« gegenübergestellt; so entstehen Gebäude, die auf ihren Standort bezogen sind.

Dieser Ansatz **stellt die Ansprüche des Standorts** über Konzepte von Stil oder Form.

Seine **Anpassungsfähigkeit** und die Notwendigkeit, **auf den Klimawandel zu reagieren,** führen zu **weiterer Verbreitung.**

Auf den ersten Blick wirken Wohnhaus und Studio des sri-lankischen Architekten Palinda Kannangara, das er 2015 für sich selbst in Rajagiriya (Sri Lanka) entworfen hat, wie ein modernistisches Element nach der Bruchlandung in einem tropischen Umfeld: ein Kubus aus Sichtbeton, möbliert mit Mies van der Rohes eleganten Barcelona-Stühlen. Aber es enthält auch Elemente, die man im europäischen Klima nicht einsetzen würde: Sehr große durchbrochene Ziegelwände sorgen für Luftzirkulation im Inneren und eine hohe, faltbare Glaswand gestattet die vollständige Öffnung einer Terrasse.

Kannangaras Werk ist die neueste Entwicklung der sogenannten Tropischen Moderne, deren Wegbereiter in den 1950er-Jahren die sri-lankischen Architekten Minnette de Silva und Geoffrey Bawa waren. Sie ließen den Internationalen Stil links liegen und errichteten Gebäude, die sich auf Klima, Topografie und die Traditionen des

Siehe auch: Amerikanische Moderne 246–247 ▪ Menschlicher Funktionalismus 248–249 ▪ Vernacular Style 278–279 ▪ Seelenvolle Moderne 306–307 ▪ Auf die Erde hören 316–317

Minnette de Silva

Minnette de Silva wurde 1918 in der Stadt Kandy auf Ceylon (heute Sri Lanka) geboren und in Indien und Großbritannien zur Architektin ausgebildet. Als Sri Lanka 1948 von Großbritannien unabhängig wurde, kehrte de Silva nach Hause zurück und begann im selben Jahr ihre Karriere. Ihr erstes Projekt war das Karunaratne House in Kandy, das erste Gebäude in Sri Lanka, das von einer Frau entworfen wurde.

Im Lauf der 1950er-Jahre entwickelte sie ihren Stil mit Aufträgen für Häuser und Wohnblocks in ganz Sri Lanka. Sie setzte sich für eine Architektur ein, die die Moderne mit einer regionalen Formensprache verbindet, und betonte: »Es ist wichtig, dass wir vom modernen Westen das aufnehmen, was wir unbedingt brauchen, und gleichzeitig die Vorzüge unserer traditionellen Formen bewahren«. Zu ihren späteren Arbeiten gehörten große öffentliche Gebäude, wie das 1982 begonnene Arts Centre in Kandy. In Würdigung ihrer Verdienste erhielt sie, zwei Jahre vor ihrem Tod, 1996 die Goldmedaille des Sri Lanka Institute of Architects.

Standorts bezogen. Und obwohl die Anfänge dieser Entwicklung mit der Unabhängigkeit Sri Lankas vom britischen Empire 1948 einhergehen, gewinnt der Ansatz heute neue Relevanz, wenn es darum geht, die Beziehungen zwischen Gebäuden und Umwelt auszuloten.

Kritischer Regionalismus

Die Tropische Moderne ist ein Beispiel für den »Regionalismus« – die Idee, dass Gebäude nicht den abstrakten Absichten eines Stils folgen sollten, sondern auf ihre Umgebung reagieren. Das schließt alles ein, vom Klima bis zu lokalen Bautraditionen. So engagierte Minnette de Silva lokale Handwerker, um Wandbespannungen zu weben, und einige ihrer Häuser bekamen Wände aus Stampflehm.

Eingang in eine breitere architekonische Debatte fand der Regionalismus erst viel später. Sie setzte 1983 mit der Publikation eines Essays des britischen Architekturhistorikers Kenneth Frampton ein. Sie trug den Titel »Towards a Critical Regionalism: Six Points for an Architecture of Resistance« und plädiert für eine Architektur, die ihre Grundlage in ihrem Standort hat. Frampton schien das die einzige Möglichkeit zu sein, um architektonische Beliebigkeit zu verhindern, und er bezieht sich dabei auf die Ideen von de Silva und Bawa.

Eine ökologische Ethik

Kannangaras Werk steht unverkennbar in dieser sri-lankischen Tradition – die er als »ökologische Ethik« bezeichnet – nicht zuletzt, weil Anura Rantavibushana, der 16 Jahre lang mit Bawa zusammenarbeitete, Kannangaras Lehrer war. Indem er diese Konzepte nutzt, macht er deutlich, wie gut sie in eine Zeit der Klimakrisen passen. Die offenen Räume seines Hauses in Rajagiriya verbinden eine enge Beziehung zur Landschaft mit wirksamen Maßnahmen, um im Haus ein Mikroklima zu erzeugen, das energieintensive Klimatisierung überflüssig macht. Wenn möglich wurden lokale Materialien genutzt oder wiederverwertet, wie in der Treppe aus Pflastersteinen, die zu einem Korridor hinaufführt, der die Landschaft rahmt. ■

Die Öffnungen im Mauerwerk von Palinda Kannangaras Haus und Studio in Sri Lanka lassen Hitze entweichen und kühle Luft eindringen – so lässt sich das Gebäude klimaneutral temperieren.

EINE THERAPIE ZUR HEILUNG DES PLANETEN

AUF DIE ERDE HÖREN

IM KONTEXT

THEMA
Krisen bewältigen

FRÜHER
1898 Ebenezer Howard entwickelt in seinem Buch *To-Morrow: A Peaceful Path to Reform* das Konzept der Gartenstadt, um das Problem der schlechten Wohnverhältnisse durch Überbevölkerung in britischen Städten zu lösen.

1995 Der malaysische Architekt Ken Yeang lotet in seinem Buch *Designing with Nature* die ökologische Basis für Architektur aus.

1998 Für Bürgerkriegsflüchtlinge aus Ruanda entwirft der japanische Architekt Shigeru Ban eine Unterkunft, die aus preiswerten und schnell herstellbaren Papprohren besteht.

SPÄTER
2021 Marina Tabassum erhält in Würdigung ihrer »Architektur der Relevanz« die Soane-Medaille.

Moderne Konstruktionsmethoden haben oft negative Auswirkungen auf die Umwelt. Während viele Länder Strategien entwickelt haben, um dieses Problem langfristig in den Griff zu bekommen, müssen Architekten, die in Gegenden arbeiten, die bereits vom Klimanotstand betroffen sind, Bauten entwickeln, die die schwierigen Verhältnisse berücksichtigen.

Vor allem die Pakistanerin Yasmeen Lari und Marina Tabassum aus Bangladesch haben sich dabei hervorgetan. Sie stützen sich auf »situatives Wissen« – Lari zufolge muss Technik bei der Bekämpfung des Klimawandels und bei der Katastrophenhilfe eine Rolle spielen. Aber für neue Bauten bieten oft die traditionellen Techniken der immer schneller verschwindenden Gemeinschaften die besten Lösungsansätze. Für die beiden Frauen geht damit eine Änderung für die Rolle des Architekten einher – er ist nicht mehr der geniale

Architekten reagieren auf die **negativen Folgen des Klimawandels.**

CO_2-intensive Materialien, insbesondere Beton, werden gemieden, **natürliche Werkstoffe wie Holz bevorzugt.**

Bestandsgebäude werden umweltfreundlich angepasst oder **»nachgerüstet«.**

In vom Klimawandel betroffenen Gebieten greifen Architekten auf **einheimische Konstruktionsmethoden und Materialien** zurück.

Siehe auch: Holzrahmenbau 82–85 ▪ Lehm 90–93 ▪ Die Gartenstadt 182–183 ▪ Grüne Architektur 292–299 ▪ Architektur in Westafrika 312–313 ▪ Die Moderne in Sri Lanka 314–315

» Wir brauchen eine Generation von Architekten, die den Versuchungen des Visuellen widerstehen können. «

Marina Tabassum
»Letters to a Young Architect« in *The Architectural Review*, 2020

Schöpfer großartiger Entwürfe, er entwirft Konzepte für eine positive Veränderung von Gesellschaft und Umwelt.

Barfuß-Architektur

Yasmeen Lari, die erste Architektin in Pakistan, begann ihre Karriere in den 1960er-Jahren mit Wohn- und Geschäftshäusern in Karachi. Nach dem Erdbeben in Kaschmir 2005 stellte sich die Frage, wie Architektur in der Folge solcher Katastrophen helfen kann und wie sich derartige Schäden in Zukunft begrenzen lassen, ohne die Umwelt zu sehr zu belasten.

Lari verbindet eine CO_2-neutrale Architektur mit Konzepten und Materialien, die so einfach sind, dass sich die Bewohner bei Bedarf selbst helfen können mit der Idee sozialer Gerechtigkeit. In der Provinz Sindh, im Nordosten Pakistans, entwickelte sie ein Projekt, das sie »Barfuß-Architektur« nennt; dort zeigte man der Landbevölkerung, wie sie aus lokalen, nachhaltigen, kohlenstofffreien Materialien – wie Bambus, Kalk und Lehm – Baustoffe und andere Produkte herstellen kann. Der Verkauf dieser Produkte half, die Menschen aus der Armut zu holen, und schuf »Barfuß-Unternehmer«. Lari ist der Meinung, dass dieses Modell »eine Methode zur Heilung des Planeten« sein könnte.

Angepasst bauen

In Bangladesch hat Marina Tabassum gezeigt, wie Häuser für Gegenden geplant werden sollten, wo Überflutungen unvermeidbar sind. Ein Beispiel dafür ist die Bait-Ur-Rouf-Moschee. Sie wurde 2012 in Faidabad, einem dicht besiedelten und hochwassergefährdeten Distrikt der Hauptstadt Dhaka fertiggestellt. Die Moschee steht auf einem erhöhten Sockel, der sie über das Hochwasser erhebt und als öffentlicher Platz dient. Zu Tabassums Arbeiten gehören auch Häuser für Menschen, die auf dem Schwemmland siedeln, das durch Ablagerungen der Überflutungen entstanden ist. Fertighäuser für diese Gegend gibt es schon, aber sie sind teuer und für den Aufbau braucht es geschulte Handwerker. Tabassums Alternative, das *khudi bari* (»kleines Haus«), ist ein preiswertes Konstrukt aus Bambus, einfach aufzubauen und geräumig genug für eine fünfköpfige Familie. Manche Häuser stehen auf Pfählen, andere haben ein offenes Erdgeschoss, das bei Überschwemmungen leicht geräumt werden kann.

Die Khudi-Bari-Häuser spiegeln Tabassums Engagement für die durch den Klimawandel am stärksten Betroffenen wider. Und während sich die ökologischen Krisen weiter verschärfen, erweisen sich einfühlsame und finanzierbare Ansätze, wie sie Lari und Tabassum entwickeln, als sehr wichtig. ■

Das einfache Ziegelmauerwerk von Marina Tabassums Bait Ur Rouf Moschee in Dhaka (Bangladesch) sorgte für niedrige Herstellungskosten und spiegelt gleichzeitig die traditionelle Architektur der Region wider.

ANHANG

ANHANG

Schutz ist ein Grundbedürfnis des Menschen, und so hat er über Jahrtausende seine Umgebung gestaltet. Architektur entstand, als die bloße Notwendigkeit durch planvolles Vorgehen und sorgsame Gestaltung ergänzt wurde. Die ältesten erhaltenen Beispiele belegen noch heute den Einfallsreichtum ihrer Erbauer – und bisweilen auch ihre religiösen Überzeugungen. Ob nun zum Schutz vor Angriffen, zu Ehren weltlicher Führer oder spiritueller Gottheiten – die Architektur ist ein facettenreiches Medium, das ein weites Spektrum zwischen Kunst und Funktion abdeckt und manchmal beides verbindet. Die wichtigsten Protagonisten und Entwicklungen werden im Hauptteil des Buches vorgestellt. Hier wollen wir noch einige weitere interessante Bauwerke vorstellen.

ZITADELLE VON VAN
Türkei (um 800 v. Chr.)

Das urartäische Reich, eine eisenzeitliche Kultur im Hochland von Armenien, deren Zentrum am Van-See in der heutigen Osttürkei lag, errichtete dort ihre größte Festung, die Zitadelle von Van. Sie liegt an der Ostseite des Sees auf einem 80 m hohen Felssporn. Die Fundamente wurden als Stufen in Stein geschlagen, darauf Trockenmauer aus Basalt sowie Lehmziegel geschichtet. Ein urartäisches Bronzerelief lässt darauf schließen, dass die 10 m hohen Mauern ehemals Türme, Zinnen, Torbögen und rechteckige Fenster hatten.
Siehe auch: Die große Mauer 37 ▪ Pueblos 66–67 ▪ Burgen 72–73

LEPTIS MAGNA
Libyen (1.–3. Jh. n. Chr.)

In der Hafenstadt am Mittelmeer im heutigen Libyen befinden sich einige der am besten erhaltenen römischen Bauwerke außerhalb Roms. Sie war bereits ein blühendes Gemeinwesen, als Kaiser Septimius Severus, der aus dem Ort stammte, um 203 n. Chr. ein größeres Bauprogramm auflegte. Der Hafen wurde erweitert, auf dem severianischen Forum wurden eine Basilika und ein Tempel gebaut und an der zentralen Straßenkreuzung ein Triumphbogen errichtet. Er besteht aus mit Marmor verkleidetem Kalkstein und weist aufwendige Reliefs auf. Das Besondere ist sein quadratischer Grundriss.
Siehe auch: Die Säule 26–31 ▪ Der Bogen 38–41 ▪ Die Basilika 48–49

TEMPEL DES KUKULCÁN
Mexiko (7.–11. Jh.)

Das Maya-Heiligtum des Kukulcán auf Yucatán ist eine Stufenpyramide aus Kalkstein, erbaut zwischen dem 7. und 11. Jahrhundert über einem viel älteren, kleineren Vorgängerbau. Sie liegt in der Ruinenstadt von Chichén Itzá über einem unterirdischen *cenote* (mit Wasser gefüllte Höhle). Auf den vier Seiten steigen in einem Winkel von 45 Grad breite Treppen auf; ihre insgesamt 365 Stufen symbolisieren die Tage des Jahres. Der 30 m hohe und 55,3 m breite Bau ist der Gottheit Kukulcán gewidmet, einer gefederten Schlange, die in Skulpturen am Fuß der Pyramide auf der Nordseite dargestellt ist.
Siehe auch: Die Zikkurat 20–21 ▪ Die Pyramiden 22–25

MONT-SAINT-MICHEL
Frankreich (im 8. Jh. begonnen)

Seit dem 6. Jahrhundert von christlichen Einsiedlern bewohnt, nahm die Insel Mont Saint-Michel architektonische Gestalt an, als Bischof Aubert im 8. Jahrhundert dort eine Kirche baute. Ein Benediktinerkloster entstand 966, eine romanische Abteikirche mit unterirdischen Krypten und Kapellen folgte 1084. Im Zentrum steht La Merveille, ein 35 m hoher gotischer Komplex auf drei Ebenen, 1228 fertiggestellt. Er birgt unter anderem Kapitelsaal, Kreuzgang und Refektorium. Im 14. Jahrhundert erhielt die Insel eine Befestigung.
Siehe auch: Romanik 70–71 ▪ Gotik 74–81

SONNENTEMPEL VON KONARK

Indien (13. Jh.)

Der dem hinduistischen Sonnengott Surya geweihte Tempel von Konark ist ein teilweise zerstörtes Gebäude auf einer Plattform in Form eines riesigen Himmelswagens mit 24 aufwendig skulptierten Rädern, gezogen von sieben Pferden. Zum Bau wurden verschiedene Steinsorten von weit hergeholt, wie rostroter Laterit für das Innere, Chlorit für die Türstürze und -rahmen sowie Khondalit für die zahlreichen Skulpturen. Zu dem 39 m hohen Bau gehörte ursprünglich ein 68 m hoher Turm.

Siehe auch: Indische Tempel 68–69 ▪ Tempel in Südostasien 86–87

BASILIUS-KATHEDRALE

Moskau, Russland (1561)

Die russisch-orthodoxe Basilius-Kathedrale am Roten Platz, in Auftrag gegeben von Iwan dem Schrecklichen, bietet einen einzigartigen Anblick. Sie besteht aus acht Kapellen, die um die zentrale neunte angeordnet sind, jede mit einem Turm aus roten Ziegeln, oben von einer Zwiebelkuppel bekrönt, die jeweils mit eigenem, auffallendem geometrischen Muster verziert ist – Spiralen, Streifen, Zickzackformen, Rauten. Anregungen dürften unter anderem der byzantinischen Architektur geschuldet sein. Der rote Ziegelbau hat im Inneren einen Holzrahmen und ruht auf Steinfundamenten. Die Kuppeln waren ursprünglich vergoldet, ehe sie im 17. Jahrhundert bemalt wurden.

Siehe auch: Byzanz 52–53 ▪ Holzrahmenbau 82–85

GROSSER PALAST

Bangkok, Thailand (1782 begonnen)

Der Große Palast, die offizielle Residenz des thailändischen Königs, bestand ursprünglich aus Holz und wurde 1782 mit Steinen aus der aufgegebenen Hauptstadt Ayutthaya im Prasat-Stil neu aufgebaut. Reich verzierte, mehrstufige Dächer mit hohen Turmspitzen verweisen auf die Mitte des Universums – den Monarchen und Buddha. Die vier Höfe haben unterschiedliche Funktionen: für König, Staat, Religion und als Wohnareal.

Siehe auch: Tempel in Südostasien 86–87 ▪ Spätes Kaiserreich in China 96–97

ELDRIDGE-STREET-SYNAGOGUE

New York, USA (1887)

Zwischen 1880 und 1924 imigrierten mehr als 2,5 Mio. Juden in die USA. Die 1887 fertiggestellte Synagoge in der Eldridge Street war die erste in den USA, die für osteuropäische Juden gebaut wurde. Wie zahlreiche Synagogen des späten 19. und frühen 20. Jahrhunderts erinnert sie mit Details wie Hufeisenbögen an maurische Architektur. Mitte des 20. Jahrhunderts dem Verfall preisgegeben, wurde sie 1996 unter Denkmalschutz gestellt, und bis 2007 restauriert.

Siehe auch: Maurische Architektur 64–65 ▪ Rückgriffe 196–197

KASUBI TOMBS

Kampala, Uganda (1882–1966)

Die Kasubi Tombs liegen auf dem Gelände eines Palastes, den Mutesa I., *kabaka* (König) des Baganda-Volkes, einer Bantu-Ethnie in Uganda, 1882 erbaute. Vier Könige sind im »heiligen Wald« in einem kuppelförmigen Bau von 31 m Durchmesser und 7,5 m Höhe bestattet. Das mit Schilfgras gedeckte Dach aus 52 konzentrischen Palmwedelringen symbolisiert die 52 Baganda-Clans. Die Grabanlage bestand ursprünglich aus Holz, Stroh und Lehmflechtwerk und wurde 1938 mit Stahl und Beton gesichert. Der Hauptbau wurde 2010 durch Feuer zerstört.

Siehe auch: Lehm 90–93 ▪ Seelenvolle Moderne 306–307

ADOLPH MUELLER HOUSE

Decatur, USA (1910)

Marion Mahony Griffin, die erste Frau, die in den USA ihre Zulassung als Architektin bekam, war eine frühe Mitarbeiterin von Frank Lloyd Wright. Ihr Entwurf für dieses Wohnhaus mit seinen betonten Horizontalen zeigt Merkmale des Prairie-Stils. Ein japanisch beeinflusstes Giebeldach mit gebogener Traufe bildet ein Dreiecksmotiv, das in den Buntglasfenstern und Details im Inneren wiederkehrt.

Siehe auch: Die Edo-Zeit in Japan 128–131 ▪ Pioniere der Moderne 190–195

ROYAL SHAKESPEARE THEATRE

Stratford-upon-Avon, UK (1932)

Als 1926 ein Brand den originalen neugotischen Bau völlig zerstört hatte, entwarf die britische Architektin Elisabeth Scott für Shakespeares Geburtsort ein Theater aus roten Ziegeln. Das Äußere ist entschieden schlicht und fast abweisend, dahinter öffnet sich

jedoch ein reich im Art-déco-Stil ausgestattetes Inneres mit 1400 Sitzplätzen. Nach einer aufwendigen Umgestaltung im Jahr 2010 mit Ziegeln, Beton und Holz ragt nun eine Bühne in die fächerförmig angelegten Zuschauerränge hinein.
Siehe auch: Elementare Architektur 228–229 ▪ Art déco 232–233

TRENTON BATH HOUSE
New Jersey, USA (1955)

Der in Estland geborene amerikanische Architekt Louis Kahn (1901–1974) bezeichnete diese Umkleideräume für ein Freibad als Wendepunkt in seinem Umgang mit Raum, Form und Licht. Die kreuzförmige Anlage mit zentralem offenem Atrium weist pyramidenförmige Dächer auf, die über den Pfeilern und Mauern der vier Einzelbauten zu schweben scheinen. Ökonomisch, minimalistisch und doch auch imposant – die geschickte Nutzung von Winkeln, Blickachsen und Betonbausteinen schafft hier ein Gefühl von Privatsphäre und Offenheit zugleich.
Siehe auch: Funktionalismus 220–225 ▪ Moderner Monumentalismus 272–273

UNIVERSITY OF IBADAN
Oyo, Nigeria (1950–1960er-Jahre)

Der Campus der ersten Universität Nigerias wurde 1948 von den britischen Architekten Maxwell Fry und Jane Drew entworfen. Ihre Verwendung von Stahlbeton mit vorgefertigten Gittern für Schatten und Luftzirkulation sowie organische, kurvige Formen, werden der Tropischen Moderne zugerechnet. In der Anlage gibt es Theater, Gebetsräume, eine Mensa mit dem ersten Schalendach aus Beton in Westafrika, einen Glockenturm und das erste Abwassersystem Nigerias.
Siehe auch: Architektur in Westafrika 312–313 ▪ Die Moderne in Sri Lanka 314–315

MUSEO DE ARTE DE SAO PAULO
Brasilien (1968)

Der italienisch-brasilianischen Architektin Lina Bo Bardi schwebte ein Museum vor, das im wörtlichen Sinn ein Container für die Kunst und für jeden zugänglich sein sollte. Der von einer riesigen Betonkonstruktion gestützte Bau ahmt einen Schiffscontainer nach. Er ist mit Glas verkleidet und liegt 8 m über dem Straßenniveau – so können die Besucher unter dem 74 m langen Gebäude zur öffentlichen Plaza hinter dem Museum gelangen. Den zwei oberirdischen Stockwerken entsprechen zwei unterirdische Ebenen, eine dritte wurde während der Renovierung 2001 ergänzt.
Siehe auch: Freigeister 264–265 ▪ Die reine Form 270–271

ALLEN MEMORIAL ART MUSEUM, ERWEITERUNG
Ohio, USA (1976)

Der amerikanische Architekt Robert Venturi entwarf den postmodernen Erweiterungsbau für Cass Gilberts Museumsgebäude von 1917. Die Fassade mit einem Schachbrettmuster aus Granit und Sandstein harmoniert mit dem italienisch inspirierten Stil des Hauptgebäudes mit seinen Säulen und dem roten Dach. Für die Unterrichtsräume nutzte Venturi Fensterbänder, wie im Internationalen Stil üblichen – hier ging Funktionalität vor Ästhetik.
Siehe auch: Hochhäuser der Nachkriegszeit 252–253 ▪ Postmoderne 280–285

US-BOTSCHAFT
Tokio, Japan (1976)

Die Botschaft der USA in Tokio ist ein Entwurf von Norma Merrick Sklarek, der ersten Afro-Amerikanerin, die in den USA als Architektin zugelassen wurde, und dem in Argentinien geborenen César Pelli. Das Gebäude mit Stahl-Glas-Fassade im Internationalen Stil besteht aus einem zwölfstöckigen Turm und dreistöckigem Büroflügel zu beiden Seiten des zentralen Hofes mit Terrassen, Garten und Auditorium.
Siehe auch: Amerikanische Moderne 246–247 ▪ Hochhäuser der Nachkriegszeit 252–253

VIETNAM VETERANS MEMORIAL
Washington, D.C., USA (1982)

Das Vietnam Veterans Memorial, entworfen von der amerikanischen Architektin Maya Lin, ist ein Erinnerungsort innerhalb der National Mall in der Hauptstadt der USA, um die Soldaten zu ehren, die im Vietnamkrieg gefallen sind. Es besteht aus jeweils 75 m langen Flügeln, den Memorial Walls, mit eingelassenen schwarzen Granittafeln, die die Namen der mehr als 58 000 im Krieg Gefallenen oder Vermissten verzeichnen. Die beiden Mauern bilden ein V und steigen bis auf eine Höhe von 3 m an, wo sie zusammentreffen. Eine Mauer weist zum Washington Monument, die andere zum Lincoln Memorial. Die Bronzestatuen *Drei Soldaten* und das *Women's Memorial* wurden 1984 bzw. 1993 ergänzt.

Siehe auch: Kriegerdenkmäler 208–209

SAN FRANCISCO BALLET BUILDING
Kalifornien, USA (1984)

Die amerikanische Architektin Beverly Willis hat das San Francisco Ballet Building geschickt unter die vielen Verwaltungsgebäude im Stil der Neorenaissance gemischt, die das Zentrum der Stadt beherrschen. Die vierstöckige Fassade hat monumentale, klassische Proportionen – die Höhe entspricht einem achtgeschossigen Bürogebäude. Der Eingangsbereich zitiert außerdem Theaterelemente. So tragen glatte, nicht kannelierte Säulen drei Balkone, die den Proszeniumsbogen der Bühnenarchitektur imitieren, und gewelltes Glas erinnert an den einen Bühnenvorhang. Im Inneren liefern 5 m hohe Decken und große Fenster reichlich Licht und Raum für die Traingsräume.
Siehe auch: Funktionalismus 220–225 ▪ Klassizistische Postmoderne 286–287

ITAIPÚ-STAUDAMM
Paraná, Brasilien/Paraguay (1984)

Das riesige Wasserkraftwerk zwischen Brasilien und Paraguay ist ein Gemeinschaftsprojekt der beiden Staaten. Die Bauzeit betrug acht Jahre, in denen 12,3 Mio. Kubikmeter Beton verbraucht wurden. Die Konstruktion besteht aus vier miteinander verbundenen Dämmen, die sich über fast 8 km erstrecken. Die große hohle Gewichtsstaumauer ist 196 m hoch und enthält 20 Turbinen, sie wird von Erdschütt-, Steinschütt- und seitlichen Betondämmen ergänzt. Dank des 170 km langen Stausees kann die Anlage mehr Elektrizität produzieren als jedes andere Wasserkraftwerk, mit Ausnahme des Drei-Schluchten-Damms in China.
Siehe auch: Das Betonskelett 188–189 ▪ Industrielle Ästhetik 206–207

LOTUS-TEMPEL
Delhi, Indien (1986)

Der Tempel in Form einer 34 m hohen, sich öffnenden Lotusblüte ist ein Gotteshaus der Bahá'í-Religion. Darin spielen die mystischen Kräfte der Zahl neun eine große Rolle und so hat der iranisch-amerikanische Architekt Fariborz Shahba jeweils neun »Blütenblätter« in drei konzentrischen Ringen zu einer Kreisform arrangiert. Die einzelnen Elemente sind mit weißem Marmor verkleidet. Die beiden inneren Ringe umschließen den Andachtsraum, während der dritte seine Blätter nach außen öffnet und den neun Eingängen Schatten spendet. Die zentrale Gebetshalle hat Sitzplätze für 1300 Menschen. Gärten und Teiche ergänzen die Anlage.
Siehe auch: Die reine Form 270–271 ▪ Die Verbindung von Himmel und Erde 288–289

EASTGATE CENTRE
Harare, Zimbabwe (1996)

Das Mehrzweckgebäude mit Büros, Geschäften und Parkplätzen hat der simbabwische Architekt Mick Pearce entworfen. Es ist ein energiesparendes Gebäude mit glasüberdachtem Atrium zwischen zwei neunstöckigen Stahlbetonbauten. Eine Vielzahl industriell anmutender Kamine aus Ziegeln auf dem Dach leiten heiße Luft nach draußen ab und tragen dazu bei, die Temperatur im Inneren konstant zu halten. An der Fassade aus Ziegelmauern sind vorgefertigte Balkone aus Beton angebracht, die den Fenstern Schatten spenden, Wärme abstrahlende Pflanzen aufnehmen und die Fläche des Gebäudes vergrößern, um die Hitze besser abzuleiten.
Siehe auch: Grüne Architektur 292–299 ▪ Architektur in Westafrika 312–313

TANZENDES HAUS
Prag, Tschechien (1996)

Nach der samtenen Revolution von 1989 wurde das Tanzende Haus entworfen und symbolisiert die kreative Wiedergeburt der Tschechischen Republik. Es war ein gemeinsames Projekt des tschechischen Architekten Vlado Milunić mit seinem kanadisch-amerikanischen Kollegen Frank Gehry. Zwei Türme, einer grazil und verglast, der andere massiver aus Betonelementen – erinnern an ein tanzendes Paar. Eine Folge von parallelen Wellen zieht sich über die gesamte Fassade und deutet weitere Bewegung an. Der Entwurf sollte in abstrakter, fast surrealer Form eine dynamische Gesellschaft symbolisieren, die vom statischen Totalitarismus befreit worden war.
Siehe auch: Dekonstruktivismus 290–291 ▪ Sensationalismus 300–303

BRITISH LIBRARY
London, UK (1998)

Mehr als 30 Jahre betrug die Bauzeit für die neue Nationalbibliothek – das größte öffentliche

Gebäude des 20. Jahrhunderts in Großbritannien. Der britische Architekt Colin St. John Wilson verkleidete einen Rahmen aus stranggepresstem Aluminium von oben bis unten mit roten Ziegeln, um den Bau an seine Umgebung anzupassen. Die Eingangshalle hat Dachschrägen, um die wahre Höhe zu kaschieren und die Besucher an die enorme Größe zu gewöhnen.
Siehe auch: Menschlicher Funktionalismus 248–249 ▪ Brutalismus 256–259

CUSANO ENVIRONMENTAL EDUCATION CENTER

Philadelphia, USA (2001)

Entworfen wurden die beiden Flachbauten für die United States Fish and Wildlife Services von Susan Maxman & Partners. Das Schulungszentrum liegt auf einer ehemaligen Bauschuttdeponie zwischen einer Ölraffinerie, einem Flughafen und einer Mülldeponie. Es ist ein Beispiel für nachhaltige Nachnutzung von Industriebrachen, gleichzeitig trägt es zur Reduzierung von Flutrisiken im Überschwemmungsgebiet bei und stärkt die Biodiversität. Die Gebäude haben eine eigene Kläranlage, werden mit Geothermie beheizt oder gekühlt und haben durchlässige Fußböden, damit Flutwasser ablaufen kann.
Siehe auch: Menschlicher Funktionalismus 248–249 ▪ Grüne Architektur 292–299 ▪ Auf die Erde hören 316–317

BLUR BUILDING

Neuenburgersee, Schweiz (2002)

Das für die Expo.02 – die sechste Schweizer Nationalausstellung – von den amerikanischen Architekten Diller Scofidio + Renfro gebaute Blur Building nutzt Wasserdampf, um eine »Architektur der Atmosphäre« zu schaffen. 10 m über dem Neuenburgersee wurde dafür eine Tensegrity-Struktur installiert – ein Stabwerk aus Metall, das Zugelemente stabilisierten. In dieser temporären Konstruktion wurde Wasser aus dem See gezogen, gefiltert und unter hohem Druck aus 35 000 Hochdruckdüsen zu feinem Nebel versprüht, sodass eine ausgedehnte, traumartige Wolke die Plattform und ihre Besucher einhüllte. Die Konstruktion wurde nach dem Ende der Ausstellung wieder abgebaut.
Siehe auch: Gitterschalen und Seilnetze 274–275 ▪ Neue Formen 308–311

21ST CENTURY MUSEUM OF CONTEMPORARY ART

Kanazawa, Japan (2004)

Ein flacher kreisförmiger Bau mit geschwungener Glasfassade wurde hier mit einer Reihe rechteckiger Elemente im Inneren kombiniert. Der Entwurf der japanischen Architekten Kazuyo Sejima und Ryue Nishizawa unterläuft die Konventionen eines Museums, indem er die Besucher auffordert, sich vollkommen frei zwischen den 15 Ausstellungsräumen zu bewegen. Manche dieser Räume haben kein natürliches Licht, in andere dringt durch die Glasdecke Tageslicht. Die deckenhohe Glasfassade lässt Licht in das Gebäude fluten und wirkt wie eine »durchlässige« Membran, die den Übergang von draußen nach drinnen beinahe aufhebt.
Siehe auch: Sinnliche Moderne 260–261 ▪ Freigeister 264–265

NINGBO MUSEUM

Ningbo, China (2008)

Von außen gibt das von dem chinesischen Architekten Wang Shu entworfene Gebäude kaum zu erkennen, welche Schätze aus Ningbo, einer der ältesten Städte Chinas, dort verwahrt werden. Die Wapan-Technik – eine traditionelle Bauweise, die Überreste aus Zerstörungen durch Taifune wiederverwendet – spielt hier eine besondere Rolle. Bambus, in Beton eingebettet, steht für die natürlichen Ressourcen der Region. Die Gebäude ragen vor und neigen sich, ein Verweis auf die nahen Berge und die kantigen Profile der Boote, die den einträglichen Handel der Stadt ermöglichten.
Siehe auch: Freigeister 264–265 ▪ Neue Formen 308–311

AQUA TOWER

Chicago, USA (2010)

Das wellenförmige, skulpturale Äußere des 82-stöckigen Wolkenkratzers, entworfen von Studio Gang Architects, erinnert an das Wasser des nahen Lake Michigan und an die geriffelten Kalksteinfelsen der Region. Die organisch geformten, vorstehenden Betonbalkone – Erweiterungen der Geschossplatten – verlaufen in Kurven um die Fassade aus Stahl und Glas, wie Wellen in wechselnden Schwingungen. Sie spenden den Räumen darunter Schatten, denen darüber gewähren sie Ausblick. Gleichzeitig verhindern sie Windwirbel. Die Neuinterpretation des Internationalen Stils ist eine Hommage an einen der berühmtesten Architekten der Stadt, Ludwig Mies van der Rohe.
Siehe auch: Der Wolkenkratzer 198–203 ▪ Neue Formen 308–311

UNIVERSIDAD DE INGENIERIA Y TECNOLOGIA

Lima, Peru (2015)

Die Klippen der Küste imitiert dieser Entwurf der irischen Architektinnen Yvonne Farrell und Shelley McNamara – ein Ungetüm im brutalistischen Stil, aus Stahlbetonteilen errichtet. Charakteristisch sind die gestuften Terrassen und die weiten Luftschächte, die auch Licht tief in das Innere leiten, sowie mehrgeschossige hängende Gärten ermöglichen. Auf der öffentlich zugänglichen Südseite befinden sich begrünte Zonen, die als Treffpunkte genutzt werden. Auch die Bürger der Stadt besuchen gern die Kinos, Cafés, Theater und Ausstellungen. Die öffentlichen Räume beschränken sich auf den unteren Bereich, Büros, Hörsäle und eine Bibliothek sind in den oberen Geschossen untergebracht.

Siehe auch: Das Betonskelett 188–189 ▪ Brutalismus 256–259

THREAD

Sinthian, Senegal (2015)

Die Einrichtung für Kunst und Kultur in Sinthian, im ländlichen Senegal, greift eine Idee der deutschen Textilkünstlerin Anni Albers auf, die überzeugt war, durch Kunst »kann man von überall aus überall hingehen«. Entworfen wurde das Gebäude von der japanischen Architektin Toshiko Mori, gebaut von einheimischen Handwerkern aus Bambus und Ziegeln. Es enthält Ateliers, freie Räume zur Kommunikation, zwei Wohnungen und einen Garten für gemeinsames landwirtschaftliches Arbeiten. Das geneigte bambusgedeckte Dach leitet Regenwasser in Rinnen im gefliesten Boden und sammelt es in Zisternen für die Dorfbewohner.

Siehe auch: Architektur in Westafrika 312–313 ▪ Auf die Erde hören 316–317

NATIONAL MUSEUM OF AFRICAN AMERICAN HISTORY AND CULTURE

Washington, D.C., USA (2016)

Ein bemerkenswertes Zeugnis der Geschichte der Afroamerikaner in Amerika. Das dreifach gestufte Äußere ist von einer yorubischen Skulptur inspiriert und von einem bronzefarbenen Aluminiumgitter umhüllt. Es erinnert an die Eisengitter, die in den amerikanischen Südstaaten üblich waren, viele davon von Sklaven hergestellt. Leitender Architekt war der aus Ghana stammende Brite David Adjaye.

Siehe auch: Gitterschalen und Seilnetze 274–275 ▪ Seelenvolle Moderne 306–307

LIDETA MERCATO

Addis Abeba, Äthiopien (2016)

Konträr zu den archetypischen Shoppingcenter aus Glas und Stahl nutzt dieser kunstvolle Entwurf des katalanischen Architekten Xavier Vilalta vorgefertigte Betonteile, die von unterschiedlich großen, quadratischen Öffnungen durchbrochen sind, die Luft in das Gebäude lassen. Sie erinnern an die Beschaffenheit und Muster traditioneller äthiopischer Stoffe. Ein Innenhof in Form eines umgedrehten Kegels öffnet sich hin zum Dach, wo er, wie ein Rauchabzug, die warme Luft aus dem Inneren zieht.

Siehe auch: Fertigbau 168–171 ▪ Neue Formen 308–311

HIKMA COMPLEX

Dandaji, Niger (2018)

Die nigerianische Architektin Mariam Kamara hat Hikma entworfen – das »Haus der Weisheit«. Eine aufgegebene Moschee wurde transformiert und dient jetzt als Bibliothek, Schule, Gemeindezentrum, Garten und neue Moschee. Als Baumaterial dienten kostengünstige lokal produzierte Lehmziegel, die temperaturausgleichend wirken. Lokale Handwerker verputzten die Wände mit Lehm und konservierenden Zusatzstoffen und fertigten Matten, Seile und Trennwände an. Beton wurde nur für Pfeiler und Türstürze verwendet. Da Holz als traditionelles, lokales Baumaterial zunehmend knapp ist, wurde für den Innenausbau, etwa für Treppen, auch Metall verwendet.

Siehe auch: Lehm 90–93 ▪ Die Verbindung von Himmel und Erde 288–289 ▪ Seelenvolle Moderne 306–307

HAUS DER MUSIK

Budapest, Ungarn (2022)

Budapests kürzlich fertiggestelltes Haus der Musik mit Konzertbühne liegt in einem Stadtpark, eine Situation, die den japanischen Architekten Sou Fujimoto anregte, die Atmosphäre unter dem Blätterdach aufzunehmen. Ein amoebenförmiges, leicht welliges Dach ist durchbrochen von unregelmäßigen Öffnungen – sie lassen Licht und Luft ein und vorhandene Bäume können hindurchwachsen. Zwischen schlanken, baumartigen Stützen erstreckt sich ein Gitternetz aus stilisierten goldfarbenen Blättern.

Siehe auch: Organische Formen 174–175 ▪ Sensationalismus 300–303

GLOSSAR

Adobe Luftgetrocknete, ungebrannte Ziegel aus Lehm und organischen Materialien wie Stroh. Bezeichnet auch einen Architekturstil, der diese Ziegel verwendet.

Apsis Halbkreisförmiger Raum am Ende eines Gebäudes. Charakteristisch für christliche Sakralbauten, aber bereits in vorchristlicher Zeit im antiken Rom entstanden.

Arabeske Dekoratives Element der islamischen Kunst.

Architrav Hauptbalken über den Säulen, der das Gebälk trägt.

Art déco Stil in Architektur und Kunstgewerbe; in den 1920er-Jahren entstanden und dann weltweit verbreitet; gekennzeichnet durch elegante Formen, kostbare Materialien.

Arts and Crafts In Großbritannien Ende des 19. Jh. entstandene Bewegung, die das traditionelle Handwerk gegen die Industrialisierung verteidigte.

Atrium Innenhof; kann offen oder überdacht sein.

Balustrade Reihe von vertikalen Stützen mit oben abschließendem Geländer; als dekorative Begrenzung vor allem von Balkonen oder Treppen.

Barock Architekturstil, der im 17. Jh. in Italien entstand und sich über Europa und die spanischen und portugiesischen Kolonien in Lateinamerika verbreitete.

Bauhaus Einflussreiche Schule für Architektur, Design und bildende Künste, 1919 von Walter Gropius in Weimar gegründet.

Beaux-Arts-Stil Im 19. Jh. in Frankreich entstandener Stil, der antike Formelemente mit modernen Konstruktionsmaterialien verbindet.

Brutalismus Architekturstil Mitte des 20. Jh., charakterisiert durch Sichtbeton und kantige Formen.

Dachgaube Dachaufbau, oft mit Fenster.

Dekonstruktivismus Architekturstil Ende des 20. Jh., beeinflusst von Theorien der *Postmoderne;* traditionelle Formen werden fragmentiert und zerstört, um neue zu schaffen.

Dorisch Antike *Säulenordnung;* die Schäfte sind kanneliert, die *Kapitelle* schmucklos.

Expressionismus Ein Architekturstil der 1920er-Jahre in Europa, der auf emotionale Wirkung zielte.

Fassade Hauptansichtsseite.

Fries Mittlerer Teil des *Gebälks,* manchmal skulptural gestaltet.

Funktionalismus Ein Baustil im frühen 20. Jh., der die Form eines Gebäudes aus der Funktion ableitet; ein bedeutender Vertreter war Le Corbusier.

Futurismus In Italien Anfang des 20. Jh. entstandene Bewegung in Literatur und bildenden Künsten, die Technik und Dynamik feierte.

Gebälk Der entsprechend einer *Säulenordnung* gestaltete Baukörper über den Säulen, mit *Architrav, Fries* und *Gesims.*

Gesims Oberer Abschluss des *Gebälks.*

Gewölbe Gekrümmter oberer Abschluss eines Raums.

Giebel Dreieckiger Bereich der Wand unter einem *Satteldach.*

Gitterschale Räumliches Tragwerk aus gebogenen Stäben, gewöhnlich Holz oder Stahl. Doppelte Krümmung verleiht ihr besondere Festigkeit.

Gotik Europäischer Architekturstil des Mittelalters, der die Vertikale betont, etwa durch *Gewölbe* und *Strebebögen.*

Grat Schnittlinie beim Zusammentreffen zweier *Gewölbe.*

Historismus Baustil mit Rückgriff auf historische Stilformen.

Hypostyl Säulenhalle.

Internationaler Stil Architekturstil, der Mitte des 20. Jh. dominierte. Charakterisiert durch klare Linien und die großzügige Verwendung von Glas.

Ionisch Antike *Säulenordnung;* die *Kapitelle* sind mit Voluten geschmückt.

Jugendstil Strömung in Architektur und Kunstgewerbe Ende des 19. Jh. Die Natur war die wichtigste Inspirationsquelle für die geschwungenen Formen.

Kapitell Kopfstück einer Säule, schmucklos oder ornamentiert.

Kassette Vertieftes Feld in einer Decke oder in einem *Gewölbe.*

Klassizismus Architekturstil, der antike Formelemente nutzt.

Kolonnade Reihe von Säulen in gleichem Abstand.

Konsole, Kragstein Vorkragender Tragstein als Basis für Lasten.

Konstruktivismus Eine Bewegung der russischen Avantgarde, um 1914 in Russland entstanden und in den 1920er- und 1930er-Jahren in der Sowjetunion bedeutend.

Korinthisch Antike *Säulenordnung;* die *Kapitelle* sind mit Akanthusblättern geschmückt.

Kreuzgang Überdachter Wandelgang, der Kirche und Kloster verbindet.

Kuppel Gewölbe- und Dachform für zumeist quadratische und kreisrunde Zentralbauten.

Mannierismus Im 16. Jh in Italien entstandener Stil, der am Ausklang der Renaissance folgte.

Maßwerk Gotisches Bauornament.

Maurisch Islamische Architektur des Mittelalters im westlichen Nordafrika und Teilen Europas (Iberische Halbinsel, Sizilien, Malta). Kennzeichnend sind Hufeisenbögen und geometrische Dekorationen.

Minarett Turm einer Moschee, von dem der Muezzin zum Gebet ruft.

Modernismus Stilform Anfang des 20. Jh., die dem Minimalismus den Weg bereitete, der die westliche Architektur in der ersten Hälfte des 20. Jh. dominierte.

Muqarnas Schmuckelement der islamischen Architektur an Kuppeln.

Neoklassizismus Wiederaufleben des *Klassizismus* im 19. Jh.

Neovernacular Style Architekturstil im späten 20. Jh., der traditionelle Bautechniken mit zeitgenössischen Formen verbindet.

Obelisk Hohe Steinstele mit pyramidenförmiger Spitze.

Palladianismus Von der Antike geprägter Architekturstil, entwickelt im 16. Jh. von dem italienischen Architekten Andrea Palladio.

Pilaster Wandpfeiler.

Portikus Von Säulen getragene Vorhalle vor einem Gebäude.

Postmoderne Weltweite Bewegung in der zweiten Hälfte des 20. Jh., die dem *Funktionalismus* entgegentritt.

Rippe Konstruktionselement zur Verstärkung eines *Gewölbes.*

Rokoko Dekorativer Stil des 18. Jh., der dem *Barock* folgte.

Romanik In Europa ab 1000 n. Chr. verbreiteter Baustil, beeinflusst von der antiken römischen Architektur.

Rustika Mauerwerk aus grob behauenen Steinblöcken mit breiten Fugen.

Satteldach Dach aus zwei geneigten Hälften, die am First zusammentreffen.

Säulenordnung In der Antike die Regeln für Gestaltung und Anordnung von Säulen und *Gebälk.*

Schlussstein Stein an der Spitze eines Bogens oder Rippengewölbes. Er fixiert die anderen Steine und sorgt für Stabilität.

Sensationalismus Weltweiter Architekturstil des späten 20. und frühen 21. Jh., der auf spektakuläre visuelle Effekte setzt.

Stahlbeton Beton mit hoher Zugfestigkeit, die durch Bewehrungen erzielt wird.

Stampflehm Methode des Lehmbaus mit *Verschalung.*

Strebebogen Bogen oder Halbbogen an der Außenseite eines Gebäudes, der Schub ableitet.

Strebepfeiler Bauelement zur Verstärkung hoher Mauern und zur Ableitung von Schubkräften.

Stuck Werkstoff für plastische Wand- und Deckendekorationen.

Sturz Waagerechter Balken oder Stein über einer Wandöffnung.

Verschalung Rahmen zur Formgebung für Beton oder Lehm. Traditionell aus Holz, heute oft aus Stahl.

Walmdach Vierseitiges Dach, jeweils vom *Giebel* zu den Mauern schräg abfallend.

REGISTER

Fett gedruckte Seitenzahlen verweisen auf den Haupteintrag.

A

B

C

D

E

F

G

H

I

J

K

L

M

N

O

P

Q

R

S

T

U

V

W

Y

Z

ZITATNACHWEIS

Der Verlag hat sich bemüht, alle Rechteinhaber ausfindig zu machen. Eventuelle Auslassungen werden wir bei entsprechendem Hinweis gern zu einer späteren Auflage korrigieren. Wenn nicht anders angegeben, wurden die Zitate frei übersetzt.

12 Ludwig Mies van der Rohe, *www.klinkerkultur.de/miesvanderrohe/* **13** *www.newsweek.com/design-diva-hits-high-z-zaha-hadid-67437* **19** *www.inspiringquotes.us/author/5399-mario-botta* **21** Die Bibel, nach der dt. Übersetzung Martin Luthers, Stuttgart: Privilegierte Württembergische Bibelanstalt, 1954 **22** Herodot, *Des Herdotus neun Bücher der Geschichte*, 2. Buch, Lemgo: Meyerische Buchhandlung, 1756, S. 191 **24** ebenda, S. 179 **26** Vitruv über die dorische Säule **29** www.designmanifestos.org/louis-kahn-architecture-is-the-thoughtful-making-of-spaces **30** Vitruv in: *Des Vitruvius Zehn Bücher über die Architektur*, Krais & Hoffmann, 1865, S. 73 f., 75, 101 **33** Christopher Hussey: *The Life of Sir Edwin Lutyens*, Antique Collectors' Club, 1989 **34** Vitruv, *Des Vitruvius Zehn Bücher über die Architektur*, Krais & Hoffmann, 1865, S. 138 **35** Fließtext: *Pausanias des Periegeten Beschreibung von Griechenland*, 2. Buch, J. B. Metzler, 1827, S. 237 **37** General Meng Tian in: Julia Lovell, *The Great Wall*, S. 62 **39** Vitruv, *Des Vitruvius Zehn Bücher über die Architektur*, Krais & Hoffmann, 1865, S. 191 **40** Stendhal in: *Mémoirs d'un touriste, Nimes, Le 3 août*, Paris: Michel Lévy Frères, 1854, S. 112 **42** Strabo in: *Strabo's Geographie*, 5. Buch, J. B. Metzler, 1838, S. 447 **43** ebenda, S. 444 **44** Vitruv, *Des Vitruvius Zehn Bücher über die Architektur*, Krais & Hoffmann, 1865, S. 61 **46** William L. MacDonald, The Architecture of the Roman Empire, Bd. 1, 1982, S.121 **47** Marguerite Yourcenar in: *Ich zähmte die Wölfin, Die Erinnerungen des Kaisers Hadrian*, dtv, 1961, S. 135 **49** Richard Krautheimer in: *The Constantine Basilica*, 1967, S. 115-140 **52** Procopius in: *The Buildings*, Loeb Classical Library, 1940 **53** Richard Krautheimer in: *Early Christian and Byzantine Architecture*, Penguin, 1965 **61** *www.islamreligion.com/pdf/de/god_is_beautiful_and_he_loves_beauty* **62** Seyyed Hossein Nasr in: *Islamic Art and Spirituality*, 1987 **64** Roswitha von Gandersheim, *www.wissenschaft.de/magazin/damals-archiv/das-maurische-spanien-3* **66** Rina Swentzell in: *Ancient Architecture of the Southwest*, University of Texas Press **67** Terry Tempest Williams, Interview *Politics of Place*, *www. scott.london/interviews/williams.html* **69** Swaraj Prakash Gupta in: *Elements of Indian Art*, DK Printworld, 1931 **71** Nikolaus Pevsner in: *The Buildings of England: County Durham*, Penguin, 1953 **72** William Beattie **74** Samuel Taylor Coleridge **76** Richard Rogers, Interview mit Dezeen, 2013 **82** Bernard Rudofsky: *Architecture without architects: A Short Introduction to Non-Pedigreed Architecture*, MOMA, 1964 **84** F. E. Howard in: *On the Construction of Medieval Roofs*, Archaeological Journal, Bd. 71, 1914, S. 293-352 **86** Clochon & James 1994 **90** Hasan Fathy, *Architecture for the Poor*, 1969 **91** Andrew Waugh, Financial Times, 2020 **92** René Caillié in: *Reise nach Timbuktu*: 1824 – 1828, Edition Erdmann 2006 **94** Peter Rowe, *Civic realism*, 1997, S. 6 **95** Helen Zimmern, *The Hansa Towns*, T. Fisher Unwin, 1889 **97** Charles Chen, www.architectural-review.com **98** John Ruskin in: *The Stones of Venice*, Bd. 7, 1905, S. 139 **106** Satz des Protagoras **109** Leon Battista Alberti in: *Zehn Bücher über die Baukunst,* Heller, 1912, S. 492 **111** Filippo Brunelleschi, frei übersetzt. Leon Battista Alberti, *Zehn Bücher über die Baukunst*, Heller, 1912, S. 74 **113** John Summerson, *The Classical Language of Architecture*, Thames & Hudson, 1980 **114** Susan J. May, 2012 **115** Horst de la Croix, 1966 **120** Victor Hugo, *www.kbfus.org/u-s-philanthropist-restores-chambords-formal-gardens* **122** Andrea Palladio, 1945 **131** Tadao Ando, *www.langenfoundation.de/architektur/tadao-ando* **132** Justin Marozzi: *Islamic Empires: Fifteen Cities that Define a Civilization*, Penguin, 2019 **136** Edwin Arnold, *Edwin Arnold's Poetical Works*, Bd. 2, Roberts Brothers, 1889 **138** Bernini in: Simon Schama, *Power of Art*, 2006, S. 85 **140** Jorge Luis Borges, *Sämtliche Erzählungen*, Carl Hanser Verlag, 1970, S. 273 **142** Anthony Blunt in: *Borromini* Harvard University Press, 1979 **144** Swift, *Poetical Works*, The History of Vanbrughs House, 1708, S. 237 **145** Kenneth Clark, *Civilisation*, Harper and Row, 1969 **148** Karsten Harries **150** Stephen Riou **153** John Summerson, *The Classical Language of Architecture*, Thames & Hudson, 1980 **154** Carlo Rossi in: James Hassell, *The Planning of St. Petersburg*, 1974, S.262 **160** Fließtext, *Manifest der Kommunistischen Partei*, London 1848 **164** Augustus Pugin in einem Brief an John Bloxham **168** Jessie Benton Fremont **169** Charlotte Brontë in einem Brief an ihren Vater, 1851 in: *The Brontës, life and letters*, C. K. Shorter Hodder and Stoughton, 1908 **170** Edmund Happold, *The Confidence to Build* von Bill Addis und Derek Walker, Taylor & Francis, 2005 **172** Ludwig II., *Brief an Richard Wagner* vom 13. Mai 1868 **173** Wagner aus: *Das Kunstwerk der Zukunft*, Leipzig: Wigand, 1850, S. 94, 32 **174** Antonio Gaudí **175** Adayemi Arkande in einem Blog für die Society of Architectural Historians, 2017 **176** Gustave Eiffel, *Traveaux scientifiques executés à la tour de trois cent mètres de 1889 à 1900*, Paris: L. Maretheux, 1900 **178** William Morris, *Wie ich ein Sozialist wurde*, in: *Wie wir leben und wie wir leben könnten*, DuMont Buchverlag, 1992, S. 139 **180** Hector Guimard, *www.moma.org/collection/works/3261* **181** Victor Horta, *www.theartstory.org/artist/horta-victor* **182** Ebenezer Howard, *Gartenstädte von morgen: Das Buch und seine Geschichte*, Ullstein Verlag 1968, S. 58 **183** ebenda, S. 155 **188** Alfred Oscar Ellzner, Designer des Ingalls Building **190** Adolf Loos, *Ornament und Verbrechen*, in: *Sämtliche Schriften in zwei Bänden*, 1. Bd., Herold 1962, S. 282 **192** großes Zitat: ebenda, S. 287; im Fließtext: ebenda, S. 282 **193** ebenda, S. 396 **196** Vincent Scully, Architekturhistoriker **197** Ralph Thomas Walker in: Richard Striner and Melissa Blair, *A Design History of Neighboring Cities*, JHU Press, 2014 **198** Louis Sullivan, *The tall office building considered artistically*, 1896 **208** Laurence Binyon **210** Antonio Sant'Elia, *Manifesto of Futurist Architecture*, 1914 **212** frei übersetzt nach: Wolf von Eckardt, Eric Mendelsohn, New York: George Braziller, Inc., 1960, S. 11 **213** *Programm der Brücke*, Elbtal-Abendpost, 9. Oktober 1906 **214** Bruno Taut, *Die Stadtkrone*, Eugen Diederichs, 1919, S. 51 **220** Le Corbusier in: *Ausblick auf eine Architektur*, Birkhäuser, 2013, S. 80 **222** im Fließtext: ebenda, S. 22 **223** ebenda, S. 24 **227** Robert Dannenberg, *Die sozialdemokratische Gemeindeverwaltung in Wien*, J.H.W. Dietz, 1926, S. 48 **231** Mies van der Rohe in: Werner Blaser, *Mies van der Rohe: Lehre und Schule*, Birkhäuser, 1977, S. 15 **232** Le Corbusier **232** Tom Ford, *New York magazine*, Juli 2003 **234** Charles Eames **236** Andrew Carnegie über die von ihm gestifteten Bibliotheken **238** Albert Speer, *Erinnerungen*, Propyläen Verlag, 2003, S. 82 **240** im Fließtext: Adolf Hitler, zit. nach Werner Jochmann (Hrsg.). *Adolf Hitler. Monologe im Führerhauptquartier 1941–1944*, München 1980, S. 318; Albert Speer, *Erinnerungen*, Propyläen Verlag, 2003, S. 68 **241** Ludwig Mies van der Rohe in: Werner Blaser, *Mies van der Rohe. Die Kunst der Struktur*, Verlag für Architektur, 1965, S. 6 **242** *Modern Italy*, 25(4), S. 455-476 **249** Alvar Aalto, www.abitare.it/en/research/studies/2016/04/18/alvar-aalto-modernity **255** Greta Magnusson Grossmann, Interview, *Modern makes sense*, 1951 **262** Norman Foster **263** Le Corbusier, *Times*, 1965 **265** Hans Scharoun in: Eberhard Syring, Jörg C. Kirschenmann, *Outsider of Modernism*, Taschen, 2004 **270** Jorn Utzorn, Titel eines Films über den Architekten: *www.filmartmedia.com/the-edge-of-the-possible-3* **271** Philip Johnsson in: Paul Heyer, *New Directions in America*, The Walker Publishing Company, 1966 **272** Louis Kahn, *Silence and Light*, 1969 **275** Otto Frei, *www.muenchenarchitektur.com/beitrag/22893-frei-otto-im-detail* **276** Richard Rogers **280** Robert Venturi, *Complexity and Contradiction in Architecture*, 1977, S. 16 **283** Andy Warhol, *Andy Warhol*, Harcourt, 1977 edition **286** Ricardo Bofill, 1982 **289** Imre Markowecz, *The Architectural Review* **291** Mark Wigley in: Philip Johnson und Mark Wigley, *Dekonstruktivistische Architektur*, Hatje, 1988, S. 11 **300** Frank Gehry: Architect, 2011 **303** Charles Jencks, *City: Analysis of Urban Trends, Culture, Theory, Policy*, Action journal **304** Jean Francois-Lemoine **308** Zaha Hadid **310** Peter Eisenmann in: *Philosophy for Architects*, Chronicle Books, 2012

DANK

Dorling Kindersley dankt Aarushi Dhawan und Sonakshi Singh für die Mitarbeit bei der Gestaltung, Ankita Gupta, Nandini Tripathy und Angela Wilkes für Redaktionsassistenz, Alexandra Beeden und Regine Gerst für das Korrekturlesen und Helen Peters für das Register.

BILDNACHWEIS

Der Verlag dankt folgenden Personen und Organisationen für die freundliche Genehmigung zum Abdruck von Fotos:

(Abkürzungen: o-oben; u-unten; M-Mitte, l-links; r-rechts; go-ganz oben)

19 Alamy Stock Photo: Images & Stories (ur). **21 Alamy Stock Photo:** Zoonar / Sergey Mayorov (go). **23 Getty Images:** © Santiago Urquijo (ur). **25 Dreamstime.com:** Diego Grandi (ur). **Getty Images:** Nick Brundle Photography (gol). **28 Dreamstime.com:** Calin Stan (ur). **31 Dreamstime.com:** Scaliger (u). **32 Alamy Stock Photo:** The Reading Room (ul). **33 Alamy Stock Photo:** Kuttig - Travel (gor). **34 Dreamstime.com:** Saiko3p (ur). **37 Dreamstime.com:** Hungchungchih (Mr). **39 Alamy Stock Photo:** Wirestock, Inc. (gol). **41 Alamy Stock Photo:** Givaga (gol). **43 Getty Images:** Nadeem Khawar (go). **44 Getty Images:** Peter Unger / The Image Bank (ul). **45 © The Metropolitan Museum of Art:** Rogers Fund, 1903 (Mru). **46 Alamy Stock Photo:** Dave Pattison (ur). **47 Shutterstock.com:** Pavel Ilyukhin (gol). **49 Alamy Stock Photo:** Werner Lerooy (gol). **51 Dreamstime.com:** Beibaoke1 (ur); Wan Xiaoxu (gol). **52 Dreamstime.com:** Artur Bogacki (Mr). **61 Alamy Stock Photo:** B.O'Kane (ur). **Shutterstock.com:** Mikhail Markovskiy (gol). **63 Alamy Stock Photo:** Tibor Bognar (ul); eFesenko (gor). **65 Alamy Stock Photo:** Oliver Hoffmann (gol). **Dreamstime.com:** Faustoriolo (ur). **66 Alamy Stock Photo:** Ian Dagnall (ur). **67 Alamy Stock Photo:** Manfred Gottschalk (gol). **69 Alamy Stock Photo:** Robert Wyatt (ur). **70 Dreamstime.com:** Stefano Zaccaria (Mr). **71 Getty Images:** imageBROKER / Stefan Auth (ur). **72 Alamy Stock Photo:** Egmont Strigl / imageBROKER (ur). **77 Dreamstime.com:** Vlastas. **78 Alamy Stock Photo:** Julian Elliott / Robertharding (l). **79 Alamy Stock Photo:** Graham Prentice (gol). **Dreamstime.com:** Demerzel21 (ur). **80 Alamy Stock Photo:** Paul Preece (u). **83 Getty Images:** Werner Forman / Universal Images Group. **84 Alamy Stock Photo:** Steve Vidler. **86 Dreamstime.com:** Siriwatthana Chankawee (Mr). **87 Alamy Stock Photo:** Manfred Gottschalk (gor). **89 Alamy Stock Photo:** GM Photo Images (gol). **Dreamstime.com:** Dudlajzov (ur). **91 Alamy Stock Photo:** Peter Adams Photography (ur). **92 Getty Images:** Ayse Topbas (u). **93 Alamy Stock Photo:** Watchtheworld (gol). **95 Dreamstime.com:** Delstudio (u). **97 Getty Images:** Costfoto / Future Publishing (gor). **98 Alamy Stock Photo:** Ian Dagnall (ur). **99 Alamy Stock Photo:** Ian Dagnall (Mru). **Getty Images:** Education Images / Universal Images Group (gol). **100 Dreamstime.com:** Diana Dunlap (ur). **101 Getty Images:** Christian Declercq (gol). **109 Alamy Stock Photo:** imageBROKER / Martin Jung (ur). **110 Alamy Stock Photo:** ivgalis (u). **111 Alamy Stock Photo:** Jakobusvide (gor). **112 Alamy Stock Photo:** FineArt (gor); Heritage Image Partnership Ltd. (ul). **113 Alamy Stock Photo:** Stefano Valeri (ul). **114 Dreamstime.com:** Marco Taliani De Marchio (uM). **115 Alamy Stock Photo:** Istvan Csak (Mr). **117 Alamy Stock Photo:** Massimo Dallaglio (gol); FocusEurope (ur). **119 Alamy Stock Photo:** Zoonar / Konstantin Kalishko (ur). **120 Alamy Stock Photo:** LATASTE Charly / Hemis.fr (gor). **121 Dreamstime.com:** Victoria Shmakova Ananchenko (u). **122 Alamy Stock Photo:** Veronika Pfeiffer (ur). **123 Alamy Stock Photo:** ICP / incamerastock (gol). **125 Dreamstime.com:** Nexus7. **127 Alamy Stock Photo:** INTERFOTO / Travel (u). **130 Alamy Stock Photo:** Leopold von Ungern (u).**131 Alamy Stock Photo:** FB-Fischer / imageBROKER (gol). **133 Alamy Stock Photo:** Michel & Gabrielle Therin-Weise (gol). **135 Getty Images:** Photo by Victor Ovies Arenas (go). **136 Getty Images:** Grant Faint (ul). **137 Alamy Stock Photo:** François-Olivier Dommergues (ur). **140 Alamy Stock Photo:** ART Collection (ul). **141 Alamy Stock Photo:** Alessandro Serrano' / AGF Srl (gor). **142 123RF.com:** Vladimir Khirman (gor). **Alamy Stock Photo:** The Picture Art Collection (gol). **143 Alamy Stock Photo:** MLBARIONA (ul). **144 Alamy Stock Photo:** H. & D. Zielske / Image Professionals GmbH (ul). **145 Alamy Stock Photo:** Yorkshire Pics (go). **146 Dreamstime.com:** Saiko3p (ur). **147 Dreamstime.com:** Arturoosorno (gol). **149 Alamy Stock Photo:** Anton Veselov (gol); Y.Levy (ur). **152 Dreamstime.com:** Travelling-light (ur). **Getty Images:** Hulton Archive / Stringer (gol). **155 Dreamstime.com:** Marcorubino (go). **161 Alamy Stock Photo:** Chris Warren / Cw Images (ur). **Getty Images:** Heritage Images / Hulton Fine Art Collection (gol). **163 Getty Images:** UniversalImagesGroup (ul). **165 Getty Images / iStock:** Deejpilot / E+ (go). **166 Alamy Stock Photo:** Chronicle (gol). **167 Getty Images:** (c)Vistas from Soni Rakesh (ur). **169 Alamy Stock Photo:** GSinclair Archive \ UIG (go). **170 Alamy Stock Photo:** GRANGER - Historical Picture Archvie (gor). **171 Alamy Stock Photo:** The Granger Collection (gor). **173 Alamy Stock Photo:** nagelestock.com (gol). **174 Getty Images / iStock:** narvikk (uM). **175 Getty Images:** Apic / Hulton Archive (ul). **176 Getty Images:** Bettmann (ur). **177 Getty Images:** Bettmann (gor). **178 Alamy Stock Photo:** Andrew Butler / The National Trust Photolibrary (ur). **179 Getty Images:** London Stereoscopic Company / Hulton Archive (Mlo). **180 Alamy Stock Photo:** Alan John Ainsworth / Heritage Images (uM). **183 Alamy Stock Photo:** The Keasbury-Gordon Photograph Archive / KGPA Ltd. (gol). **188 Alamy Stock Photo:** Ian Dagnall (uM). **189 Alamy Stock Photo:** Hum Images (ur). **192 Alamy Stock Photo:** B.O'Kane (gor).**194 Alamy Stock Photo:** Peter Horree (ul). **195 Alamy Stock Photo:** B.O'Kane / ARS, NY / © DACS 2022 (ur). **197 Alamy Stock Photo:** stock imagery (go). **200 Alamy Stock Photo:** Ron Harvey / Everett Collection Inc. **202 Alamy Stock Photo:** Francois Roux. **203 Getty Images:** Bettmann (Mru); Barry Winiker (goM). **205 Dreamstime.com:** Ecophoto (ur). **207 Alamy Stock Photo:** Cola Images (gol). **Eugne Freyssinet:** (ur). **208 Alamy Stock Photo:** aerial-photos.com (Mr). **209 Alamy Stock Photo:** Tim Gainey (Mru). **211 Getty Images:** Keystone-France / Gamma-Keystone (gor). **213 Getty Images:** Ullstein Bild (ur). **214 akg-images:** Schtze / Rodemann. **215 akg-images:** Horst Maack (ul). **217 Shutterstock.com:** Abbie Warnock-Matthews (r). **218 Alamy Stock Photo:** Azoor Photo Collection (ur). **223 Alamy Stock Photo:** Michal Sikorski / F.L.C. / ADAGP, Paris and DACS, London 2022 / © DACS 2022 (ul). **224 Alamy Stock Photo:** Geoffrey Taunton / F.L.C. / ADAGP, Paris and DACS, London 2022 / © DACS 2022 (gol). **225 Alamy Stock Photo:** KEYSTONE Pictures USA (gor). **Dreamstime.com:** Thierry Petris / F.L.C. / ADAGP, Paris and DACS, London 2022 / © DACS 2022 (uM). **227 Dreamstime.com:** Jjfarq (go). **228 Getty Images / iStock:** tupungato (ur).**229 Alamy Stock Photo:** Matteo Omied (Mlo). **230 Dreamstime.com:** Josefkubes / © DACS 2022 (ur). **231 Alamy Stock Photo:** Everett Collection Historical (Mlo). **233 Getty Images:** Bo Zaunders (r). **235 Alamy Stock Photo:** Signal Photos (gol). **Manuel Bougot:** (ur). **236 Dreamstime.com:** Photosimo (ur). **237 Bridgeman Images:** (gor). **239 Getty Images:** Ullstein Bild Dtl. (gol). **241 Alamy Stock Photo:** Peter Forsberg (gol). **243 Getty Images:** Keystone-France / Gamma-Keystone (gol). **244 Alamy Stock Photo:** Jack Maguire (ul). **247 Alamy Stock Photo:** Serhii Chrucky / ARS, NY / © DACS 2022 (ul); Everett Collection Historical (gor). **248 Alamy Stock Photo:** Meinhardt, Olaf / Image Professionals GmbH (Mr). **251 Alamy Stock Photo:** Garreth Anderson / ADAGP, Paris / © DACS 2022 (gol). **252 Alamy Stock Photo:** Arcaid Images / © DACS 2022 (Mu). **255 Bridgeman Images:** Thomas Billard / Artedia (go). **258 Alamy Stock Photo:** Stephen Burrows (ur); PA Images (gol). **259 Alamy Stock Photo:** Imaginechina-Tuchong / Imaginechina Limited (ur); Nathaniel Noir (gol). **261 Alamy Stock Photo:** Orjan Ellingvag (go). **263 Alamy Stock Photo:** Sean Burges / NIEMEYER, Oscar / © DACS 2022 (gol). **264 Alamy Stock Photo:** Michael Sznyi / imageBROKER (Mr). **270 Alamy Stock Photo:** PA Images (uM). **271 Dreamstime.com:** Dinozzaver (gol). **273 Dreamstime.com:** Nuvisage (gol). **275 Alamy Stock Photo:** Pxel (ur). **276 Getty Images / iStock:** StockByM / Renzo Piano & Richard Rogers (ur). **277 Alamy Stock Photo:** Soma / Renzo Piano & Richard Rogers (gor). **279 Alamy Stock Photo:** Chris Andrews / Oxford Picture Library (ur). **282 Alamy Stock Photo:** Hoberman Publishing (gor). **283 Alamy Stock Photo:** Boris Lehner (ul). **284 Alamy Stock Photo:** Richard Bryant / Arcaid Images (gor). **285 Alamy Stock Photo:** MCT / Sipa US (gor). **Dreamstime.com:** Wastexpi (ul). **287 Getty Images:** Michel Rubinel / AFP / Ricardo Bofill / Taller de Arquitectura (gol). **289 Alamy Stock Photo:** Jose Lucas (ur). **291 Shutterstock.com:** Diego Gorzalczany (gor). **295 Alamy Stock Photo:** Paul Lovelace (ul). **296 Getty Images:** Fred Dufour / AFP (ul). **297 Alamy Stock Photo:** Antonella Bozzini. **298 Alamy Stock Photo:** Dennis Gilbert-VIEW (ul). **299 Alamy Stock Photo:** S. Parente - Best of Travel - RM / S. Boeri, G. Barreca, G. La Varra (go). **301 Dreamstime.com:** Elena Marzo Artigas (go). **302 Alamy Stock Photo:** Jon Bower Spain (ul). **305 Alamy Stock Photo:** PA Images (uM). **307 Getty Images:** Jing C. **309 Alamy Stock Photo:** Mikel Bilbao Gorostiaga-Travels (gol). **310 Alamy Stock Photo:** Niels Melander / Courtesy of Zaha Hadid Architects (go). **311 Alamy Stock Photo:** Yuen Man Cheung (Mlu). **313 Alamy Stock Photo:** Malcolm Park editorial (gor). **Getty Images:** Mohammed Elshamy / Anadolu Agency (ul). **315 Getty Images:** Ron Burton / Keystone (Mlo). **Sebastian Posingis:** (ur). **317 Shutterstock.com:** FaridSohail (ur)

Noch mehr Wissen und Lesefreude!

ISBN 978-3-8310-4017-9

ISBN 978-3-8310-4349-1

ISBN 978-3-8310-4431-3

ISBN 978-3-8310-4522-8

DK

www.dk-verlag.de